C. Locke
Juli 2010

Waltraud Jäger

Salome
Die Frau des Fürstbischofs von Salzburg

Der Fürstbischof von Salzburg
Wolf Dietrich von Raitenau

Waltraud Jäger

Salome
Die Frau des Fürstbischofs von Salzburg

Stieglitz Verlag
D-75417 Mühlacker
A-8952 Irdning/Steiermark

Gestaltung des Umschlags: Elser Druck GmbH
Foto: Salome Alt, Porträt, Öl auf Karton
Dommuseum zu Salzburg / Josef Kral

Bibliografische Information der Deutschen Bibliothek
Die Deutsche Bibliothek verzeichnet diese Publikation
in der Deutschen Nationalbibliografie;
detaillierte bibliografische Daten sind im Internet
über http://dnb.ddb.de abrufbar.

ISBN 10: 3-7987-0389-2
ISBN 13: 978-3-7987-0389-6

© Stieglitz Verlag
D-75417 Mühlacker
A-8952 Irdning / Steiermark
2007

Druck: Karl Elser Druck GmbH, Mühlacker

PROLOG

Das Tor des Schlosses stand sperrangelweit offen. Genau in der Mitte unterbrach es die helle Fassade des zweistöckigen Gebäudes, das äußerlich nur wenig Schmuck trug. Die geraden Mauervorsprünge über und unter den in regelmäßigen Abständen angelegten Fenstern wirkten wie unterbrochene Bänder zwischen den Stockwerken. Einige Nischen lockerten die Strenge der Linien auf. Nur die kunstvoll gearbeiteten Figuren, die das Wappen über dem Tor hielten, ließen die luxuriöse Innenausstattung erahnen.

Die neugierigen Gaffer, die sich gegenüber der Einfahrt versammelt hatten, interessierten die Vorgänge im Hof, soweit sie davon etwas erspähen konnten. Schon im Morgengrauen sollten die Gepäckwagen abgefahren sein, hoch und schwer beladen mit Kostbarkeiten. So berichteten einige Frühaufsteher. Allerdings hatten sie außer Kisten, die mit einer Plane bedeckt waren, nichts zu sehen bekommen und konnten über deren Inhalt nur Vermutungen anstellen.

Im Hof standen zwei Kutschen, in denen noch Proviant und Decken verstaut wurden, zur Abfahrt bereit. Die angespannten Pferde scharrten ungeduldig mit den Hufen. Dienerinnen liefen hin und her, mehrere Kinder warteten offensichtlich aufgeregt auf die Abreise.

Pferdegetrappel zog die Aufmerksamkeit der Menge auf sich. Die tief stehende Oktobersonne blendete die Schaulustigen. Sie mussten die Augen zusammenkneifen und sahen dennoch erst einmal nur die metallenen Beschläge blitzen, bevor sie die beiden Wagen erkennen konnten, die sich rasch näherten. Die Kutschen fuhren vor und verdeckten die Sicht in den Hof. Der eine oder andere aus der Menge warf nun einen Blick auf die umliegenden Berge und auf die Festung Hohensalzburg, die mächtig und gebieterisch über der Stadt thronte. Die zahlreichen Kirchtürme nahmen sich dagegen klein aus. Die Giebel der Häuser und die herbstlich gefärbten Baumkronen rundeten das idyllische Bild der Stadt ab, deren größter Teil auf der anderen Seite des Flusses Salzach gelegen war.

Die eine der eben eingetroffenen Kutschen zierte das Wappen der Familie Maximilian Steinhauser, des reichsten und vornehmsten Handelsherrn der Stadt und des ganzen Landes, die andere das Wappen der Familie Samuel Alt, fast ebenso wohlhabend und angesehen. Die Wagen waren mit Frauen und Kindern besetzt. Wollten sie nur von ihren Verwandten Abschied nehmen oder mit ihnen gemeinsam fliehen? Schickten ihre Ehemänner beziehungsweise Väter sie vorsichtshalber aufs Land? Der älteste Sohn der Steinhausers begleitete die Kutschen zu Pferd und ritt nun in den Hof, um die Ankunft zu melden.

„Die werden doch nicht etwa Angst vor dem Bayernherzog haben?", meinte einer der Schaulustigen. „Er könnte ihnen etwas von ihrem Reichtum wegnehmen, wenn er erst einmal in die Stadt einreitet. Das kommt davon, wenn die Mächtigen Streit anfangen."

„Weil sie nicht genug kriegen können. Immer mehr Profit wollen sie mit dem Salz machen. Uns kann es egal sein, wir haben nichts davon. Sollen sie meinetwegen kämpfen!", sagte ein anderer.

„Wie einfältig und dumm du bist!", ereiferte sich ein Dritter. „Unsere Truppen sind geschlagen. Die bayerischen Soldaten marschieren auf uns zu. Wenn sie in die Stadt einfallen, machen die nicht lang Umstände! Hast du keine Güter zu verstecken, dann sieh zu, dass sich deine Frau und deine Töchter in Sicherheit bringen!"

Einige Frauen und Mädchen schrien erschrocken auf.

„Seine hochfürstliche Gnaden gibt immer großzügig Almosen", sagte eine von ihnen, „und so manche Familie hat er schon vor dem Hungern bewahrt."

„Das Geld holt er sich aus dem Salzhandel und von den Reichen", stimmte eine andere Frau zu. „Gibt es wenig

Gewinn, weil er dem Bayernherzog zu viele Zugeständnisse macht, haben wir Armen auch das Nachsehen."

„Im letzten Winter hat mir die Frau Altenauerin einen Gulden geschenkt, als es uns ganz schlecht ging", sagte eine Frau nachdenklich. „Wer wird uns helfen, wenn sie nicht mehr da ist?" Einige andere nickten zustimmend.

„Ich habe sie schon gekannt", erzählte eine Alte, die sich auf ihren Stock stützte, „als sie als junges Mädchen bei ihrem Bruder im Laden gearbeitet hat. Was immer die Leute über sie reden, sie ist eine gute Frau."

„Unerhört und sündig ist ihr Leben trotzdem!", warf einer mit Nachdruck in das zustimmende Gemurmel ein.

Alles Gespräch brach jäh ab, da sich zwei Reiter näherten, die in höchstem Maß Aufmerksamkeit erregten. Der ältere der beiden saß hoch aufgerichtet zu Pferd. Er trug elegante, dunkle Kleidung, sein schwarzer Bart war mit Silberfäden durchzogen, ebenso das Haar leicht angegraut. Die dunklen Augen unter der Krempe des Hutes wirkten müde. Er trug keinerlei Insignien seiner Macht und Stellung als geistlicher und weltlicher Landesfürst. Dennoch erkannten ihn alle auf den ersten Blick, senkten ihre Köpfe und verneigten sich. Mit einem Nicken bedachte er das Volk und die Damen und Kinder in den Kutschen. Gefolgt von seinem Begleiter ritt er in den Hof.

„Wir sollten nicht länger warten, verehrte Tante", sagte der junge Steinhauser zu Salome von Altenau, der Herrin des Hauses. Die Frau in mittleren Jahren stand reisefertig vor ihm. Sie war groß und immer noch schön, ihr rötlich braunes Haar mit grauen Strähnchen durchzogen. Die Kinder drängten sich um sie. Die Pferde vor den Kutschen zeigten ihre Ungeduld. Der Kammerherr und die Dienerinnen hatten alle Vorbereitungen beendet und warteten gehorsam.

„Aber Vater wird doch noch kommen?", sagte der Älteste der Knaben und richtete die Augen fragend auf seine Mutter.

Im selben Augenblick ritt Fürstbischof Wolf Dietrich von Raitenau durch das Tor. Er wartete nicht, bis sein Diener den Steigbügel hielt, und glitt vom Pferd. Die Kinder liefen auf ihn zu, drängten sich um ihn. Es war nur Zeit für einen kurzen Abschied. Er küsste sie auf die Stirn, streichelte Köpfe und Wangen und schob und hob sie schließlich eigenhändig in die Wagen. Salome von Altenau gab den Dienerinnen das Zeichen zum Einsteigen. Der Kammerherr und der junge Steinhauser hielten ihre Pferde am Zügel und blickten in eine andere Richtung.

Wolf Dietrich und Salome umarmten sich. Was sie sich zuflüsterten, konnte niemand verstehen. Sie küssten sich, lösten sich voneinander, und Salome bestieg die Kutsche. Wolf Dietrich schloss den Wagenschlag und bedeutete den männlichen Begleitern der Damen ihre Pferde zu besteigen. Er ritt mit seinem Begleiter aus dem Tor und wandte sich nicht mehr um.

Die Kutschen setzten sich schwerfällig in Bewegung. Sie passierten das Tor des Schlosses Altenau und nahmen die Straße in Richtung Stadt. Die beiden Wagen mit Salomes Schwester, der Frau Steinhauserin, und deren Tochter und mit ihrer Schwägerin, der Frau Altin, und deren Kindern folgten nach.

„Hätte Tante Salome nicht hier bleiben können? Sie hat doch nichts getan", fragte die Jungfer Magdalena ihre Mutter, die Frau Steinhauserin.

„Da Seine hochfürstliche Gnaden noch heute die Stadt verlässt, geht sie besser auch. Er kann sie hier nicht mehr beschützen. Wir begleiten sie. Wer weiß, was der Stadt bevorsteht!"

„Meinst du, der Bayernherzog will Tante Salome bestrafen? Hat er dazu das Recht?", fragte Magdalena weiter.

„Er meint wohl, im Namen des Papstes hätte er das Recht." Die Frau Steinhauserin sah ihre jüngste Tochter nachdenklich an. „Was ich dir jetzt sage, darüber hätte Seine Heiligkeit in Rom keine Freude: Wenn dir ein Mann so viele Jahre die Treue hält, dich liebt und achtet und für dich und deine Kinder sorgt wie der Erzbischof für meine Schwester und wenn euch dann so eine lange Zeit vergönnt ist, ohne dass der Tod einen von beiden dahinrafft, dann kannst du Gott jeden Tag von Herzen danken. So denkt sogar dein Vater."

„Du meinst, das Leben der beiden ist nicht sündig?", flüsterte Magdalena, als wollte sie so etwas nicht laut sagen.

„Man muss Gott das Richten überlassen", antwortete die Mutter.

Sie lächelte und sprach weiter, während ihre Gedanken um Jahrzehnte zurückwanderten: Seltsam, meine kleine Schwester Salome, die immer brav war, brav sein musste, die sich nicht an den Streichen von uns älteren Geschwistern beteiligen konnte, weil sie zu klein war – ausgerechnet sie begann eines Tages ein skandalöses Leben zu führen. So dachte auch ich am Anfang wie viele andere und wie viele andere habe ich meine Meinung geändert, so sehr, dass ich sie nun ein Stück in ihr ungewisses Schicksal begleite.

1 - Das Nest

Salomes vier Geschwister wurden innerhalb von fünf Jahren geboren: ihre Schwester Sabina, ihr Bruder Samuel, ihre Schwester Katharina und schließlich Barbara. Dann starb ein Neugeborenes. Es vergingen drei Jahre, und 1568 kam sie zur Welt.

Ihr Vater Wilhelm Alt nannte sie Salome, nach der Mutter der Apostel Jakobus und Johannes. „Salome Alt", das klang gut. Im allgemeinen Bewusstsein wurde die fromme Namensgeberin aus der Bibel jedoch nur am Rande wahrgenommen. Eine ganz andere, schillernde Frauengestalt lief ihr den Rang ab: jene Salome, die vor ihrem Stiefvater, dem König Herodes, getanzt hatte. Der war so entzückt, dass er ihr jeden Wunsch erfüllen wollte. Auf Geheiß ihrer Mutter verlangte sie den Kopf des gefangenen Johannes des Täufers. Der Prophet hatte es gewagt, den König wegen doppelten Ehebruchs öffentlich zu tadeln. Der hatte seine erste Frau verstoßen, seinem Bruder die Gattin weggenommen und diese geheiratet. Herodes handelte nach dem Willen seiner neuen Königin, und das Haupt Johannes des Täufers wurde in einer Schüssel gebracht.

Lange bevor Salome im Religionsunterricht von der frommen und der verruchten Trägerin ihres Namens hörte, musste sie erleben, dass sie mit den älteren Geschwistern nicht mithalten konnte. Besonders Samuel und Katharina dachten sich gern allerlei Unfug aus. Barbara machte unwidersprochen mit, während Sabina als die Älteste gelegentlich zu Vernunft und Besonnenheit mahnte, was in den meisten Fällen nichts nützte. Salome lief, sobald sie dazu imstande war, einfach hinterher und wurde oft genug als lästiges Anhängsel empfunden. Unter Strafandrohung wurde ihr eingeschärft nichts zu verraten. Das hatte sie nicht vor, sie wollte mit dabei sein! Sie, als Drei- oder Vierjährige, mit den fünf bis zehn Jahre älteren Geschwistern.

In dem großen Haus der Familie Alt ließ sich einiges anstellen, wenn der Nachwuchs der Obhut von Mutter und Kinderfrau für eine Weile erfolgreich entwischte. Im Erdgeschoss befand sich der öffentliche Laden, den der Vater neben seiner Tätigkeit als Handelsherr führte. Von der Ladentür und vom Portal des Hauses aus gesehen, über dem das Wappen der vornehmen Patrizierfamilie prangte, lag die Pfarrkirche am oberen Ende der Gasse. Darum hieß diese Kirchengasse und war gerade so breit, dass zwei Wagen einander begegnen und bei entsprechender Geschicklichkeit der Kutscher ohne Berührung passieren konnten.

Die Kinder durften sich nicht im Laden aufhalten, erst wenn sie alt genug waren, um dort mitzuhelfen. Die Kunden sollten sich nicht gestört fühlen, und es durfte nichts kaputtgehen. Neben alltäglichen Dingen wurden auch Kostbarkeiten verkauft, die von weither kamen: Gewürze, Öle, schwere Weine, Seide, Elfenbein und vieles mehr.

Eines Tages gelang es Katharina, ein winziges Fläschchen moschushaltigen Parfums heimlich aus dem Laden zu holen. Die Geschwister hockten im halbdunklen Treppenhaus und wollten nur ein wenig an dem kostbaren Inhalt riechen. Vorsichtig zog Katharina den Stöpsel heraus und schnupperte. Der Duft betäubte sie fast.

„Lass mich auch", verlangte Barbara.

„Das Zeug kommt von einem Rind in Asien, aber nur von den männlichen Tieren", belehrte Samuel die Schwestern. Sabina spähte nach oben, ob nicht eine Tür ging und vielleicht ein Erwachsener die Kinder hier entdeckte. Gern wäre sie vernünftig gewesen, aber dieses Fläschchen war allzu interessant.

„Ich will auch!", rief Salome viel zu laut.

„Psst", machte Sabina und legte ihre Hand auf den Mund der Kleinen. Die versuchte die große Schwester abzuwehren, und da sie alle so eng beieinander hockten, traf sie die zerbrechliche Kostbarkeit mit ihrer Patschhand. Das Fläschchen entglitt Barbaras Fingern und zerbrach auf der Treppe. Barbara unterdrückte einen erschrockenen Aufschrei.

„Das konnte nicht gutgehen!", schimpfte Sabina.

Samuel und Katharina schafften in aller Eile die Scherben weg. Bevor Sabina mit einem Tuch die ausgegossene Flüssigkeit von den Treppenstufen wischte, befeuchtete Salome ihre Hand damit.

Keiner der Erwachsenen hörte oder sah etwas, und vielleicht hätte nicht einmal der Vater das Fehlen des winzigen Gegenstandes bemerkt – aber der Geruch verriet alles! Gerne sorgte die Mutter mit Lavendel, Rosmarin oder Räucherwerk für einen guten Duft, doch nun roch es tagelang im ganzen Haus von oben bis unten nach Moschus, sehr zur Verwunderung von Besuchern und Kunden. Die parfümierte Salome wurde gebadet. Das arme Kind würde sonst noch Kopfschmerzen von dem Duft bekommen, meinte die Mutter, und sei doch im Gegensatz zu den älteren Geschwistern so unschuldig! Die wurden bestraft, während Salome mit ihren großen grauen Augen die Erwachsenen vertrauensvoll anblickte in der Gewissheit, dass ihr nichts geschehen würde. Zwar konnte sie bei den Streichen ihrer Geschwister nicht so recht mitmachen, aber sie ersparte sich auch die Strafe, die unweigerlich folgte.

Ein anderes Mal kletterten die Kinder hinauf auf den Dachboden über dem dritten Stock des Hauses der Alts. Sabina fehlte, und Katharina nahm die kleine Salome an der Hand, die mühsam die steile Treppe hinaufstapfte. Samuel hatte wenige Tage zuvor eine Truhe entdeckt, die alte Kleider enthielt und angeblich sogar das Kettenhemd einer Ritterrüstung. Staubig war es auf dem Dachboden, die Dielen knarrten unter den Füßen, durch ein kleines Fenster fiel etwas Licht herein. Die Kinder hoben den schweren Deckel der Truhe hoch und nahmen die Gegenstände der Reihe nach heraus. Katharina legte sich einen Mantel um die Schultern, Barbara setzte einen Hut auf, beides entsprach der Mode einer längst vergangenen Zeit. Samuel hielt tatsächlich das Kettenhemd in Händen, es war unglaublich schwer. Wegen ihrer geringen Größe gelang es Salome gerade über den Rand der Truhe zu blicken, sie musste sich dazu auf die Zehenspitzen stellen. „Da!", deutete sie in eine der Ecken. Ein Gegenstand, der halb mit einem Kleidungsstück bedeckt war, hatte ihr Interesse geweckt.

„Das ist doch ein Buch", meinte Katharina. Samuel musste sich weit über den Rand der Truhe beugen, um es herauszuholen. Er klopfte den Staub vom Einband und ging damit zum Fenster. Langsam las er:

„Das Neue Testament, übersetzt von Doktor Martin Luther."

„Die Heilige Schrift in deutscher Sprache – ein Buch der Ketzer", sagte Katharina mit großen Augen.

„Was ist ein ‚Ketzer‘?", fragte Salome, aber die anderen hörten nicht auf sie.

„Wie kommt das in unser Haus?", wunderte sich Katharina.

„Vielleicht hat es hier jemand versteckt und dann vergessen", meinte Samuel.

„Sollen wir es den Eltern zeigen?", fragte Barbara.

Katharina und Samuel waren dagegen:

„Dann wüssten sie doch gleich, dass wir auf dem Dachboden waren, und Sabina sagen wir besser auch nichts."

Sie legten alle Gegenstände zurück in die Truhe und schlossen den Deckel. Auf dem Rückweg zur Treppe brach unter Salome eines der Bodenbretter ein. Das Holz krachte, splitterte, und ihr Fuß steckte fest. Sie schrie laut vor Schmerz und Schrecken, vor allem über ihr Blut, das den Boden neben ihrem Knöchel rot färbte. Bis in den Salon waren ihre Schreie zu hören. Die Mutter, die Kinderfrau, zwei Mägde und schließlich sogar ihr Vater, der gerade im Laden gearbeitet hatte, eilten herbei. Salome brüllte noch lauter, als die Eltern vorsichtig ihren Fuß lösten, und schluchzte nur mehr leise, als sie ihr Vater die Treppe hinuntertrug. Der Wundarzt wurde geholt. Er stellte fest, dass der Knochen heil geblieben und die Verletzung nur äußerlich war. Sie verheilte gut, nur eine Narbe blieb Salome als Erinnerung lebenslang zurück. Die älteren Geschwister erhielten ihre wohl verdiente, nicht allzu harte Bestrafung und eine ernsthafte Ermahnung. Die Truhe auf dem Dachboden geriet in Vergessenheit.

****

In ihrer Schulzeit wurde ihre Base Felicitas Salomes Freundin und Gefährtin. Felicitas war so alt wie sie und die Tochter ihres Onkels Ludwig, des jüngeren Bruders ihres Vaters Wilhelm Alt. Die Familie bewohnte das Haus nebenan, und die beiden Mädchen sahen sich fast jeden Tag auch außerhalb der Schule. Felicitas war das älteste Kind und hatte bei aller Freundschaft wenig Verständnis für Salomes Klagen über ihre Geschwister. Sie sollte erst sehen, wie mühsam und anstrengend kleine Kinder sein konnten! Bei ihren Besuchen fand Salome die Kleinen niedlich und süß, na ja, manchmal weinten sie.

In der Schule saßen die beiden Mädchen jahrelang nebeneinander. Sie waren gute und aufmerksame Schülerinnen. Im Schreiben und Lesen stand keine der anderen nach, im Rechnen erzielte Salome etwas bessere Ergebnisse und wurde vom Lehrer dafür häufig gelobt. Für Religion und den Katechismus schien Felicitas hingegen ein unübertreffliches Gedächtnis zu haben. Der Schulmeister lobte sie häufig vor allen Schülern und Schülerinnen, denn die katholische Religion stand im Zentrum des Unterrichts und war für Mädchen das Wichtigste, was sie im Leben zu lernen hatten. Die protestantische Ketzerei lauerte überall, vor deren Einfluss musste die Jugend bewahrt werden. Das Land wurde von einem geistlichen Fürsten regiert, dementsprechend herrschte der Geist Roms in der schulischen Erziehung.

Gelegentlich, wenn der Unterricht langweilig war und der Schulmeister wiederholt erklärte, was die beiden längst begriffen hatten, konnten die Freundinnen der Versuchung, ein wenig zu schwätzen nicht widerstehen. Das trug ihnen eine Ermahnung oder einen Verweis ein, nur äußerst selten einen heftigen Schlag mit dem Stock auf die Finger, die sie zu diesem Zweck vorstrecken mussten. Salome biss dabei die Zähne zusammen, um keinen Schmerzenslaut von sich zu geben. Falls ein roter Striemen zurückblieb, hielt sie die Hände am besten vor den Eltern verborgen. Beim Essen war das besonders schwierig. Die Frage ihres Vaters blieb kaum aus:

„Salome, was ist mit deiner Hand geschehen?"

Es blieb ihr nichts anderes übrig als der Wahrheit entsprechend zu berichten. Obwohl sie ihr Vater nur ermahnte und in so einem Fall nicht bestrafte, da sie für ihr Vergehen schon gebüßt hatte, fühlte sie förmlich den heimlichen Triumph ihrer älteren Geschwister: Nun musste das gehätschelte Nesthäkchen die Schelte einstecken. Die kleine Salome war keineswegs immer brav!

Dass sie in der Schule nur äußerst selten mit körperlicher Züchtigung Bekanntschaft machte, lag nicht nur an ihrem Wohlverhalten und den guten Lernerfolgen. Die Kinder aus den reichen Patrizierfamilien genossen schon in diesem Alter ihre gesellschaftliche Stellung. Wer aus einer armen Familie stammte oder unehelich geboren war, bekam den Stock des Schulmeisters bereits aus geringem Anlass zu spüren. Eine Sonderstellung nahmen einige Kinder ein, deren Väter angeblich Geistliche waren, der Vater eines Geschwisterpaares sollte der hiesige Pfarrer sein. Die Erwachsenen wussten mehr, sprachen aber vor den Kindern nicht darüber. Salome hatte genau beobachtet, dass diese Knaben und Mädchen eine Stellung irgendwo in der Mitte einnahmen — abwechselnd bevorzugt und gering geachtet, als wüsste man sie nicht einzuordnen.

Der besagte Pfarrer hielt für die Kinder am Sonntagnachmittag noch zusätzlich eine Christenlehre in der Kirche oder im Pfarrhof. Für die Knaben war sie verpflichtend, bei den Mädchen war man etwas großzügiger. Salome ging recht gern dorthin, wie sie überhaupt alle religiösen Verpflichtungen von Kindheit an sehr ernst nahm. Ihre Familie besuchte die Sonntagsmesse in der nahe gelegenen Pfarrkirche, eine der größten der zahlreichen Kirchen der Stadt. Wenn Salome durch das Portal in den großen, dunklen Raum trat, überkam sie ein Gefühl von Feierlichkeit und Erhabenheit. Nach vorne hin erhöhte sich das Gewölbe stufenweise. Über dem Chor und Altar schienen die schlanken Säulen den Himmel zu stürmen. Dort fiel das Tageslicht durch hohe Fenster und wies ihr gleichsam den Weg aus dem geheimnisvollen Dunkel nach vorne in die freundliche Helligkeit.

Die lateinischen Worte verstand sie nicht, wenn der Pfarrer die Messe las. Da sie im Religionsunterricht gut aufpasste, konnte sie die heilige Handlung mitverfolgen. Gesungen wurde zum Teil auf Deutsch. Die Predigten waren für die Erwachsenen gedacht und für Kinder meistens langweilig und schwer verständlich.

Als Salome alt genug war, wurde sie mit den anderen Kindern zur Beichte geführt, und am darauf folgenden Sonntag durfte sie zum ersten Mal die Kommunion empfangen. War das eine Aufregung! Mit klopfendem Herzen schlich sie in die Sakristei und kniete auf dem Betschemel vor einem Gitter nieder, auf dessen anderer Seite der Pfarrer saß. Er sah sie nicht an, und sie sagte ihre Verfehlungen auf. Der Pfarrer ermahnte sie freundlich sich zu bessern und erteilte die Absolution. Erleichtert kniete sich Salome in eine der Kirchenbänke und begann die Gebete zu sprechen, die sie als Buße aufbekommen hatte. Fast ebenso aufregend war die Kommunion. Salome träumte sogar, die Hostie würde herunterfallen, wenn sie ihr der Pfarrer auf die Zunge legte. Doch der hatte einige Übung und schob sie ihr geschickt in den Mund.

Der heilige Rupert wurde als der Schutzpatron Salzburgs verehrt. An den beiden Rupertitagen im März und September und zu besonderen Festen ging die Familie Alt in den Dom zur Messe. Er lag in der Stadtmitte, nicht weit von der Pfarrkirche entfernt. Er war noch größer als diese und besaß fünf Türme. Je ein viereckiger flankierte links und rechts die Vorderfront mit den Portalen, die anderen drei befanden sich am Ende des Langhauses. Den wie in der Pfarrkirche dunklen Innenraum empfand Salome als groß und mächtig, ohne dass er sie tiefer berührte. An Kerzen und Weihrauch wurde nicht gespart, und es las hier nicht ein Priester allein die Messe. An Sonn- und Feiertagen zog der Erzbischof, gefolgt vom Domkapitel, in den Dom ein. Die Messe zelebrierte er gemeinsam mit mehreren Priestern. Die Domherren nahmen vorne in dem prächtigen, aus Holz geschnitzten Chorgestühl Platz. Salome war froh, wenn der lange, feierliche Gottesdienst endete und die geistlichen Herren wieder aus der Kirche zogen.

Der Salzburger Erzbischof war ein alter Mann. Salome konnte sich Erzbischöfe ohnehin nur als alte Männer vorstellen. Er vereinigte weltliche und geistliche Macht im Land in einer Person und hatte lange vor ihrer Geburt den Thron bestiegen. Das Domkapitel, bestehend aus den adeligen Domherren, geweihten und angehenden Priestern, wählte ihn aus seiner Mitte. Er empfing die Bischofsweihe und wurde Herrscher über eines der reichsten und bedeutendsten geistlichen Fürstentümer im deutschen Reich. In die Stadt Salzburg pflegte der neue Erzbischof feierlich einzureiten, wobei ihm die Schlüssel der Stadt überreicht wurden. So erzählten es die Eltern und lernten es die Kinder in der Schule. Salome konnte sich den alten, behäbigen Erzbischof nicht auf einem Pferd vorstellen. Mag sein, dass auch er einmal jünger war und durchaus in der Lage zu reiten.

Bei ihrer Firmung im Dom stand sie ihm an einem sonnigen Pfingstsonntag direkt gegenüber. Es war ein großes Fest mit einem feierlichen Hochamt. Ihre Base und Freundin Felicitas wurde gleichzeitig mit ihr gefirmt. Felicitas' Mutter war Salomes Patin und ihre eigene die der Freundin. Im bis auf den letzten Platz gefüllten Dom standen sie aufgeregt in einer Reihe, hinter jedem der Pate oder die Patin. Jeder Firmling trat, gefolgt von seinem Paten, vor den Erzbischof. Für einen Augenblick sah ihm Salome offen ins Gesicht, bevor sie den Blick senkte. Der alte Mann in dem prächtigen Ornat mit Bischofsmütze und Stab wirkte gütig und ein wenig müde. Neben ihm stand ein Priester, der das Gefäß mit dem Salböl hielt. Der Erzbischof zeichnete damit ein

Kreuz auf ihre Stirn und sprach die lateinischen Worte der Salbung. Mit zwei Fingern deutete er einen Backenstreich an, über den die Kinder in den Vorbereitungsstunden mehr oder minder heimlich gekichert hatten, den sie aber kaum fühlte. Felicitas trat als Nächste vor den Erzbischof.

An diesem Tag empfand Salome im Dom ähnlich wie in der Pfarrkirche. Zu Feierlichkeit und Erhabenheit kam ein Gefühl der Sicherheit und Geborgenheit im Schoß der Kirche. Ihr wollte sie gehorchen und tugendhaft leben.

****

Salome ging noch zur Schule, als ihre Schwestern Barbara und Katharina im selben Jahr heirateten. Die eine war sechzehn, die andere noch keine achtzehn Jahre alt. Ihr Vater hielt es für gut, wenn die Mädchen frühzeitig unter die Haube kamen. Den untadeligen Ruf der behüteten Kinder hatte noch keinerlei Liebeshandel in Frage gestellt, von einem „Sündenfall" gar nicht zu reden. Jahrelang hatten sie unter Anleitung der Mutter an ihrer Aussteuer genäht, Geschirr und Hausrat zusammengetragen. Die jungen Damen waren hübsch und eine gute Partie, was besonders Barbaras Auserwählter zu schätzen wusste. Er war ein ehrenwerter Beamter in erzbischöflichen Diensten, der Herr Ritz, gut verdienend, aber nicht mit Reichtümern gesegnet. Katharinas Bräutigam hingegen beeindruckte schon durch seinen Namen, Fabrici von Klesheim, nicht zu reden vom Vermögen der betreffenden Familie. Beide waren zwar deutlich älter als ihre jugendlichen Bräute, verehelichten sich aber zum ersten Mal. Sie hatten den jungen Damen, wie es sich gehörte, den Hof gemacht. Die tuschelten häufig miteinander, betrachteten mit verklärtem Blick die Geschenke, die ihnen ihre Verehrer gebracht hatten, und füllten mit Eifer eine Truhe nach der anderen mit den Kostbarkeiten ihrer Aussteuer. Die kleine Schwester Salome war ihnen bei all diesen Tätigkeiten nur lästig und im Weg und wurde oft genug mit unfreundlichen Worten weggeschickt.

Die Hochzeiten wurden mit viel Aufwand und Pracht gefeiert. Bei beiden Festen durfte Salome im Spitzenkleid und mit Blumen geschmückt zusammen mit Felicitas die Schleppe der Braut tragen. So sehr sie das Verhalten der Schwestern in den Wochen und Monaten zuvor geärgert hatte, so sehr genoss sie ihre eigene Bedeutung, als sie jeweils hinter der Braut den Mittelgang der Pfarrkirche nach vorne schritt. Neben Felicitas hielt sie das Ende der Schleppe in Händen und hatte ein wachsames Auge auf die jüngeren Kinder vor ihnen, die die Stoffbahn an der linken und rechten Seite mittrugen.

Sabina, ihre älteste Schwester, ließ sich mit dem Heiraten Zeit. Sie war ernster als die beiden Jüngeren und hatte trotz des Altersunterschiedes von zehn Jahren viel mit Salome gemeinsam. Wenn Sabina an ihrer Aussteuer nähte, setzte sich die kleine Schwester gerne zu ihr und begann mit ihren eigenen ersten Versuchen. Salome war geschickt und lernte rasch. So entstanden Taschentücher, Handtücher, Geschirrtücher und Bettlaken, dann die schwierigeren Werkstücke wie Servietten und Tischtücher, die kunstvoll bestickt wurden. Die Arbeit bot eine gute Gelegenheit für Gespräche. Eines Tages fragte Salome rundheraus:

„Sabina, warum heiratest du nicht den Maximilian Steinhauser?"

Mit der Familie Steinhauser waren die Alts so wie mit den meisten anderen wohlhabenden Bürgersfamilien um einige Ecken verwandt. Man traf sich bei Hochzeiten und Beerdigungen, beim jährlichen Festmahl nach der Fronleichnamsprozession und zu anderen feierlichen Anlässen. Sabina und Maximilian unterhielten sich dabei häufig miteinander, lachten und schienen sich gut zu verstehen.

„Unsere Väter wollen ihre Einwilligung nicht geben", sagte Sabina und hielt jäh im Sticken inne. Sie hatte sich gerade auf ein schwieriges Muster konzentriert und ohne nachzudenken preisgegeben, was seit geraumer Zeit an ihr nagte und ständig ihre Gedanken gefangen nahm.

Salome ließ die Arbeit sinken und sah ihre älteste Schwester mit großen Augen an

„Warum denn nur?", fragte sie. „Der alte Steinhauser ist kein freundlicher Mensch, immer so mürrisch und abweisend. Er und unser Vater mögen sich nicht, reden kaum ein Wort miteinander, aber", fuhr sie nachdenklich und voll Mitgefühl fort, „dass sie euch deswegen das Heiraten verbieten wollen…"

„Da gibt es eine alte Geschichte", sagte Sabina.

„Was für eine Geschichte?" Der Ton in Sabinas Stimme weckte Salomes Neugier. Was gab es da für ein Familiengeheimnis, dass zwei honorige Bürger ihren Kindern, die nach Stand, Alter und Vermögen bestens zusammenpassen würden, das Heiraten nicht erlauben wollten?! „Ich habe schon zu viel gesagt", seufzte die Ältere, „aber da ich nun damit angefangen habe und du für dein Alter ja sehr vernünftig und verständig bist – aber du darfst niemandem davon erzählen – versprich mir das!"

Salome versprach zu schweigen und nickte eifrig zur Bestätigung.

„Die Kaufleute halten sich ja häufig geschäftlich in Venedig auf", begann Sabina.

„Ja und?", warf Salome ein. Das war nichts Neues, ihr Vater war häufig wochenlang von zu Hause fort.

„Als unser Vater und Maximilians Vater junge Männer waren, reisten sie einmal gleichzeitig nach Venedig, vielleicht sogar gemeinsam, so genau weiß ich es nicht. Bei einem großen Fest lernten sie eine vornehme junge Dame kennen, eine adelige Baronessa, die soll sehr schön gewesen sein, und beide verliebten sich in sie…" Sabinas Stimme sank zu einem Flüstern. Sie beugte sich näher zu ihrer Schwester, damit sie die leisen Worte verstand. „Sie sollen beide heftig um sie geworben und sich aus Eifersucht sogar geprügelt haben…"

Salome konnte es kaum glauben: Ihr Vater sollte sich mit dem ehrenwerten Steinhauser geschlagen haben! Der ernste, doch freundliche Herr, der sie äußerst selten gestraft und nie körperlich gezüchtigt hatte, an dem sie so hing. Nicht vorstellbar!

„Aber geheiratet hat sie keiner der beiden?", flüsterte sie.

„Nein, für die Baronessa hat sich auch ein Graf, ein Conte aus Rom, interessiert. Der war von gutem Adel, reich, lebte im sonnigen Süden, und den hat sie genommen."

„Ob sie ihn wohl geliebt hat? Oder ob sie ihr Vater gezwungen hat?", meinte Salome. Die Geschichte regte ihre Fantasie an, ließ sich weiterspinnen...

„Später sollen sich unser Vater und der alte Steinhauser auch geschäftlich in die Haare geraten sein." Das interessierte Salome nicht mehr sonderlich und Sabina hatte alles gesagt, was sie wusste. Sie verriet auch nicht, wer ihr von der Begebenheit erzählt hatte. Wilhelm Alt und der Steinhauser ehelichten Frauen aus den vornehmen Salzburger Bürgersfamilien, doch die Eifersucht wegen der Baronessa legte den Grundstein für eine lebenslange Rivalität.

Beeinflusst von ihren Ehefrauen gaben die Väter schließlich widerwillig ihre Zustimmung. Sie hatten nicht die Absicht, Freunde zu werden, doch hielten beide auf Stand und Ansehen. So wurde die Hochzeit von Sabina Alt mit Maximilian Steinhauser im Mai 1582 das größte Fest, das die Stadt Salzburg seit Jahren gesehen hatte. Diesmal fungierte die dreizehnjährige Salome als Brautjungfer und trug auf einem Kissen den kostbaren Ring, den der Bräutigam bei der Trauung ihrer Schwester an den Finger steckte. Das Tragen der Schleppe wurde jüngeren Kindern aus der Verwandtschaft überlassen.

Nach der Messe formierte sich der Hochzeitszug und nahm seinen Weg von der Pfarrkirche in das Rathaus. Dort fand ein Empfang mit Tanz statt. Salome und Felicitas bedauerten es sehr, dass sie noch nicht zusammen mit den Erwachsenen tanzen durften, nur mit den Kindern herumspringen. Im Haus des Bräutigams, das die Steinhausers, die reichste Familie in der Stadt, hatten renovieren und neu ausstatten lassen, fand das Hochzeitsmahl statt. Es wurden über zwanzig Gänge gereicht. Viele Gerichte auf den silbernen Platten waren so kunstvoll aufgebaut und verziert, dass es fast schade war, sie zu zerstören. Je nach Inhalt stellten Pasteten einen Fisch, Vogel oder ein anderes Tier dar. Ein

Schloss aus Marzipan und mit den Wappen der Familien dekorierte Torten standen als Desserts bereit. Am Abend wurden die Kinder einschließlich Salome und Felicitas nach Hause gebracht, während sich die Erwachsenen nochmals zum Tanz ins Rathaus begaben.

Zwei weitere Tage wurde gefeiert. Am so genannten Nachhochzeitstag gingen die Familien mit den zahlreichen Gästen zum Hochamt in die Pfarrkirche, es folgte neuerlich ein reichhaltiges Mahl mit anschließendem Tanz. Am Abend des zweiten und am dritten Festtag reduzierte sich die Hochzeitsgesellschaft nach und nach. Bei vielen stellten sich Magenbeschwerden ein. Im Hause der Alts wurde bei der Festtafel nur wenig gegessen. Dabei hatte sich Salomes Mutter solche Mühe gegeben, hinter den Steinhausers nicht zurückzustehen. Trotz geringerer Gästezahl als an den Tagen zuvor reichte der große Wohnsalon kaum aus, um allen Platz zu bieten. Die Kinder mussten mit Tischen im Nebenraum vorlieb nehmen.

„Unsere Mütter tuscheln miteinander", sagte Salome zu Felicitas, als die Mädchen gerade die Erwachsenen beobachteten. Die Freundin kicherte und flüsterte:

„Die nehmen die anwesenden jungen Männer in Augenschein, wer für uns wohl später in Frage kommt."

Salome nickte. So wie heute ihre Schwester Sabina würde sie eines Tages als Braut der strahlende Mittelpunkt einer Hochzeitsgesellschaft sein. Sabina trug nun die Frauenhaube. Die helle, mit Goldfäden bestickte Kopfbedeckung ließ nur den Ansatz ihres üppigen dunklen Haares sehen und betonte ihre feinen, regelmäßigen Gesichtszüge. Sie sah schön und glücklich aus, fand Salome, ein wenig müde von den Festlichkeiten. Inmitten des fröhlichen Lärms der Unterhaltung hatte das frisch vermählte Paar gerade einen Augenblick für sich allein. Die Tischnachbarn zu beiden Seiten hatten sich anderen Gästen zugewandt. Salome beobachtete, wie Maximilian über Sabinas Wange strich, wie die beiden miteinander flüsterten und einander anlächelten. Ihre älteste Schwester war schon lange Salomes Vorbild. Wie sie würde sie nur einen Mann heiraten, den sie liebte. Mit Gottes Hilfe würde sie den Richtigen finden und auch ihr Vater seine Einwilligung geben. Einen Bürgerssohn aus der Stadt oder aus der Provinz, einen Hofbeamten oder einen Kaufmann aus einem der angrenzenden Länder? Ob sie vielleicht Salzburg, ihre Verwandten und Freunde verlassen müsste? Ob ihr Ehemann gut aussehend, reich und angesehen sein würde wie Maximilian Steinhauser? Verheißungsvoll und ungewiss zugleich lag vor Salome die Zukunft. Soweit es in ihren Kräften stand, wollte sie eine gute Ehefrau und Mutter werden. Dazu war sie erzogen und das wünschte sie sich von Herzen.

****

Im darauf folgenden Jahr konnte man Salome förmlich beim Wachsen zusehen, das fand zumindest ihre Mutter. Sie wurde größer als Mutter und Schwestern, überragte schließlich ihren Vater und entwickelte sich zu einer Schönheit. Die großen grauen Augen lagen unter fein geschwungenen Brauen. Die Wangen schimmerten rosig, der Mund war klein mit vollen Lippen. Der Ansatz ihres rötlich braunen, nach hinten gekämmten und hoch gesteckten Haares umrahmte sehr regelmäßig ihr Gesicht. Ihre Haut war makellos und ihre Gestalt wohl proportioniert. Salome galt bald als das schönste Mädchen der Stadt.

Felicitas anerkannte das neidlos. Mit ihrem blonden Haar und den blauen Augen in einem frischen Gesicht war sie hübsch, aber verglichen mit Salome sah sie aus wie ein Mädchen vom Land neben einer vornehmen Dame. Sie hielt sich gerne bei der Freundin auf und brachte ihre Werkstücke für ihre Aussteuer mit. Ohne Störung durch jüngere Geschwister konnten sie gemeinsam in Ruhe nähen und plaudern. Auf Wunsch ihrer Väter nahmen sie Reitstunden, eine willkommene Abwechslung, über die die Mütter weniger begeistert waren. Reiten hielten sie für schädlich für das spätere Kindergebären. Die Väter meinten, es gehöre zur Bildung vornehmer junger Damen, auch wenn sie nicht aus adeligen Häusern stammten.

Salome begann im Laden mitzuhelfen. Dort herrschte meistens emsiges Getriebe. Knechte brachten neue Waren aus den Lagern. Gesellen und Lehrlinge ordneten sie im Geschäftslokal an und packten in den hinteren Räumen ein, was in die Häuser der Kunden geliefert werden sollte. An manchen Tagen klingelte die Glocke über der Tür in kurzen Abständen, und es herrschte ein regelrechtes Gedränge. Salome machte es besondere Freude, die Kostbarkeiten aus fernen Ländern anzubieten – eine neue Sorte Wein, ein kaum bekanntes Gewürz, venezianische Seife, feinste Seide und vieles mehr. Salomes Anwesenheit förderte das ohnehin gut gehende Geschäft. Sie wusste nett und angenehm zu plaudern und auf sachliche Fragen klug und richtig zu antworten. Manch einer der Wohlhabenden, die sich Luxus leisten konnten, kam persönlich, um sich von der schönen und klugen Tochter des Handelsherrn beim Kauf beraten zu lassen. Sie hatte rasch von ihrem Vater und Bruder gelernt, die für den Laden wenig Zeit hatten und froh waren, wenn ein Familienmitglied ein wenig die Mitarbeiter im Auge behielt.

1585 begleiteten Wilhelm Alt und sein Sohn einen Handelszug nach Venedig. Der Vater wollte seinen einzigen Sohn, der ihm im Unternehmen nachfolgen sollte, seinen Geschäftspartnern vorstellen. Es wurde eine mühsame, von zahlreichen Schwierigkeiten gekennzeichnete Reise. Zuerst verzögerte die Reparatur an mehreren Wagen den Aufbruch. Auf dem Hinweg war es für den Monat September ungewöhnlich heiß. Ein Pferd brach sich ein Bein und musste erschossen werden. Die neuerlich erhöhten Gebühren an den Mautstellen und eine lange Wartezeit einschließlich Streit über die Richtigkeit der Frachtpapiere bei der Einreise in die Republik Venedig zählten zu den kaum erwähnenswerten üblichen Widrigkeiten. In Venedig angekommen musste Wilhelm Alt erfahren, dass einer seiner langjährigen Handelspartner vor kurzem verstorben war und seine beiden Söhne nun das Unternehmen führten. Samuel verstand sich mit den beiden jungen Männern recht gut, und die Geschäfte verliefen erfolgreich. Auf dem Rückweg geriet der Wagenzug beim Überqueren eines der Alpenpässe in einen unerwartet frühen Wintereinbruch. Es stürmte und schneite. Kaum durften die Reisenden aufatmen, dass Mannschaft, Pferde und Wagen dieses Abenteuer heil überstanden hatten, bekamen sie es mit Wegelagerern zu tun. Es waren nur wenige, schlecht bewaffnete Männer, die die Kaufleute und ihre Begleiter leicht überwältigen konnten. Einem fügte Wilhelm Alt einen tödlichen Stich mit dem Degen zu, die übrigen ergriffen nach einem kurzen Handgemenge die Flucht.

Salomes Vater wirkte um Jahre gealtert, als er zu Hause ankam. Er hatte schon früher Überfälle erlebt, doch niemals war ein Mensch durch seine Hand gestorben. Der Wagenzug war mit starker Bedeckung unterwegs, und die Räuber ließen sich ohne große Mühe vertreiben. Immer wieder sah er den Mann vor sich, wie er zusammensank und sich das Erdreich um ihn rot färbte. Hätte sich der tödliche Stich nicht leicht vermeiden lassen? Diese Frage quälte ihn mehr als der langwierige Husten, den er sich bei der unerwarteten winterlichen Kälte zugezogen hatte. Zum Dank für die glückliche Heimkehr stiftete Wilhelm Alt mehrere Messen, und der Pfarrer versicherte ihm, dass er in Notwehr gehandelt hatte. Dennoch ließen ihn die trüben Gedanken nicht los.

Hohes Fieber befiel den immer stärker Hustenden. Der Arzt wurde gerufen, konnte aber nicht viel tun. An einem trüben Novembertag starb Wilhelm Alt an Lungenentzündung, wenige Tage vor Salomes siebzehntem Geburtstag. Sie war viele Stunden an seinem Bett gesessen, während er schwer atmete und ihn Fieberfantasien quälten. Ihre Anwesenheit schien ihm bewusst zu sein und wenn sie seine Hand nahm, drückte er sie leicht. Sie wünschte so sehr, sie könnte ihm Kraft geben! Doch alles Bangen, Hoffen und Beten war umsonst. Der Pfarrer kam gerade noch rechtzeitig mit dem Sterbesakrament.

Salome hatte wenig geschlafen und war sogleich wach, als ihr Bruder an jenem Morgen an ihre Tür klopfte.

„Es ist vorbei", sagte er nur kurz und ging wieder.

Dem Ansehen der Alts gemäß hielt der Koadjutor des Erzbischofs selbst die Beerdigung. Er führte die Regierungsgeschäfte praktisch allein, seit der Erzbischof infolge eines Schlaganfalls nahezu handlungsunfähig geworden war.

Der Trauerzug führte vom Haus, wo der Tote aufgebahrt wurde, zum Friedhof, der mitten in der Stadt neben dem Dom lag. Eine große Menschenmenge erwies Wilhelm Alt die letzte Ehre. Der kalte Wind blies Salome um die Ohren, als sie zusammen mit ihrer Mutter und ihrem Bruder hinter dem Sarg ging, gefolgt von ihren Schwestern und deren Ehemännern. Sie fühlte sich beraubt, von ihrem Vater verlassen, bar ihrer bisherigen Ordnung. Der Tod hatte Ernte gehalten, noch oft in ihrem Leben würde sie diese bittere Erfahrung machen müssen. Der Sarg wurde in der Familiengruft beigesetzt. Salome warf eine Rose in das schwarze Loch. Es war ein Wunder der Natur, dass sie um diese Jahreszeit in einem windgeschützten Winkel eine einsame Heckenrose gefunden hatte.

Die Totenmesse wurde in der Pfarrkirche gelesen. Hier blies einem nicht der kalte Wind um die Ohren, und ein wenig lag noch die Wärme des milden Herbstes im Raum. Das Licht der Kerzen in der dunklen Kirche und der vertraute Lauf der heiligen Handlung wirkten auf Salome beruhigend. Ihr Vater war ein aufrechter Mann gewesen, in die Kirche und zu den Sakramenten gegangen und mit den Tröstungen der Religion versehen gestorben. Ein Hauch von Ewigkeit umwehte Salome. Irgendwann würde sie ihren Vater im Himmel wiedersehen. Sie fühlte Wärme in ihrem Herzen. Ließ sich Gott erahnen? War er ein liebender Vater im Himmel, wie sie es so oft betete? Vielleicht finde ich eines Tages die Antwort, dachte Salome, nicht das, was ich im Religionsunterricht gelernt habe, sondern meine persönliche Antwort und Gewissheit.

****

26

Im Winter hielt sich Salome häufig bei Felicitas' Familie auf. Deren jüngere Geschwister brachten sie leicht zum Lachen. Hinterher hatte sie ein schlechtes Gewissen, wenn sie zu ihrer in Schwarz gekleideten Mutter zurückkehrte und sie ganz allein in dem großen Haus fand. Die Mutter litt unter gesundheitlichen Beschwerden, sodass sich Salome neben der Arbeit im Laden auch um die Haushaltsführung kümmerte. Ihre zahlreicher werdenden Aufgaben führten dazu, dass sie weit mehr Freiheit genoss, als ihre älteren Schwestern je hatten. Die kamen gelegentlich mit ihren Kindern zu Besuch, die das Haus mit so viel Leben erfüllten, dass es ihrer Mutter zu anstrengend wurde und die Töchter die Besuche einschränkten. Ihren Bruder nahm die Leitung des Handelshauses völlig in Anspruch, und er konnte sich kaum um familiäre Angelegenheiten kümmern. Als endlich der Frühling ins Land zog, empfand Salome voll neuer Lebensfreude die Wärme der Sonnenstrahlen und das Erwachen der Natur, nur ihre Freundin Felicitas schien in diesem Jahr nichts davon zu bemerken.

Der Grund dafür hieß Christoph Weiß, der bei Felicitas' Vater um deren Hand anhielt. Sie war gerade achtzehn Jahre alt geworden, also im passenden Alter, um sich zu verloben und zu heiraten. Christoph Weiß, ein junger Witwer, dessen erste Frau bei der Geburt seiner reizenden zweijährigen Tochter gestorben war, stammte aus einer angesehenen Familie und übte erfolgreich den Beruf des Kaufmanns aus. Dennoch lehnte Ludwig Alt die Verbindung rundweg ab, denn der Bewerber bekannte sich zum evangelischen Glauben.

„Und ich heirate ihn trotzdem", erklärte Felicitas energisch, als sie mit Salome gerade nach einer Maiandacht von der Pfarrkirche nach Hause ging.

„Du kennst Christoph Weiß doch kaum", wandte Salome ein. „Was ist so Besonderes an ihm?! Na ja, er ist nicht gerade hässlich und keineswegs arm, noch jung, aber er ist Protestant. Willst du deinen Glauben verleugnen? Hast du vergessen, was wir gelernt haben? Seine Tochter musst du womöglich evangelisch erziehen..."

„Ach", unterbrach sie Felicitas, „du verstehst überhaupt nichts. Ich bin nicht so schön wie du, dass mich alle Männer bewundern. Du brauchst nur zu wählen, aber ich muss froh sein, wenn mich einer nimmt. Jetzt bin ich schon achtzehn und nicht einmal verlobt. Wenn ich so weitermache, kann ich noch in zehn Jahren meine jüngeren Geschwister hüten und dann am besten in einem Kloster verschwinden. Aber vergiss eines nicht, so einfach, wie du vielleicht glaubst, ist es für dich auch nicht – du bist nämlich zu groß, kein Mann will eine Frau, die auf ihn herabsieht!"

Das saß. Manchmal fühlte sich Salome unbehaglich wegen ihrer Größe. Tatsächlich überragte sie viele Männer, aber natürlich längst nicht alle. Felicitas' Ausbruch verletzte sie und machte sie gleichzeitig bestürzt.

„Felicitas", sagte sie, „du wirst doch nicht einfach den erstbesten Mann nehmen wollen!"

Die Base seufzte, Tränen liefen ihr über die Wangen, die sie rasch wegwischte. Sie bereute ihre harten Worte. Endlich wollte sie ihrer besten Freundin, der sie so viele Jahre all ihre Geheimnisse anvertraut hatte, von ihren Gefühlen für Christoph erzählen, stattdessen warf sie ihr Grobheiten an den Kopf! Sie bat um Verzeihung und begann zögernd von ihrem Liebsten zu sprechen.

„Christoph war häufig bei uns zu Gast", sagte sie, „die kleine Angelika ist auch sehr lieb. Sie fliegt mir richtig entgegen, sobald sie mich sieht. Und - ich habe mich mit ihm getroffen, ohne Wissen meiner Eltern..." Sie unterdrückte ein Schluchzen, schüttelte traurig den Kopf und fuhr fort: „Dass mein Vater dagegen ist, hätte ich nie gedacht..."

Salome nahm Felicitas am Arm.

„Sei nicht traurig", versuchte sie die Freundin zu trösten, „Sabina hat ihren Maximilian auch bekommen, obwohl die Väter zuerst dagegen waren. Vielleicht müsst ihr nur etwas Geduld haben..."

„Du hast leicht reden." Felicitas seufzte neuerlich. „Du weißt nicht, wie das ist... Mein Vater hat mir verboten, Christoph zu sehen."

„Wenn ich irgendwie kann, helfe ich dir!", versicherte Salome eifrig, voll Mitgefühl für die Freundin.

„Ja?" Felicitas' Augen leuchteten auf. „Obwohl er evangelisch ist?"

„Ja, gewiss, wenn du ihn liebst und mit ihm glücklich wirst, kann er meinetwegen auch Protestant sein!"

2 - Das Versprechen

Salome trat einige Schritte zurück und betrachtete das Bild, das endlich an dem ihm zugedachten Platz im Laden hing.

„Es ist gut, du kannst gehen", sagte sie zu dem Lehrling, der mit dem Werkzeug wieder abzog.

Ihr Vater hatte die Stadtansicht von Venedig von seiner letzten Reise mitgebracht und rahmen lassen. Der Tod ereilte ihn, bevor er das Bild als Zeichen seiner Handelsbeziehungen in seinem Laden aufhängen konnte. Fast wäre es in Vergessenheit geraten, wenn es Salome nicht aus einem Schrank im Kontor hervorgeholt und ihm einen ehrenvollen Platz zugewiesen hätte. Sie betrachtete die Kanäle, auf denen einige Boote und eine prächtige Gondel fuhren, die Paläste, die große Kirche mit den Kuppeln und Portalen und den Glockenturm, der in einiger Entfernung daneben stand. Als sie die Glocke der Ladentür hinter sich hörte, wandte sie sich um.

„Das ist eine sehr gute Zeichnung", sagte der Fremde, der soeben eingetreten war. Er war wie ein südländischer Edelmann in Schwarz gekleidet. Lediglich ein weißer Kragen hob sich vom dunklen Wams ab. Die gebauschten Hosen endeten über den Knien, gefolgt von Strumpfhosen. Den Hut hielt er in der Hand. Es war ein warmer Sommertag, also fehlte der kurze schwarze Mantel, der diese Tracht vervollständigte. Der Mann war jung, mit schwarzem Haar und dunklen Augen. „Wirklich sehr schön", wanderte sein Blick von der Zeichnung zu Salome, so dass nicht genau auszumachen war, ob er das Bild oder das Mädchen oder beides meinte. „Leider kann man die Stadt in der Weise, wie sie der Künstler dargestellt hat, nicht in ihrer Gesamtheit vor sich sehen."

„Kennt Ihr Venedig?", fragte Salome. Der Fremde sprach nicht wie ein Einheimischer, fand sie, aber Deutsch war offensichtlich seine Muttersprache. Er kam ihr bekannt vor. Wo hatte sie ihn bloß schon gesehen?

„Ja, aber nur als Besucher, während ich in Rom mehrere Jahre gelebt habe. Die Markuskirche ist prächtig, aber lange nicht so großartig und beeindruckend wie der Petersdom in Rom. Den Glockenturm nennt man Campanile. Wenn man hinaufsteigt und die Glocke beginnt zu schlagen, ist es wahrhaft ohrenbetäubend..."

Bei der Erwähnung der Stadt Rom fiel Salome ein, wo sie den Mann vor längerer Zeit schon gesehen hatte: im Münster. An hohen Feiertagen besuchte sie dort die Messe. Er war einer der jungen Domherren.

„Mein Vater hat das Bild von seiner letzten Reise mitgebracht, bald darauf ist er gestorben", sagte sie. Warum erzählte sie ihm das?

„Das tut mir leid. Ich war längere Zeit nicht in Salzburg und habe nichts davon gewusst." Es klang aufrichtig, nicht wie eine höfliche Redensart.

„Verzeiht bitte, ich habe noch gar nicht nach Euren Wünschen gefragt?", besann sich Salome auf ihre Arbeit. Er fragte, welche italienischen Weinsorten sie vorrätig hätte, und nach einigen anderen Dingen. Nachdem er ausgewählt hatte, notierte sie Namen und Adresse. „Wenn es Euch recht ist, wird noch heute gegen Abend geliefert", sagte Salome geschäftsmäßig. Sie zählte die Posten zusammen und nannte den Rechnungsbetrag. Ein Diener würde die Waren entgegennehmen und bezahlen.

Die Tür schloss sich hinter ihm, und Salome betrachtete den Zettel mit dem Namen und der Adresse. In der Gegend wohnten mehrere Domherren in repräsentativen Häusern.

Sie hatte richtig geraten. Der Kunde war kein Südländer, sondern entstammte offensichtlich einem deutschen, ihr nicht bekannten Adelsgeschlecht.

****

Auf den Wagen, der im Hof bereitstand, luden die Gesellen Kisten, Fässer und Säcke. Das Tor zum Magazin war weit offen. Drinnen stand Salome bereits am frühen Morgen an einem Schreibpult und setzte die letzten beiden Posten auf den Lieferschein. Diesmal durfte nichts fehlen. Bei der letzten Lieferung an den Bischofshof gab es eine Reklamation, zwei kleine Säcke mit Gewürzen fehlten. Vielleicht waren sie verloren gegangen, irgendwo vergessen, irrtümlich auf die Liste geschrieben oder gar gestohlen worden. Wie auch immer – an die Residenz zu liefern, bedeutete ein Privileg, das die Familie Alt nicht leichtsinnig aufs Spiel setzen wollte. Samuel war nach Venedig abgereist. Sein Sekretär, der in seiner Abwesenheit die Geschäfte führte, überließ Salome gern die Aufgabe, die nächste Lieferung genau zu überwachen und persönlich zu begleiten.

Im Kontor übergab ihr der Sekretär die Rechnung über den letzten Monat, die sie zusammen mit dem aktuellen Lieferschein beim zuständigen Hofbeamten abgeben würde. Möglicherweise würde man sie zum Vorsteher der Hofkammer persönlich führen, und sie müsste ihm Rede und Antwort stehen. Eine nochmalige freundliche Entschuldigung bei dem mürrischen Herrn, mit ihrem nettesten Lächeln vorgebracht, würde die leidige und peinliche Angelegenheit hoffentlich aus der Welt schaffen.

Vom Haus der Alts bis zur Residenz war es nicht weit. Nur wenige Häuser weiter am unteren Ende der Kirchengasse gab die Querstraße den Weg nach links und rechts frei. In der gegenüberliegenden Häuserzeile ermöglichte ein Torbogen die Durchfahrt zum Kai und zum Ufer der Salzach. Das Fuhrwerk bog nach rechts ab und ließ die Durchfahrt und das Rathaus daneben links liegen. Die Straße mündete in den stets belebten Marktplatz. Um den Brunnen in der

Mitte drängten sich die Menschen, um Wasser zu holen. Da nicht Markttag war, konnte der Wagen den Platz zügig überqueren und das Tor zum Bischofshof erreichen. Er brauchte nicht anzuhalten. Der Torposten kannte die Lieferanten, auch war ihm nicht entgangen, dass Salome neben dem Kutscher saß. Mit einem kurzen Wink ließ er sie passieren.

Die Vorderfront des Münsters mit den beiden Türmen erhob sich linker Hand mächtig über den im Viereck angelegten Bischofshof. Das Fuhrwerk wandte sich nicht der Kirche und den Eingängen zu den repräsentativen Amtsräumen zu, sondern hielt vor den Wirtschaftsgebäuden. Es gab hier einen Getreidespeicher und andere Vorratslager, eine Bäckerei und einige Handwerksbetriebe. Mehrere Knechte erschienen, um die Waren abzuladen, gefolgt vom Kellermeister.

„Was habt Ihr uns für Köstlichkeiten mitgebracht? Und was verschafft uns die Ehre, dass uns die Jungfer Alt persönlich besucht?", fragte der meistens gut gelaunte, freundliche Mann. Er streckte ihr die Hand entgegen und Salome stieg vom Kutschbock.

„Der Grund ist nicht erfreulich", sagte sie. „Zwei Säckchen mit Gewürzen fehlten bei der letzten Lieferung. Es gab eine Beschwerde."

Der Kellermeister lachte: „Vielleicht waren die Köche daran gehindert, die eine oder andere der feinen Speisen zuzubereiten. Deswegen wird hier wohl keiner Mangel gelitten haben." Salome stellte sich den sehr beleibten Erzbischof vor. Einige der höchsten Hofbeamten sowie der Dompropst besaßen eine ähnliche Figur. Fast hätte sie auch gelacht. Sie stand noch neben dem Wagen, als einer der Knechte rief:

„Achtung! Seht Euch vor!"

Salome hob den Kopf und fuhr zurück – es war schon zu spät. Eine der Kisten landete krachend auf den Zehen ihres linken Fußes. Salome schrie laut auf, ein stechender Schmerz fuhr durch ihren ganzen Körper.

„Könnt ihr Idioten nicht aufpassen!", brüllte der Keller-meister zu den beiden Knechten hinauf, die oben auf dem Wagen standen und erschrocken ihre Arbeit unterbrachen.

Salome hatte das Gefühl, dass sich alles um sie drehte. Sie suchte nach Halt und fand sich von einem Mann im Gewand eines Klerikers gestützt, der plötzlich neben ihr stand. Ihr Schrei hatte allgemeine Aufmerksamkeit erregt. Beamte und Diener blieben im Hof stehen, traten aus den Türen oder blickten aus den Fenstern.

„Habt Ihr Euch verletzt?", fragte der Geistliche neben ihr.

„Mein Fuß", seufzte Salome. Der Nebel vor ihren Augen lichtete sich, und sie blickte dem Mann ins Gesicht. Das war doch? Den Namen des Kunden in der spanischen Tracht hat-te sie vergessen. Der Domherr war wohl gerade aus dem Münster vom Chorgebet gekommen.

„Könnt Ihr gehen?", fragte er.

„Ich denke ja", nickte Salome.

„Kommt hier herein, dort könnt ihr Euch setzen", wies der Kellermeister auf eine offene Tür.

„Lasst rasch den Wundarzt holen", befahl der Domherr. „Und ihr geht alle wieder an eure Arbeit, hier gibt es nichts zu gaffen!", scheuchte er die Schaulustigen weg.

„Den Wundarzt braucht Ihr nicht zu bemühen", versuch-te Salome abzuwehren. Sie biss die Zähne zusammen und, auf den Arm ihres Helfers gestützt, humpelte sie mühsam einige Schritte. Wieder fühlte sie sich schwindlig und hielt inne.

„Kommt", sagte der Domherr, nahm sie um die Mitte und hob sie mit einem kräftigen Ruck hoch. Salome wollte sich wehren, musste aber gleichzeitig einsehen, dass es keinen Sinn hatte. Es blieb ihr nichts anderes übrig, als ihren Arm um seine Schultern zu legen und sich das kurze Stück Wegs tragen zu lassen.

Der Domherr setzte sie auf der Bank in dem kleinen Raum ab, der den erweiterten Eingang zum Weinkeller bil-dete. Das Gewölbe war niedrig, und das winzige Fenster ließ wenig Licht herein, eine steile Treppe führte nach unten, kühle Luft wehte aus der Dunkelheit des Kellers herauf.

„Danke", sagte Salome, „es tut mir leid, dass ich Euch solche Umstände mache."

„Ich helfe gern einer so schönen Frau und hoffe, dass Ihr nicht ernstlich verletzt seid. Verzeiht, ich habe mich noch nicht vorgestellt." Er deutete eine Verbeugung an: „Wolf Dietrich von Raitenau."

„Salome Alt." Sie reichte ihm die Hand. „Zu tun hatten wir ja schon miteinander."

„Nur hätte ich Euch gerne unter besseren Umständen wiedergesehen", sagte er.

Salome hatte sich vom ersten Schrecken erholt. Trotz ihres schmerzenden Fußes und ihrer Verlegenheit musste sie über die nahezu komische Situation lächeln. Der Wundarzt trat ein, worauf sich der Domherr zurückzog.

„Ich sehe zu, wie ich Euch nach Hause bringe", sagte er noch.

Salome zog vorsichtig Schuh und Strumpf aus. Das schmerzte, und Blut kam zum Vorschein. Der Arzt untersuchte den Fuß. Offensichtlich war nichts gebrochen, die Zehen würden gehörig blau werden und voraussichtlich der eine oder andere Nagel abgehen. Sie würde aber bald wieder laufen können und sicher keinen bleibenden Schaden davontragen.

„Da habt Ihr Euch früher schon einmal verletzt", zeigte der Arzt auf die deutlich sichtbare Narbe über ihrem Knöchel. Salome erinnerte sich daran, wie sie als kleines Mädchen durch das Brett auf dem Dachboden gebrochen war.

„Ja", sagte sie, „aber das ist sehr lange her."

Während der Arzt einen Verband anlegte, sann sie darüber nach, wie sie damals ihr Vater aus ihrer misslichen Lage befreit, die Treppe hinuntergetragen und getröstet hatte. Heute war sie auf die Hilfe eines Fremden angewiesen und versäumte eine wichtige Verpflichtung. Ihre Entschuldigung wegen der fehlenden Gewürzsäckchen musste sie auf einen späteren Zeitpunkt verschieben. Den Lieferschein und die Rechnung hatte der Kellermeister an sich genommen, um sie beim zuständigen Beamten abzugeben. Mit dem Abladen des Fuhrwerks waren die Knechte in der Zwischenzeit wohl fertig geworden. Wie kam sie nun nach Hause? Sie war kaum in der Lage, auf den Kutschbock zu steigen.

„Eure Kutsche steht bereit."

Wolf Dietrich von Raitenau hatte schon vor der Tür gewartet. „Vergesst Euren Schuh nicht", sagte er, hob ihn auf und drückte ihn Salome in die Hand. „Wenn Ihr erlaubt, gehen wir also." Es blieb ihr wieder nichts anderes übrig, als sich von ihm hinaustragen zu lassen. Unmittelbar vor der Tür stand eine Kutsche. Das Gefährt sah sehr vornehm aus.

„Das ist doch nicht etwa die Kutsche Seiner hochfürstlichen Gnaden, des Erzbischofs?", fragte Salome erschrocken.

„Nein, nur die des Dompropstes."

Das genügte, um wochenlang in aller Munde zu sein! Der Domherr wies dem Kutscher den Weg und stieg zu ihr in den Wagen. Salome schob den Vorhang ein wenig vor und lehnte sich zurück, damit sie möglichst niemand sah. Der Weg war nicht weit, aber um diese Zeit herrschte reges Treiben auf den Straßen. Es musste nicht die gesamte Stadt wissen, dass Salome Alt in der Kutsche des Dompropstes und in Begleitung eines Domherrn nach Hause kam!

Sie betrachtete Wolf Dietrich von Raitenau von der Seite: ein schmales Gesicht, Kinn und Nase ausgeprägt, ein kleiner Oberlippenbart, hoch stehende, fein geschwungene Brauen über dunklen, fast schwarzen Augen. Das schwarze Haar über der hohen Stirn trug er zurückgekämmt. Er mochte etwa so groß sein wie sie selbst und kräftig, wie er soeben bewiesen hatte. Die südländische Tracht des Edelmannes stand ihm besser zu Gesicht, als das Gewand des Klerikers mit dem dazugehörenden Barett. Als hätte er ihre Gedanken erraten, sagte er:

„Das ist übrigens nur ein Chorrock, ich bin nicht Priester. Ich kam nur gerade vom Chorgebet, als Euch die herabfallende Kiste so unglücklich traf." Salome fühlte, dass sie rot wurde, und ärgerte sich darüber. Sie nickte schweigend, da sie weder Interesse an seiner Person zeigen noch eine gleichgültige, unhöfliche Antwort geben wollte.

Sie hatten das Haus der Alts erreicht. Welch ein Glück, dass Salomes Mutter gerade nicht zu Hause war! Liese, die alte Kinderfrau, sah die Kutsche und eilte vor das Tor. Sie schlug erschrocken die Hände über dem Kopf zusammen, als der Raitenauer Salome aus dem Wagen hob. Die alte Liese rief nach zwei Dienern, damit sie die Verletzte ins Haus trugen. Der Domherr fragte noch:

„Darf ich morgen kommen und mich nach Eurem Befinden erkundigen?"

„Ja, natürlich, und vielen Dank."

******

„Meine Mutter wird ihn sicher nicht wieder einladen", sagte Salome bestimmt, „obwohl sie sich offensichtlich gut unterhalten hat."

„Das finde ich schade", antwortete Felicitas.

Sie saßen im Wohnsalon des Hauses der Alts. Wolf Dietrich von Raitenau hatte sich verabschiedet, Salomes Mutter sich zurückgezogen. Salomes verletzter Fuß steckte in einem Pantoffel, und mit etwas Mühe und unter erträglichen Schmerzen konnte sie sich fortbewegen. Seit sie vermehrt in Geschäft und Haushalt mitarbeitete, fand sie Nähen und Sticken eher langweilig. Sie las zwar gerne, aber langes, untätiges Herumsitzen lag ihr nicht.

„Du meinst wohl, sie wird keinen sympathischen ledigen Mann einladen, der für dich als Ehemann nicht in Frage kommt", sagte Felicitas.

„Genauso ist es", lachte Salome, „dazu ist sie viel zu verantwortungsbewusst gegenüber mir und auch gegenüber der Kirche."

Ihre Mutter hatte sich viel Mühe mit der Erziehung ihrer Kinder gegeben. Salomes ältere Schwestern waren gut und vorteilhaft verheiratet. Der Tod des Vaters hatte das Leben der jüngsten Tochter grundlegend verändert. Ihre Hilfe wurde gebraucht, sie konnte nicht mehr so behütet werden wie ihre älteren Schwestern, als die noch zu Hause wohnten. Sie hatte das Gefühl, dass ihre Mutter darüber besorgt war, sich vielleicht sogar Vorwürfe machte.

Wolf Dietrich von Raitenau brachte Mutter und Tochter kleine Blumensträußchen mit. Sie passten gut zu dem angenehmen Sommertag. Ein nächtliches Gewitter hatte die Luft gereinigt und die Hitze der letzten Tage beendet, ohne dass sich das hierzulande oft lang anhaltende Regenwetter einstellte. Felicitas hatte von Salomes Unfall gehört und wollte der Freundin gerade etwas Gesellschaft leisten, als der Gast eintraf. Der erschien ihr interessant genug, um der Aufforderung zu bleiben gerne nachzukommen.

Salomes Mutter bot Wein und Konfekt an und bedankte sich für seine Hilfe. Man tauschte Höflichkeiten aus. Salome dankte auf die Frage nach ihrem Befinden und versicherte, sie würde bald wieder laufen können. Die Damen baten ihn, ein wenig von sich zu erzählen. Er stammte aus einem alten Adelsgeschlecht, das in der Nähe des Bodensees beheimatet war, aus einer großen Familie mit mehreren jüngeren Geschwistern. Seine Mutter verstarb vor wenigen Monaten. Darum hielt er sich längere Zeit auf dem Stammsitz der Raitenauer auf und war erst vor kurzem nach Salzburg zurückgekehrt. Seine Eltern hatten ihn für den geistlichen Stand bestimmt. Schon als Knabe erhielt er das Kanonikat am Domkapitel mit den damit verbundenen Einkünften. Dafür war es nicht nötig, in Salzburg zu leben. In Rom studierte er fünf Jahre lang am Collegium Germanicum, dem angesehenen Seminar für angehende deutschsprachige Kleriker. Anschließend begab er sich auf Reisen, was zur Bildung adeliger Kavaliere gehörte. Danach lebte er ein Jahr in Salzburg, eine der Voraussetzungen, um in alle Rechte und Pflichten eines Domherrn mit Sitz und Stimme im Kapitel eingesetzt zu werden. Wolf Dietrich von Raitenau wirkte elegant und selbstsicher, sprach mit Nachdruck und wechselte mitunter unvermittelt das Thema, auffallend rasch, als Salomes Mutter auf die Reliquien im Dom zu sprechen kam. Sie verehrte diese Heiligtümer sehr und hätte nur zu gern die Meinung des Domherrn darüber gehört. Er hat wohl keine Ahnung von den Reliquien und interessiert sich auch nicht dafür, dachte Salome und traf damit genau ins Schwarze. Die schmalen Hände des Raitenauers lagen lässig auf den Armlehnen des Stuhles oder unterstrichen mit Gesten das Gesagte. Die lebhaften Augen heftete er abwechselnd auf seine drei Zuhörerinnen, wobei doch zu bemerken war, dass Salome die meisten Blicke abbekam. Er erwähnte, dass er die niederen Weihen erhalten hatte. Doch vermittelten seine Erscheinung und sein Auftreten ganz das Bild eines weltlichen Adeligen. Irgendwann wird er Priester werden, dachte Salome, der Weg ist vorgezeichnet.

Genauso urteilte ihre Mutter. Die Familie des Raitenauers war von niederem Adel und offensichtlich nicht vermögend. Sonst hätten sie den sichtlich begabten ältesten Sohn kaum für die geistliche Laufbahn bestimmt. Da mangelte es wohl an Mitteln. Er war theologisch hoch gebildet, auf jeden Fall ein Gewinn für die katholische Kirche, der sie treu ergeben war. Die Unbildung der Geistlichkeit war nach wie vor ein weit verbreitetes Übel, dem abgeholfen werden musste. Ein Mann wie Wolf Dietrich von Raitenau sollte zusehen, dass er als Priester seine Gaben voll und ganz der Kirche zur Verfügung stellte. Seinen Namen hatte sie auch noch nie im Zusammenhang mit den Unsitten gehört, denen manche der jungen Domherren nachgingen. Sie trieben sich des Nachts herum und zogen mit Gesang und Lautenspiel durch die Straßen, im Fasching sogar maskiert, von allerlei anderem Unfug und Untugenden gar nicht zu reden. Selbst wenn er die Absicht hätte, ins weltliche Leben zurückzukehren, war er keine geeignete Gesellschaft für ihre Tochter. Ein Mann, dessen Heimat weit weg und dessen Vermögen gering war, bot nicht das, was für ein Mädchen wie Salome wichtig war, urteilte ihre Mutter. Heinrich Prammer aus einer der angesehenen reichen Salzburger Patrizierfamilien war hingegen ein geeigneter Kandidat.

****

In der Stadt Salzburg war wieder eine große Hochzeit angesagt. Ihr neues Kleid, das ihr so gut stand, musste Salome enttäuscht zurück in die Truhe legen. Die dazu angefertigten eleganten Schuhe konnte sie wegen ihres verletzten Fußes nicht tragen und so musste sie sich mit einer einfacheren Aufmachung begnügen, zu der die alltäglichen Schuhe passten. Draußen herrschte Regenwetter, was ihre Stimmung nicht verbesserte.

Luisa Prammer heiratete, eine der jüngeren Schwestern von Heinrich Prammer, der nach einem Aufenthalt von mehreren Monaten aus Venedig zurückgekehrt war. Salome kannte die Familie, seit sie denken konnte. Den humorvollen Heinrich hatte sie immer gern gemocht. Ihre Mutter würde sie am liebsten mit ihm verheiraten, nun ja, vielleicht... Heinrich wusste heute gewiss Spannendes zu erzählen! Ihr schweigsamer Bruder, der sich zurzeit immer noch in Italien aufhielt, berichtete von seinen Geschäftsreisen sehr wenig. Seit die Zeichnung von Venedig im Laden hing, wünschte sich Salome im heimlichsten Winkel ihres Herzens hinzureisen und die Stadt kennen zu lernen. Diesen Gedanken durfte sie keinem Menschen anvertrauen, nicht einmal Felicitas, selbst die würde sie für verrückt erklären. Eine Frau, unterwegs mit einem Handelszug! Undenkbar!

Luisas Vater war zurzeit Bürgermeister. Seinem Ansehen gemäß nahm der Erzbischof persönlich die Trauung im Münster vor. Wenige Monate zuvor war der alte Landesfürst, der seinen Amtsgeschäften schon jahrelang wegen Krankheit nicht nachkommen konnte, gestorben. Sein Koadjutor folgte ihm auf den Bischofsthron. Da er bereits so lange die Lasten und Mühen des Amtes getragen hatte, wurde er ohne Wahl durch das Domkapitel mit der neuen Würde bekleidet. Der traditionelle Einzug in die Stadt wurde sehr einfach gestaltet. Den auch schon alten und beleibten neuen Landesherrn hatte es wohl einige Mühe gekostet, ein Pferd zu besteigen. Es war ein kühler, regnerischer Tag im Mai und die Mitwirkenden und Zuschauer waren froh, nicht lange im Regen ausharren zu müssen. Der Einritt des verstorbenen Erzbischofs, lange vor Salomes Geburt, das war ein Fest gewesen, an dem man seine Freude haben konnte, erzählte Salomes Mutter.

Zusammen mit dem Erzbischof zogen einige Domherren in die Kirche ein und nahmen auf ihren Plätzen im Chorgestühl Platz. Salome musste sich eingestehen, dass sie ein wenig enttäuscht war, als sie vergeblich nach dem Raitenauer Ausschau hielt. Also war er auch nicht zum anschließenden Fest geladen. Die Braut war für Salomes Geschmack zu aufwändig geschmückt, den Bräutigam, einen Bergwerksbesitzer aus Gastein, kannte sie kaum. Er war deutlich älter als Luisa Prammer und sollte sehr wohlhabend sein.

Nach der Trauung zog die Hochzeitsgesellschaft zum Festessen und zum Tanz ins Rathaus. Die Spielleute begannen mit der Musik. Die ersten Paare strömten zur Tanzfläche. Salome würde mit ihrem verletzten Fuß nicht tanzen können. Sollte sie vielleicht besser gleich nach Hause fahren, anstatt zuzusehen und sich zu langweilen? Da drängte sich Heinrich Prammer gerade an einigen Leuten vorbei und blieb vor ihr stehen. Der um drei Jahre ältere Heinrich gehörte zu den wenigen Männern, die deutlich größer waren als sie selbst. Sympathisch war er und tüchtig und zum heutigen feierlichen Anlass sehr sorgfältig gekleidet. Sogar das helle, meist etwas wirr aussehende Haar hatte er in Form gebracht. Heinrich verbeugte sich vor Mutter und Tochter und forderte Salome zum Tanzen auf.

„Heute kann ich beim besten Willen nicht tanzen", entschuldigte sie sich. „Mein Fuß ist verletzt, und ich muss froh sein, dass ich wieder laufen kann."

„Oh, das tut mir leid..." Er fragte nach ihrem Unfall. Kaum hatte Salome mit ihrer Schilderung geendet, schien er jemanden in der Menge zu entdecken, dem seine Augen interessiert folgten.

„Entschuldigt bitte", sagte er eilig zu den beiden Damen, „ich sehe gerade einen sehr wichtigen Geschäftsfreund, den ich unbedingt sprechen muss." Und weg war er – und kehrte nicht wieder. Wenig später sah ihn Salome mit einem anderen Mädchen auf der Tanzfläche. Auch wenn sie nicht ihr bestes Kleid trug, erntete Salome zahlreiche bewundernde Blicke und Komplimente. Sie wurde es bald müde, alle

Aufforderungen zum Tanzen abzulehnen. Doch keiner der Herren kam auf den Gedanken, ihr einfach Gesellschaft zu leisten. Ihre Mutter brach früh auf. Als sich Salome anschließen wollte, meinte sie:

„Bleib du doch hier. Heinrich kann dich später nach Hause bringen."

„Er würdigt mich doch keines Blickes! Soll ich ihm vielleicht nachlaufen und ihn darum bitten?", antwortete Salome verärgert.

„Er ist noch sehr jung", meinte ihre Mutter. „Hab etwas Geduld mit ihm. Der Abend dauert länger, das ergibt sich schon."

Sie hatte sich gerade erhoben, als Felicitas mit Christoph Weiß auftauchte.

„Salome, du willst nicht etwa schon gehen?", rief Felicitas. „Das Fest hat doch gerade erst begonnen. Schade, dass du heute nicht tanzen kannst. Wir setzen uns ein wenig zu dir." Sie plauderte munter weiter. Salome ließ sich überreden, nahm wieder Platz, während ihre Mutter dem Ausgang zustrebte. Felicitas war bester Laune. Angesichts der zahlreichen Hochzeiten und Feste in der warmen Jahreszeit hätte sie ihr Vater zu Hause einsperren müssen, um sein Verbot durchzusetzen und sie davon abzuhalten, ihren Liebsten zu sehen. Da die Familien Alt und Weiß gleicherweise eingeladen und erschienen waren, begegneten sich Felicitas und Christoph neuerlich. Harte Maßnahmen lagen Ludwig Alt nicht, und die nachträgliche Zurechtweisung würde Felicitas gelassen hinnehmen. Sie lachte und plauderte mit Salome, bis sie schließlich mit Christoph zur Tanzfläche eilte.

Salome beschloss, allein nach Hause zu gehen. Dieser Heinrich war ein Tölpel! Wenn ihm nur ein wenig an ihr lag, ließ er sie nicht einfach hier sitzen! Geschäftstüchtig war er wohl, wie man jedoch eine Frau behandelte, hatte er keine Ahnung. Einigen Leuten nickte Salome im Vorbeigehen zu, dann stand sie vor dem Tor des Rathauses. Es hatte zu regnen aufgehört, die Luft war klar und rein. Die Abenddämmerung brach gerade an. Salome achtete sorgsam auf den Weg.

Sie wollte mit ihrem verletzten Fuß an keinen Stein stoßen und in keine Pfütze steigen. Hinter sich hörte sie Hufgetrappel. Sie wandte sich um und blickte in ein bekanntes Gesicht. Der Reiter grüßte erfreut, hielt neben ihr an und stieg vom Pferd.

„Ich bin gerade auf dem Weg nach Hause, Herr von Raitenau", sagte Salome.

„Nanu, ganz allein? Ist das Fest schon zu Ende?" Es gab wohl niemanden in der Stadt, der von der heutigen Hochzeitsfeier nichts wusste.

„Nein, natürlich nicht, aber ich kann ja nicht tanzen und nur zuzusehen ist langweilig."

„Darf ich Euch begleiten?", fragte der Raitenauer.

„Ja gern – oh...", unterdrückte sie den Schmerzenslaut. Während sie mit ihm sprach, hatte sie nicht auf den Weg geachtet und sich ihre verletzten Zehen an dem holperigen Pflaster gestoßen. Sie versuchte normal weiterzugehen, doch hinkte sie wieder ein wenig.

„Schmerzt Euer Fuß?", fragte Wolf Dietrich, wartete ihre Antwort aber nicht ab. Er führte sein Pferd am Zaumzeug und meinte: „Wir könnten doch reiten, dann braucht Ihr Euch nicht länger zu quälen."

„Ach, so schlimm ist es nicht, und ich habe nicht weit", wehrte Salome ab. Er blieb stehen:

„Kommt, ich helfe Euch."

Ihre Zehen schmerzten stechend. Salome gab ihren Widerstand auf und ließ sich von ihm auf das Pferd helfen. Er schwang sich hinter ihr in den Sattel. Um die Zügel zu halten, musste er die Arme um sie legen. Sie empfand das als angenehm. Wer ihnen begegnen mochte, war ihr so gut wie gleichgültig. Angesichts des Festes, auf dem sich Salzburgs gesamte Bürgerschaft versammelt hatte, waren in den Gassen nur Dienstboten und arme Leute unterwegs. Salome legte die Hände auf den Hals des Pferdes.

„Es ist ein schönes Tier", sagte sie. „Das Pferd meines Vaters steht ungenutzt im Stall. Mein Bruder reitet es manchmal, aber der ist nun in Italien, und für die lange Reise ist es schon zu alt. Ich reite gern, aber jetzt schon lange nicht mehr."

„Das könntet Ihr ja ändern", meinte der Raitenauer. „Wie wäre es, wenn Ihr einmal mit mir ausreitet?"

„Äh – na ja...", Salome kam ins Stottern und wusste nicht recht, was sie sagen sollte. Die Frage klang so harmlos, dennoch war der Vorschlag unerhört. Sie konnte doch nicht einfach mit einem fremden Mann allein ausreiten!

„Ich meine", sage sie „das schickt sich nicht." Sie kam sich dumm vor zu sagen, dass es ihre Mutter nicht erlauben würde. In seiner Gegenwart fühlte sie sich als schöne junge Frau, sie wollte nicht reden wie ein Kind.

„Ihr könntet Eure Freundin mitbringen, Felicitas heißt sie doch und ist Eure Base. Habe ich mir das richtig gemerkt?"

„Ja, das stimmt." Sie hatte nicht erwartet, dass er sich so genau an seinen Besuch in ihrem Elternhaus erinnerte. „Felicitas reitet nicht gerne", sagte Salome.

„Ihr könntet sie zumindest fragen." So leicht ließ er nicht locker.

„Ja, doch – ich werde es versuchen." Was fiel ihr bloß ein, das zu versprechen!

Sie waren vor dem Haus der Alts angekommen. Wolf Dietrich stieg ab und half Salome vom Pferd.

„Schickt Ihr mir eine Nachricht, welcher Tag und welche Zeit Euch für einen Ausritt passt? Meine Adresse kennt Ihr ja?", fragte er.

Salome versprach es. „Aber nur, wenn Felicitas mitkommt", fügte sie schnell hinzu.

Wolf Dietrich wartete, bis sie ins Haus gegangen war, bevor er sich wieder aufs Pferd schwang.

****

Zu Salomes Überraschung stimmte Felicitas dem Vorschlag sogleich zu. Hatte sie Gefallen am Reiten gefunden? In den Augen der Freundin blitzte es auf, als sie sagte:

„So kannst du mir helfen, wie du versprochen hast."

„Wobei helfen?", wunderte sich Salome.

„Ich reite mit dir weg, doch dann besuche ich Christoph, und du kannst deinen Kavalier ohne Anstandsdame treffen. Danach kehren wir gemeinsam zurück. Nun? Ist das nicht gut?"

„Also, ich weiß nicht...", wandte Salome ein.

„Du hast es versprochen! Und ich verlange wirklich kein Opfer von dir!", beharrte Felicitas. Salome sollte sogleich die Nachricht an den Herrn von Raitenau schreiben und besorgen lassen. Am nächsten Tag am frühen Nachmittag wäre eine passende Zeit.

„Da arbeitet Christoph doch", versuchte es Salome mit einem letzten Einwand.

„Er besitzt vor der Stadt ein Landhaus, dort besucht er jetzt im Sommer jeden Nachmittag seine Tochter. Ich freue mich schon auf beide. Du siehst, es ist alles ganz ehrbar. Die Weggabelung nach dem Nonntaltor ist ein guter Treffpunkt..." Felicitas dachte an alles.

Vielleicht regnet es, dachte Salome, oder eine höhere Macht könnte einen Zwischenfall schicken.

Der nächste Tag brachte strahlenden Sonnenschein. Nicht die kleinste Gewitterwolke zog auf. Salome erklärte ihrer Mutter, sie würde mit Felicitas ausreiten. Ihre Mutter wirkte überrascht, sagte aber nur:

„Ja, die frische Luft wird euch gut tun."

Salome legte ihr Reitkleid an und betrachtete sich vor dem Spiegel. Sie hatte es lange nicht mehr getragen. Saß es immer schon so knapp? Es stand ihr gut und betonte vorteilhaft ihre Gestalt. Zum Glück schmerzten ihre verletzten Zehen in den kurzen Stiefeln nicht. Den Hut steckte sie sorgfältig fest. Die Stallungen lagen weit hinten in dem Gebäudekomplex, der das große Haus der Alts ausmachte. Der Knecht hatte das Pferd ihres Vaters bereits gesattelt, half ihr beim Aufsteigen und öffnete für sie den Hinterausgang.

Felicitas wartete schon. Hintereinander ritten sie die Gasse parallel zum Fluss entlang, dann in Richtung des Klosters am Nonnberg, dem einzigen Frauenstift in der Gegend.

44

Salome war froh, dass ihr das Pferd in den schmalen Gassen ohne Probleme gehorchte. Sie passierten das Nonntaltor. Salome sah den Raitenauer bereits am vereinbarten Treffpunkt warten. Sie spürte ihr Herz klopfen und bekam ein mulmiges Gefühl im Magen.

Sie saß kerzengerade im Sattel, als sie Wolf Dietrich von Raitenau entgegenritt. Zwar war sie kein Schlossfräulein, aber auf dem Pferd wollte sie eine gute Figur abgeben. Felicitas erwiderte die Begrüßung, dankte für die Einladung und erklärte, dass sie sich nun leider entschuldigen müsse. Sie würde sich wieder pünktlich hier einfinden, um mit Salome in die Stadt zurückzukehren. Ohne weitere Fragen abzuwarten, wandte sie ihr Pferd.

„In der Nähe hat ihr – äh – Verlobter einen Landsitz, und da macht sie einen Besuch bei ihm und seiner Tochter..." Salome hatte das Gefühl, dass sie eine Erklärung schuldig war. „Sie müssen sich heimlich treffen. Felicitas' Verlobter ist Protestant, und ihr Vater hat der Verbindung noch nicht zugestimmt..."

Der Raitenauer hob die Augenbrauen, eine unwillige Falte bildete sich auf seiner Stirn.

„Der Vater hat Recht", sagte er. „Ehen zwischen Katholiken und Protestanten enden damit, dass der katholische Teil unserer Kirche entfremdet wird."

„Aber es geht um das Glück meiner Freundin", wandte Salome ein.

„Ich bezweifle, dass sie auf Dauer glücklich wird, wenn sie sich der Kirche entfremdet", antwortete er sehr bestimmt, nahezu hart.

Ich hätte mich besser nicht mit ihm getroffen, dachte Salome, alles läuft schief. Der theologisch gebildete Domherr war ihr bei diesem Thema haushoch überlegen. Was kümmerte ihn das Glück ihrer Freundin? Würde ihn sonst irgendetwas interessieren, was sie erzählte?

Die Enttäuschung in ihrem Gesicht entging ihm nicht. Seine Züge glätteten sich, und er sagte freundlich lächelnd:

„Wir wollen doch den schönen Tag genießen, Jungfer Alt! Der Weg in diese Richtung", er zeigte geradeaus, „ist sehr angenehm. Folgt mir!"

Weil der Weg so schmal war, ritten sie hintereinander, zuerst durch Wiesen und Felder. Es folgte bergan ein Stück Wald. Gelegentlich drehte sich Salomes Begleiter um und rief zurück: „Achtung! Bückt Euch!" Sie wich den tief hängenden Ästen immer rechtzeitig aus, so dass ihr keiner den Hut vom Kopf fegte oder gar ins Gesicht schlug. Der Wald öffnete sich zu einem hübschen Ausblick über das Land und auf die Stadt. Sie machten Rast und setzten sich auf einen Baumstamm. Salome fühlte sich wohl in der Gesellschaft des Raitenauers. Die anfängliche Missstimmung hatte sie längst vergessen. Es interessierte ihn alles, was sie erzählte: über sich, ihre Familie und über die Stadt Salzburg. Als Fremder kannte er die alten Geschichten und Legenden nicht, die über die Gründung der Stadt und über längst vergangene Zeiten erzählt wurden. Wolf Dietrich erzählte von seinen Reisen und vor allem von der Stadt Rom, die er in den prächtigsten Farben schilderte. Einer seiner Onkel, ein Bruder seiner Mutter, lebte dort als Kardinal in einem richtigen Palast und war mit dem vorigen Papst gut befreundet gewesen. Da hatte der Raitenauer ja einen einflussreichen Fürsprecher und alle Chancen, es in der Kirche weit zu bringen, dachte Salome. Nach der Art, wie er von dem Onkel sprach, schien ihm der sehr gewogen zu sein.

Auf dem Rückweg mussten sie an der Weggabelung auf Felicitas warten.

„Könnten wir so einen Ausflug nicht wiederholen? Was meint Ihr?", fragte Wolf Dietrich.

„Vielleicht in einer Woche um die gleiche Zeit, wenn es nicht regnet?", antwortete Salome, ohne zu überlegen. „Aber es wird, denke ich, nur möglich sein, wenn Felicitas mitkommt, ich meine, dass sie dann wieder ihren Verlobten besucht." Der Raitenauer wies in die Richtung:

„Da kommt sie. Ich bin zwar nicht dafür, Besuchen bei ihrem protestantischen Verlobten Vorschub zu leisten, aber wenn es sein muss..."

Eine Woche später stand dem Ausritt nichts im Wege. Salome fühlte sich wieder sicherer im Sattel und genoss umso mehr die Gesellschaft des Raitenauers. Die hochsommerliche Sonne verbrannte ihr Gesicht, so dass ihre Mutter angesichts ihrer geröteten Wangen und ihrer knallroten Nase am Abend meinte:

„Heute war es wohl zu heiß zum Ausreiten. Du hättest dich zumindest mit einem größeren Hut oder einem Schleier schützen sollen. Felicitas war anscheinend klüger als du."

Grundsätzlich hatte sie gegen die Ausflüge nichts einzuwenden, und warum Felicitas' Gesicht nicht verbrannt war, würde ihr Salome nicht erzählen.

Das sonst eher für den Juli typische Regenwetter stellte sich in diesem Jahr im Laufe des August ein und währte gleich bis in den September hinein. Weitere Ausritte fielen also ins Wasser. Woche für Woche hoffte Salome vergeblich auf Sonnenschein. Selbst wenn sie es gewollt hätte: Sie konnte Wolf Dietrich von Raitenau nicht mehr aus ihren Gedanken verbannen.

Er hatte ihr erzählt, dass er gerne wie sein Vater in den Kriegsdienst getreten wäre. Ein anderer Bruder seiner Mutter war ein erfolgreicher Feldherr und im Dienst des spanischen Königs reich geworden, während seinem Vater der Dienst im kaiserlichen Heer Ehre, aber wenig Geld eingebracht hatte. Das Schloss des Onkels lag nicht weit vom Stammsitz der Raitenauer entfernt, und als Kind durfte Wolf Dietrich über die dortige Prachtentfaltung staunen. Seine Basen und Vettern nahmen die Kostbarkeiten, die ihr Vater laufend nach Hause schickte, wie selbstverständlich in Anspruch. Die Frau des Onkels starb früh, so dass Wolf Dietrichs Mutter zusätzlich zu ihrer eigenen großen Familie und dem Gut die Waisen betreute und noch mehr Arbeit hatte.

So vieles hätte ihn Salome gern gefragt oder sie überlegte, was er wohl gerade tat. Oder sie saß in ihren Tagträumen mit ihm auf dem Baumstamm auf der hübschen Lichtung, genoss den Sonnenschein, den Klang seiner Stimme und die Blicke aus seinen funkelnden dunklen Augen.

Als der Dauerregen ein Ende nahm, hatte sie Wolf Dietrich mehrere Wochen nicht gesehen. Sie fürchtete, er könnte sie in der Zwischenzeit vergessen haben.

Salome beschriftete gerade einige Fläschchen mit kostbaren und seltenen Ölen, als ein ihr unbekannter junger Mann den Laden betrat.

„Bitte, was kann ich für Euch tun?", fragte sie.

„Ihr seid Jungfer Alt?" Als sie nickte, überreichte er ihr einen Brief. „Wenn es Euch möglich ist, ersucht Euch mein Herr sogleich zu antworten, damit ich die Nachricht mitnehmen und überbringen kann."

Das Wappen auf dem Siegel, das eine schwarze Kugel zeigte, gehörte doch... Sie faltete das Papier auseinander, überflog die wenigen Zeilen. Ihr Herz machte einen Sprung, und sie schrieb in einem Satz die Antwort darunter. Felicitas brauchte sie nicht um ihre Begleitung zu bitten, denn die Mütter der beiden Mädchen planten eine gemeinsame, dreitägige Wallfahrt. Die Töchter sollten sich in der Zwischenzeit um den jeweiligen Haushalt kümmern. Salome packte rasch Konfekt in zwei kleine Tüten.

„Eine ist für Euren Herrn und die andere für Euch."

Der Diener bedankte sich erfreut. Für einen einfachen Botengang erhielt er nur selten eine Extrabelohnung.

Auf die verregneten Wochen folgte ein sonniger, ruhiger Herbst. Ende September wurde der Tag des hl. Rupert, des Schutzpatrons Salzburgs, festlich begangen. Salome besuchte mit Mutter und Bruder das Hochamt im Münster. Wie üblich zogen mit dem Erzbischof die Domherren ein. Wolf Dietrich von Raitenau saß dort vorne im geistlichen

Gewand im Chorgestühl. Ihr Geheimnis gab Salome ein prickelndes Gefühl, während sie zusah, wie er bei der Messfeier mitwirkte. Sie warf von der Seite einen Blick auf ihre Mutter, die neben ihr saß. Wenn die wüsste, dass sie diesen Mann regelmäßig traf? Salome fühlte einen Kloß im Hals. Auf der Stelle würde ihr die Mutter verbieten, ihn wiederzusehen!

****

Auf Felicitas' Hilfe konnte Salome weiterhin zählen. Im Reiten war sie wieder in Übung gekommen. Wolf Dietrich beschleunigte das Tempo, kleine Wasserläufe bildeten kein Hindernis. Die kalte Jahreszeit würde ihren Ausflügen unweigerlich ein Ende setzen. Salome versuchte den Gedanken möglichst weit weg zu schieben.

An diesem Nachmittag schlugen sie im warmen Sonnenschein den mittlerweile gut bekannten Weg ein. Die Bäume trugen die bunte Herbstfärbung, unter den Hufen der Pferde raschelte das Laub. Sie hatten die Waldlichtung fast erreicht. Der voranreitende Wolf Dietrich rief zurück:

„Achtung Bäume!"

„Ja, ich weiß!", antwortete Salome, die die Wegabschnitte bereits kannte, die man besser gebückt passierte. Ihr Begleiter hörte es nicht mehr. In lautem Hundegekläff gingen Salomes Worte unter. Ein struppiger, mittelgroßer Köter tauchte unvermittelt genau an der Stelle auf, wo der Weg in die Lichtung mündete. Wolf Dietrichs Pferd hob sich in jähem Erschrecken auf die Hinterhand. Er hatte sich gerade nach Salome umgewandt und ehe er noch irgendetwas tun konnte, stürzte er zu Boden. Vor Salomes innerem Auge blitzte eine Erinnerung aus ihrer Kindheit auf. Sie schrie auf und glitt vom Pferd. Er rief:

„Nein, nicht! Bleibt oben!" Der Hund kläffte und bellte immer lauter, kam aber nicht näher. Wolf Dietrich rappelte sich in sitzende Stellung auf. Salome war mit ein paar Schritten bei ihm und ließ den Hund nicht aus den Augen.

„Seid Ihr verletzt?", fragte sie.

„Ich glaube nicht. Vorsicht! Der Hund ist vielleicht toll-wütig. Die Pferde geben uns Schutz, vor denen hat er Respekt." Wolf Dietrichs Pferd, das seinen Reiter so unver-mittelt abgeworfen hatte, schnaubte unruhig und stampfte mit den Hufen. Er erhob sich langsam.

„Und?", sah ihn Salome prüfend an.

„Ich denke, ich werde nur ein paar blaue Flecken davon-tragen."

„Wie kommen wir hier weg? Umkehren?", fragte sie. Der Hund machte keine Anstalten, den Platz zu verlassen. Sein Bellen ging in bedrohliches Knurren über. Sie hielt sich an Wolf Dietrichs Arm fest. Nach dem ersten Schrecken über seinen Sturz nahm ihre Angst vor dem Köter überhand.

„Geht langsam zu Eurem Pferd und wendet ihm nicht den Rücken zu." Salome zwang sich, die paar Schritte langsam in seitlicher Haltung zurückzugehen. „Nun steigt auf", wies sie Wolf Dietrich an, „seid möglichst mit einem Schwung oben." Auf einen Helfer musste sie verzichten. Die Angst verlieh ihr zusätzliche Kräfte, und mit einem Satz saß sie im Sattel. Wolf Dietrich schwang sich aufs Pferd und rief: „Los! Vorwärts! Jetzt sind wir stärker und schneller."

In rascher Gangart schlug er einen Weg ein, den sie nicht kannte. Der Hund kläffte noch lange hinter ihnen her, folg-te ihnen aber nicht. Der schüttere Wald öffnete sich neuer-lich zu einer Lichtung, auf der eine halb verfallene Hütte stand. Wolf Dietrich hielt an und stieg ab.

„Es ist kein besonders schöner Platz, aber geeignet, um sich vom Schrecken zu erholen. Vor der Hütte steht eine Bank und einen Bach mit klarem Wasser gibt es auch." Er klopfte den Staub von seinen Kleidern und half ihr vom Pferd. Salome bemerkte den leichten Ausdruck von Schmerz in seinem Gesicht, als er sie festhielt.

„Habt Ihr Euch doch verletzt?", fragte sie, blieb vor ihm stehen und betrachtete ihn prüfend.

„Es schmerzt nur die Hand ein wenig, ich habe mich wohl darauf gestützt. Aber ich kann sie gut bewegen, es ist nichts Schlimmes."

„Als Ihr gefallen seid, bekam ich solche Angst, mehr, als ich vor dem Hund hatte. Vor vielen Jahren – ich war noch ein kleines Mädchen – saß ich vor meinem Vater auf dem Pferd. Daneben ritt mein Onkel, ein Bruder meiner Mutter. Plötzlich scheute sein Pferd – ich weiß nicht mehr warum – und warf ihn ab. Danach war er gelähmt und nach einigen Jahren ist er gestorben. Seinen Sturz sah ich förmlich vor mir – ich bin so froh, dass dir nichts zugestoßen ist." In ihrer Aufregung wechselte sie von der höflichen zur vertrauten Anrede.

„Meine Familie und Freunde nennen mich ,Dietrich'", sagte er.

Einer las im Gesicht des anderen. Seine Augen leuchteten. Ein Ausdruck von Freude und noch etwas anderes lag auf seinen markanten Gesichtszügen. Die Sehnsucht, ihn zu berühren, ließ Salome die Hand heben. Er nahm die Hand und hielt sie fest.

„Salome", sagte er leise, „du bist die schönste Frau, die ich je gesehen habe. Ich liebe dich, von ganzem Herzen." Er küsste ihre Hand, und sie streichelte seine Wange. Sie fühlte seine Hände auf ihrem Rücken und wie er sie langsam an sich zog. Ihre Hände glitten über das feine dunkle Tuch seiner Kleidung, bis sie den Mut fand, die Arme fest um ihn zu legen. Seine Lippen berührten die ihren. Sie erschrak ein wenig über den Kuss und genoss gleichzeitig die neuen, berauschenden Gefühle. Sie legte ihre Wange an die seine und flüsterte:

„Ich liebe dich auch, Dietrich." Nie zuvor war sie so glücklich gewesen. Wenn er sie nur immer so festhalten könnte! Er schien ihre Gedanken erraten zu haben.

„Hab keine Angst", sagte er. „Ich suche mir einen neuen Beruf und deine Familie werden wir auch überzeugen. Liebe macht stark."

Sie wuschen ihre Hände in dem klaren Wasser des Bachs und schöpften, so gut es ging, mit den bloßen Händen Wasser zum Trinken. Als sie sich auf den Heimweg machten, wurde es bereits dämmerig. Wolf Dietrich würde trotzdem nicht zu spät zum Chorgebet kommen, die Tage waren schon kurz. Der Winter, der vor der Tür stand, dachte Salome, wird uns nicht trennen, und auch alle anderen Schwierigkeiten werden wir bewältigen, ganz gewiss. Wolf Dietrich von Raitenau ist der Mann meines Lebens.

****

Salome zog die Kapuze ihres Mantels über den Kopf und bog um die Ecke. In diesem repräsentativen Wohnviertel der Stadt waren die Gassen wenig belebt, wirkten etwas verschlafen. Sie durfte auf keinen Fall erkannt werden, der alte Kapuzenmantel bot guten Schutz. Am Ende der Gasse sah sie Wolf Dietrich zusammen mit einem anderen Domherrn kommen. Sie schienen ins Gespräch vertieft zu sein und gestikulierten heftig. Entweder waren sie unterschiedlicher Meinung oder sie ereiferten sich gemeinsam über irgendeine Sache. Salome trat hinter einen Mauervorsprung, die beiden hatten sie sicher noch nicht bemerkt. Als sie wieder Ausschau hielt, war die Gasse leer. Ihre Besuche bei Wolf Dietrich waren ein riskantes Unternehmen. Ihre Familie würde sie für lange Zeit zu Hause so gut wie einsperren, sollte sie davon erfahren. Würde davon etwas an die Öffentlichkeit dringen, wäre es um ihren guten Ruf samt dem ihrer Familie geschehen. Niemals besuchte ein tugendhaftes Mädchen einen Herrn allein in seiner Wohnung. Die Anwesenheit von Dienstboten zählte natürlich nicht.

Rasch schritt sie die Häuserzeile entlang, huschte durch das offene Tor und die Eingangshalle und den Treppenaufgang hinauf in den ersten Stock. Dienstboten arbeiteten offensichtlich im Hof oder Garten, durch die offene Tür hörte sie Lärm und ein Pferd wiehern. Sie klopfte an die Tür zum Wohnsalon und trat ein, ohne die Aufforderung dazu abzuwarten. Geschafft!

Wolf Dietrich sprach so aufgebracht mit Matthias Janschitz, seinem vertrauten Diener, dass er Salome gar nicht bemerkte. Soeben war er von der Sitzung des Domkapitels zurückgekehrt.

„Es ist immer dasselbe", sagte er. „Es wird geredet und geredet, was man alles verbessern sollte, und dann werden nur die Beschlüsse gefasst, bei denen keine Gefahr besteht, dass sich etwas verändert. Die Domherren vernachlässigen ihre selbstverständlichsten Pflichten, erscheinen nicht zum Chorgebet, sitzen dort als stumme Zuhörer oder unterhalten sich oder lesen gar Briefe. Beim Gottesdienst herrscht Durcheinander, der Kantor ist ein miserabler Sänger. Viele der adeligen Herren interessieren nur ihre Pfründe, aber nicht das Ansehen der Kirche und die Ehre Gottes. Man muss froh sein, wenn sich kein Ketzer einschleicht..."

„Aber Seine hochfürstliche Gnaden hat doch die Macht...", warf Janschitz ein.

„Ach", unterbrach ihn Wolf Dietrich, „der ist ein frommer Mann, aber kann oder will sich gegen das Domkapitel nicht durchsetzen. Er hat jahrelang die Geschäfte geführt, ohne tatsächlich die Macht innezuhaben. Er ist alt und war schon bei Regierungsantritt verbraucht. Auch die weltlichen Angelegenheiten des Landes sind alles andere als in Ordnung. Weil vor Jahrzehnten der Bayernherzog dem damaligen Erzbischof bei der Niederwerfung des Bauernaufstandes beigestanden hat, müssen wir nun mit dem schlechten und entwürdigenden Salzvertrag vorlieb nehmen..."

„Das hat auch mein Vater immer beklagt", sagte Salome. Für die Erhöhung des Salzpreises musste die Zustimmung des Bayernherzogs eingeholt werden, was dem Ansehen des Landes und dem wirtschaftlichen Ertrag schadete. Wolf Dietrich fuhr herum:

„Salome! Verzeih! Ich habe dich nicht kommen hören." Seine Pflichten nahm er ernst. Solange er Domherr war, würde er sich nicht mit seinen Pfründeneinkünften ein angenehmes Leben machen, während sich andere Mitglieder des Domkapitels gegenüber Kirche und Land gedankenlos und gleichgültig verhielten.

Wolf Dietrichs Koch verstand sein Handwerk, so dass sogar die Köche des Erzbischofs, die die Hoftafel besorgten, von ihm lernen könnten. Außer einem vorzüglichen Braten gab es Pasteten und Kuchen, selbstverständlich auch Suppe. Salome langte kräftig zu. Zu Hause hatte sie erklärt, sie hätte keinen Hunger. Das entsprach sogar der Wahrheit, da sie vor Aufregung tatsächlich kaum etwas hinuntergebracht hatte. Bei Tisch bediente Janschitz, der die Liebste seines Herrn sehr schätzte, seit sie ihm gleich bei ihrer ersten Begegnung im Laden der Alts Konfekt geschenkt hatte. Wolf Dietrich achtete darauf, dass die anderen Dienstboten Salome nicht zu sehen bekamen.

Das Haus war geschmackvoll eingerichtet. Wolf Dietrich hatte sich exquisite Möbel anfertigen lassen. Nach dem jahrelangen Aufenthalt in Italien konnte er sich nur schlecht an die nördliche Kälte gewöhnen und ließ gut heizen. Der Kachelofen verbreitete wohlige Wärme. Auf dem Sims standen ein kleines Kruzifix, ein Leuchter und eine Konfektschale. Die Riesenmuschel und die Meeresschnecke hatten Salome bei ihrem ersten Besuch in Staunen versetzt. Sie hatte nicht gewusst, dass es so etwas überhaupt gab. Die wenige gemeinsame Zeit verging immer viel zu rasch. Wie spät es schon sein musste, bemerkte Salome erst, als es dunkel zu werden begann.

„Ich habe mir wieder von Johann Anton die Kutsche geliehen", beruhigte sie Wolf Dietrich. Die Kutsche des Johann Anton von Thun, eines mit ihm befreundeten Domherrn, traf bald darauf ein. Damit brachte sie Wolf Dietrich nicht zum ersten Mal nach Hause.

Es war kalt in dem Gefährt, aber Salome fühlte es nicht. Kaum hatte der Kutscher den Wagenschlag geschlossen und saß wieder auf seinem Platz, nahm sie Wolf Dietrich in die Arme. Sie schmiegten sich aneinander, küssten und streichelten sich, der Weg bis zum Haus der Alts war viel zu kurz. Noch ein letzter, rascher Kuss und Salome musste aussteigen. Sie wandte sich bewusst nicht um. Wolf Dietrich blieb im Wagen und wartete, bis sich das Tor hinter ihr geschlossen hatte. Die Dunkelheit bot Schutz vor neugierigen Blicken und mit einer Kutsche nach Hause gebracht zu werden, war auch keine Besonderheit. Aber Vorsicht war geboten.

Salome stieg die dunkle Treppe hinauf. Im ersten Stock brannte auf dem Gang eine Lampe. Eine Tür öffnete sich, und Liese, ihre alte Kinderfrau, rief fragend ihren Namen.

„Ja, ich bin zurück", antwortete Salome.

„Haben dich die Gaismeiers mit der Kutsche heimgebracht? Das ist gut, es ist ja schon dunkel... Aber Kind, wie siehst du denn aus?! Deine Frisur ist zerzaust und dein Haarnetz sitzt schief, und warum um alles in der Welt läufst du in diesem alten Mantel herum?"

Liese betrachtete Salome von oben bis unten und schüttelte über deren Aussehen missbilligend den Kopf.

Salome stand vor ihrer alten Kinderfrau, die sie wie eine Mutter liebte, und brachte kein Wort heraus. Sie hatte sie angelogen, als sie wegging, und ihr erzählt, sie wäre bei den Gaismeiers eingeladen. Ihre Mutter war bei Sabina, die ein Kind erwartete und der es nicht gut ging. Die Mutter war wieder bei recht guter Gesundheit und gerne für ihre verheirateten Töchter da. Salomes Bruder nahmen das Handelshaus und sein Amt als Ratsbürger im Stadtrat, in den man ihn als Nachfolger seines Vaters gewählt hatte, voll in Anspruch. Außer den anderen Dienstboten war oft nur ihre alte Kinderfrau da, wenn Salome aus dem Haus ging. Wie sie es hasste, diese anzulügen! Nur war es bisher leicht gewesen. Sie gehörte zum Personal und würde im Gegensatz zur Mutter keine Gelegenheit haben, in der weitverzweigten Verwandtschaft nachzufragen. Salome schwieg, während die alte Liese sie prüfend ansah.

„Also, wo warst du tatsächlich?" Es klang nicht böse, eher besorgt.

„Ich war nicht bei den Gaismeiers. Bitte, Liese, sag nichts meiner Mutter, und es tut mir leid, dass ich dich angelogen habe..." Salome stiegen Tränen in die Augen. Trotz ihrer Reue würde sie wieder lügen, sie wusste es genau, und bald war Weihnachten und die nächste Beichte fällig.

„Du willst mir dein Geheimnis nicht sagen?", forschte Liese. „Es ist ein Mann, nicht wahr?"

Salome nickte.

„Und warum verhält er sich nicht wie ein Ehrenmann und wirbt um dich, wie es sich gehört? Und zwingt dich stattdessen zu dieser Heimlichtuerei?"

„Er ist ein Ehrenmann, aber das geht – noch nicht. Und ich bin schon achtzehn, ich weiß, was ich tue", warf Salome ärgerlich den Kopf zurück.

„Na na...", meinte Liese beruhigend, „mir könntest du vertrauen."

Liese brachte Salome eine Schale mit warmer Milch in ihr Zimmer, wie sie es getan hatte, als diese noch ein kleines Mädchen war. Salome wollte und konnte ihre alte Kinderfrau nicht mehr anlügen. Zögernd und stockend begann sie von Wolf Dietrich zu erzählen. Liese hörte ruhig zu. Salome wurde es leichter ums Herz. Es tat gut, dieser warmherzigen Frau von ihrem Liebsten zu erzählen.

„Nun hast du mir dein Geheimnis verraten, dann sage ich dir meines", lächelte die alte Liese. Salome riss die Augen erstaunt auf. Was konnte eine alte Frau für ein Geheimnis haben?

„Du hast Recht", sagte Liese im Flüsterton, als hätten die Wände Ohren. „Deine Mutter würde darauf beharren, dass ein Domherr der Kirche treu bleiben und nicht ihre Tochter heiraten soll. Doch ich sage dir, es ist überhaupt kein Verlust, wenn ein wertvoller Mensch nicht der katholischen Kirche dient, Hauptsache, er dient Gott. Dazu braucht er kein Geistlicher zu sein. Seit einigen Jahren lese ich die Bibel, in deutscher Sprache natürlich, und ich treffe mich mit einer Gruppe von Gleichgesinnten..."

„Mit Protestanten?" Das war kaum zu glauben! Die alte, fromme Liese – eine Ketzerin!

„Aber du gehst doch zur Messe?! Wie geht denn das?", fragte Salome.

„Ich bin schon zu alt, um die Religion zu wechseln. Mir gefällt es in unserer Pfarrkirche. Gott schenkt doch seine Gnade den Katholischen und den Evangelischen In der Kirche kann ich mich besonders gut aufs Beten konzentrieren. Ich spreche persönlich mit dem Herrn Jesus. Er vergibt mir meine Sünden und hilft mir jeden Tag." Sie nahm Salomes Hand. „Ich bete für dich. Es wird noch alles gut, du wirst sehen. Gott ist ein Gott der Liebe." Nur zu gern wollte ihr Salome glauben.

****

In diesem Winter plagte Salome eine hartnäckige, fieberhafte Erkältung, obwohl sie normalerweise gesund und widerstandsfähig war. Hals und Kopf schmerzten, tagelang musste sie im Bett bleiben. Kaum war sie wieder auf den Beinen, stellten sich ein quälender Husten und neuerlich Fieber ein. Wieder musste sie das Bett hüten, an Ausgehen war für längere Zeit nicht zu denken. Des Nachts schlief sie schlecht, böse Träume plagten sie. Einmal saß sie im warmen Sonnenschein zu Pferd und erreichte die gewohnte Waldlichtung. Wolf Dietrich streckte ihr die Arme entgegen, um sie beim Absteigen aufzufangen. Doch plötzlich war er nicht mehr da, und sie fiel ins Leere, in ein tiefes schwarzes Loch, unaufhaltsam. Ich werde mich furchtbar verletzen, dachte sie – und erwachte schweißgebadet. Im Zimmer war es kalt und dunkel. Seit Wochen hatte sie Wolf Dietrich nicht mehr gesehen. Felicitas überbrachte heimlich seine Briefe. Salome mochte gar nicht fragen, welche Lügen und Täuschungsmanöver dafür nötig waren. Mit Mühe schaffte sie es gerade, mit Grüßen zu antworten.

Eines Nachts beunruhigte Salome neuerlich ein Traum. Sie streckte die Hand nach Wolf Dietrich aus, und plötzlich war er nicht mehr da, wie von einer unsichtbaren Macht weggenommen. Hatte das etwas zu bedeuten? Oder gaukelte ihr nur ihr benommener Kopf diese Bilder vor? Erst gegen Morgen schlief sie wieder ein. Als sie erwachte, glitzerten die Eisblumen an den Fensterscheiben in der strahlenden Wintersonne. Salome rieb sich die Augen und fühlte sich besser. Zu ihrer Überraschung trat Felicitas ins Zimmer.

„Guten Morgen", sagte sie, „deine Mutter hat mich gebeten, nach dir zu sehen. Sie ging früh weg und bleibt heute den ganzen Tag bei Sabina. Bei ihr haben die Wehen eingesetzt, das Kind wird bald kommen. Was hältst du von Frühstück?"

„Wenn du meinst", murmelte Salome, „ich habe zwar keinen Hunger..."

Felicitas eilte in die Küche. Die alte Liese war auch nicht im Haus, sondern bei Verwandten zu Besuch.

Eine Magd brachte Wasser zum Waschen. Felicitas drückte Salome die Haarbürste in die Hand und reichte ihr ein Jäckchen.

„Jetzt richte dein Haar und bleib nach dem Frühstück für eine Weile sitzen, dann siehst du zumindest aus dem Fenster. Und mach ein freundlicheres Gesicht! Hör auf zu grübeln, dir wird ja dabei vom Nachdenken der Kopf heiß!"

Außer Eisblumen und der gegenüberliegenden Hauswand würde Salome zwar nichts sehen, aber sie folgte den Anweisungen der Freundin. Felicitas war fröhlich und zuversichtlich. Ihr Vater hatte zwar seine Einwilligung zu ihrer Heirat mit Christoph Weiß noch nicht gegeben, doch die Dinge schienen sich in die gewünschte Richtung zu entwickeln.

Felicitas war zufrieden, nachdem Salome die Suppe gelöffelt und für eine Kranke ausreichend Toilette gemacht hatte. Sie nahm das Tablett mit dem Geschirr weg und wollte bald wiederkommen.

Unter einem Hustenanfall überhörte Salome fast das Klopfen. Sie hatte sich hustend abgewandt und fuhr herum, als Wolf Dietrich ihren Namen nannte.

„Das klingt nicht gut", sagte er.

„Es geht schon, es geht mir schon wesentlich besser", versicherte Salome und deutete auf den Stuhl neben dem Bett. „Ich kann es kaum glauben, dass du da bist..."

Wolf Dietrich nahm ihre Hand und hielt sie fest.

„Felicitas hat mir gesagt, dass deine Mutter anderweitig beschäftigt ist..."

„Und stand etwa ganz zufällig nach dem Chorgebet vor dem Münster?"

„Ja, und dafür bin ich ihr sehr dankbar. Also, wie geht es dir wirklich?", forschte er besorgt in ihrem Gesicht.

„Die Erkältung ist schon viel besser...", wiederholte Salome.

„Aber...?"

„Ich habe Angst, wenn wir uns lange nicht sehen, dass wir uns trennen müssen."

Wolf Dietrich streichelte ihre Hand und schüttelte den Kopf.

„Wir müssen uns nicht trennen, ganz gewiss nicht", sagte er. „Das Beste wird sein, ich gehe im Frühjahr oder besser möglichst schon gegen Ende des Winters nach Rom. Der Papst braucht nicht nur Kleriker, sondern auch Kriegsleute. Mein Onkel, der Kardinal Altemps, der mir hier in Salzburg das Kanonikat verschafft hat, war bis zum Alter von 27 Jahren – er war gerade so alt wie ich jetzt - ein besserer Landsknecht. Dann wurde er von einem Tag auf den anderen Bischof. Von geistlichen Dingen hatte er keine Ahnung, nicht einmal das Vaterunser konnte er auf Latein beten. So unwissend bin ich in Kriegsangelegenheiten wahrlich nicht, warum sollte es umgekehrt nicht gehen? Schon als Knabe habe ich mir gewünscht, Soldat zu werden." Er sprach nicht zum ersten Mal von diesen Plänen.

„Wie lange, meinst du, wirst du weg sein? Und ist es nicht gefährlich?", fragte Salome.

„Mein Vater ist dabei alt geworden und mein Onkel, der Feldherr, ebenfalls, mit dem Unterschied, dass mein Vater nur treu gedient hat, während mein Onkel sehr erfolgreich war. Ich will es machen wie er oder noch besser. An meinen Vater habe ich geschrieben. Er ist ein gutmütiger Mann, er wird sich meinem Willen nicht widersetzen. Meine Mutter wäre schon enttäuscht, aber..."

Sie war tot.

Salome drückte seine Hand und wiederholte ihre Frage: „Und wann kommst du wieder?"

„Das weiß ich nicht. Bevor ich gehe, werde ich bei deinem Bruder um deine Hand anhalten…" – er ließ ihr keine Zeit für einen Einwand – „die Heimlichtuerei muss ein Ende haben. Ich werde ihn und deine Mutter überzeugen, dass du bei mir gut aufgehoben bist und dass ich für dich standesgemäß sorgen kann." Er stand auf und ließ sich neben ihrem Bett auf ein Knie nieder.

„Salome, willst du meine Frau werden?"

„Ja, Dietrich, das will ich." Tränen kullerten über ihre Wangen. Er nahm ein Taschentuch, das auf dem Tischchen neben dem Bett lag, und wischte sie behutsam weg. Er setzte sich nahe zu ihr auf das Bett und streichelte ihr Gesicht.

„Jetzt sind wir verlobt", sagte er, „und bald machen wir es offiziell. Ich liebe dich so sehr. Nichts kann uns trennen." Er nahm wieder das Taschentuch und wischte die Schweißperlen von ihrer Stirn. „Du bist krank und ich habe dich überanstrengt."

„Ach, überhaupt nicht", sagte Salome, „ich fühle mich gar nicht mehr krank, Ich liebe dich, Dietrich, nichts wird uns trennen. Aber ich werde dich sehr vermissen, wenn du nach Rom gehst. Werden wir in Rom leben?", erwachte ihr Sinn für das Praktische.

„Das hoffe ich. Ich werde erfolgreich sein, das verspreche ich dir. Eines Tages wohnst du in einem Palast, wo du die Donna, die Herrin, bist."

„Ich werde Italienisch lernen müssen."

„Das ist nicht schwer. Du kannst in meiner Abwesenheit schon damit anfangen." Wolf Dietrich sprach mehrere Sprachen. Mit seinen Begabungen und seiner Energie würde er sein Ziel erreichen.

„Ich möchte, dass du ein gutes Leben hast", sagte er. „Wir waren zu Hause eine große, glückliche Familie, nur meine Mutter musste immer zu viel arbeiten. Schon als Knabe habe ich mir geschworen, dass es meine Frau einmal besser haben soll…" Er hing in Gedanken der Vergangenheit nach, als Salome fragte:

„Du wünschst dir viele Kinder?"

„Ja, ja gewiss!", sagte er eifrig. Ein Anflug von Röte huschte über sein Gesicht, Salomes blasse Wangen färbten sich rosig. Sie lachten beide herzlich.

Salome streckte die Hand nach ihm aus, er beugte sich zu ihr und sie strich über sein Haar. Als sie die kahl geschorene Stelle am Hinterkopf erreichte, das einzige Zeichen des Klerikers an Wolf Dietrichs weltlicher Aufmachung, hielt sie inne und zog die Hand zurück.

„Unsere Träume werden gewiss wahr", sagte sie, „Liebe macht stark."

****

Sabinas Kind war ein kräftiger, gesunder Knabe, der sich zu seiner zarten älteren Schwester gesellte. Ein Kind hatte Sabina bereits im Säuglingsalter verloren. Der kleine Balthasar strotzte von Geburt an vor Energie und forderte die Kräfte von Mutter, Kinderfrau und späteren Erziehern. Seine Taufe versäumte Salome, die ihre Erkältung noch nicht ganz überstanden hatte. Sie wartete einige Wochen, bis sie wieder zur Messe in die Kirche ging. Dort war es fast so kalt wie im Freien, so dass das Weihwasser in den Becken gefror.

Das leise Murmeln der Rosenkranz Betenden erfüllte den Raum, als Salome an einem bitterkalten Januarsonntag mit Mutter und Bruder zur Messe in die Pfarrkirche kam. Kaum hatten sie ihre Plätze eingenommen, trat der Pfarrer aus der Sakristei. Er trug noch kein Messgewand und strebte auf den Aufgang zur Kanzel zu. Was hatte er noch vor Beginn der heiligen Handlung so Wichtiges zu sagen? Das Gemurmel verstummte, als er sich von der Kanzel herab der versammelten Gemeinde zuwandte.

„Liebe Gemeinde", begann er, „ich habe die traurige Pflicht, euch mitzuteilen, dass Seine hochfürstliche Gnaden, unser gnädigster Herr Erzbischof, heute Nacht völlig unerwartet von Gott, dem Herrn, in die Ewigkeit abberufen wurde. Die heutige heilige Messe wird für sein Seelenheil gelesen."

Leises Raunen ging durch den Raum. Überraschte, erstaunte, entsetzte Gesichter blickten einander an. So rasch konnte es gehen! In der Predigt versäumte es der Pfarrer nicht, mit großer Deutlichkeit von der Vergänglichkeit alles Irdischen zu sprechen. Jederzeit konnte der Mensch vor Gottes Gericht stehen. Wer würde vor dem Richterstuhl des Allerhöchsten bestehen? Auch ein Erzbischof war nur ein sündiger Mensch.

Der so plötzlich verstorbene Erzbischof wurde mit gebührendem Prunk zu Grabe getragen. In wenigen Wochen würde das Domkapitel seinen Nachfolger wählen, und die Spekulationen über dessen Person waren das vorherrschende Gesprächsthema in der Stadt. Selbst Salomes gewöhnlich wortkarger Bruder erzählte ausführlich, was die Stadtväter von dem neuen Landesherrn erwarteten und welcher der möglichen Kandidaten am ehesten diesen Vorstellungen entsprach.

Der Weg am Hang des Mönchsbergs entlang war an diesem sonnigen Vorfrühlingstag bereits schneefrei. Salome und Wolf Dietrich blieben an einer Stelle stehen, die den Blick auf die Stadt freigab. Es war unwahrscheinlich, hier jemandem zu begegnen, und lange würden sie ihre Beziehung nicht mehr geheim halten müssen. Felicitas, die alte Liese und Johann Anton von Thun erwiesen sich als geschickte Helfer. Manchmal hatte Salome das Gefühl, als würde eine mächtige Hand sie und Wolf Dietrich schützen. Nur selten belog sie ihre Mutter. Ihr Gewissen beruhigte sie damit, dass es sehr bald das allerletzte Mal sein würde. Ihre Zuversicht wuchs von Tag zu Tag.

Sie beobachteten, wie unten in der Stadt der Markttag dem Ende zuging und die Händler auf dem Marktplatz ihre Stände abbauten. Am Kai wurden Boote beladen, zwei schaukelten flussabwärts, eines hievte man gerade in die Fahrrinne, damit es von den Pferden flussaufwärts gezogen würde. Die engen Gassen lagen bereits im Schatten, während die Kirchtürme und Dächer im Sonnenlicht glänzten.

Auf den Wiesen und Feldern und in den Gärten lag noch Schnee, ebenso auf dem Friedhof neben dem Münster.

„Der neue Erzbischof sollte etwas für die Stadt tun", meinte Wolf Dietrich, „etwa den Friedhof an den Stadtrand verlegen."

„Neben dem Münster war er immer schon", sagte Salome.

„Wenn die Stadt wächst, wird er zu klein. Ein großer Platz vor dem Münster sieht viel besser aus, hygienischer ist es auch. Ich mag die Stadt, aber sie ist ziemlich rückständig."

„Mit Rom kann sie wohl nicht mithalten", lachte Salome. Diesmal geriet Wolf Dietrich nicht über Rom ins Schwärmen. Es beschäftigte ihn die kurze Reise, von der er erst am Tag zuvor zurückgekehrt war.

In der Zeit der Sedisvakanz regierte das Domkapitel. In dessen Auftrag hatte Wolf Dietrich auf der Festung Hohenwerfen nach dem Rechten zu sehen. Südlich von Salzburg erhob sich das mächtige Schloss über dem Tal der Salzach und der Ortschaft Werfen. Der dort amtierende Landpfleger und die Bevölkerung hatten sich wiederholt über den Festungskommandanten und seine Soldaten beschwert.

„Der Pfleger in Werfen hat sich zu Recht über den Festungskommandanten beklagt", erzählte Wolf Dietrich. „Es herrscht die totale Unordnung. Der Kerl ist versoffen, die meisten Soldaten ebenso. Des Nachts treiben sie sich lärmend und raufend herum. Anstatt dass sie die Bevölkerung schützen, müssen die Bauern fürchten, dass ihre Häuser oder Felder Schaden nehmen oder gar sie selber. Ein Glück, dass kein feindlicher Einfall droht. Diese Kriegsknechte kosten nur Geld und taugen zu nichts. Das Militär gehört straff organisiert – ich habe erst einmal im Namen des Kapitels Ordnung geschaffen. Der neue Erzbischof wird dafür sorgen müssen, dass die Disziplin anhält. Das Militär hat eine wichtige Aufgabe..."

Während er engagiert weitersprach, hörte Salome nur noch mit halbem Ohr zu. Heute, hatte sie sich vorgenommen, würde sie ihn fragen. Zugegeben, die Idee war verrückt, zumindest sehr ungewöhnlich... Als er geendet hatte, begann sie:

„Dietrich, was hältst du davon, ich meine, ich könnte doch – also..."

„Was hast du denn auf dem Herzen, was so schwierig ist?", wunderte er sich.

„Wenn du nach Rom gehst – könnte ich nicht gleich mitkommen?"

Damit hatte er in der Tat nicht gerechnet!

„Du hast Mut! Willst du durchbrennen? Du weißt nicht, was du fragst! Die Alpenpässe werden teilweise noch verschneit sein, und du kannst nicht in einer Kutsche reisen. Bist du jemals einen ganzen Tag im Sattel gesessen oder gar mehrere Tage hintereinander? Jeder einzelne Knochen würde dich schmerzen. Das kann ich nicht zulassen! Nicht auszudenken, wenn dir etwas zustößt! Wenn meine Angelegenheiten in Ordnung sind, ich ein Haus für dich habe, dann hole ich dich in der guten Jahreszeit ab, mit Wagen und ausreichendem Gefolge..."

„Und wie lange soll das dauern? Monate, ein Jahr, länger? Wenn dir etwas zustößt?!", rief sie aufgeregt.

„Niemals wird deine Familie zustimmen, und zu Recht! Und als dein zukünftiger Ehemann kann ich das auch nicht erlauben. Nach der Bischofswahl verlasse ich ordnungsgemäß das Domkapitel und halte bei deinem Bruder um deine Hand an, wie es sich gehört." Er sprach immer rascher und endete aufgebracht: „Ein Raitenauer schleicht sich nicht davon wie ein Dieb in der Nacht!" Wie zur Bestätigung beschleunigte er seine Schritte.

„Aber ich will nicht ein Jahr oder länger auf dich warten", sagte Salome sanft. „Willst du wirklich so lange von mir getrennt sein?"

Seine heftigen Worte reuten ihn bereits, und er legte den Arm um sie.

„Nein, das will ich nicht und ich werde mich jeden Tag nach dir sehnen. Aber es ist meine Aufgabe, standesgemäß für dich zu sorgen und dich nicht unnötig Gefahren auszusetzen."

„Ich möchte mein Leben mit dir teilen und gleich mitkommen", beharrte sie „Natürlich wird es meine Familie nicht erlauben und es tut mir weh, ohne Abschied zu gehen. Aber ohne dich hier bleiben, nicht wissen, wo du bist, wie es dir ergeht, mit Briefen vorlieb nehmen müssen, die schon Wochen alt sind..."

„Mir fällt es ja genauso schwer", lenkte er ein.

„Dann lass mich doch mitkommen! Ans Reiten werde ich mich gewöhnen, ich bin gesund und robust. Notfalls musst du für mich gelegentlich einen Rasttag einlegen. Etwas Geld habe ich gespart, und wenn sich der Skandal gelegt hat, bekommen wir meine Mitgift gewiss auch heraus. Und was sie in Salzburg über uns reden, kann uns in Rom oder wo auch immer gleichgültig sein." Gespanntes Schweigen hing in der Luft.

„Ich werde mit Johann Anton von Thun sprechen", sagte er plötzlich entschlossen.

„Ja? Ob er uns traut? Heimlich, bevor wir abreisen?"

„Auf eine große Hochzeit wirst du verzichten müssen."

„Ich weiß", nickte Salome mit etwas Wehmut. Welches Mädchen träumte nicht von einer wunderschönen Hochzeit? „Es macht mir nichts aus", sagte sie entschieden und bestimmt.

„Mein lieber Schatz", sagte er – seine Augen funkelten - „nun bin ich neugierig, wie du in Männerkleidung aussehen wirst."

„Was?"

„Um die Reise zu bewältigen, musst du reiten wie ein Mann."

„In Hosen?"

„Gewiss. Du bist groß. Es wird nicht schwer sein, etwas Passendes zu finden."

Salome nickte entschlossen. Alle Schwierigkeiten würden sie gemeinsam meistern. Das Abenteuer mochte beginnen.

3 - Die Wahl

Frühlingshaftes Wetter herrschte an diesem 2. März 1587. Die Türen des Münsters waren weit geöffnet und ließen die warme Luft ins kalte Innere. Drinnen und draußen drängten sich die Menschen. Ein neuer Erzbischof wurde nicht alle Tage gewählt, dieses Ereignis wollten viele möglichst nahe am Geschehen miterleben.

Salome blieb draußen im warmen Sonnenschein stehen. Rund um sie taten die Leute ihre Meinung kund, wie lange die Wahl wohl dauern und wer als neuer Landesherr daraus hervorgehen würde. Das Domkapitel durfte nicht auseinander gehen, bevor die Entscheidung gefallen war. Es gab keinen eindeutigen Favoriten. Der Domdechant Siegmund von Fugger stand dem bayerischen Herzog nahe, der Dompropst Michael von Wolkenstein würde sich in seiner Politik eher nach den Habsburgern richten, beide hatten Befürworter, aber ebenso entschiedene Gegner. Zu alt sollte der neue Erzbischof nicht sein, zu hohes Alter und demzufolge Krankheit hatte erst in der jüngsten Vergangenheit zu Problemen geführt. Zu jung durfte er auch nicht sein, die vorgeschriebene Altersgrenze war dreißig Jahre. Als aussichtsreicher Kandidat galt Graf Anton von Lodron. Gegen ihn sprach, dass seine einflussreiche Familie versuchen könnte, sich in seine Politik einzumischen.

Felicitas wollte erst später kommen. Salomes Mutter und Bruder hatten in der Kirche Platz genommen. Sie selbst hielt nach ihren Schwestern Ausschau, konnte sie aber in der Menge nirgends entdecken. Flüchtig grüßte sie einige andere Verwandte und Bekannte, sie würde sich hier wohl bald langweilen. Zumindest war es in der Sonne angenehm warm. Gerade hatte sie ihr Gesicht den wärmenden Strahlen zugewandt und für einen Augenblick die Augen geschlossen, als plötzlich einsetzendes Glockengeläut sie nahezu erschreckte.

Das konnte doch nur heißen, dass der neue Erzbischof bereits gewählt war! Aufgeregtes Gemurmel ging durch die Reihen, übertönt vom lauten Schall der Glocken. Bevor noch mehr Menschen neugierig in die Kirche und durch das Portal drängten, schlängelte sich Salome rasch durch die Menge zur offenen Tür und ins Innere der Kirche. Irgendjemand schimpfte, den sie gestoßen hatte. Sie murmelte eine Entschuldigung und erreichte einen Platz neben einer Säule, von dem aus sie gut nach vorne sehen konnte.

Eben hatte sich die Tür zur Kapelle geöffnet, in der die Wahl stattgefunden hatte. Heraus traten der Dompropst und der Domdechant, und zwischen ihnen schritt der neu gewählte Erzbischof. Salome kniff die Augen zusammen, schloss sie und öffnete sie wieder. Das vermeintliche Trugbild verschwand nicht – das war tatsächlich Wolf Dietrich von Raitenau! Salome stockte der Atem. Hinter der Dreiergruppe an der Spitze zogen die Domherren aus der Kapelle in die Kirche ein. Salome heftete ihren Blick auf Wolf Dietrichs Gesicht, das für einige Augenblicke in ihre Richtung gewandt war, bevor sich der Zug dem Hochaltar zukehrte. Er wirkte blass, sah an der Menge vorbei, auf den Wangen glitzerten deutlich sichtbar Tränen. Am Hochaltar angekommen, stimmte er mit fester Stimme das Tedeum an, in das die Geistlichen und die versammelte Menge einstimmten. Die Glocken läuteten noch immer. Als Lobgesang und Glocken verstummt waren, verkündete der Dompropst das Wahlergebnis: Der neue Landesfürst war Herr Wolf Dietrich von Raitenau, nunmehr Seine hochfürstliche Gnaden, der gnädigste Herr Erzbischof.

Die Menge drängte nach draußen. Salome wurde mitgeschoben. Sie wartete nicht auf Mutter und Bruder, suchte weder ihre Schwestern noch Felicitas. Wie es sich gerade ergab, grüßte sie nach links oder rechts und fand sich schließlich vor ihrem Haus wieder. Sie stieg die Treppe hinauf in ihr Zimmer. Seltsam, hier hatte sich nichts verändert. Sie ging in die Küche hinunter und gab den Mägden ein paar Anweisungen bezüglich des Mittagessens. Die machten sich an die Arbeit. Weit hinten im Hof spannte der Kutscher die Pferde an. Anscheinend hatte er den Auftrag dazu erhalten. Mutter und Bruder waren aber gar nicht hier, vielleicht sollte er jemanden abholen. Die Gedanken über diese alltäglichen Dinge liefen durch Salomes Kopf, doch sie hatte das Gefühl, als wäre sie gar nicht hier, irgendwo außerhalb ihrer selbst. Unmöglich konnte alles wie immer sein! Alles hatte sich geändert! Alles! Nach und nach, Schritt für Schritt, Stück für Stück gewann die Wahrheit Raum in ihrem Bewusstsein und in ihrem Herzen. Der Schockzustand am Tag der Wahl verhinderte, dass sie zusammenbrach. Sie bewahrte ihre Haltung und damit ihr Geheimnis vor unbefugten Eindringlingen.

Beim Mittagessen kommentierte Salomes Bruder die öffentlich wenig bekannte Person des neuen Landesfürsten. Der junge Mann mit dem weltmännischen Auftreten hätte gute Beziehungen zum Vatikan, würde hoffentlich für Ordnung in den geistlichen und weltlichen Angelegenheiten des Landes sorgen und eine möglichst eigenständige Politik betreiben, ohne sich vom bayerischen oder österreichischen Nachbarn zu sehr beeinflussen zu lassen. Die Mutter gab ihm recht, und Salome schwieg. Sie aß fast nichts und erklärte, sie hätte keinen Hunger.

Nachts löste sich die Betäubung. Sie hatte Wolf Dietrich verloren! Für immer. Es gab kein Zurück. Der Schmerz brannte, bohrte, stach in ihrem Inneren. Sie ließ ihren Tränen freien Lauf. Eine Schicksalsmacht hatte zugeschlagen, ihn wie in jenem bösen Traum von ihr weggenommen, ihn emporgehoben und ihr entzogen. Sie selbst war in jenes dunkle Loch gefallen, von dem sie geträumt hatte. Gottes unergründlicher Ratschluss und die Kirche beriefen ihn auf einen gleicherweise geistlichen wie weltlichen Thron. Und ein Wolf Dietrich von Raitenau würde niemals die Wahl ablehnen, sich nicht davonstehlen. Der ließ sich mit der Würde bekleiden, ergriff die Macht und nahm die damit verbundene Last auf seine Schultern. Unter diesem Gewicht zerbrach ein Versprechen, das er in menschlicher Unwissenheit über die Zukunft gegeben hatte. Eine Instanz gab es, die Wolf Dietrichs Berufung noch rückgängig machen könnte: In der Macht des Papstes lag es, die Bestätigung und die nötige Altersdispens zu verweigern. Wolf Dietrich war ja noch keine dreißig Jahre alt.

Eine innere Gewissheit sagte Salome, dass dies nicht geschehen würde.

In den nächsten Tagen und Wochen erhielt Salome insgesamt drei Briefe von Wolf Dietrich. Besonders im ersten war die Tinte an einigen Stellen verräterisch verwischt und er verhüllte kaum seine innere Zerrissenheit bis hin zur Verzweiflung. Nicht im Traum hatte er damit gerechnet, gewählt zu werden. Schon vor der Wahl wäre er nach Italien abgereist, hätte er es geahnt. Er sagte nichts davon, aber Salomes Entschluss mitzukommen, hatte ihn darin bestärkt, die wärmere Jahreszeit abzuwarten. Ferner gebot es die Vernunft, die Pfründenauszahlung im März nicht zu versäumen. Der so unerwarteten hohen Berufung und Sendung zu widerstehen, ließ sein Gewissen nicht zu. Gleich der erste Wahlgang brachte die Entscheidung, sehr knapp, doch eindeutig. Wenn Gott ihm gebot, ihm an so hoher Stelle zu dienen, musste er gehorchen. Dein Tatendrang, dein Stolz, dein Wunsch nach Ehre und Ansehen nicht zu vergessen, dachte Salome. Er liebte sie unverändert. Immer noch könnte es geschehen, dass der Papst seine Wahl nicht bestätigte.

Im zweiten und vor allem im dritten Brief sprach Wolf Dietrich von seinen Hoffnungen für die Zukunft. Gottes Wege seien unergründlich, es sei wohl nur eine Frage der Zeit, bis der Zölibat aufgehoben würde. In seinen besonderen Umständen würde er vom Papst vielleicht eine Ehedispens erhalten. Sein Onkel, der Kardinal Altemps, hatte mit seinem Einfluss schon Erstaunliches bewirkt, und Wolf Dietrichs Stellung als Erzbischof mit den größten Vollmachten gleich nach dem Papst und gleichzeitig als weltlicher Landesfürst war doch einzigartig.

Salome schickte ein einziges Mal ein paar Zeilen zurück. Sie wünschte ihm allen Segen für die Zukunft und bat ihn, ihr nicht mehr zu schreiben. Was gab es denn noch zu sagen?

Wie gerne würde sie an die Möglichkeit eines gemeinsamen Lebens glauben! Doch mit seinen Zukunftshoffnungen sprach sich Wolf Dietrich nur selbst Mut zu. Der Verlust ließ sich leichter ertragen. Verräterische Briefe könnten in die Hände von Unbefugten gelangen und das Leid vergrößern. Vielleicht heilte die Zeit eines Tages alle Wunden.

****

Die warme Frühlingssonne schmolz den Schnee dahin. Die Wiesen wurden wieder grün, die Bäume blühten, Knospen und Blätter begannen zu sprießen.

Salome saß im Wohnsalon, hatte den Spinnrocken vor sich stehen, aber ihre Hände lagen im Schoß, und sie blickte gedankenverloren ins Leere.

„Du sitzt zu viel zu Hause, Salome", sagte die alte Liese, „du solltest unter die Leute gehen. Willst du nicht wieder ausreiten? Das alte Pferd hätte nach dem langen Winter auch seine Freude daran."

„Ja, ich könnte Felicitas fragen", meinte Salome.

Die alte Liese zog einen Stuhl heran und setzte sich neben sie. Sie legte die Hand tröstend auf Salomes Arm.

„Wenn ich dir nur helfen könnte!", seufzte die Kinderfrau. „Von den Priestern die Ehelosigkeit zu verlangen, ist ein großes Unrecht, sagen die Protestanten", fuhr sie in energischem Ton fort, „und wahr ist es. Der Papst stiehlt den Klerikern ihre Frauen und Kinder, sagte der Dr. Luther. Aber der neu gewählte Erzbischof ist doch noch nicht einmal zum Priester geweiht! Er braucht einen Dispens wegen seines jugendlichen Alters. Wenn ihn der Papst nicht bestätigt?" Salome schüttelte den Kopf.

„Wenn mein Kummer allzu unerträglich wird, klammere ich mich an diesen Hoffnungsschimmer, doch es ist nur ein Strohhalm", sagte sie. „Was meinst du, warum Wolf Dietrich nach Rom gehen und dem Papst seine Dienste im Kriegswesen anbieten wollte? Weil er dort so gut angeschrieben ist! Er hat jahrelang in Rom gelebt, die hohen geistlichen Würdenträger kennen ihn, von seinem einflussreichen Onkel, dem Kardinal, gar nicht zu reden. Sie werden ihm freudig zu seiner Wahl gratulieren..."

Salome tat es gut, dass Liese für eine Weile schwieg. Sie gönnte Wolf Dietrich seinen Erfolg. Er war ein außergewöhnlicher Mann und würde für das Land sein Bestes geben. Wenn er darauf verzichten musste, mit ihr zu leben, hatte sein Opfer Sinn. Er würde Großes leisten. Doch wie sollte sie Trost finden und was würde aus ihrem Leben werden? Als hätte Liese ihre Gedanken erraten, sagte sie:

„Wenn du in der Kirche jetzt keinen Trost findest, könntest du in der Bibel lesen. Ich weiß, das ist ein ungewöhnlicher Vorschlag. Das ändert nicht die Umstände, aber du wirst sehen, es hilft. Ich borge dir meine. Bei Gelegenheit kann ich dir vielleicht eine besorgen..."

„Ach, hör auf!", rief Salome heftig. „Was soll ich mit deiner neuen Religion? Sie bringt ihn mir nicht zurück. Dein Gott der Liebe ist in Wirklichkeit ein strafender Gott. Warum macht er ausgerechnet Wolf Dietrich zum Erzbischof, reißt uns auseinander, wenn er die Liebe wollte? Mich straft er für meine Sünden, weil ich meine Mutter belogen habe..." Salome sprang auf und lief aus dem Zimmer. Krachend fiel die Tür hinter ihr ins Schloss. In ihrem Zimmer warf sie sich aufs Bett und vergrub weinend ihren Kopf in den Kissen.

Salome raffte sich auf und ritt einige Male aus. Das alte Pferd konnte nichts für ihren Kummer und genoss es, aus dem Stall zu kommen. Felicitas ritt mit ihrer Freundin große Runden, ohne ihren Christoph zu besuchen, plauderte munter dahin, um Salome aufzuheitern. An einem Nachmittag rasteten sie gerade, als gewaltiger Kanonendonner von der Festung Hohensalzburg hallte. Die Boten mit der Bestätigung des Papstes waren zurückgekehrt. Noch am selben Tag bezog der neue Landesfürst die erzbischöfliche Residenz. Salome war in der Zwischenzeit nach Hause zurückgekehrt. Neuerlich dröhnte eine Salve von der Festung. Sie lief nicht zum Marktplatz wie zahlreiche Bewohner Salzburgs. Sie würde nicht zusehen, wie Wolf Dietrich in seinen Palast einzog und sich die Tore hinter ihm schlossen.

Im Juni lud der Erzbischof alle, die in Salzburg Rang und Namen hatten, zu einem Festbankett. Von der Festung Hohensalzburg donnerten neuerlich die Salven der Kanonen herab, Trompeter bliesen von den Höhen rings um die Stadt, und ein Feuerwerk erhellte den Nachthimmel. Die Menschen standen an dem lauen, frühsommerlichen Abend auf den Plätzen und in den Gassen und betrachteten fasziniert die bunte Pracht.

Die Ratsbürger durften als Gäste nicht fehlen. Salomes Bruder berichtete von dem erlesenen Essen, den Spielleuten, dem festlichen Blumenschmuck, den Hunderten von Kerzen, die den Saal erhellten. Samuel hatte, wie es seiner Art entsprach, den Speisen und den exquisiten Weinen in Maßen zugesprochen, im Gegensatz zu seinem Schwager, dem Herrn Fabrici von Klesheim.

Als Salome tags darauf ihre Schwester Katharina besuchte, beklagte diese die üble Verfassung ihres Ehemannes, die sich als Folge des Festmahls eingestellt hatte.

„Was Seine hochfürstliche Gnaden da alles servieren ließ", sagte sie in vorwurfsvollem Ton, „da muss einer ja krank werden."

„Vor allem, wenn man zu viel trinkt", meinte Salome ironisch, „es wird deinen Mann ja keiner mit Gewalt dazu gezwungen haben."

„Vielleicht geht es Seiner hochfürstlichen Gnaden auch nicht besser", meinte Katharina.

Wolf Dietrich hat bestimmt nicht zu viel getrunken, dachte Salome. Vielleicht betäubte er mit all der Pracht den inneren Schmerz, mit Wein würde er es nicht tun. Sie gewöhnte sich nach und nach daran, dass er dauernd im Gespräch war. Manches wusste sie, wovon die anderen keine Ahnung hatten, so dass sie innerlich sogar lächelte. Gelegentlich genoss sie ihr Wissen. Es gab ihr ein Gefühl der Überlegenheit und half ein wenig, dass ihr Kummer nachließ.

Wenige Wochen später traf sie ihre Schwester Barbara in heller Aufregung an.

„Stell dir vor", überschüttete diese sie mit einem Wortschwall, „mein Mann wird nach Werfen versetzt, er soll dort als Landrichter tätig sein – in dieses Nest! Kaum darf man hoffen, dass es unter dem neuen Erzbischof in Salzburg weniger provinziell zugeht – übrigens geht das Gerücht, dass seine Inthronisation auf das Prächtigste geplant ist - sollen wir weitab aufs Land ziehen..."

„Das neue Amt ist doch eine Ehre", meinte Salome, „und eine Würdigung der treuen Dienste deines Albrecht." Mit Beamten, die ihre Stellung für ihre eigenen Zwecke nutzten oder sich Ungerechtigkeiten zuschulden kommen ließen, machte Wolf Dietrich kurzen Prozess. Einige waren bereits entlassen worden, manche mussten öffentlich am Pranger stehen oder wurden des Landes verwiesen, sogar von Hinrichtungen war die Rede. Wer der Untreue und Korruption überführt wurde, musste mit Bestrafung rechnen. Das Durchgreifen des neuen Herrn nahm die Bevölkerung mit Wohlwollen auf.

„Werfen ist doch nur wenige Wegstunden entfernt. Das Domizil des Landrichters ist gewiss standesgemäß", meinte Salome. Für eine Verbesserung der Einrichtung hätte der Fürstbischof sicher Verständnis, aber ihr Wissen über Wolf Dietrichs Geschmack und Wesenszüge musste sie für sich behalten.

„Und wo soll ich geeignete Lehrer für die Kinder finden? Und Dienstboten? Und bekommt man auf dem Land alles, was man braucht?" Barbaras geordnetes Leben schien auf dem Kopf zu stehen.

„Die Kinder sind doch noch klein", stellte Salome fest. Die fünfjährige Sophie und der dreijährige Johann mussten noch nicht unterrichtet werden. „Deine Dienstboten kannst du vielleicht mitnehmen. Werfen liegt wirklich nicht im hintersten Tal. Warum solltest du nicht bekommen, was du brauchst?" Vielleicht musst du auf die eine oder andere Bequemlichkeit verzichten, dachte Salome. Barbara hatte keinen Adeligen geheiratet wie Katharina und ihr Haus war weniger vornehm und herrschaftlich, doch ihr Leben gestaltete sich ebenso geordnet und bequem. Die bloße Vorstellung einer Veränderung brachte sie aus der Fassung. Ob ich Barbara beneide?, fragte sich Salome. Vielleicht ein wenig. Doch wäre ich jetzt glücklich, wenn ich in den vorgegebenen Bahnen geblieben wäre?

****

In einer nicht sonderlich aufwändig gestalteten Messfeier weihte der Bischof von Chiemsee den Raitenauer zum Diakon und Priester. Die große kirchliche Prachtentfaltung mit allen Ehrengästen wurde für die Inthronisation als Erzbischof aufgespart. Die Gottesdienstbesucher fanden alle im Münster Platz.

Das Sakrament der Weihe wird ihn verändern, dachte Salome, als Wolf Dietrich als Zeichen der Demut und Hingabe an Gott und die Kirche vor dem Altar auf dem Boden lag. Eine übernatürliche Wirkung musste es haben und er würde seinen Auftrag und seine Aufgaben ernst nehmen. Vielleicht veränderte ihn die Weihe so sehr, dass er seine frühere heimliche Verlobte bald vergessen würde. Mit fester Stimme legte er die Gelübde ab. Die lateinischen Worte verstand sie nicht. Sie bezeichneten gleichsam den Abstand, der für immer zwischen ihnen lag, zwischen seiner Welt und ihrer Welt.

Mit strahlendem Sonnenschein brach der Sonntag an. Zahlreiche geistliche und weltliche Würdenträger versammelten sich im Münster. Der Kaiser hatte aus Wien den geheimen Rat Bischof Khlesl als Vertreter entsandt, aus Rom war ein päpstlicher Sonderdelegierter samt Gefolge eingetroffen. Zahlreiche Bischöfe und Äbte, der Bayernherzog mit einem seiner Söhne, Angehörige des hohen Adels waren vertreten. Wolf Dietrichs mächtige Onkel, der Kardi-

74

nal und der Feldherr, waren für die weite Reise zu alt und kränklich und hatten Abgesandte geschickt. Lehensleute, Vertreter der Stände und der Städte und Märkte, Landpfleger und Offiziere hatten pflichtgemäß zu erscheinen. Im Münster drängten sich die Menschen, ebenso auf dem Platz davor. Viele Neugierige waren aus den umliegenden Gegenden gekommen.

Als Angehörige eines Ratsbürgers hatten Salome und ihre Mutter Plätze im Dom erhalten. Eine Gruppe von Personen, die zu einer der vorderen Bänke geleitet wurde, fiel Salome besonders auf: ein älterer Mann, der wie ein Haudegen aussah, und mehrere junge Kavaliere, eine junge Dame und ein Knabe. Einer der jungen Männer wandte ihr im Vorbeigehen zufällig das Gesicht zu. Er ähnelte Wolf Dietrich so sehr, dass es Salome innerlich einen Stich gab. Es musste einer seiner Brüder sein, also handelte es sich um seine Familie.

Im Laufe des feierlichen Hochamts weihte der Bischof von Passau Wolf Dietrich zum Bischof. Am Ende des Gottesdienstes läuteten alle Glocken, das Tedeum wurde angestimmt. Der neugeweihte Bischof kniete vor dem Altar nieder und die vom Papst geweihte Stola, das Zeichen der hohen geistlichen Würde, wurde ihm um die Schultern gelegt. Somit war Wolf Dietrich von Raitenau Metropolit der Kirchenprovinz Salzburg, die von der Diözese Regensburg im Norden bis zur Diözese Brixen im Süden reichte und von Freising im Westen bis Wien im Osten. Als einziger Kirchenfürst war er befugt, in den Bistümern Gurk, Chiemsee, Seckau und Lavant Bischöfe ohne Zustimmung des Papstes einzusetzen und ohne Rücksicht auf den Kaiser mit den weltlichen Hoheitsrechten auszustatten.

Salome verfolgte aufmerksam die heilige Handlung. Die Hauptperson vorne am Altar, der zu Ehren hier gefeiert wurde, schien sich von dem Wolf Dietrich, den sie kannte, bereits weit entfernt zu haben. Der nach der herrschenden Mode spitz zulaufende Bart, den er nun trug, veränderte ihn äußerlich und ließ ihn älter aussehen. Die prächtigen geistlichen Gewänder erforderten eine andere Art der Bewegung als weltliche Kleidung. In der Öffentlichkeit trug der Fürstbischof Benehmen und Haltung des souveränen Landesherrn zur Schau. Er versäumte es nicht, da und dort mit jedermann leutselig zu plaudern, ließ jedoch an der herrschenden Distanz keinen Zweifel. Privat würde sie ihn nicht mehr zu Gesicht bekommen. Wolf Dietrich, der Domherr und adelige Kavalier, war für sie so gut wie gestorben. Um Dahingeschiedene trauert man, sagte Salomes Vernunft, doch eines Tages hört man damit auf. Und eines Tages würde das ihr Herz begreifen.

Die Nacht nach jenem denkwürdigen Sonntag brachte den Umschwung von angenehm warmer Herbstsonne zu garstigem, kühlen Regenwetter. Im Regen formierte sich im Nonntal außerhalb der Stadt der Festzug, der den neuen Herrn auf seinem feierlichen Einritt in die Stadt Salzburg begleitete. Vor dem Nonntaltor überreichten die Abgesandten des Rats dem Fürstbischof symbolisch die Schlüssel der Stadt, die er somit unter seine Herrschaft nahm. Salome begab sich mit ihrer Mutter nicht hinaus vor das Tor. Sie standen entlang der Straße, um die Prozession zu sehen. Ihre Mutter wollte nicht so weit laufen, und sie selbst vermied es, sich gerade an den Ort zu begeben, wo sie sich bis vor etwa einem Jahr mit Wolf Dietrich zu ihren gemeinsamen Ausritten getroffen hatte. Einerseits erschien es ihr, als läge das nur wenige Tage zurück, andererseits war diese Zeit wie durch eine halbe Ewigkeit von der jetzigen getrennt. Niemals hatte sich Salome bei einem solchen Wetter an diesen Ort begeben, sonnig und still hatte sie ihn in Erinnerung. Heute war er verregnet, laut und voller Trubel.

Ihre Schwester Barbara redete auf Mutter und Schwester ein, während sie auf den Festzug warteten. Sie lebte nun mit ihrer Familie in Werfen, wo ihr Ehemann sein neues Amt angetreten hatte. Zur Inthronisation des neuen Landesherrn war sie mit ihm nach Salzburg gekommen und beklagte ihr nunmehr ach so provinzielles Leben. Und nun dieses garstige Wetter!

Salome trug einen neuen Kapuzenmantel, der sie einigermaßen vor dem Regen schützte und die Nässe heil überstehen würde. Die in Samt und Seide einhergehenden, mit Brokaten, Federhüten, Pelzbesätzen und anderen kostbaren Materialien herausgeputzten Teilnehmer des Festzuges würden einige Einbußen und Schäden hinnehmen müssen. Den Anfang machten die Zünfte, Zechen und Bruderschaften, die hinter ihren Insignien marschierten. Es folgten die vornehmen Bürger und der niedere Adel zu Pferd. Salomes Bruder trug eine eher säuerliche Miene zur Schau. Prächtige Schauspiele interessierten ihn nicht besonders, vor allem nicht als pflichtgemäßer Teilnehmer bei diesem Wetter. Stadtklerus und Domherren führten die Gruppe der geistlichen Würdenträger wie Pröpste und Äbte an. Dem hohen Adel und den Bischöfen, die in Kutschen fuhren, zogen Trompeter auf Pferden voran. Vor dem Erzbischof, der auf einem Schimmel ritt, schritt ein Geistlicher mit dem großen goldenen Legatenkreuz. Es wies lilienförmige Enden auf und repräsentierte die Würde des päpstlichen Vertreters. Wolf Dietrich, der in tadelloser Haltung zu Pferd saß, war in Purpur gekleidet. Nur konnte er nicht verhindern, dass ihm der Regen übers Gesicht lief. Neben seinem Pferd schritten Bürger, deren Kleidung in den Farben seiner Familie gehalten war. Wolf Dietrich hob die Hand zum Gruß nach links und rechts. Salome fragte sich, ob er sie bemerkt hatte, wohl eher nicht. Hinter dem Erzbischof ritten als Ehrengäste die beiden bayerischen Herzöge, die viele ihrer Edlen und ihre eigenen Trompeter mitgebracht hatten, die vor und hinter Wolf Dietrich marschierten. Als wollten sie ihn umzingeln, dachte Salome. Es regnete noch immer, und die Fahnen und bunten Tücher, mit denen die Häuser geschmückt waren, hingen klatschnass und traurig herunter.

Kanonen schossen von der Festung Hohensalzburg mehrere Salven ab, die Kirchenglocken läuteten. Wieder wurde das Tedeum angestimmt, als die Prozession zu einem neuerlichen Hochamt in den Dom einzog. Salome ging mit ihrer

Mutter nach Hause. Der Gottesdienst mochte ohne sie gefeiert werden, und auch die Weinfässer, die im Hof der Residenz für das Volk bereitstanden, interessierten sie nicht. Sie war nass genug geworden und hatte ihre Erkältung vom letzten Jahr noch in übler Erinnerung. Und heuer würde kein Liebster kommen, sie trösten und ihre trüben Gedanken verscheuchen.

4 - Die Entscheidung

Im Frühjahr des nächsten Jahres traf Salomes Schwester Katharina umfangreiche Vorbereitungen, um die Verwandten in Werfen zu besuchen. Barbara hatte eine lange Liste geschickt, was alles aus ihrem Salzburger Stadthaus und aus dem Laden der Alts mitzubringen sei. Zwei Frachtwagen wurden samt den persönlichen Gepäckstücken der Reisenden vollgepackt. Salome begleitete ihre Schwester. Zusammen mit Katharina, den beiden Kindern und deren Kinderfrau wurde es eng in der Kutsche. Samuel Alt und sein Schwager Marquard Fabrici von Klesheim, Katharinas Ehemann, ritten zu Pferd voran und beabsichtigten, nach zwei Tagen wieder in die Stadt zurückzukehren.

Im noch morgendlich kühlen Sonnenschein ging es das Tal der Salzach entlang in Richtung Süden. Die Kutsche rumpelte und schaukelte durch einige Dörfer. Barfüßige, teilweise auch zerlumpte Bauernkinder standen am Straßenrand, winkten den vornehmen Herrschaften zu und strahlten, wenn die Kinder zurückwinkten. Die Landschaft interessierte Matthias und Engelbert nicht und als keine Kinder mehr auftauchten, wurde ihnen die Fahrt bald langweilig, und sie begannen zu quengeln. Nach einer Rast bei einem Gasthof schliefen sie ein. Der sechsjährige Matthias lag in Salomes Schoß, der vierjährige Engelbert in dem seiner Mutter. In der Kutsche wurde es zunehmend wärmer. Salome nickte auch ein und erwachte, als sie sich bereits Werfen näherten. Schon von weitem erblickte sie die mächtige

Festung, die auf einem Felsen klebte, dahinter das schneebedeckte Bergmassiv des Hochkönigs.

Sie hielten vor dem Wohn- und Amtshaus des Landpflegers, einem zweistöckigen Gebäude mit einem Turm. Mit dem Brunnen davor und dem gegenüberliegenden, herrschaftlichen Haus zusammen ergab sich ein hübscher Platz in der Ortsmitte. Albrecht Ritz, Salomes Schwager, führte als Landrichter die Geschäfte des Pflegers, eines Verwandten des früheren Erzbischofs. Der begnügte sich mit dem Titel und entsprechenden Einkünften, ohne den Bezirk selbst zu verwalten.

Kaum hatten sich die Verwandten begrüßt, waren die Kinder bereits mit Vetter und Base und einem weiteren, etwa vierjährigen Knaben irgendwo in den Wohnräumen im ersten Stock verschwunden. Salome fiel der ihr unbekannte Knabe mit den blonden Locken sogleich auf, der sich benahm, als gehörte er zur Familie. Barbara war über die glückliche Ankunft der gewünschten Sachen mindestens ebenso froh wie über die der Verwandten.

„Wie freu' ich mich euch wiederzusehen, und alles habt ihr mitgebracht... vielen, vielen Dank", wiederholte sie mehrmals.

Die Tafel für das Abendessen war festlich geschmückt. Die neuen Suppenschalen, die Barbara bestellt hatte, waren bereits gedeckt. Salome hatte sie ausgesucht und eine gute Wahl getroffen. Sie passten zu den Leuchtern, Vasen und Salzfässern. Nach der Anzahl der Gedecke zu schließen, erwartete man noch einen Gast, der sich offensichtlich verspätet hatte. Der Hausherr schien sich gerade zu entschließen, dennoch zu Tisch zu bitten, als ein Diener einen Mann in den Salon führte, eine auffallende Erscheinung. Er trug eine Offiziersuniform, war sehr groß, mit einer Hakennase und einer Narbe im Gesicht. Durch das gelichtete Haar über der hohen Stirn wirkte er noch größer.

„Herr Hauptmann Michael von Weittingen, der Festungskommandant, wir sind seit Jahren befreundet", stellte ihn Albrecht Ritz seinen Verwandten vor. „Seinen kleinen Sohn habt ihr ja bereits kennen gelernt."

Den Festungskommandanten hatte der neue Erzbischof ausgetauscht, und Salomes Schwager hatte zu seiner Freude einen alten Freund wiedergetroffen. Der stellte die Disziplin in der Truppe wieder her, so dass die Dorfbewohner vor weiteren Übergriffen verschont blieben und die Besatzung der Festung wieder zum Schutz und nicht zum Schrecken der Bevölkerung diente. Michael von Weittingen war verwitwet und sein kleiner Sohn Stefan freundete sich rasch mit Sophie und Johann, den Kindern des Landrichters, an. Ihr Vater besuchte die Familie Ritz, soweit es sein Dienst erlaubte.

Es war leicht zu durchschauen, dass Salomes Verwandte ihr die Vorzüge dieses Herrn möglichst deutlich vor Augen führen wollten. Den Plan, sie mit Heinrich Prammer zu verheiraten, hatte ihre Mutter aufgegeben. Die hielt ihn zum Heiraten für zu unreif und Salome für zu alt, um noch lange zu warten. Michael von Weittingen war ein angenehmer Gast und Gesellschafter. Früher hatte er an Feldzügen gegen die Türken teilgenommen und sich dort die Narbe im Gesicht geholt. Was er erzählte, entsprach mit Rücksicht auf die Damen einer geschönten Wahrheit.

Da das sonnige Wetter anhielt, unternahm man am nächsten Tag eine Landpartie. Marquard Fabrici und Samuel Alt konnten teilnehmen, bevor sie nach Salzburg zurückkehren mussten, und Michael von Weittingens Dienstplan erlaubte es, dass er sich diesen Tag frei nahm. Der kleine Stefan, sein Sohn, schloss Salome sogleich ins Herz und umgekehrt, so dass es für seinen Vater umso leichter war, Salomes Gesellschaft zu suchen. Sie ließen Pferde und Kutschen zurück und wanderten einen Hang entlang. Die Berge waren hier näher und höher als in der Stadt Salzburg, das Wasser eines Gebirgsbachs klarer und frischer als das der Salzach. Salome genoss den Ausflug, sie liebte die Natur. Über ihnen thronte die Festung Werfen. Auf ihre Frage erklärte ihr Michael von Weittingen die Teile der Anlage. Von den unteren Befestigungen zog eine Mauer hinauf zum Schloss. Das wehrhafte Gebäude mit den Ecktürmen schlossen oben Zinnen ab, hinter denen Soldaten patrouillierten. Hier herrschte nunmehr Ordnung, wie es Wolf Dietrich gewünscht hatte, ohne zu ahnen, dass er selbst der neue Landesherr sein würde. Salome dachte kurz daran, es schien so lange zurückzuliegen.

Nach dem Abendessen bat Albrecht Ritz seinen Freund, seine Verwandten mit seinem Können zu erfreuen, falls die Gäste noch nicht zu müde wären.

„Da benötigen wir den Schlüssel zur Kirche", entgegnete Michael von Weittingen.

„Ich schicke einen Diener zum Pfarrer", sagte Albrecht Ritz, „im Schlaf werden wir ihn um diese Zeit noch nicht stören."

Der erschien bald darauf mit dem gewünschten Schlüssel, und die ganze Gesellschaft brach auf.

„Was tun wir in der Kirche?", fragte Salome ihre Schwester Barbara.

„Du wirst es gleich hören."

Sie nahmen in den Bänken Platz, und Michael von Weittingen stieg zur Orgel hinauf. Die ersten Töne erfüllten den Raum. Die einfache Kirche gefiel Salome. Sie war dunkel, der Altar kunstvoll geschnitzt. Michael von Weittingen spielte ausgezeichnet. Sie erkannte einige Melodien, die sie schon lange nicht mehr gehört hatte.

„Manchmal vertritt er bei der Sonntagsmesse den Organisten", flüsterte ihr Barbara zu. Diese künstlerischen Fähigkeiten waren für einen Soldaten recht ungewöhnlich.

„Ihr spielt sehr gut", sagte sie auf dem Rückweg, ehrlich beeindruckt. „Mancher Organist könnte sich ein Beispiel nehmen. Wo habt Ihr das gelernt?"

„Ich komme aus einer sehr musikalischen Familie und habe seit meiner Kindheit musiziert. Für den Platz hinter der Orgel eignet sich meine Größe nicht so recht", meinte er und streckte sich ein wenig, „so bleibe ich besser Soldat."

Salome war nicht entgangen, dass sie dem Festungskommandanten gefiel. Während der beiden Wochen, die sie mit

Katharina und deren Kindern in Werfen verbrachte, kam er wiederholt in das Haus des Landrichters, noch häufiger der kleine Stefan. Über dessen ständiges Betteln, doch die Familie Ritz besuchen zu dürfen, war die Kinderfrau ärgerlich, gab aber nach, solange die Verwandten da waren. Danach sollte es wieder strenger zugehen.

Einen Tag vor Abreise der Gäste seufzte Stefan traurig: „Schade, dass ihr nicht alle hier bleiben könnt. Bei uns zu Hause ist es so langweilig."

„Die Kinder der Familie Ritz, Sophie und Johann, kannst du doch immer besuchen", meinte Salome.

„Du bist aber nicht da. Warum heiratest du nicht meinen Vater?", fragte Stefan unvermittelt und fuhr sogleich fort: „Ich werde ihm sagen, dass er das tun soll. Du hättest doch nichts dagegen? Du magst ihn? Oder hast du einen Verlobten?"

„So einfach geht das nicht", wehrte Salome ab. Die unverblümten Worten des fröhlichen Knirpses beunruhigten sie. Genau das wünschen hier alle, dachte sie, nur sagt es keiner so direkt wie ein Kind. Ihre Schwester Barbara malte sich vielleicht schon aus, wie angenehm Salomes Gesellschaft hier in der Provinz wäre. Falls Michael von Weittingen ernsthafte Absichten hatte, würde er sich mit einem Antrag etwas Zeit lassen, wie es sich gehörte.

Am letzten Abend fragte er sie, ob er ihr schreiben dürfe.

„Ja gewiss", antwortete Salome. Ob sie sich das tatsächlich wünschte? Vielleicht war es eine nette Abwechslung. Im Haus des Landrichters standen sie an einem Fenster in der Vorhalle des zweiten Stocks. Unten auf der Straße sahen sie die Kinder spielen und um den Brunnen toben. Durch die geöffnete Tür zum großen Saal drang gedämpftes Stimmengewirr.

„Und wenn es mein Dienst erlaubt und ich in die Stadt Salzburg komme, darf ich Euch, ich meine Eure Familie besuchen?"

„Da müsst Ihr meinen Bruder fragen."

„Ja, natürlich, aber es ist mir sehr wichtig, dass ich Euch willkommen bin."

Der Klang seiner Stimme und sein Gesichtsausdruck verrieten, wie bedeutend ihre Antwort für ihn sein würde.

Wenn ich ehrlich bin, dachte Salome, müsste ich jetzt sagen: Kommt nicht, sonst werdet Ihr enttäuscht. Er war ihr ein netter Gesellschafter, nicht mehr.

Ihre Vernunft gebot ihr zu sagen: „Ihr seid willkommen." An Michael von Weittingen gab es nichts auszusetzen. Irgendwann in nicht allzu ferner Zukunft musste sie an Heirat denken, und er war gewiss ein geeigneter Kandidat. Er nahm ihre Hand und küsste sie. Sie empfand es als nett. Salome nickte ihm zu und wandte sich um, um zu den anderen zurückzugehen. Er berührte ihren Arm. Sie sah ihm fragend ins Gesicht. Ihr Blick war freundlich, aber er lud zu keinem zärtlichen Wort oder gar einem Kuss ein. Sie wusste, dass sie ihn enttäuschte und wiederholte:

„Glaubt mir, Ihr seid willkommen." Ihr Herz würde der Vernunft folgen, nach und nach. Wenn sie nur fest daran glaubte, dann würde es geschehen!

****

Salome betrachtete das ihr mittlerweile gut bekannte Wappen auf dem Siegel des Briefes, den sie in der Hand hielt. Als sie die Ladentüre gehen hörte, hob sie den Kopf.

„Salome!", rief Felicitas. „Was machst du denn hier ganz allein? Jetzt kommt doch niemand einkaufen! Alle Leute sind auf der Straße." Und mit einem Blick auf den Brief in den Händen der Freundin: „Ach so, du wolltest in Ruhe lesen..."

Kaum dass sie jemanden kommen hörte, hätte Salome fast nach ihrer früheren Gewohnheit den Brief rasch unter dem Ladentisch oder in der Tasche ihrer Schürze verschwinden lassen, die sie bei der Arbeit trug. Das war völlig unnötig! Ihre Familie sah es gerne, dass ihr Michael von Weittingen schrieb. Er war ein Mann von untadeligem Ruf, und ihre Mutter wartete schon darauf, ihn persönlich kennen zu lernen. Nach ihrer Rückkehr aus Werfen hatten es Katharina und ihr Gatte nicht versäumt, den neuen Festungskommandanten in den höchsten Tönen zu loben, nicht zu vergessen das aufgeweckte Söhnchen. Salome hätte sich in seiner Gesellschaft offensichtlich gut unterhalten.

„Was soll ich bei diesem Wetter draußen auf der Straße herumstehen...", sagte Salome betont gleichgültig.

„Es hat zu regnen aufgehört", deutete Felicitas durch das Auslagenfenster nach draußen. Sie war anscheinend strahlender Laune. Dumpfer Kanonendonner dröhnte von der Festung herunter. „Hör nur! Jetzt kommen sie." Es folgte sogleich die nächste Salve.

„Also gut." Weshalb war Felicitas gar so begeistert? Salome wollte ihr die Freude nicht verderben. Sie nahm die Schürze ab, trug sie samt dem Brief in den Nebenraum und kam mit einem leichten Umhang wieder.

Es war ein kühler Julitag, aber zumindest wurden sie nicht nass. Der neue Erzbischof hatte bei seinen Festzügen mit dem Wetter kein Glück. Beim festlichen Einritt im vorangegangenen Herbst waren Teilnehmer und Zuschauer gründlich eingeweicht worden. Die Fronleichnamsprozession vor wenigen Wochen fand bei strahlendem Sonnenschein statt, aber ohne Teilnahme des Landesherrn, darum fiel sie eher bescheiden aus. Der Erzbischof brach zu diesem Zeitpunkt mit seinem Gefolge gerade aus Rom auf, wo er zu Besuch bei Seiner Heiligkeit, dem Papst, geweilt hatte.

Boten hatten seine Ankunft vorausgemeldet, so dass an diesem Morgen die Herren des Domkapitels und die Ratsbürger vor das Stadttor hinausritten, um ihn würdig zu empfangen. Es ließ sich nicht vermeiden, dass sie wieder einmal nass wurden. In der Zwischenzeit hatte der Regen aufgehört und an den Straßen, die zur Residenz und zum Münster führten, standen dicht gedrängt die Menschen. Der Kanonendonner zeigte an, dass der Zug bereits das Stadttor passiert hatte.

Salome und Felicitas drängten sich zwischen die neugierigen Menschen an der Ecke zum Marktplatz. Von da aus war die Gasse gut einsehbar, die parallel zur Salzach vom südlichen Stadttor heraufführte. Die ersten Bürger, die voranritten, wurden sichtbar. Samuel Alts Gesicht zeigte wie üblich die mangelnde Begeisterung über diese Repräsentationspflichten. In der Zeit, die er damit zubrachte, hätte er eine Menge Sinnvolles tun können, für sein eigenes Unternehmen oder in seinen Aufgaben als Ratsbürger. Abgesehen davon musste er seine beste Kleidung dem Regen aussetzen.

Felicitas packte Salome am Arm.

„Stell dir vor! Mein Vater hat nachgegeben!", sagte sie. „Gestern gab er seine Einwilligung, dass Christoph und ich heiraten. Manchmal hatte ich schon fast die Hoffnung verloren, so lange hat es gedauert. Doch wenn jetzt der Erzbischof zurück ist, können wir ja gleich um die Genehmigung ansuchen." Die letzten beiden Worte erriet Salome mehr, als dass sie sie hörte, da gerade die nächste Salve abgefeuert wurde.

„Wie schön für euch", sagte Salome. Im selben Augenblick begannen die Kirchenglocken zu läuten. Hinter den Ratsherren folgte das Domkapitel, danach die aus Italien zurückkehrenden Domherren und hohen Beamten, die den Erzbischof begleitet hatten. Am Ende des Zuges, hinter ihm folgten nur noch zwei Reiter als Abschluss, kam der Landesfürst, wie üblich in tadelloser Haltung hoch zu Ross, in den Purpur des päpstlichen Legaten gekleidet. So ist er wohl nicht über die Alpen von Rom bis hierher geritten, dachte Salome und versuchte ihre Erinnerung zu verscheuchen: Wolf Dietrich in spanischer Tracht, der ohne großes Gefolge durch Wiesen und Felder ritt.

„Mit der Ehedispens werden wir wohl keine Probleme haben", sagte Felicitas dicht an Salomes Ohr in das Läuten der Glocken.

„Was für Ehedispens?", fuhr Salome aus ihren Gedanken hoch.

„Weil Christoph doch evangelisch ist!"

„Ach ja, nein, das ist gewiss nur eine Formalität."

In Salzburg lebten die Protestanten ihren Glauben weitgehend ungestört, solange sie sich als treue Bürger erwiesen. Mehr durften die Untertanen eines katholischen Kirchenfürsten nicht erwarten. Aufrufe, zur katholischen Religion zurückzukehren, verhallten wirkungslos. Salome fragte sich, ob Wolf Dietrich so weitermachen würde wie seine Vorgänger. Das waren alte Herren, die Konflikte scheuten und gegen so manche Übelstände nichts unternahmen. Was der Papst dem neuen Erzbischof wohl aufgetragen beziehungsweise befohlen hatte? Seine guten Beziehungen zu Rom ließen für Evangelische nichts Gutes erwarten. Sie erinnerte sich an Gespräche über Religion mit ihm. In Felicitas' Interesse hoffte sie, dass sie nicht Recht hatte.

Mit der Menge folgten Salome und Felicitas dem Zug in Richtung Münster. Dort würde das Tedeum angestimmt und ein Hochamt gefeiert werden.

„Vielleicht heiratest du auch bald", sagte Felicitas neben Salome.

„Wie kommst du darauf?" Salome schien der Gedanke weit hergeholt.

„Wenn mich nicht alles täuscht, hattest du gerade einen Brief von Michael von Weittingen in der Hand, als ich in euren Laden kam."

„Ach ja."

Der Brief war nicht lang. Michael von Weittingen war nicht gewohnt, viel zu schreiben, und auch nicht geübt darin, von sich zu erzählen. Er versicherte sie seiner Verehrung und Hochachtung, berichtete über Besuche bei ihren Verwandten und über ein paar Ereignisse in Werfen. Salome lächelte über die beiden kindlichen Sätze, die ihm der kleine Stefan diktiert hatte. Die berührten sie. Michael von Weittingen war ein ehrenwerter Mann, klug, wusste sich zu benehmen – und langweilte sie letztlich. Was war doch Wolf Dietrich für ein unterhaltsamer, geistreicher Gesprächspartner gewesen! Halt!, sagte sich Salome. Den Edelmann und Domherrn, den sie gekannt hatte, gab es gar nicht mehr. Sie empfand Erleichterung, dass sie nicht mehr zu lügen brauchte, ihr Leben verlief in ruhigen Bahnen. Ihrer äußerlich wieder geordneten Welt würde sich die innere anpassen. Gewiss war es nur eine Frage der Zeit.

****

Die kleine Verlobungsfeier von Felicitas Alt und Christoph Weiß im Wohnsalon der Familie Ludwig Alt ging dem Ende zu. Der Hausherr ließ die beiden Weinkrüge nachfüllen, während die Dienerinnen die Dessertschalen abservierten. Neben den Eltern und Geschwistern des Paares war Salomes Familie zur Tafel geladen. Alle versuchten über unverfängliche Themen zu plaudern und die Ereignisse der letzten Tage auszuklammern, dennoch blieb eine unterschwellige Spannung spürbar. Die Kinder erhielten die Erlaubnis spielen zu gehen.

„Die Trauung wird in der Pfarrkirche stattfinden", begann Felicitas' Vater mit den organisatorischen Angelegenheiten die Hochzeit betreffend.

„Im Münster werden wir kaum willkommen sein", sagte Tobias Weiß, Christophs Vater mit ironischem Unterton. „Wenn die Genehmigung bis zum gewünschten Zeitpunkt überhaupt erteilt wird!"

„Wie meinst du das?" Die Stimme Ludwig Alts klang ärgerlich und herausfordernd. Die beiden kannten sich seit ihrer Jugend. Ludwig Alts langes Zögern, in die Verbindung seiner Tochter mit Christoph Weiß einzuwilligen, bedeutete nahezu eine Beleidigung für dessen Vater. Der bekannte sich jedoch zum Protestantismus und hatte seine Kinder in der neuen Lehre erzogen. Dieser Gegensatz wog schwerer als alte Freundschaft.

„Du hast vor dem Erzbischof den Eid auf die katholische Religion geschworen und bist mit allen Ehren weiterhin einer der Ältesten im Stadtrat", antwortete Tobias Weiß. „Ich habe mein Amt verloren, und wer weiß, was uns ‚Sektischen' noch bevorsteht."

Nur wenige Tage nach seiner Rückkehr aus Rom hatte Wolf Dietrich den Stadtrichter, den Stadtschreiber und die Ältesten des Stadtrates in die Residenz befohlen. Dort stellte er sie drei besonders glaubenseifrigen hohen Hofbeamten gegenüber und verlangte den Schwur auf das katholische Glaubensbekenntnis. Alle leisteten ihn, nur Tobias Weiß weigerte sich und erklärte, er könne es mit seinem Gewissen niemals vereinbaren, seinen evangelischen Glauben zu verleugnen. Daraufhin wurde ihm befohlen, den Stadtrat zu verlassen und nie wieder zu betreten. An die übrigen, nicht anwesenden Ratsbürger erging der Erlass, sich zur Leistung des Schwurs auf den katholischen Glauben in der Residenz einzufinden. Andernfalls würden sie ihr Amt verlieren.

„Die Hochzeit ist beschlossene Sache, alles Weitere wird sich finden", erklärte Ludwig Alt. Wer wollte, mochte aus seinen Worten Bedauern hören, dass an dieser Entscheidung nun nichts mehr zu ändern war.

„Was geschieht, wenn Seine hochfürstliche Gnaden noch weiter geht? Nach den Religionsgesetzen hätte er das Recht, Andersgläubige des Landes zu verweisen?", fragte Philipp, Felicitas' achtzehnjähriger Bruder. Salome mochte Philipp gern. Er war ein heller Kopf, bereits sehr geschäftstüchtig im Unternehmen seines Vaters tätig und besaß eine gute Urteilsfähigkeit in politischen und religiösen Fragen.

„Ach, was redest du da", entgegnete sein Vater unwillig, „bei uns in Salzburg ist seit Jahrzehnten kein Protestant ausgewiesen worden."

„Die Frage ist berechtigt", sagte Tobias Weiß. „Dass seit der Thronbesteigung des neuen Erzbischofs ein anderer Wind weht, dürfte niemandem entgangen sein. Seit er sich dem Papst in Rom zu Füßen geworfen hat, bringt jeder Tag neue Schikanen gegen die Evangelischen."

„Ich werde meinen Schwur leisten", sagte Samuel Alt. „Wer den rechten Glauben hat, braucht nichts zu befürchten. Wir leben nun einmal in einem katholischen Land. Wem es nicht gefällt, der kann sich woanders hinwenden." Seine Mutter nickte heftig zur Bestätigung. Felicitas' Mutter wich dem Bestätigung heischenden Blick der Schwägerin mit Rücksicht auf ihre Tochter aus. Die beiden gingen seit vielen Jahren gemeinsam auf Wallfahrten.

„So schlimm wird es nicht werden", versuchte Ludwig Alt auszugleichen und eine weitere heftige Diskussion zu vermeiden. „Unter den Evangelischen sind viele wohlhabende und einflussreiche Bürger. Das Wirtschaftsleben des ganzen Landes würde darunter leiden, wenn diese auswandern."

„Und wenn ihre Güter und ihr Vermögen eingezogen werden?", fragte Tobias Weiß. „Das wäre doch der erzbischöflichen Kasse willkommen. Dem Raitenauer traue ich das zu. Der glüht vor Eifer für Kirche und Papst! Und falls er selbst nicht auf die Idee kommt, tun sicher ein paar Hofschranzen ein Übriges!"

„Meinen Glauben werde ich nicht verleugnen", sagte nun Christoph Weiß sehr bestimmt, „selbst wenn ich auswandern müsste." Als ihn Felicitas erschrocken ansah, legte er wie zur Beruhigung seine Hand auf die ihre. „Notfalls benötigen wir keine Genehmigung von Seiner hochfürstlichen Gnaden. Das Eheversprechen vor unserem evangelischen Prädikanten ist in genau der gleichen Weise gültig." Felicitas nickte, anscheinend hatten sie über diese Möglichkeit schon gesprochen.

„Also das geht doch nicht!", rief Salomes Mutter. „Ohne Sakrament heiraten. Wollt ihr in Sünde leben? Sollen eure Kinder als Heiden aufwachsen!"

„Was sagst du da?", fuhr Ludwig Alt auf. Felicitas' Mutter packte ihren Mann am Arm und blickte ihren zukünftigen Schwiegersohn entsetzt an.

„Christoph hat Recht", sagte sein jüngerer Bruder. Ein allgemeines Stimmengewirr erhob sich, das abebbte, als Christoph Weiß aufstand.

„Ich habe nicht vor, Felicitas vom katholischen Glauben abzubringen. Ein Eheversprechen ist auch dann eines, wenn es nicht vor einem Priester abgelegt wird. Im Übrigen werden Felicitas und ich unseren eigenen Weg gehen. Lange genug haben wir Rücksicht auf die Familien genommen." Er reichte Felicitas den Arm, die beiden verließen den Raum, und die zu ihren Ehren Versammelten blieben mit verblüfften Gesichtern zurück. Sollte man sich nun über die Religionsfrage oder über das ungebührliche Benehmen des Brautpaares ereifern? Tobias Weiß war klug genug, sich mit seiner Familie rasch zu verabschieden.

Salome folgte Mutter und Bruder nach Hause und stieg in Gedanken versunken die Treppe zu ihrem Zimmer hinauf. Nie zuvor war ihr in den Sinn gekommen, dass es überhaupt ein Eheversprechen außerhalb oder neben dem katholischen Sakrament geben könnte. Felicitas und Christoph glaubten doch an denselben Gott! Warum also nicht? Es war ein völlig neuer, bewegender Gedanke.

****

„Das ist nicht dein Ernst!", rief Felicitas „Du kannst doch nicht zu – ihm – gehen!" Sie saßen in Felicitas' Zimmer in deren Elternhaus. Auf den Truhen und Stühlen, auf dem Tisch, sogar auf dem Boden lagen Kleidungsstücke, Bett- und Tischwäsche, Teile von Felicitas' so kunstvoll gefertigter Aussteuer. Der Erzbischof machte Ernst und wies die Evangelischen aus. In Salzburg durfte es für Felicitas und Christoph auch keine große Hochzeit mit allen Verwandten und Freunden geben. Sie würden nach Wels in das Land ob der Enns gehen, dort heiraten und sich in dieser Stadt niederlassen. Die Ausfuhr von Gütern würde dem Paar nur sehr beschränkt gestattet werden.

„Und warum sollte ich das nicht tun?", entgegnete Salome. „Er hat mir einmal geschrieben, er würde gerne etwas für meine Familie tun, soweit es in seiner Macht steht. Es ist eine Weile her, aber es wird wohl noch gelten, und wir beide sind miteinander verwandt."

„Ich weiß deinen guten Willen zu schätzen", sagte Felicitas. „Aber erstens wird er kein Pardon kennen, wenn es um die katholische Religion geht, und zweitens ist es für dich besser, du trittst ihm nicht gegenüber."

„Ach", wehrte Salome ab, „mein Vater hat mir von den Audienzen beim Fürstbischof erzählt. Er sitzt auf einer Art Thron, Wachen, ein Schreiber, vielleicht noch andere Diener sind anwesend. Er fragt kurz nach dem Begehr des Besuchers, tut seine Entscheidung kund, der Schreiber notiert sie, ein Kniefall zum Abschied, fertig. Es ist doch nicht viel anders, als wenn ich ihm zusehe, wie er die Messe liest."

„Na ja, wenn du meinst, vielleicht nützt es etwas", seufzte Felicitas. „Es wäre schön, wenn wir hier in unserer Heimatstadt bleiben könnten. Wenn ich daran denke, dass ich dich nicht mehr sehen kann..."

Salome strich beruhigend über die Hand der Freundin. Sie wollte nicht nur ihr helfen, sondern sich auch überzeugen, dass der private Wolf Dietrich, den sie gekannt hatte, in der Tat so gut wie gestorben war. Nach ihrer Audienz beim Erzbischof mochte Michael von Weittingen nach Salzburg kommen. Bald würde ihr Herz bereit sein für ein neues Leben.

****

Salome warf einen letzten Blick in den Spiegel. Frisur und Haarnetz saßen korrekt. Entsprechend dem spätsommerlich warmen Wetter nahm sie einen leichten Umhang und zog dazu Handschuhe an. Der Kutscher wartete bereits mit dem Wagen. Ihrer Mutter hatte sie gesagt, sie würde ihre Schwester Sabina besuchen, was sie nach der Audienz tatsächlich vorhatte.

Mit gutem Grund fuhr Salome mit der Kutsche vor. Die Wachen vor dem Tor zum Bischofshof kannten den Wagen der Familie Alt und ließen sie sogleich passieren. Die früheren Kriegsknechte hatte der neue Fürstbischof durch eine schmucke Garde in farbenprächtigen Uniformen ersetzt. Sie trugen Karabiner und marschierten in einer festgesetzten Ordnung vor der Residenz auf und ab.

Auch die dortigen Wachen behelligten Salome nicht, als sie durch den Eingang zu den repräsentativen Amtsräumen trat und den Treppenaufgang zum Audienzsaal hinaufstieg.

Im Vorraum wurde sie von einem Hofbeamten empfangen, der ihren Namen notierte und ihr die Verhaltensregeln für die Audienz erklärte. Nach dem Betreten des Saals sollte sie die Aufforderung Seiner hochfürstlichen Gnaden abwarten näher zu kommen. Vor den Stufen, die zu ihm hinaufführten, sollte sie einen Kniefall ausführen, wenn er ihr die Hand hinhielt, den Bischofsring küssen, ihm aber nicht die Hand geben. Auf seine Aufforderung zu sprechen, dürfe sie ihr Anliegen kurz und klar vorbringen. Anzureden sei der Erzbischof mit „gnädigster Herr". Sobald er sie entließ, hätte sie sich nach einem neuerlichen Kniefall rückwärts gehend zu entfernen.

Mehrere Personen warteten, einige stehend, einige hatten auf den Stühlen Platz genommen. Neben dem Eingang zum Audienzsaal waren zwei Gardesoldaten postiert. Salome wollte sich gerade setzen, als sich die Tür öffnete und ein Mann heraustrat. Hinter ihm erschien ein weiterer Hofbeamter, der ihren Namen aufrief. Die Wartenden sahen sie überrascht bis unwillig an. Dass Seine hochfürstliche Gnaden eine Dame aus einer der vornehmsten Familien der Stadt nicht allzu lange warten ließ, entsprach den Gepflogenheiten, aber was sollte diese auffällige Bevorzugung?

Salome hatte keine Gelegenheit mehr, nochmals durchzudenken und sich zurechtzulegen, was sie sagen wollte. Der Hofbeamte, der in der Tür stand, trat zur Seite und wies sie in den Saal. Hinter ihr wurde die Tür geschlossen, hier waren ebenfalls zwei Gardesoldaten links und rechts postiert. Der Saal war reich mit Tapisserien und Gemälden ausgestattet. An einem Pult seitlich in der Nähe eines Fensters stand ein Schreiber. Hofbeamte und Diener warteten im Hintergrund, ob ihre Dienste gebraucht würden. Gegenüber an der Wand befand sich eine Art Thronsessel, zu dem Stufen hinaufführten, wie es ihr Vater beschrieben hatte. Als sie eintrat, erhob sich Wolf Dietrich, und ab diesem Augenblick verlief nichts mehr so, wie es sich Salome vorgestellt hatte. Er stieg die Stufen hinunter und sagte:

„Jungfer Alt, bitte kommt", wobei er auf eine offene Tür zu einem Nebenraum wies. Ihr Vater hatte nichts davon erzählt, dass es ein zweites Audienzzimmer gab. Als sie unschlüssig stehenblieb, bedeutete ihr ein Hofbeamter mit einer ungeduldigen Handbewegung, der Aufforderung Folge zu leisten. Unsicher ging sie, gefolgt vom Erzbischof, durch die Tür, die ein Diener hinter ihnen schloss.

Der Saal war kleiner, die Wände mit Ornamenten, teilweise in Gold, verziert. Der kunstvoll gearbeitete Kachelofen war um diese Jahreszeit nicht geheizt. Auf dem Sims erkannte sie neben anderen Gegenständen jene Muschel wieder, die sie bereits im Wohnsalon des Domherren bewundert hatte. Wolf Dietrich wies auf einen der mit Schnitzereien versehenen Stühle: „Salome, bitte setz dich." In diesem Zimmer empfing er offensichtlich Besucher, mit denen er ohne Zeugen sprechen wollte. Sie nahm Platz und beobachtete, wie er sich ihr gegenüber setzte. Mit einer typischen Bewegung, die sie gut kannte, lehnte er sich zurück und legte die Arme auf die seitlichen Lehnen. „Es freut mich sehr, dich zu sehen", sagte er. „Nur bist du wohl nicht einfach gekommen, um mich zu besuchen..."

Salome versuchte sich auf ihr Anliegen zu konzentrieren. Die Erkenntnis, dass der Wolf Dietrich, den sie gekannt und so sehr geliebt hatte, lebendig war wie eh und je, traf sie schlagartig. Sie hätte nicht hierher kommen sollen! Sie hatte sich solche Mühe gegeben, ihn ausschließlich als Erzbischof zu sehen, der abgehoben von den normalen Menschen in der Residenz thronte. Das geistliche Gewand erinnerte zumindest an sein Amt. Doch es war weit weniger prunkvoll als im Münster oder bei anderen Auftritten in der Öffentlichkeit. Er sprach und bewegte sich wie früher, und wenn sie sich nicht täuschte, dann sah er sie an wie früher. Sie versuchte einen Punkt seitlich hinter ihm an der Wand zu fixieren, um ihm möglichst nicht ins Gesicht zu sehen. So gelang es ihr, einigermaßen Ordnung in ihre Gedanken zu bringen, und sie sagte ruhig und sachlich:

„Ich bin gekommen, weil meine Base und Freundin Felicitas von Eurem Religionsmandat betroffen ist, gnädigster Herr." Auf keinen Fall würde sie ihn mit „du" anreden!

„Wie kann das sein? Sie ist doch ebenso wie ihre gesamte Familie katholisch? Oder hat sich daran etwas geändert?"

Dass nun ihre gemeinsame Vergangenheit mit ins Spiel kam, gefiel Salome überhaupt nicht.

„Nein, es hat sich nichts geändert. Auch nicht daran, dass ihr Verlobter evangelisch ist und nun des Landes verwiesen wurde." Möglichst fest und bestimmt fuhr sie fort: „Ich bitte Euch, ihm den weiteren Verbleib und die Heirat mit meiner Base zu gestatten."

Nun sah sie ihrem Gegenüber ins Gesicht.

Wolf Dietrich deutete ein Kopfschütteln an und sagte:

„Gern würde ich dir einen Wunsch erfüllen, aber das Religionsmandat ist unabänderlich. Ich kann keine Ausnahme machen. Christoph Weiß ist noch jung. Wenn er nicht von seinem Glauben lassen will, soll er woanders neu anfangen."

„Und Felicitas muss ihre Familie und ihre Heimat verlassen, und ich verliere meine beste Freundin!" Salome biss sich, verärgert über sich selbst, auf die Lippen. Gefühle hatte sie vor Wolf Dietrich keine zeigen wollen.

„Das tut mir für dich leid", sagte er. Es klang ehrlich. „Aber wenn sie ihn unbedingt heiraten will, muss sie den Preis dafür bezahlen oder sie lässt es bleiben." So wie er sie ansah, erinnerte er sich wohl daran, dass sie mit ihm sehr weit weg gegangen wäre, hätte das Schicksal nicht anders entschieden.

Am liebsten wäre Salome sofort aufgestanden und gegangen. Doch vielleicht ließ sich noch eine Vergünstigung für Felicitas und Christoph erwirken!

„Könntet Ihr Christoph Weiß erlauben, sein Vermögen mitzunehmen oder zumindest Felicitas ihre Mitgift?", fragte sie. „Und dazu hat sie so eine hübsche Aussteuer..."

„Daran hat sie jahrelang gearbeitet", sagte Wolf Dietrich und lächelte kaum merklich. „Auf sein Vermögen wird Christoph Weiß verzichten müssen, doch die Ausfuhr der Mitgift sei gestattet und natürlich auch die der Aussteuer." Salome hatte ihn richtig eingeschätzt: Für die Freude an kunstvoll gefertigten, hübschen Sachen hatte er Verständnis.

„Danke. Ich möchte jetzt gehen." Salome stand rasch auf, gleich, ob dies nun der höfischen Etikette entsprach oder nicht. Ihr Herz klopfte. Unter keinen Umständen konnte sie noch länger allein mit Wolf Dietrich in diesem Zimmer bleiben. Nur allzu gern hätte sie mit ihm geplaudert. Was für ein gefährlicher Unsinn! Und für Felicitas und Christoph hatte sie nur sehr wenig erreicht.

Später wusste sie nicht mehr genau, was er noch gesagt hatte und wie sie aus dem Zimmer hinaus, durch den Audienzsaal zurück und hinunter in den Hof der Residenz gekommen war. Rasch stieg sie in die Kutsche und sank auf den Sitz.

„Ja, wir fahren zur Frau Steinhauserin", bestätigte sie nur kurz ihre Anweisung, die sie vor der Ausfahrt gegeben hatte. Sie musste äußerlich ruhig bei Sabina eintreffen, auch wenn sie keinen klaren Gedanken fassen konnte. Nur eines wusste sie mit erschreckender Deutlichkeit: Nichts hatte sich geändert! Ihr Herz gehörte immer noch dem Mann, der auf dem Fürstenthron saß, geweihter Priester und Bischof war und ohne Zweifel so fühlte wie sie selbst!

****

Salome saß auf der Bank in Sabinas Garten und warf deren Jüngstem einen Ball zu. Er lachte stolz und vergnügt, wenn es ihm gelang, ihn aufzufangen. Sabina hatte ihr eben eröffnet, dass sie wieder ein Kind erwartete. Der Kleine würde also nicht der Jüngste bleiben.

„Ich war ja bei uns immer die Kleine, Dumme", meinte Salome.

„Aber auch die Unschuldige, nicht immer zu Recht", erwiderte Sabina. Salome lachte:

„Das ist wahr, aber du warst mir eine gute große Schwester und bist es heute noch."

„Wann kommt nun dein Verehrer nach Salzburg? Katharina ist ja von diesem Michael von Weittingen sehr angetan, und Barbara scheint schon damit zu rechnen, dass du nach Werfen ziehen wirst."

„Zu St. Ruperti will er kommen", antwortete Salome. „Sag, muss man einen Mann lieben, um ihn zu heiraten?"

Sabina sah sie verdutzt an.

„Die meisten Leute heiraten aus durchaus vernünftigen Gründen. Das ist ja nicht schlecht. Auch unsere Schwestern kannten ihre Ehemänner vor der Hochzeit nur wenig, aber wie du siehst, sind sie ihnen offensichtlich zugetan und mit ihrem Leben zufrieden. Doch sie sind anders als du und ich, sie denken nicht so viel nach. Wer ihnen das Leben zu bieten versprach, für das sie erzogen wurden, und ihnen gefiel, den nahmen sie und verließen sich auf das Urteil der Eltern. Lass dir Zeit, bevor du eine Entscheidung triffst. Wenn er bei Samuel vorspricht, brauchst du nicht gleich ‚ja‘ zu sagen."

„Die alte Liese hat mir einmal erzählt", sagte Salome, „dass der Mann, den sie liebte, im Krieg gegen die Türken geblieben ist. Allein aus Vernunftgründen und zur Versorgung wollte sie nicht heiraten, also ist sie zu uns gekommen."

„Ich weiß, mir hat sie es auch einmal erzählt. Für uns war es ein Glück, eine bessere Kinderfrau hätten wir nicht haben können. Manche gehen in einem solchen Fall ins Kloster, besonders die von besserem Stand. Das sollte man aber nur tun, wenn man Gott in besonderer Weise dienen will."

Salome horchte auf. Dieser Gedanke war ihr noch nie gekommen. Sollte das die Lösung sein? Vielleicht könnte sie Gott auf besondere Weise dienen, anstatt einen Mann zu heiraten, den sie nicht liebte, und ständig gegen die Erinnerung an einen anderen anzukämpfen.

„Du hast dich verändert, Salome", meinte Sabina. „Ich habe dich beobachtet und ich kenne dich. Nicht ohne Grund stellst du eine solche Frage. Was für ein Geheimnis hütest du? Dein Gesicht, als du heute hier ankamst... Wo warst du?"

Salome schluckte. „Nur am Bischofshof, wie schon so oft", sagte sie. „Weiter gibt es nichts zu erzählen."

****

Die Kutsche hielt im Hof der Residenz. Salome machte ihre übliche, regelmäßige Runde durch die Stadt, um bei den Kunden die Rechnungen abzuliefern. Sie hatte sich bereits daran gewöhnt, dass Wolf Dietrich hier der Herr war, und kam routinemäßig ihrer Pflicht nach. Doch seit jener Audienz hätte sie diesen Ort am liebsten für immer gemieden. Sie stieg aus und trat durch den Eingang, der zu den

Räumen der Hofkammer führte. Ein Diener empfing sie und bat sie, sich ein wenig zu gedulden. Der zuständige Kammerbeamte würde sogleich zurückkommen, der zweite, der gegenzuzeichnen hätte, sei ebenfalls anwesend. Falls sie an der Rechnung nichts auszusetzen hätten, würden sie prompt bezahlen. An den Rechnungen des Handelshauses Alt hatte es nie etwas zu beanstanden gegeben – außer das eine Mal, als sie einen Fehler aufklären wollte und eine herabfallende Kiste ihren Fuß traf. An einem ihrer Zehennägel waren bis heute die Spuren dieser Verletzung zu erkennen. Von da an hatte ihre Beziehung zu Wolf Dietrich ihren Lauf genommen... Salome rief sich innerlich zur Ordnung: Es gab keine Beziehung zu Wolf Dietrich, das heißt zu Seiner hochfürstlichen Gnaden, und so würde es bleiben! Es schmerzte, doch sie musste lernen, damit zu leben.

Die beiden Kammerbeamten begutachteten die Rechnung, fanden alles rechtens und zahlten die angegebene Summe aus. Salome verstaute die Münzen in einem Beutel, den sie unter ihrem Mantel an einem langen Riemen über der Schulter trug. Die warme spätsommerliche Sonne hatte kühlem Regenwetter Platz gemacht, so dass sie einen langen dunklen Mantel trug. Niemand brauchte zu sehen, dass sie eine größere Summe Geld bei sich hatte. Sie wollte gerade die Hofkammer verlassen, da stand ein Mann vor ihr, den sie kannte. Das war doch Matthias Janschitz, Wolf Dietrichs Diener aus seiner Zeit als Domherr! Er war eleganter gekleidet als die anderen Diener, denen sie normalerweise hier begegnete. Er verneigte sich vor ihr.

„Jungfer Alt, Seine hochfürstliche Gnaden schickt mich", sagte er. „Der gnädigste Herr lässt Euch bitten, zu ihm zu kommen."

Salome fühlte mehr die erstaunten Blicke der Beamten, als dass sie sie tatsächlich sah. Der Fürstbischof pflegte zu befehlen, Bitten richtete er nur an andere hochgestellte Persönlichkeiten. Auf keinen Fall wollte sie in der Hofkammer Aufsehen erregen. Also nickte sie und folgte Janschitz. Er führte sie nicht den Weg zurück in den Hof, sondern zu einem ihr unbekannten Treppenaufgang.

„Ich bin der persönliche Kammerdiener unseres gnädigsten Herrn", erklärte er ihr. „Er hat Euch aus der Kutsche steigen sehen. Dem Kutscher habe ich Bescheid sagen lassen, dass er etwas zu warten hat." Janschitz hatte hier eine äußerst bevorzugte Stellung.

Der Treppenaufgang führte offensichtlich nicht zu Repräsentationsräumen, sondern zu den privaten Gemächern des Erzbischofs. Sie passierten mehrere Wachtposten, die ohne Ausnahme sogleich den Weg freigaben. Nach einer Vorhalle stiegen sie einige Stufen hinauf, gingen durch eine Tür, durchschritten einen Saal – Salome hatte bereits die Orientierung verloren – und standen schließlich in einem Raum, der wie ein Vorzimmer wirkte. Janschitz ignorierte die Wache, klopfte kurz an eine Tür, wartete aber die Aufforderung zum Eintreten kaum ab, bevor er sie öffnete. Er bat Salome mit einer Handbewegung hinein und schloss die Tür hinter ihr. Offensichtlich befand sie sich im Arbeitszimmer des Erzbischofs. Wolf Dietrich erhob sich hinter einem großen Schreibtisch und kam ihr entgegen.

„Salome", sagte er und reichte ihr die Hand. Sie empfand es als völlig unpassend, auf die Knie zu fallen, und legte einfach ihre Hand in die seine. „Ich trat gerade für einen Augenblick ans Fenster, als du aus der Kutsche stiegst. Es war wie ein Zeichen des Himmels – auf meinem Schreibtisch liegt soeben ein Schriftstück, das dich betrifft."

„Mich?" Sie ahnte, worum es sich handeln könnte.

„Komm, setz dich", wies Wolf Dietrich auf Stühle, die um einen niederen Tisch gruppiert waren. Salome nahm Platz und sah sich um. Die Größe des Zimmers entsprach eher einem Saal. Die Holztäfelung zierten Einlegearbeiten, Schränke mit Büchern und Akten reichten vom Boden bis zur Decke. Der Teppich musste aus dem Orient stammen, so viel wusste sie als Tochter eines Handelsherrn. Allerdings hatte sie noch keinen dieser Art von einem solchen Ausmaß gesehen. Der Kachelofen war wohl geheizt, da es im Zimmer angenehm warm war, für ihre Begriffe fast zu heiß. Wolf Dietrich hatte lange im Süden gelebt und konnte sich nur schwer an nasskaltes Wetter gewöhnen.

Auf dem Tisch neben ihr stand eine Art hölzerner Dreifuß, dessen Beine einen kreisförmigen, waagrechten Ring trugen. Darinnen schwebte eine Kugel in der Größe eines Balls zum Spielen, die von einem gebogenen, mit dem Ring verbundenen Metallbügel gehalten wurde. Die Kugel war in bräunlichen Farbtönen bemalt und teilweise beschriftet. Salome dachte, dass sie besser nicht hergekommen wäre. Doch vor Zeugen konnte sie sich einer Bitte des Fürstbischofs unmöglich widersetzen, auch wollte sie den freundlichen Janschitz, den sie immer gern gemocht hatte, nicht vor den Kopf stoßen. Zur Besichtigung seines Arbeitszimmers hatte sie Wolf Dietrich gewiss nicht eingeladen, aber dieses unbekannte Gebilde erregte so sehr ihre Neugier, dass sie es interessiert betrachtete.

„Das ist ein Globus", erklärte Wolf Dietrich.

„Ein ... was?"

„Ein Kugelmodell der Erde, ungefähr hier", er deutete auf einen Punkt, „leben wir, und hier", das Ding ließ sich drehen, „ist die andere Seite der Erde, von uns durch einen riesigen Ozean getrennt. Mir gefällt es, dass du dich für alles interessierst." Er blickte sie lange an: „Wie schön du bist."

Salome fand, dass es mit ihrem Aussehen gerade nicht weit her sein konnte. Sie trug einen schlichten dunklen Mantel, und ihr Haar war vom Regenwetter feucht und zerzaust.

Wolf Dietrich setzte sich ihr gegenüber. Er trug ein einfaches schwarzes Gewand mit einem weißen Kragen. Es erinnerte sehr an den Domherrn in seiner schwarzen Tracht.

„Willst du tatsächlich diesen Michael von Weittingen heiraten?", fragte er.

„Was? Wie kommst du darauf?" Überrascht über die unvermittelte Frage vergaß Salome darauf, den Erzbischof mit der höflichen Anrede anzusprechen.

„Auf meinem Schreibtisch liegt sein Gesuch um Beurlaubung über den St. Ruperti-Tag, um sich in Salzburg mit einer gewissen Jungfer Salome Alt zu verloben." Sein Blick, der eben noch so freundlich auf ihr geruht hatte, veränderte sich. Er ist eifersüchtig, dachte Salome, und will oder kann es auch nicht verbergen.

„Mich hat noch niemand gefragt", sagte sie in möglichst sachlichem Ton.

„Normalerweise gebe ich solchen Gesuchen immer statt. Ich verwehre keinem meiner Beamten oder Offiziere das Heiraten. Von dir will ich aber wissen, was du dazu sagst. Danach richtet sich meine Antwort."

Salome wollte nicht zu Ausreden und gewundenen Worten Zuflucht nehmen, die alles möglichst im Unklaren beließen.

„Mich wird es nicht besonders treffen, wenn du die Erlaubnis verweigerst. Vielleicht würde es mich in dem Gedanken bestärken, mich in ein Kloster zurückzuziehen."

„Was? Was willst d u in einem Kloster?" Sie hatte den Eindruck, er würde im nächsten Augenblick aufspringen.

„Warum nicht? Als Erzbischof kannst du doch nichts gegen Klöster haben."

„Gar nicht davon zu reden, dass es im weiten Umkreis kein einziges empfehlenswertes Nonnenkloster gibt. Die neue Äbtissin des Benediktinerinnenstifts am Nonnberg habe ich zwar selbst bestellt, aber ob sie die Ordnung und wahre Frömmigkeit dort wieder herstellt, bleibt noch abzuwarten. Du bist nicht dafür geschaffen, dich in einem Kloster einzumauern. Ich selbst wäre niemals Mönch oder Abt eines Klosters geworden. Sei doch vernünftig..."

„Dann unterschreib das Gesuch des Herrn von Weittingen", unterbrach ihn Salome nahezu unhöflich. „Er hält bei meinem Bruder um meine Hand an, und ich nehme seinen Antrag an. Wie du siehst, bin ich ganz vernünftig. Ist somit deine Frage beantwortet?" Der bittere Unterton war nicht zu überhören.

Wolf Dietrich schwieg. Sie beobachtete sein Mienenspiel. Er sah sie eindringlich an, schien innerlich mit sich zu kämpfen, etwas sagen zu wollen, und schwieg immer noch.

Was machte dem sonst rasch entschlossenen und redegewandten Mann solche Mühe? Er stand auf und ließ sich neben ihrem Stuhl auf ein Knie nieder.

„Ich frage dich nun etwas", sagte er, „was ich mir – ich weiß nicht mehr, wie oft – überlegt habe, seit ich gewählt wurde und das Amt angenommen habe. Ablehnen konnte ich nicht, ich erlebte es als Fügung des Schicksals, als Berufung von Gott. Der Gedanke, dich zu verlieren, war so unerträglich, dass ich mir immer wieder sagte, es muss eine Möglichkeit für uns geben. Mein Besuch beim Papst hat mir die Augen dafür geöffnet, dass ich von Seiner Heiligkeit keine Ehedispens erhoffen darf. Vielleicht wird bald der Zölibat abgeschafft, das Konzil hat meiner Meinung nach in diesem Punkt die falsche Entscheidung getroffen. Es ist kein Gebot Gottes, sondern ein menschliches Gebot..."

„Aber ein Gebot der Kirche", warf Salome ein. Worauf wollte er hinaus? „Du hältst dich doch sonst an ihre Gesetze?"

„In der Heiligen Schrift sind die Apostel auch verheiratet, das Gebot kam erst später. Außerdem bin ich kein Mönch in einem Kloster, der in einer brüderlichen Gemeinschaft lebt, sondern auch ein weltlicher Herrscher. Dieses Amt ist sehr einsam. Die großen Festlichkeiten sind längst vorbei, jetzt herrscht der Alltag des Regierens. Wenn ich meinem Gewissen folge und alle besonderen Umstände betrachte, dann wage ich es, dich zu fragen: Willst du dein Leben mit mir teilen? Wir können uns die Ehe versprechen und uns segnen lassen, richtig als Sakrament geht es nicht. Ich würde dafür sorgen, dass du als meine Frau geachtet wirst – ich liebe dich – und daran wird sich nichts ändern."

Salome sah ihn an und versuchte die Worte zu begreifen. Das war kein spontaner Einfall, sondern das Ergebnis eines langen Ringens.

„Es ist doch Sünde? Todsünde?", sagte sie sehr leise.

„Nach meiner Überzeugung nicht. Viele Priester leben mit Frauen zusammen. Es ist ganz natürlich, und die Heilige Schrift steht dem nicht entgegen. Sie sagt, dass ein Bischof der Mann einer Frau sein soll, spricht von seinen

Kindern und dass er seinem eigenen Haus gut vorstehen soll. Es gibt ein höheres Gesetz als das der Kirche. Und ich glaube daran, dass das kirchliche Gesetz noch zu unseren Lebzeiten geändert wird. Wenn du mich liebst, dann komm zu mir, du wirst es nicht bereuen."

Niemals zuvor hatte sich Salome innerlich so zerrissen gefühlt. Seine Frage war eine Ungeheuerlichkeit und das einzig Richtige zugleich. Sollte sie auf der Stelle aufstehen und unwiderruflich gehen? Oder ihre Liebe bekennen und freudig zustimmen? Was hätte das für Konsequenzen? Ihr wurde fast schwindlig vor Aufregung. Unmöglich konnte sie einfach gehen, ihn zurücklassen, der ihr gerade sein Herz geöffnet hatte. Sie besann sich auf das Praktische:

„Wie soll das denn gehen? Soll ich von zu Hause heimlich weggehen, durch das Tor der Residenz marschieren und einfach da bleiben?"

Er lächelte:

„Auch darüber habe ich nachgedacht. Zu St. Ruperti gibt es bekanntlich ein großes Fest, an dem alle vornehmen Bürger und ihre Familien und alle Kleriker einschließlich mir teilnehmen. Bei diesem Anlass erkläre ich öffentlich, dass du mit mir leben wirst und von nun an als meine Frau zu achten bist. Es kann niemand etwas dagegen unternehmen, mein Wort ist im Land Gesetz. Auf Klatsch brauchst du nicht zu hören."

„Und der Papst?", fragte Salome. Dem war Wolf Dietrich trotz aller Macht unterstellt. „Könnte er dich mit dem Kirchenbann belegen?"

„Dann müsste er die große Mehrheit der Kardinäle, Bischöfe, Priester mit dem Kirchenbann belegen. Nur wenige würden übrig bleiben."

Salome stellte sich vor, sie müsste sich nicht mehr von Wolf Dietrich trennen, könnte einfach hier bei ihm bleiben, ihn jeden Tag sehen. Der Bruch mit ihrer Familie wäre wohl unvermeidlich, doch was zählte das gegen das Leben mit dem geliebten Mann!

„Wo sollte ich denn wohnen?", fragte sie.

Wolf Dietrich stand auf und hielt ihr die Hand hin:

„Komm mit, ich zeige es dir."

Salome nahm seine Hand und ging mit ihm. Auf das Arbeitszimmer folgte eine Flucht von Räumen, alle in ähnlicher Ausstattung. Die erstaunten Blicke von Wachen und Dienern bemerkte sie kaum. Vor einem Wandschrank blieb Wolf Dietrich stehen und betätigte einen versteckten Mechanismus. Eine Tür öffnete sich, dahinter folgte eine zweite, die den Weg zu einem Gang freigab, der in einen anderen Flügel des Gebäudekomplexes führte. Die Zimmer wirkten unbenützt und verstaubt.

„Diese Räume würde ich gerne für dich herrichten lassen, nach deinen Wünschen natürlich. Es ist Platz genug, auch für ausreichend Dienerschaft." Im Speisezimmer berührte Salome den großen Tisch, worauf ihr Finger eine deutlich sichtbare Spur im Staub hinterließ. In einem plötzlichen Einfall schrieb sie ihren Namen und musste im nächsten Augenblick niesen.

„Vor allem solltest du hier gründlich putzen lassen", meinte sie. Sie waren Hand in Hand von einem Zimmer ins andere gegangen. Als Salome ihre Finger in seine zu haken versuchte, fühlte sie den Bischofsring und zog sie wieder zurück.

„Ich habe dir sehr weh getan", sagte Wolf Dietrich.

„Ich habe dir verziehen", antwortete sie, „Es war nicht deine Schuld. Ich liebe dich und ich will mit dir leben."

Salome hatte sich entschieden. Sie folgte ihrem Herzen und war bereit, das für sie vorgezeichnete Leben hinter sich zu lassen, in die Ungewissheit aufzubrechen. Die beiden hielten sich an den Händen, scheuten sich, sich zu umarmen, als könnte sich bei der Berührung der andere als Traumbild erweisen, als könnten sie erwachen und der andere wieder in unerreichbare Ferne rücken.

Langsam gingen sie zurück. Vor der Tür zum Wandschrank blieben sie in dem halbdunklen Gang stehen. Als Wolf Dietrich bereits die Hand nach dem Griff ausstreckte, wandte sie sich ihm zu und hob kaum merklich die Arme. Der als Umhang gearbeitete Mantel schränkte ihre Bewegungsfreiheit ein und ließ es nicht zu, dass sie ihm um den Hals fiel.

„Dietrich", sagte sie nach sehr langer Zeit wieder zu ihm. Seine dunklen Augen leuchteten vor Freude.

„Salome, Liebste!". Nein, er war kein Traumbild. Seine Arme umfingen sie. Ihre glitten auf seinen Rücken und drückten ihn fest. Tränen kullerten ihr über die Wangen, die er wegküsste. Die seinen trocknete er in ihrem Haar. Der Kuss schmeckte salzig, doch süß wie Honig verblieb er in Salomes Erinnerung.

****

Bis zum Fest des heiligen Rupert waren es nur wenige Tage. Viel länger hätte Salome die Spannung nicht ertragen. In den Augen ihrer Mutter und ihres Bruders glich ihr Vorhaben gewiss einer Ungeheuerlichkeit. Ob sie jemals in ihrem Elternhaus wieder willkommen sein würde, sobald sie es verlassen hatte? Sie bezweifelte es. Sie betrachtete die Truhen, in denen ihre Aussteuer aufbewahrt wurde, die sie mit so viel Mühe genäht, gewebt und gesponnen hatte. Mitnehmen konnte sie die Sachen nicht, ihre Familie würde der Meinung sein, dass sie als nicht rechtsgültig Verheiratete keinen Anspruch darauf hätte.

Erinnerungen aus ihrer Kindheit drängten sich in diesen Tagen in ihr Bewusstsein. Ob das deutsche Neue Testament, das ihre Geschwister einmal auf dem Dachboden gefunden hatten, noch auf demselben Platz lag? Stand darin etwas über verheiratete Priester und Bischöfe? Salome lief die Treppe hinauf und öffnete die Tür zum Dachboden. Die knarrte, ebenso der Holzfußboden unter ihren Schritten. Die alte Truhe stand immer noch an ihrem Platz, dieselben verstaubten Kleidungsstücke lagen darin. Mit Mühe unterdrückte sie das Niesen, als sie eines nach dem anderen hochhob. Da unten in der Ecke sah sie tatsächlich das Büchlein. Sie nahm es heraus und legte die Kleidungsstücke wieder zurück. Das Buch hatte sie größer in Erinnerung. Das kam wohl daher, dass sie damals ein Kind war. Sie steckte es unter ihr Wams, das sie über dem Kleid trug. Den Deckel der Truhe klappte sie möglichst geräuschlos wieder zu und schlich auf Zehenspitzen zurück zur Tür. Die knarrte noch lauter als zuvor, als sie Salome hinter sich schloss.

Als sie den Treppenabsatz erreichte, schrak sie zusammen. Die alte Liese stand vor ihr, als hätte sie hier schon auf sie gewartet.

„Was machst du denn auf dem Dachboden? Schleichst hier herum, als hättest du etwas zu verbergen!", sagte sie kopfschüttelnd.

„Hast du gewusst", flüsterte Salome, „dass auf dem Dachboden seit vielen Jahren eine Bibel versteckt war, eine lutherische in deutscher Sprache, meine ich?"

Lieses Augen weiteten sich vor Erstaunen.

„Nein, aber ich habe einmal gehört", sagte sie, „dass es dein Großvater eine Weile mit den Lutherischen gehalten hat. Er blieb aber letztendlich katholisch. Sie wegzuwerfen oder abzuliefern, konnte er sich wohl nicht entschließen. So hat er sie versteckt."

„Ich werde das heilige Buch mitnehmen", sagte Salome.

„Wohin willst du es mitnehmen?", wunderte sich Liese. „Was hast du vor? Ich habe dich in den letzten Tagen beobachtet – was ist los?"

Salome hatte sich unbedachterweise schon fast verraten. Einem Menschen musste sie einfach ihr Geheimnis anvertrauen! Sonst würde sie vor Freude oder Spannung oder aus beiden Gründen platzen. Sie beugte sich nahe zu Lieses Ohr und flüsterte:

„Ich werde mit Wolf Dietrich zusammen leben und ziehe zu ihm in die Residenz. Genauer sage ich dir die näheren Umstände nicht, sonst verrätst du mich vielleicht aus Versehen."

Liese blieb fast der Mund offen stehen. Als sie die Sprache wiedergefunden hatte, sagte sie:

„Mit dem Erzbischof willst du leben? Als seine Konkubine? Was fällt dir bloß ein?"

„Du hast doch selbst gesagt, dass es ein Unrecht ist, von Priestern die Ehelosigkeit zu verlangen!"

„Aber er hätte dich heiraten können, solange er kein Priester war. Dann hätte er die Wahl nicht annehmen dürfen, wenn du ihm so wichtig wärst!", ereiferte sich die Kinderfrau.

„Kein Mensch darf eine solche Wahl ablehnen! So eine hohe Sendung! Wolf Dietrich sagt, dass es nach der Heiligen Schrift recht ist, mich zur Frau zu nehmen. Die Protestanten brauchen dafür auch kein Sakrament", entgegnete Salome. „Gerade du müsstest mich doch verstehen!" Tränen stürzten aus ihren Augen.

„Kind", sagte Liese sanft, „ich dachte, du hast deinen Kummer überwunden. Ein rechtschaffener Mann wirbt um dich. Du wolltest immer eine gute Ehefrau und Mutter werden..."

„Aber den liebe ich nicht! Mit ihm werde ich nicht glücklich und er mit mir auch nicht!"

„Natürlich wünsche ich dir, dass du mit dem Mann leben kannst, den du liebst. Aber bedenk doch die Folgen! Als Gefährtin des Erzbischofs bist du rechtlos, falls er dich eines Tages nicht mehr schützt, vielleicht nicht mehr schützen kann. Du stürzt dich noch ins Unglück. Deine Familie wird nichts mehr von dir wissen wollen. Wenn ihr Kinder habt, sind es Bastarde..."

„Hör doch auf!", rief Salome, ohne darauf zu achten, ob sie jemand im Haus hören könnte. Sie legte die Hand auf das Buch unter ihrem Wams. „Sag mir eins, Liese: Meinst du, dass unsere Verbindung vor Gott recht sein kann, dass es ein höheres Gesetz gibt als das der Kirche?"

„Vor Gott mag eure Verbindung recht sein...", lenkte Liese ein.

„Dann halt du zu mir", sagte Salome. „Liebe macht stark. Wir werden die Schwierigkeiten überwinden, und vielleicht wird der Zölibat bald abgeschafft."

„Ich werde für dich, für euch beten..."

„Und steh bitte meiner Mutter bei, für sie wird es ein Schock sein. Versprich es mir!", bat Salome eindringlich.

„Ich verspreche es", sagte die alte Kinderfrau und nahm das Mädchen, das ihr von den Kindern der Familie Alt am meisten ans Herz gewachsen war, in den Arm.

In ihrem Zimmer steckte Salome die Bibel ganz zuunterst in eine der beiden Kisten, die sie gepackt hatte. Sie schloss den Deckel und schrieb „Janschitz persönlich" darauf, wie es ihr Wolf Dietrich aufgetragen hatte. Auf diese Weise konnte sie einige wenige persönliche Sachen mitnehmen. Salome trug die Kisten eine nach der anderen hinunter in die Vorhalle. Ein Knecht brachte sie zum Wagen, der gerade mit einer Lieferung für die Residenz beladen wurde. Ausgerechnet in den Bischofssitz schickte sie ein verbotenes Buch. Auch ihr Leben würde in wenigen Tagen ein von der Kirche verbotenes Abenteuer sein. Die sittsame Salome Alt würde als ein in Sünde gefallenes Mädchen gelten. Ihre arme Mutter! Wie lange würde sie sich kaum auf die Straße wagen? Eines Tages wird sie mir verzeihen, hoffte Salome.

****

Der Festtag des heiligen Rupert brach mit strahlendem Sonnenschein an. Auf das nasskalte Regenwetter folgte der Altweibersommer. Ein leichter Umhang reichte zu Salomes neuem Kleid, das ihr Hochzeitskleid werden sollte. Einen langweiligen Mantel brauchte sie nicht anzuziehen. Sie drehte sich vor dem Spiegel. Der goldene Ockerton des weich fließenden Stoffes mit Bortenbesatz in Rot und Braun passte gut zu ihrem Haar. Die Stickerei auf dem Oberteil lief um den Halsausschnitt und von dort wie ein breites Band bis über die Taille, was ihre schlanke Gestalt vorteilhaft betonte. Ihr frisch gewaschenes Haar hatte sich nur mit Mühe bändigen lassen, und die Magd konnte es ihr nicht recht machen. Sogleich bereute Salome ihre Unfreundlichkeit, es waren doch die letzten Stunden in ihrem Elternhaus. Endlich saß die Frisur wunschgemäß. Ihre Hände zitterten leicht, als sie die Halskette umlegte und den Verschluss verhakte. Ihre Aufregung stieg von Stunde zu Stunde, aber sie musste sich zusammennehmen und so tun, als wäre es ein St.

Ruperti-Fest wie in all den vergangenen Jahren auch. Ein letzter Blick wanderte in ihrem Zimmer von einem Gegenstand zum anderen, sie würde nicht hierher zurückkehren. Vom Laden, in dem sie sich immer gern aufgehalten hatte und der an diesem Feiertag geschlossen blieb, hatte sie schon am Tag zuvor Abschied genommen.

Im Münster fanden Salome und ihre Mutter noch Plätze, viele Besucher mussten stehen. Der Erzbischof zelebrierte das Hochamt selbst, der Bischof von Chiemsee predigte. Mehrere Priester, unter ihnen der Domdechant und der Dompropst, assistierten bei der Messfeier. Ein Domherr wurde feierlich als Kapitular mit Sitz und Stimme in das Domkapitel aufgenommen. Heute war Salome nicht imstande, dem Ablauf aufmerksam zu folgen, obwohl ihr solche Zeremonien immer wieder aufs Neue gefielen.

Nach dem Hochamt begaben sich alle, die in der Stadt Salzburg Rang und Namen hatten, in die „Alte Stadttrinkstube“. Das war das offizielle Lokal der Bürgerschaft, dort hielten die Stadtväter ihre gemeinsamen Essen ab. Zu besonderen Anlässen fanden hier Festmähler statt, bei denen sich Adelige, Klerus und vornehme Bürgerschaft trafen. Das Lokal lag am Waagplatz, wo die große öffentliche Waage stand, nur wenige Ecken vom Münster entfernt.

In zwei großen Sälen standen die Tische festlich gedeckt und mit Herbstblumen geschmückt. Nach dem hellen Sonnenschein draußen mussten sich die Augen erst an das Halbdunkel unter dem mächtigen Gewölbe gewöhnen. Auf Leuchtern brannten zahlreiche Kerzen. Gedämpftes Stimmengewirr erfüllte bereits den Raum, als Salome mit Mutter und Bruder eintraf. An dem Tisch, den ihnen die Saaldiener anwiesen, fanden sie sich bei den Alts, Steinhausers und anderen Patrizierfamilien wieder, die alle miteinander verwandt waren. Sabina begrüßte fröhlich ihre Schwester. Felicitas saß sehr ernst neben ihren Eltern. Sie würde demnächst mit Christoph Weiß die Stadt verlassen. Ihr zukünftiger

Schwiegervater, der im Vorjahr noch bei den ältesten Ratsbürgern saß, fehlte heuer, ebenso einige andere.

Die beiden Säle füllten sich nach und nach. Der Stadtpfarrer, der Abt von St. Peter und einige andere Geistliche trafen ein und nahmen an dem für den Klerus reservierten großen Tisch am Ende des zweiten Saals Platz. Das Stimmengewirr ebbte ab, als die Domherren eintraten, gefolgt vom Domdechant und Dompropst, bis zuletzt der Erzbischof erschien. An diesem Tag verzichtete er auf Zeremoniell. Er bedeutete den Gästen, die sich erhoben hatten, sich wieder zu setzen und nahm seinen Ehrenplatz an der Tafel der Geistlichkeit ein.

Salome war mehr als beklommen zumute. Hatte ihr inniger Wunsch, mit Wolf Dietrich zusammenzusein, ihr den Blick für die tatsächlichen Gegebenheiten verwischt? Er würde sie vor allen Leuten auffordern, mit ihm zu kommen. Es wird einen entsetzlichen Skandal geben, dachte sie, mit mir als Mittelpunkt! Von den ausgezeichneten Speisen brachte sie kaum etwas hinunter. Man tafelte stundenlang. Rundum schienen sich alle bestens zu unterhalten, während sich Salome fühlte, als säße sie auf Nadeln. Hie und da standen Leute auf, gingen zu anderen Tischen, um Freunde und Bekannte zu begrüßen und mit ihnen zu plaudern. Salome gesellte sich da und dort zu entfernten Verwandten, setzte sich ein wenig zu Felicitas und wäre am liebsten auf und davon gelaufen. Worauf ließ sie sich bloß ein?

Eine Glocke wurde geläutet, und alle kehrten an ihre Plätze zurück. Der Erzbischof erhob sich, dankte für sich und im Namen des Klerus für die Einladung der Bürgerschaft. Er hielt eine kurze Rede, die die Verdienste der Bürger lobte. Es sei sein Wunsch, mit seinen Maßnahmen ihr Wohlergehen zu fördern, Bedingung sei selbstverständlich, dass sie dem rechten katholischen Glauben anhingen. Er wolle sich nun empfehlen und bringe allen Anwesenden zur Kenntnis, dass die ehrenwerte Jungfer Alt, deren Bekanntschaft er schon vor mehr als zwei Jahren gemacht habe, ab dem heutigen Tag als seine Frau mit ihm leben und in der Residenz wohnen werde. Nach reiflicher Überlegung seien sie in beiderseitigem Einvernehmen zu diesem Entschluss gekommen. Stille herrschte in den beiden Sälen. Wolf Dietrich hatte laut genug gesprochen, um von allen gehört zu werden. Er verließ seinen Platz, ging zwischen den Tischen durch. Bevor er sie erreicht hatte, erhob sich Salome. Ihre Mutter starrte sie entsetzt an und stammelte:

„Nein, das gibt es nicht!" Ihr Bruder war aufgesprungen und rief:

„Was soll das?"

Der Erzbischof blieb vor ihm stehen und sagte:

„Eure Schwester ist bereit, ihr Leben mit mir zu teilen. Macht es ihr nicht unnötig schwer."

Salome sagte leise: „Verzeiht mir bitte."

Sie fühlte, dass sie alle anstarrten. Ihr Bruder bedachte sie mit einem finsteren, nahezu vernichtenden Blick, hielt es aber anscheinend für klüger, nichts weiter zu sagen. Ihre Mutter wirkte wie vom Schrecken gelähmt. Salome hielt den beiden, einem nach dem anderen, die Hand zum Abschied hin, sie nahmen sie nicht. Sie wandte sich Wolf Dietrich zu, der ihr aufmunternd zunickte und mit einer Handbewegung bedeutete voranzugehen. So schritten sie die Tischreihen entlang bis zum Ausgang. Der Weg erschien Salome endlos weit. Schmerzlich und befreiend zugleich wurde ihr bewusst, dass sie ihr gesamtes bisheriges Leben verließ, für immer. Doch es war ihr Leben, ihre Entscheidung - das zählte, nicht die Blicke und Gedanken derer, die hier saßen und nur darauf warteten, dass sich die Tür hinter ihnen schloss, um einen Schwall verurteilender Worte loszulassen.

Unmittelbar vor dem Tor stand die Kutsche des Erzbischofs. Der Kutscher öffnete den Wagenschlag, Salome stieg ein, gefolgt von Wolf Dietrich. Die Pferde zogen an, um den kurzen Weg zur Residenz zurückzulegen. Wolf Dietrich legte seine Hand auf die ihre und sagte:

„Gleich sind wir zu Hause."

In der Eingangshalle zu Salomes Wohntrakt warteten zwei Dienerinnen, die ehrerbietig knicksten, als sie mit dem Erzbischof eintrat. Er schickte eines der Mädchen nach einer Frau namens Gisela. Kurz darauf erschien eine junge Frau, die nicht wie eine Bedienstete aussah. Sie trug ein besticktes Kleid und eine ebensolche Haube, wie sie Bürgersfrauen zu festlichen Anlässen anlegten. Vor Salome und Wolf Dietrich knickste sie ebenso wie die beiden Mädchen.

„Gisela ist deine Kammerzofe", erklärte der Erzbischof, „eine entfernte Verwandte von Janschitz. Er hat sie ausgesucht und eine gute Wahl getroffen. Heute Abend wird sie dein Beistand sein. Janschitz wird euch abholen und in die Kapelle führen." Angesichts des Lobes blickte Gisela auf den Boden, dann ihrer neuen Herrin offen und freundlich ins Gesicht. Der gefiel sie auf den ersten Blick. Gisela mochte ein paar Jahre älter sein als sie selbst, war ein wenig rundlich, insgesamt recht hübsch und hatte eine mütterliche Ausstrahlung. Die junge Witwe hatte Mann und Kind verloren, war eine im Leid gereifte Frau, die diese ungewöhnliche Stellung antrat.

Die Kammerzofe führte ihre neue gnädige Frau, wie sie Salome ebenso wie die anderen Dienstboten anzureden hatte, den Treppenaufgang hinauf und durch die Wohnräume bis in das Ankleidezimmer. Geputzt haben die ja gründlich, dachte Salome. Sonst hatte sich noch nicht viel verändert. Teppiche und ein paar Möbelstücke waren hinzugekommen. Sie würde die Zimmer richtig wohnlich machen. Einige Stücke aus ihrer Aussteuer hätte sie dafür gut brauchen können... Im Ankleidezimmer lagen ihre Toilettsachen und ihr Morgenmantel bereit.

„Eure anderen Sachen, gnädige Frau, habe ich hier im Schrank verwahrt", sagte Gisela. „Wenn Euch die Ordnung nicht gefällt, ändere ich sie."

„Es ist schon gut", sagte Salome. Die Sachen der Herrin auszupacken, war Aufgabe der Zofe. Das hatte Salome nicht bedacht. Was war mit der Bibel geschehen?

„Die Bücher befinden sich hier in einem besonderen Fach", wies Gisela auf den Frisiertisch vor dem Spiegel, „beide." Außer dem Neuen Testament hatte Salome nur ihr Gebetbuch mitgenommen. An dem Mittelteil des Tischchens, auf den die Zofe zeigte, war eine hübsche Einlegearbeit zu sehen, doch kein Hinweis auf ein Fach oder eine Schublade. „Hier", wiederholte Gisela und betätigte einen versteckten Griff. Hinter der Abdeckung mit der Einlegearbeit kam eine kleine Schublade zum Vorschein, in der das Gebetbuch und das Neue Testament lagen.

„Danke", sagte Salome, „es ist gut so." Sie schloss das Geheimfach wieder.

„Ihr seid meine Herrin", sagte Gisela, indem sie „meine" betonte.

Salome hatte eine treue Dienerin gefunden, die bedingungslos zu ihr hielt, wenn es sein musste, auch gegen den Willen des Herrn dieses Palastes.

„Ihr könntet Euch noch etwas ausruhen", schlug Gisela vor. Salome schlüpfte aus ihrem Kleid und zog den Morgenmantel an. Im Schlafzimmer stieg sie die beiden Stufen zu dem prächtigen Himmelbett hinauf und legte sich auf die Bettdecke. Unter dem Baldachin waren die schweren samtenen Vorhänge an den Seiten gerafft. Sie betrachtete das Bild über ihr, das wohl den heiligen Rupert darstellte, soweit sie das erkennen konnte. Ihr fielen die Augen zu. In der letzten Nacht hatte sie vor Aufregung kaum geschlafen, so dass die Müdigkeit stärker war als die vielen Gedanken, die ihr durch den Kopf gingen.

Im Halbschlaf nahm sie das Läuten einer Glocke wahr. Jemand berührte sie an der Schulter. Sie öffnete die Augen und erblickte Gisela. Ihr wurde bewusst, wo sie war und was sich zugetragen hatte. Von einem Turm der Residenz wurde zu jeder Viertelstunde eine Glocke geläutet. Für zu spät Kommende gab es also keine Ausrede. Draußen war es bereits dunkel.

„Zeit aufzustehen, gnädige Frau", sagte Gisela freundlich.

Salome streckte sich wohlig. Der Schlaf hatte ihr gut getan.

Gisela hatte warmes Wasser zum Waschen aus der Küche holen lassen, Seife und Handtuch vorbereitet. Nachdem ihre Herrin vor dem Frisierspiegel Platz genommen hatte, richtete sie mit gekonnten Handgriffen deren Frisur. Sie war nicht nur freundlich, sie verstand ihr Handwerk. Schließlich schloss sie alle Haken und Knöpfe an Salomes Kleid und legte ihr die Halskette um. Auf dem Frisiertisch stand eine Vase mit Rosen, kleine Heckenrosen, die um diese Jahreszeit noch da und dort zu finden waren. Gisela steckte ein paar davon geschickt in Salomes Haar fest. Die konnte gerade noch einen Blick auf ihr Spiegelbild werfen, als eines der Mädchen bereits das Eintreffen des Herrn Kammerdieners Seiner hochfürstlichen Gnaden meldete.

Matthias Janschitz führte Salome und ihre Zofe hinunter in die Eingangshalle, doch nicht in den Hof. Durch eine seitliche Tür kamen sie über einen Gang in den nebenan liegenden Trakt der Residenz. Salome fragte sich, ob sie sich jemals in diesem Gebäudekomplex zurechtfinden würde. Über weitere, mit Kerzen beleuchtete Gänge und Fluchten von Räumen erreichten sie die zur Residenz gehörende Kapelle, die die Verbindung zwischen Bischofssitz und Münster bildete. Sie war vom Dom her zugänglich, aber normalerweise für Besucher geschlossen. Die drei blieben an der Tür stehen. Salome betrachtete den dunklen Raum unter dem hohen Gewölbe. Die bunten Farben des bemalten Fensterglases waren nur schattenhaft zu erkennen. Auf dem Altar vor dem Bild der Jungfrau Maria mit dem Jesuskind standen ein Kruzifix, mehrere Kerzen auf Leuchtern und zwei Vasen mit kleinen Rosen, dieselben, die sie im Haar trug. Die Wärme des Sommers war in diesem Raum noch spürbar. Sie war so versunken, dass sie Wolf Dietrich nicht kommen hörte.

„Gefällt dir die Kapelle?", fragte er plötzlich neben ihr. Salome nickte.

Er trug die spanische Tracht, einen schwarzen, mit Goldfäden bestickten Anzug. Mit ihm war Johann Anton von

Thun gekommen, im Talar des Priesters, doch ohne Messgewand. Er würde die Zeremonie leiten, die sich der Erzbischof ausgedacht hatte. Wolf Dietrich hielt Salome die Hand hin, in der Art, wie ein Edelmann eine Dame zu Tisch oder zum Tanz führte. Sie legte ihre darauf, und so folgten sie Johann Anton von Thun zum Altar. Janschitz und Gisela blieben links und rechts seitlich hinter ihnen stehen. Es gab kein Allerheiligstes in dieser Kapelle und es wurde keine Messe gefeiert. Salome und Wolf Dietrich waren gekommen, um einander ihr Versprechen zu geben. Auf das Sakrament, den Segen der Kirche und deren Bestätigung mussten sie verzichten.

Johann Anton von Thun sprach vor, was Wolf Dietrich und Salome mit ihrem „Ja" bestätigten. Sie waren aus freien Stücken hergekommen, um einander zu ehelichen. Sie waren gewillt einander zu lieben, zu ehren und die Treue zu halten, bis dass der Tod sie scheiden würde. Sollten ihnen Kinder geschenkt werden, würden sie diese im katholischen Glauben erziehen. Johann Anton von Thun sprach einen Segen, dass Gott ihnen Frieden schenken möge. Er segnete nicht ihre Ehe im Namen der Kirche und unterließ es, sie kraft seines Amtes für Mann und Frau zu erklären. Es war eine schöne, feierliche Zeremonie, gültig für die hier Anwesenden, aber bereits wenige Schritte weiter außerhalb dieses Raumes würde sie niemand anerkennen. Salome empfand tiefe Freude und Dankbarkeit. Sie stand außerhalb des kirchlichen Gesetzes und fühlte sich zugleich auf wunderbare Weise gesegnet.

An Wolf Dietrichs Arm wanderte sie zurück durch all die Gänge und Säle in den Teil der Residenz, den sie nun bewohnte. Neben dem Speisesaal gab es ein kleines Speisezimmer, in dem der Tisch für zwei Personen gedeckt war. Sie nahmen Platz, Gisela und Janschitz bedienten bei Tisch. Am nächsten Tag würde die gesamte Dienerschaft kommen. Wozu brauchte sie allein so viel Personal? Das Leben bei Hofe mit seinen eigenen Regeln würde sie erst lernen müssen.

114

Neben ihrem Teller lag eine Art gezinkter Löffel, den Salome fragend ansah.

„Das ist etwas ganz Neues aus Paris", erklärte Wolf Dietrich, „Gabeln – die habe ich bei Hofe eingeführt. Es ist viel hygienischer, sie zum Essen zu benutzen als nur ein Messer."

Nachdem sie die Suppe gelöffelt hatten und der Braten aufgetragen war, zeigte er ihr, wie das gezinkte Ding zu handhaben war.

„Mit ein wenig Übung ist es ganz einfach", lachte er. „In Zukunft speist du an der Hoftafel, morgen Mittag mit mir allein, dann mit anderen Gästen. An manchen Tagen halte ich die große Hoftafel mit sämtlichen Beamten."

Die Gabel war keine schlechte Erfindung, fand Salome. Sie war froh, dass sie mit dem ungewohnten Instrument nur langsam essen konnte, denn sie war so hungrig, dass sie sonst die Speisen womöglich sehr unvornehm verschlungen hätte. Wolf Dietrich neckte sie wegen ihres Appetits:

„Wenn man bedenkt, dass wir den halben Tag bei einem Festmahl verbracht haben..."

„Ich konnte vor Aufregung fast nichts essen..."

„Mir erging es nicht viel besser, darum habe ich für ein reichliches Essen gesorgt."

Janschitz schenkte gerade Wein nach und lächelte. Er hatte die Speisenfolge zusammengestellt und sich noch an Salomes Vorlieben erinnert. Seinem Herrn war er ein Vertrauter und treu ergeben. Er schien sich mit ihnen beiden zu freuen.

Salome betrat das nur von einer einzelnen Kerze beleuchtete Schlafzimmer. Auf einem der Kopfkissen lag ein sehr kleines Schächtelchen. Auf der Bettdecke waren Blütenblätter von den kleinen Heckenrosen verstreut. Salome legte ihren Morgenmantel ab und schlüpfte unter die Decke. Sie breitete die Flut ihres offenen Haars über ihr Hemd, nahm die winzige Schachtel und wog sie in der Hand.

„Warum machst du es nicht auf?", fragte Wolf Dietrich, der gerade aus dem zweiten Ankleidezimmer eintrat.

„Ich habe auf dich gewartet."

Er trug über dem Hemd einen dunklen Morgenmantel aus Goldbrokat. Sobald er sich neben sie auf das Bett gesetzt hatte, hob Salome den Deckel der kleinen Schachtel in ihrer Hand.

„Oh, ist der schön!", sagte sie und betrachtete den Ring aus Gold mit dem hell funkelnden Stein, den winzige goldene Blättchen wie die Blütenblätter einer Blume umgaben. Sie hielt Wolf Dietrich die Hand hin, und er steckte den Ring an ihren Finger. „Danke", sagte sie, schlang den Arm um seinen Hals und küsste ihn. „Komm", deutete sie auf die andere Seite des Bettes.

„Ich hätte Verständnis, wenn dir alles etwas zu schnell ginge und du heute lieber allein wärst...", sagte er.

Salome schüttelte den Kopf. Tatsächlich hatte sie vor nicht einmal einer Woche noch die Absicht, entweder Michael von Weittingen zu heiraten oder ins Kloster zu gehen. Fast eineinhalb Jahre lang hatte sie Wolf Dietrich nur aus der Ferne als Fürstbischof gesehen. Kaum vorstellbar! Allen Hindernissen zum Trotz hatte sie sich entschieden, seine Frau zu werden. Sie hatte ihm ihr Versprechen gegeben, und so nah und vertraut saß er nun hier an ihrem Bett. Nein, sie würde ihn nicht warten lassen! In ihrer Erziehung als vornehme Bürgerstochter war die körperliche Liebe zwischen Mann und Frau kein Thema gewesen. Doch Sabina war eine gute große Schwester! Das scheue Mädchen, das Wolf Dietrich zum ersten Mal geküsst hatte, war eine erwachsene Frau geworden. Wie sehr wünschte sie sich, ihm zu gehören!

„Komm", wiederholte sie, „es ist unsere Hochzeitsnacht."

Wolf Dietrich legte den Morgenmantel ab und schlüpfte zu ihr unter die Decke. Er nahm sie in den Arm.

„Es gibt in der Heiligen Schrift das Hohelied der Liebe von König Salomo", sagte er. „Das weißt du vielleicht gar nicht. Darüber wird nicht gepredigt und das lernt man nicht in der Christenlehre. Mit wunderschönen Worten wird die Geliebte von ihrem Freund beschrieben. Du bist gewiss noch viel schöner..."

„Und was sagt er?", fragte sie.

„Oh, er lobt ihr Haar, ihre Augen, ihre Lippen, ihren Hals..." – zärtlich streichelte er ihr Gesicht und ihren Hals – „...und ihre Brüste..." – seine Hand glitt unter ihr Hemd.

„Wird auch etwas über den Geliebten gesagt?", flüsterte Salome – da blieb sein Bischofsring an dem feinen Stoff ihres Hemds hängen. Sie löste ihn vorsichtig ab. Er nahm die Hand zurück und zog den Ring vom Finger.

„Ich wollte ihn schon seit Tagen zum Goldschmied schicken und die Fassung des Steins richten lassen", sagte er und legte den Ring auf dem Tischchen neben dem Bett ab.

Von der Kirche werde ich – werden wir - immer umgeben, förmlich durchdrungen sein, dachte Salome. Ständig werden wir erinnert werden, dass unser Leben nicht ihrem Gesetz entspricht. Doch sie wusste es, tief in ihrem Inneren wusste sie es: Es gab ein höheres Gesetz. Salome streifte ihr Hemd ab, die Flut ihrer Haare bedeckte sie. Die Kerze war nahezu am Verlöschen. Den Widerschein der kleinen Flamme sah sie in Wolf Dietrichs funkelnden Augen tanzen. Er streifte sein Hemd ab, das auf der anderen Seite des Bettes zu Boden fiel.

„Dem Geliebten ist die Liebe der Gefährtin wie ein Garten", sagte er und nahm ein Blütenblatt aus ihrem Haar. Sie blies es von seinen Fingern, so dass es emporschwebte und wieder heruntertanzte, während sie zusammen in die Kissen sanken.

5 - Das Geschenk

Mit ihrem Gebetbuch in der Hand wollte Salome gerade das Münster betreten. Ihre Andacht würde heute kürzer ausfallen als sonst. Für die Abendgesellschaft, zu der sie geladen war, hatte sie danach große Toilette zu machen.

„Gnädige Frau", hörte sie neben sich eine leise Stimme. Unmittelbar neben dem Portal stand ein Mädchen, das sie zuvor nicht bemerkt hatte. Das Kind mochte etwa zehn Jahre alt sein, war ärmlich gekleidet, hatte aber nicht die Hand zum Betteln erhoben.

„Was willst du?", fragte Salome. Häufig kamen Hilfesuchende zu ihr, Arme, die sich in einer verzweifelten Notlage befanden. Der Fürstbischof sorgte großzügig für die unterste Schicht der Bevölkerung, indem er Getreide billig abgab und mit anderen Wohltaten. Während die Almosen den Hunger vieler stillten, brachten seine eigenen Maßnahmen andere Familien in arge Schwierigkeiten. Das Mädchen blickte Salome mehr neugierig als unterwürfig an:

„Man sagt, dass Ihr Armen helft. Meine Familie ist in großer Not – bitte, kommt mit mir! Es ist nicht weit zu gehen."

Die Kleine wirkte nicht aufdringlich und machte nicht den Eindruck, als wollte sie nur etwas Geld erbetteln. Ihr Anliegen mochte einen guten Grund haben, und das Gebet konnte einmal ausfallen.

„Gut, führ mich zu deiner Familie", sagte Salome nach kurzem Zögern, „wie heißt du denn?"

„Josepha", antwortete das Mädchen und ging schon voran.

Sie überquerten die Brücke über die Salzach, passierten die kleine Kirche St. Andre im Stadtteil jenseits des Flusses und gelangten in ein verwinkeltes Geviert nahe der Stadtmauer. Salome konnte sich nicht erinnern, jemals in diese Gässchen gekommen zu sein. Wo die unscheinbaren Häuser nicht unmittelbar an die Mauer beziehungsweise aneinander grenzten, türmten sich in den Zwischenräumen Abfallhaufen. Der von ihnen ausgehende Gestank war jetzt im Frühjahr einigermaßen erträglich, im Sommer schlug er wohl jeden Besucher in die Flucht. Josepha blieb vor einem Eingang stehen, der offensichtlich in einen Keller führte.

„Hier ist es", sagte sie. Die Decke über den hinunterführenden Stufen war so niedrig, dass sich Salome fast bücken musste. Als sich ihre Augen an das Dunkel in dem Raum gewöhnt hatten, konnte sie eine jüngere und eine ältere Frau und drei Kinder ausmachen, die Kleinen alle jünger als Josepha. Der Jüngste saß auf dem Boden. Da ist es sicher viel zu kalt für ihn, dachte Salome. Es muffelte nach Feuchtigkeit in dem spärlich eingerichteten Raum. Arbeitsgerät deutete darauf hin, dass ein Teil davon als Werkstatt diente. Über einer Feuerstelle hing ein Kochkessel, aus dem es dampfte und in dem die ältere Frau rührte. Die Leute waren ärmlich, aber ordentlich und sauber gekleidet.

Josepha stellte Mutter und Großmutter vor, die höflich grüßten und die Kinder aufforderten, das Gleiche zu tun. Die starrten die Besucherin unverhohlen an. Die Mutter blickte Salome unsicher an, begann zu sprechen, rang nach Worten, brach wieder ab und schließlich in Tränen aus. Salome fragte geduldig nach, bis ihr der Tatbestand klar war: Der Vater der Familie hatte als Riemenschneider eine kleine Werkstatt geführt. Wie zahlreiche andere Läden samt der dazugehörenden Wohnung war sie unmittelbar an eine der Außenmauern des Bischofssitzes angebaut gewesen. Ein Sattler hatte gleich nebenan sein Gewerbe ausgeübt, so dass sie sich mit der Herstellung von Sätteln und Zaumzeug ideal ergänzten. Nach der Meinung Wolf Dietrichs waren Handwerksbetriebe und Krämerläden nicht mit der Würde der Residenz vereinbar. Er hatte alle entfernt und die Besitzer großzügig abgefunden. Nur konnte Josephas Vater keinen angemessenen Ersatz finden. In Salzburg herrschte Mangel an Wohn- und Arbeitsräumen. Der Erzbischof hatte zahlreiche Häuser abreißen lassen, um seine Bauvorhaben und seine Pläne zur Verschönerung der Stadt zu verwirklichen. Der Riemenschneider fand nur dieses von Lage und Größe her ungeeignete Loch, wo kaum Kundschaft vorbeikam und zu wenig Platz zum Arbeiten war. Der Verdienst reichte unter diesen Umständen selbst bei größter Bescheidenheit und Sparsamkeit nicht für den Lebensunterhalt der Familie. Was sie entbehren konnten, hatten sie bereits verkauft. Wenn er nicht rasch einen geeigneten Raum für eine Werkstatt fand, gehörten sie bald zu den Ärmsten der Armen.

„Gnädige Frau", bat die Mutter der Kinder, „legt doch bei Seiner hochfürstlichen Gnaden ein gutes Wort für uns ein."

Häuser waren rasch niedergerissen, doch wo ließ sich ein geeignetes Quartier für einen Riemenschneider finden? Wenn ihm offensichtlich die Zunft nicht helfen konnte, die doch am besten über alle Möglichkeiten Bescheid wusste!

Salome dachte an den vor ihr liegenden Abend und die zu erwartenden Gäste. Vielleicht gab es Hilfe für die Familie.

„Ich werde tun, was ich kann", versprach sie. Sie bat Josepha, am nächsten Tag bei ihr vorzusprechen. Geld hatte sie keines bei sich, um den Leuten sogleich ein wenig zu helfen.

Die Großmutter hörte auf, in dem Kochkessel zu rühren, und blickte Salome an.

„Wir danken Euch", sagte sie., „doch lieber wären wir nicht auf Eure Hilfe angewiesen, ja, die Zeiten haben sich nicht zum Besseren gewendet..."

„Scht!", zischte die Mutter, worauf die Ältere verstummte. Salome verstand die Andeutung, die sowohl Wolf Dietrichs Maßnahmen als Landesherr als auch ihre Lebensgemeinschaft betreffen mochte. Josephas Großmutter war gewiss nicht die Einzige, der weder das eine noch das andere gefiel.

Salome beschleunigte ihre Schritte. Sie hatte das Gefühl dafür verloren, wie viel Zeit vergangen sein mochte. Auf dem Hinweg hatten sich die Strahlen der tief stehenden Sonne in der Salzach gespiegelt. Nun wurde es bereits dämmerig, als sie über die Brücke eilte. Neben dem Tor zur Residenz versahen die Gardesoldaten wie üblich mit unbewegten Gesichtern ihren Dienst. Im Hof stand die erzbischöfliche Kutsche mit angespannten Pferden, daneben der Kutscher, als wäre er zur Abfahrt bereit.

„Gnädige Frau, wo seid Ihr denn?", empfing sie ihre Kammerzofe Gisela bereits in der Eingangshalle zu ihren Wohnräumen. „Janschitz war gerade hier. Ich musste ihn zu Seiner hochfürstlichen Gnaden zurückschicken und ausrichten lassen, dass Ihr vom Abendgebet noch nicht zurückgekehrt seid und ich nichts über Euren Verbleib weiß."

Salome legte noch im Gehen ihren Mantel ab und eilte in ihr Ankleidezimmer.

„Komm, Gisela, machen wir rasch!" Die verstand es, mit erstaunlicher Geschwindigkeit und Geschicklichkeit Knöpfe und Haken auf- und zuzumachen. Salome schlüpfte aus ihrem Kleid, wusch Hände und Gesicht im bereitgestellten

Wasser, und Gisela streifte ihr schon das Abendkleid über. Dessen Grundfarbe war beige, das Oberteil mit einem dunkelbraunen Einsatz versehen, reich bestickt und mit Borten und Spitzen an Halsausschnitt und Ärmeln verziert. Während die Zofe die Knöpfe am Rücken schloss, befestigte Salome die Ohrgehänge und legte sich das Collier um den Hals. Bevor sie sich noch damit mühen konnte, hatte Gisela schon den Verschluss eingehakt und ordnete die Frisur. Die Strähnchen, die sich gelöst hatten, wurden festgesteckt und das Haar mit einem Perlenband geschmückt. Salome zog die Handschuhe an, während ihr Gisela den passenden Mantel brachte. Mit der Puderquaste strich sie zuletzt über das Gesicht der Herrin. Erhitzt sollte eine vornehme Dame nicht aussehen. Dank ihres blühenden Aussehens war in Salomes Gesicht eher zu viel Farbe als zu wenig. Josephas Familie in dem armseligen Kellerloch ging ihr nicht aus dem Kopf, während sie sich in aller Eile für die Abendgesellschaft zurechtmachte.

Als sie, von einer Dienerin begleitet, in den Hof trat, kam ihr Matthias Janschitz, Wolf Dietrichs persönlicher Kammerdiener, entgegen.

„Gnädige Frau, ich konnte Euch nirgends finden, der gnädigste Herr ist außer sich...", sagte er aufgeregt, indem er sich gleichzeitig vor ihr verbeugte.

„Ich bin bereit, gib dem gnädigsten Herrn Bescheid – ich bitte um Entschuldigung für die Verspätung."

Als Ehrengast und Landesherr konnte es sich der Erzbischof erlauben, die Abendgesellschaft eine Weile warten zu lassen. Nur war er es nicht im Mindesten gewohnt, sich selbst gedulden zu müssen. Der Kutscher hatte bereits seinen Platz eingenommen. Ein Diener öffnete den Wagenschlag, und Salome stieg in die Kutsche. Zum heutigen Fest war sie mit dem Erzbischof gemeinsam eingeladen. Der Obersthofmarschall Jakob Hannibal von Raitenau, Wolf Dietrichs Bruder, und seine Gattin Kunigunde baten in ihr neues Schloss, das der Landesherr auf seine Kosten hatte erbauen lassen. Dessen Wunsch, Salome als seine Frau zu achten, war zu respektieren. Kunigunde stößt sich wohl weniger an meinem Lebenswandel als an meiner bürgerlichen Herkunft, dachte Salome, aber es bleibt ihr gar nichts anderes übrig als noch einige andere Nichtadelige einzuladen wie zum Beispiel meinen Schwager Maximilian Steinhauser. Als reichsten Mann Salzburgs und möglichen Kreditgeber konnte man ihn nicht übergehen. Salome freute sich darauf, Sabina wiederzusehen.

Der Wagenschlag wurde wieder geöffnet, und Wolf Dietrich stieg ein.

„Wo warst du bloß?", fragte er mehr besorgt als verärgert.

„Ein armes Mädchen hat mich an der Kirchentür aufgehalten und um Hilfe für ihre Familie gebeten. Da bin ich mit ihr mitgegangen. Die Kinder sind zum Erbarmen..." Sie erzählte nicht genauer, worum es ging. Wolf Dietrich hörte es nicht gerne, dass seine geliebten Bauvorhaben nicht von allen Leuten geschätzt wurden und durchaus auch nachteilige Folgen hatten.

„Es ist gut, dass du dich um Bedürftige kümmerst", sagte er, „doch schöner wäre es..." Er brach jäh ab. Wolf Dietrich war kaum um Worte verlegen, er wollte sie nicht verletzen. Zu spät! Salome fühlte innerlich einen leisen Stich. Er streichelte ihre Hand, und sie lächelte. Wolf Dietrich trug den Purpur des päpstlichen Legaten. Mit seinen schwarzen Haaren und dem schwarzen Bart sah er in dem roten klerikalen Gewand eher diabolisch denn geistlich aus. Bei gemeinsamen Auftritten achtete Salome darauf, sich farblich dazu passend zu kleiden. Er betrachtete sie wohlgefällig.

„Der heutige Abend verspricht amüsant zu werden", meinte er, „wenn ihn uns nicht die Dame Kunigunde mit ihrem albernen Benehmen verdirbt..."

Salome lachte. Er betonte das Wort „Dame" auf ironische Weise und wollte sie im Vorhinein trösten, falls die eingebildete Kunigunde wieder eine abfällige Bemerkung allgemein über Bürgerliche fallen ließ oder gar hinter seinem Rücken eine Gelegenheit fand, eine spitze Bemerkung gegen Salome abzuschießen.

„Ich freue mich, meine Schwester zu sehen, dein Vater wird da sein und andere nette Gäste, über Kunigunde werde ich einfach hinwegsehen...", meinte Salome. Wolf Dietrich hatte die Doppeldeutigkeit verstanden und lachte. Kunigunde war deutlich kleiner als Salome, so dass diese tatsächlich einfach über sie hinwegsehen konnte.

„Und sie ist nicht einmal halb so schön wie du", sagte er und küsste sie noch rasch, als die Kutsche schon vor dem Palast des Hofmarschalls hielt.

Außen kennzeichneten gerade Linien die Bauweise des vor kurzem fertig gestellten Schlosses, das nicht weit vom Stadtzentrum entfernt an der Salzach gelegen war. Drei Bürgerhäuser mussten niedergerissen werden, um Platz zu schaffen. Das Portal schmückten ein Relief und das Wappen der Raitenauer. Der Hof mit dem kunstvollen Brunnen und den eleganten Aufgängen und Arkaden ließ die prachtvolle Innenausstattung bereits erahnen.

Salome betrat mit Wolf Dietrich den mit unzähligen Kerzen erhellten Saal, in dem der Hausherr seine Gäste empfing. Sie warf einen verstohlenen Blick zur Decke. Die war tatsächlich vergoldet, von den Teppichen, Tapisserien und Malereien gar nicht zu reden. Welch ein Gegensatz zu der Behausung, die sie am Nachmittag gesehen hattte! Der Erzbischof musste für seinen Bruder sehr tief in die Tasche gegriffen haben. Jakob Hannibal von Raitenau trug einen mit Gold- und Silberfäden bestickten Anzug in leuchtenden Farben mit den nach der herrschenden Mode über den Knien endenden gebauschten Hosen. Er legte ein großspuriges Auftreten an den Tag und begrüßte nach dem Landesherrn Salome mit ausgesuchter Höflichkeit. Auch seine Gattin Kunigunde ließ es an freundlichen Worten des Willkommens nicht fehlen. Ihr Ehemann ähnelte äußerlich und in seiner Wesensart Wolf Dietrich, besaß aber weit weniger Verstand. Im letzten Jahr hatte er einen Feldzug gegen die Türken mitgemacht, während sich seine Frau um den Bau des Hauses gekümmert hatte. Sie besaß Geschmack und erwies sich im Geldausgeben mindestens so talentiert wie ihr Gatte, besonders, da es sich um das Geld des Fürstbischofs handelte. In diesem Jahr würde Jakob Hannibal wohl wieder ins Feld ziehen. Zum Soldaten eignete er sich besser als zum Beamten, so dass es nicht sehr störte, wenn seine Arbeit als Hofmarschall andere erledigten.

Da der Ehrengast eingetroffen war, rief ein Trompetenstoß die Gäste zu Tisch. An der hufeisenförmigen langen Tafel im großen Speisesaal kam Salome neben ihren Schwager Maximilian Steinhauser zu sitzen. Welch ein glücklicher Zufall! Einer der einflussreichsten Ratsbürger hatte an ihrer Seite Platz genommen. Für Bitten von Armen pflegte er ein offenes Ohr zu haben. Ja, sie möge den Riemenschneider zu seinem Sekretär in sein Kontor schicken. Wenn sich nur eine geeignete Unterkunft findet!, dachte sie. Eine Gruppe von Spielleuten erfreute die Gäste mit ihrer Musik, während ein Gang nach dem anderen gereicht wurde. Salome ließ manche Speisen ganz aus und probierte von den anderen nur wenig. Unmöglich hätte sie alles essen können.

Ihr anderer Tischnachbar war ein stattlicher älterer Herr mit wettergegerbtem Gesicht, einem verwegen gezwirbelten Bart und grauem, vollem Haar. Hanns Werner von Raitenau, Wolf Dietrichs Vater, hielt sich seit kurzem in Salzburg auf. An der Hoftafel hatte ihn Salome bereits kennen gelernt. Als Offizier hatte er seinen Abschied genommen, doch würde er auf Wunsch des Erzbischofs einen neuerlichen Feldzug gegen die Türken führen. Fürs Erste blieb es beim Planen und Diskutieren, denn der Landtag musste die nötigen Mittel genehmigen und der war noch nicht einmal einberufen. An der Hoftafel beteiligte sich Salome nicht an den Gesprächen über den Krieg. Was sie bewegte, erörterten die Herren nicht.

„Herr von Raitenau", bat sie, „erzählt mir etwas von den Türkenkriegen, ich meine, von den Menschen..."

„Das ist kein gutes Thema für einen Abend wie heute und für eine Dame", versuchte er mit einem charmanten Lächeln auszuweichen.

„Für mich passt es, ich kam gerade von einem Elendsquartier zu diesem Fest." Nach höflicher, nichts sagender Konversation war ihr nicht zumute.

„Nun, wenn Ihr meint..." Ihrem Tischnachbarn war anzumerken, dass er sorgfältig überlegte, was er preisgab und was er besser für sich behielt. Er berichtete von den langen öden Zeiten im Feldlager. Die Soldaten kämpften mit Krankheiten, Schmutz, unter Umständen auch mit Hunger. Ausrüstung und Nachschub erwiesen sich häufig als unzureichend, der Krieg bestand in Scharmützeln mit wenig Ergebnissen. Viele Soldaten starben, ohne irgendwelche Heldentaten vollbracht zu haben.

„Seine hochfürstliche Gnaden, mein Sohn, würde nur zu gern Soldaten sehen, die mit Ruhm und Ehre bedeckt aus dem Kampf gegen die Ungläubigen zurückkehren. Ein gut organisierter, erfolgreicher Feldzug als Abschluss meiner Laufbahn könnte mir gefallen, die Türken dorthin zurücktreiben, wo sie hingehören..." Die Augen des alten Haudegen blitzten unternehmungslustig.

„Meint Ihr, es gelingt?", fragte Salome. Hanns Werner von Raitenau lächelte nachsichtig. Was für eine naive Frage!

„Mit unseren Möglichkeiten? Wenn alles gut geht, sichern wir die Grenze ab und kommen mit geringen Verlusten nach Hause. Für einen durchgreifenden Erfolg müsste der Kaiser seine Politik ändern, sich durchsetzen, doch wie gegen die Reichsstände? Die gehen ihren eigenen Interessen nach, machen zu wenig Mittel locker..."

Vor Salome erschien wieder ein Diener mit einer Silberplatte, auf der sich Wachteln befanden, es folgten Fasan und Rebhuhn, das letztere als Pastete kunstvoll zu einem Vogel geformt. Die Figur war nahezu vollständig, die Mehrzahl der Gäste konnte angesichts des Überangebots nichts mehr zu sich nehmen.

Zum Abschluss des Festes bat der Hausherr seine Gäste in den Garten. Die Diener liefen eilig hin und her, bis sie allen Damen und Herren ihre Mäntel wieder gebracht hatten. Die Gastgeber schritten die Haupttreppe hinunter, dahinter Wolf Dietrich mit Salome. Sie gingen durch den Hof und vorbei an dem mit Lampen beleuchteten Brunnen zum Gartentor. Die Wege erhellten ebenso Lampen, jede von einem Diener bewacht, dass keine erlosch und nichts in Brand geriet. Pflanzen und Sträucher warfen in der Dunkelheit ihre Schatten. Salome atmete den Geruch des frischen Grüns ein, die Natur erwachte in diesen warmen Frühlingstagen. Sie blieben stehen. Um auf den Steinbänken Platz zu nehmen, war es noch zu kühl. Die ersten Böller des Feuerwerks hoben ab und zerstoben krachend in einem Wirbel von Lichtern unter dem Nachthimmel. Weitere folgten. Für Augenblicke waren in ihrem Licht die Türme des Münsters, der Turm der Pfarrkirche und die Festung Hohensalzburg zu erkennen. Auch die Gesichter der Zuschauer wurden jeweils kurz erhellt, da und dort waren „Ah!"- und „Oh!"-Rufe zu hören, zwischendurch wurde geklatscht. Salome erschreckten Feuerwerke ein wenig, und dennoch hatte sie eine fast kindliche Freude daran. Für einen Augenblick vergaß sie sogar ihr zurückhaltendes Benehmen, das sie vor Zeugen Wolf Dietrich gegenüber an den Tag legte. Sie griff nach seinem Arm und rief:

„Sieh nur, Dietrich, wie schön!" Es krachte gerade wieder ein Böller, und so hörte es niemand.

****

Am nächsten Tag erwachte Salome erst spät. Kaum war sie mit Morgentoilette und Frühstück fertig, erschien der Schneider zur Anprobe einiger neuer Kleidungsstücke. Den Dienerinnen musste sie Anweisungen für ihren Haushalt innerhalb des Hofstaates geben. Das Mittagessen nahm mehr Zeit in Anspruch, als sie erwartet hatte. Ein florentinischer Künstler, der sich gerade in Salzburg aufhielt, war zur Hoftafel geladen. Der Erzbischof und sein italienischer Sekretär unterhielten sich mit dem Gast lange in italienischer Sprache, was für die anderen Anwesenden eher langweilig war. Salome verstand manches, da die Handelsherren der Familie Alt die Sprache beherrschten, in der sie gelegentlich auch korrespondierten.

Am Nachmittag wollte sie gerade einen Brief an Felicitas beginnen, als eine Dienerin den Besuch der Frau Steinhauserin meldete. Trotz des unfreundlichen Regenwetters, das in der Nacht eingesetzt hatte, war Sabina mit ihren zwei ältesten Kindern in der Stadt unterwegs.

„Als sie hörten, dass ich die Kutsche nehmen und dich aufsuchen will, ließen sie sich nicht davon abbringen mitzukommen", lachte Sabina.

Salome hieß alle willkommen und teilte an die achtjährige Brigitta und den fünfjährigen Balthasar Süßigkeiten aus.

„Für den Riemenschneider hat sich in einem unserer Häuser eine Bleibe gefunden", erklärte Sabina ihren überraschenden Besuch. „Wir sind froh, wenn wir für Wohnung und Werkstatt ordentliche Mieter bekommen. Arbeit kann der Riemenschneider bei uns auch gleich haben – unsere Pferde benötigen neues Zaumzeug." Salome hoffte, Josepha würde am nächsten Tag kommen. Nur ungern würde sie sich selbst nochmals in das heruntergekommene Stadtviertel begeben.

Die Kinder spielten mit Begeisterung mit Salomes beiden Katzen. Brigitta kraulte die rote mit Tigermuster, die behaglich schnurrte. Balthasar warf der dreifarbig gefleckten wieder und wieder einen kleinen Ball zu, dem sie mit wilden Sprüngen nachjagte.

„Deine Katzen mögen Kinder", sagte Sabina.

„Ja", sagte Salome betont leichthin, „so kommt Leben ins Haus."

Im Münster war eine kleine Seitenkapelle für Salome als persönlicher Andachtsraum reserviert. Sie kniete sich in die Bank und betrachtete das Altarbild, das Jesus am Kreuz mit den beiden Schächern links und rechts und die Frauen darunter zeigte. Von zwei Kerzen wurde es in dem dunklen Raum erhellt. Der Kirchendiener wusste, wann sie gewöhnlich kam, und zündete die Lichter rechtzeitig an.

Sie hatte ihr Gebetbuch nicht finden können und begann mit Gebeten, die sie auswendig wusste. Mittendrin stockte sie und verlor den Faden. Ihre Gedanken schweiften ab.

Der gestrige Tag - die Familie des Riemenschneiders mit dem kleinen Kind auf dem kalten Boden, Wolf Dietrichs Bemerkung in der Kutsche. Sie wusste nur zu gut, was er gemeint hatte, ohne es auszusprechen. Sabinas Kinder, die fröhlich mit den Katzen spielten, der Brief, den sie an Felicitas und ihre Familie schreiben wollte... Ein heimlicher Kummer nagte mehr und mehr an ihr.

In wenigen Monaten wurden es vier Jahre, dass sie Wolf Dietrich ihr Versprechen gegeben hatte und zu ihm in die Residenz gezogen war. Sie dachte an die allererste Zeit zurück. Wie überglücklich war sie, mit ihm vereint zu sein! Er führte sie wie seine Ehefrau bei der Hoftafel ein, zeigte ihr selbst die Räume der Residenz, überhäufte sie mit Geschenken. Es machte ihr Freude, ihren eigenen Haushalt bei Hofe einzurichten. Wolf Dietrich nahm sich so viel Zeit für sie wie er konnte. Ein paarmal fuhren sie zu seinem Landhaus vor die Stadt hinaus und übernachteten auch dort, einen Brauch, den sie beibehielten und immer wieder sehr genossen. In diesen Stunden, die nur allzu rasch vergingen, war es Salome, als hätte sie den Edelmann geheiratet, mit dem sie sich einst heimlich verlobt hatte. Ihre Fröhlichkeit wirkte auf Wolf Dietrich ansteckend. Sie redeten und lachten miteinander, liebten sich und kehrten gestärkt in das normale Leben in der Residenz mit seinen Aufgaben und Herausforderungen zurück. Die Höflinge hatten sich Salome gegenüber respektvoll zu benehmen. Manche brachten der schönen jungen Frau mit dem gewinnenden Wesen echte Freundlichkeit entgegen und hatten Verständnis für das ungewöhnliche Paar.

Als Salome das erste Mal nach jenem denkwürdigen Auftritt in der „Alten Stadttrinkstube" die Residenz verließ, fühlte sie förmlich den Abstand, der nun zwischen ihr und den gesellschaftlichen Kreisen lag, denen sie bisher angehört hatte. Die meisten Leute, denen sie begegnete, beantworteten ihren freundlichen Gruß mit höflicher Distanz. Einige taten so, als hätten sie nichts gehört oder Salome nicht gesehen. Wenn sie bei manchen Männern augenzwinkerndes

Wohlwollen bemerkte, das dem jungen Erzbischof die Freude an seiner schönen Gefährtin vergönnte, schämte sie sich.

Vor dem strengen Gesetz der Kirche blieb ihre Verbindung ungültig und sündhaft. Würde sich das jemals ändern? Ging es eigentlich um das hohe Ideal des Priesters, der ungeteilt Gott und der Kirche diente und darum auf Frau und Kinder verzichtete, oder wurde einfach ein Opfer um des Opfers willen gefordert? Beschmutzte die irdische Liebe einer Frau einen Geistlichen? Manchmal träumte Salome von einem anderen Leben: Wolf Dietrich in der Kleidung des Edelmanns auf dem Schloss seiner Väter. Auf edlen Pferden ritten sie durch das Tor, die Diener verneigten sich vor der Herrschaft: Herr und Frau von Raitenau. Das Traumbild verblasste, und sie fand sich in der erzbischöflichen Residenz wieder.

Im letzten Winter war ihr wohlwollender Beichtvater vorübergehend erkrankt. Ohne Vorankündigung fand sie zum vereinbarten Zeitpunkt einen anderen Klosterbruder in der Sakristei der Stiftskirche von St. Peter vor. In diese Abtei zog sich Wolf Dietrich alljährlich zur Fastenzeit zu geistlichen Übungen zurück. So hielt sie den Mönch für einen treuen Diener des Erzbischofs. Der Mann musterte sie unfreundlich, bevor er sich abwandte und sie mit ihrem Bekenntnis begann. Er erklärte ihr ohne Umschweife, sie müsse den Erzbischof verlassen, wenn sie nicht weiter in Sünde leben wollte. Nur so könnte sie ihre Seele retten und den Höllenstrafen entgehen. Völlig verstört kehrte sie in die Residenz zurück, lief an sämtlichen Wachen vorbei über Treppen, Gänge und Säle bis in Wolf Dietrichs Privaträume. In Tränen aufgelöst warf sie sich ihm in die Arme.

Immer noch schämte sie sich für diesen Auftritt. Wie viele Diener mochten gelauscht haben? Der Mönch erregte so sehr Wolf Dietrichs Zorn, dass er ihn des Landes verwies. Ein einfacher Klosterbruder hatte die Lebensweise des Erzbischofs zu respektieren! Wolf Dietrich war Papst und Kirche treu ergeben, kämpfte voll Eifer für den katholischen Glauben. Im eigenen Land galt sein Wille als Gesetz, doch der

Papst hatte die Macht, ihm zu befehlen. Der bayerische Hof sorgte dafür, dass der Papst über ihr Verhältnis Bescheid wusste. Die um harmonische Nachbarschaft bemühten Vorgänger Wolf Dietrichs hatten dem Bayernherzog besser gefallen als das selbstbewusste Auftreten des jungen Fürstbischofs. Der sollte nicht zu mächtig werden, und ein dunkler Punkt in dessen Leben war dem rivalisierenden Nachbarn willkommen. Mit Erfolg trug der Bayernherzog dazu bei, dass der Papst dem Erzbischof die Kardinalswürde verwehrte. Wie tief enttäuscht Wolf Dietrich darüber war! Sie hätte gewiss nichts damit zu tun, versicherte er ihr. In einem Brief verdächtigte ihn der Heilige Vater der Vergnügungssucht und Faulheit. Sie sah Wolf Dietrich an jenem Abend den Ärger und Unmut auf den ersten Blick an. Mit Recht wehrte er sich heftig gegen diese Anschuldigungen. Er bewältigte ein beachtliches Arbeitspensum, und höfische Lustbarkeiten wie Theateraufführungen, Jagden, Wettkämpfe und Ähnliches fanden nur selten statt. So sehr er Salome leidenschaftlich liebte, so sehr widmete er sich mit vollem Einsatz seinem Land. Nur an den dunklen Wintertagen erwachte sie morgens neben ihm. Gewöhnlich schlief sie noch, wenn sich Wolf Dietrich beim ersten Tageslicht erhob.

„Schlaf nur weiter", sagte er, wenn sie es merkte, oder: „Schlaf ruhig, du hast ja Zeit."

Trotz aller Wohltätigkeit kam sie sich manchmal unnütz und faul vor. Wie viel Freude es ihr doch gemacht hatte, im Laden der Alts zu arbeiten!

Den Laden und ihr Elternhaus durfte sie nicht mehr betreten, seit sie die Gefährtin des Erzbischofs geworden war. Ihre eigene Mutter wollte von ihrer jüngsten Tochter nichts mehr wissen. Wenn sich eine Begegnung nicht vermeiden ließ, beantwortete sie abweisend Salomes Gruß. Ihre alte Kinderfrau, die ihr so gut gesinnte Liese, war gestorben. Ihr Bruder sprach bei zufälligen Begegnungen mit ihr, ihre Schwester Katharina ließ sich von Salome besuchen. Nur Sabina kam zu ihr in die Residenz und brachte gerne ihre Kinder mit. Doch die langweilten sich, sobald die Katzen nicht mehr spielen wollten.

Salome stützte den Kopf in die Hände. Auf das Gebet hatte sie längst vergessen. Einmal war jener Traum von einem anderen Leben noch weitergegangen: Sie ritt mit Wolf Dietrich durch das Tor des Schlosses, sie stiegen ab. Zwei Kinder liefen ihnen entgegen, ein Knabe und ein Mädchen, kleine Kinder. Das Mädchen stolperte, geradewegs in Salomes Arme – in diesem Augenblick erwachte sie. Es gab keine zwei Kinder, auch nicht ein Kind. So sehr sie an Wolf Dietrich hing - die Sehnsucht nach einem Kind gewann mehr und mehr Raum in ihrem Herzen.

Alle verheirateten Paare, die Salome kannte, hatten Kinder. Nur Wolf Dietrich und sie nicht. Fehlte ihrer Verbindung der dafür nötige Segen? Oder verschonte sie ein gütiges Schicksal? Würden anklagende Finger auf sie zeigen, sobald die sichtbare Frucht ihrer Liebe in der Wiege lag? Einmal endete eine kurze Zeit der frohen Erwartung mit heftigen Schmerzen und Blut. Der Arzt meinte, dass sie ohne Schaden davongekommen war und gewiss gesunde Kinder haben könnte. Wolf Dietrich versuchte sie zu trösten. Ihre Gesundheit sei wichtiger und sie solle sich nicht grämen. Doch sie hatte ihm die Enttäuschung angemerkt. Er mochte Kinder, und sie galten als Segen. Ein vorbildliches Familienleben müssten doch die Moralisten anerkennen, die auf das kirchliche Gesetz pochten.

Tränen fielen auf die hölzerne Bank unter ihren aufgestützten Armen. Die Kerzen flackerten vor dem Altarbild. Das Gesicht des Gekreuzigten war im Halbdunkel nicht zu erkennen. Gab es bei Gott eine höhere Gerechtigkeit als das Gesetz der Kirche? Der Heiland war doch Mensch geworden, würde er auch so hart urteilen? Durfte sie auf Barmherzigkeit hoffen? Sie raffte all ihren Mut zusammen und flüsterte:

„Oh Gott, Herr des Himmels und der Erde, wenn du größer bist als das Gesetz der Kirche, dann sei mir gnädig! Bitte, schenk mir ein Kind!"

Sie blickte sich ängstlich um – hatte sie jemand gehört? Doch niemand war zu sehen. Langsam erhob sie sich von den

Knien und setzte sich in die Bank. Sie zitterte und fröstelte, ihre Knie fühlten sich weich an. Sie hatte es gewagt – den großen heiligen Gott anzusprechen mit einer solch herausfordernden Bitte! Angespannt lauschte sie in die Stille des dunklen Münsters. Eine Tür hörte sie gehen, jemand kam wohl zum Gebet, oder ein Kirchendiener ging seinen Pflichten nach. Es roch nach Weihrauch und in einer Ecke raschelte es – vielleicht eine Maus. Doch nichts Ungewöhnliches geschah. Das Zittern hörte auf. Ihre Knie fühlten sich wieder normal an. Salome erhob sich und trat aus der Bank. Ein Gefühl des Friedens und der Geborgenheit überkam sie, während sie dem Ausgang zustrebte.

Durch das Hauptportal trat sie ins Freie und erblickte zu ihrer Überraschung Josepha.

„Eure Zofe sagte mir, Ihr hättet gute Nachrichten für mich, und nun bin ich schon so neugierig", sprudelte das Mädchen heraus, „und Euer Gebetbuch habt Ihr bei uns vergessen – hier ist es." Sie hielt es Salome hin.

„Oh danke, aber heute habe ich es gar nicht gebraucht", sagte sie.

****

Sie hatte es kaum glauben können, es gar nicht wahrhaben wollen. Nicht lange nach ihrem Aufschrei zu Gott in ihrer Kapelle im Münster stellten sich die ersten Anzeichen ein – sie erwartete wohl ein Kind! Freude und Angst wechselten einander ab: Würde die Hoffnung wieder ein jähes Ende finden? So lang es ging, behielt sie das Geheimnis für sich.

Eines Morgens blieb Gisela vor ihr stehen, während sie lustlos in der Suppe rührte.

„Gnädige Frau, verzeiht die Frage, aber seid Ihr krank?", fragte die Zofe.

„Nein, wie kommst du darauf?", blickte Salome von ihrem Teller auf.

„Nun, ich sehe doch, dass Ihr nicht richtig esst, und blass seht Ihr aus, und wenn Ihr am Nachmittag zu Hause seid, döst Ihr im Lehnstuhl. Sollte nicht der Arzt des gnädigsten Herrn nach Euch sehen?"

132

„Ich bin nicht krank!", fuhr Salome auf.

„Dann gibt es wohl nur einen Grund, verzeiht, da ich Euch bei allen Handreichungen helfe, fällt mir auf, dass..."

„Du hast Recht", nickte Salome, „ich hatte schon lange nicht mehr meine Tage..."

„Diesmal wird alles gutgehen, ganz gewiss." Gisela hatte erraten, warum Salome so lange geschwiegen hatte. Ihre Worte klangen wie eine Verheißung.

„Ich hoffe es so sehr", sagte Salome.

„Ihr werdet sehen, Ihr bekommt ein wunderschönes Kind. Meine Schwester ist in die Stadt gekommen, sie ist Hebamme, eine sehr erfahrene. Soll ich sie zu Euch schicken?"

„Ja, ja, natürlich." Salome sprang auf und umarmte ihre Zofe. „Ach Gisela, was würde ich nur ohne dich machen!" Eine Frau, die über Schwangerschaft und Geburt Bescheid wusste, brauchte sie nun am allermeisten.

Salome scheute sich, Wolf Dietrich die frohe Nachricht zuzuflüstern, bis ihr ein unerwarteter Umstand zu Hilfe kam. Seit Jahren bedauerte er es, dass er nicht wie in früheren Zeiten als Domherr einfach mit ihr ausreiten konnte. In diesem Sommer entschloss er sich, die nötigen Maßnahmen zu treffen und sich dieses Vergnügen zu gönnen. Er ließ den Hofstallmeister ein geeignetes edles Pferd aussuchen und wollte sie mit einem unerwarteten Ausritt überraschen.

„Ich habe schon den Auftrag gegeben, den Wald und die Wiesen hinter dem Nonntal zu sperren, damit wir dort ungestört reiten können", sagte er.

„Daraus wird nichts", erklärte Salome mit Bestimmtheit.

„Was? Weshalb?" Er war es nicht gewohnt, dass sie ihm kurz und bündig widersprach.

„Das Reiten ist nicht empfehlenswert – für Frauen in anderen Umständen."

„Ja und? Das ist mir bekannt", - gemessen an seinem scharfen Verstand begriff er nur langsam -, „du meinst...?" Er legte den Arm um sie und zog sie an sich. „Ich freue mich", sagte er leise.

****

Seit Wochen hielten Adel, Prälaten und die Vertreter der Städte und Märkte in der Stadt Salzburg ihre Sitzungen ab. Angesichts des Bedarfs an außerordentlichen finanziellen Mitteln und Truppen für die Türkenabwehr hatte der Erzbischof den Landtag einberufen. Mit Entschiedenheit pflegte er bei der Beschaffung von Geld durchzugreifen, erhob neue Steuern oder erhöhte die Abgaben. Er hatte ein so genanntes Umgeld auf Wein und Schnaps eingeführt, Bier allerdings von der Gebühr frei gehalten. Mauten und Zölle waren erhöht worden, nicht gerade zur Freude der Kaufleute und Handelsherren. Für den Türkenkrieg und den dafür nötigen Aufwand brauchte er die Zustimmung des Landtags, der sich seit nahezu zehn Jahren erstmals wieder versammelte. Dieses schwerfällige Gremium mit seinen endlosen Sitzungen tagte nunmehr in Salzburg und versuchte die Regierungsgewalt des Landesherrn einzuschränken, was Wolf Dietrich noch weniger passte als seinen Vorgängern. In der Hoffnung, die Situation würde sich dadurch etwas entspannen und in seinem Sinn weiterentwickeln, lud er die Herrschaften zu einem Bankett.

Auf Schritt und Tritt begegnete Salome in der Residenz und in der Stadt den Gästen. Diejenigen aus der Provinz, die von ihr gehört hatten, sie aber nicht kannten, musterten sie mehr oder minder auffällig oder tuschelten hinter ihrem Rücken, wenn sie sich unbeobachtet glaubten. Sie bemerkte es, auch wenn sich niemand gegenüber der Gefährtin des Erzbischofs eine offene Unhöflichkeit zuschulden kommen ließ.

„Ich soll zu diesem Staatsbankett kommen?", fragte Salome verwundert.

„Tu es um meinetwillen", bat Wolf Dietrich. „Ich weiß, ich habe jetzt sehr wenig Zeit für dich. Es wird mich freuen, dich einen Abend lang zu sehen. Du kommst in Begleitung meines Vaters, der schätzt dich sehr. Wenn du da bist, wird mir das Bankett gleich viel besser gefallen." An höfischen

Lustbarkeiten lag ihm wenig, doch dieses Bankett war nötig, um die Landstände günstig zu stimmen.

„Ich komme", versprach Salome, „und in großem Staat." Sie hatte seinen Blick verstanden. Verschwörerisch lächelte sie ihn an. Die Gefährtin des Erzbischofs würde sich vor all den offiziellen Gästen als schöne, elegante, zugleich freundliche und bescheidene Dame erweisen. Der eine oder andere der Herren würde ihn heimlich beneiden.

Salome legte ihren kostbarsten Schmuck an und ihr Haar in kunstvolle Flechten. Dank ihrer Größe und dem Faltenwurf des Kleides war von ihrer Schwangerschaft noch nichts zu sehen. Hanns Werner von Raitenau holte sie ab und führte sie zur Tafel.

„Ihr seid hier die Schönste", flüsterte er ihr zu.

Nur wenige der Herren waren in weiblicher Begleitung gekommen. Als einzige Frau gehörte die Äbtissin des Klosters am Nonnberg dem Landtag an. Die adelige Dame sah in ihrer Nonnentracht durchaus elegant aus und war gewillt, in der Politik mitzureden. Geistlich wirkte sie nicht. Seltsam, dachte Salome, dass ich vor Jahren einmal dachte, ich könnte im Kloster ganz besonders Gott dienen.

Über Politik wurde an diesem Abend nicht gesprochen. Der Bischof von Chiemsee, der dem Landtag vorstand, erzählte einige nicht besonders interessante Geschichten. Wolf Dietrich schien sich ausnahmsweise zu Geduld zu zwingen und hörte höflich zu. Schließlich lenkte er das Gespräch auf die Sternkunde, ein allgemein beliebtes Interessensgebiet. Er ließ ein kostbares goldenes Astrolabium vorführen, das sein Hofgoldschmied angefertigt hatte. Auf der Scheibe waren mehrere Kreise, mathematische Zeichen und der Tierkreis zu sehen. Wolf Dietrich erklärte, wie man mit Hilfe dieses Instruments die Sterne beobachten und astronomische Messungen durchführen konnte. Er liebte es, sich mit wissenschaftlichen Fragen zu beschäftigen und mit seinem Wissen zu glänzen. Das Astrolabium wurde von einem Gast zum andern gereicht. Es begann eine Diskussion, ob tatsächlich die Sonne der Mittelpunkt des Universums sei, wie das einige Gelehrte neuerdings behaupteten, oder doch die Erde. Einer der Prälaten führte die Heilige Schrift und die Theologie als Gegenbeweis für diese Lehrmeinung an.

Salomes Nachbar zur Linken, ein junger Landadeliger, nahm die Scheibe ungeschickt in die Hand. Sie entglitt ihm und traf einen silbernen Becher. Rotwein ergoss sich über das Tischtuch und über Salomes Kleid. Dunkle Flecken breiteten sich auf dem grünen Taft und der feinen Goldstickerei aus. Die Köpfe aller Gäste drehten sich in ihre Richtung. Der Edelmann sah aus, als wollte er am liebsten im Boden versinken. Was für eine Peinlichkeit an der Tafel des Erzbischofs und vor den Mitgliedern des Landtags!

„Verzeiht", stotterte er, „verzeiht, Donna..." Die Blicke der Gäste hefteten sich umso interessierter auf die Hauptakteure der Szene. Ein Skandal bahnte sich an! Bei Hof wurde Salome hinter ihrem Rücken „Donna", „Herrin", genannt, wenn von ihr die Rede war. Sie jedoch auf diese Weise anzureden, war unerhört. Ihr Tischnachbar begriff seinen Fehler und geriet in noch größere Verlegenheit.

„Donna Salome", ergänzte Salome mit freundlichem Lächeln. „Der Schaden ist gering, nur muss ich mich vorübergehend empfehlen." Sie stand auf. Ihr Verhalten entsprach dem Rang einer Donna, der Herrin des Hauses. Kein Gast oder Höfling würde es wagen, die Tafel des Fürsten zu verlassen, ohne um Erlaubnis zu bitten. Der Erzbischof nickte ihr anerkennend zu.

„Herr Hanns Werner von Raitenau, Ihr begleitet Donna Salome", wandte er sich an seinen Vater.

Am Arm des alten Raitenauers schritt Salome durch mehrere Säle und den großen Treppenaufgang hinunter. Sie überquerten den mit Fackeln beleuchteten Hof.

„Ihr habt klug gehandelt", sagte Hanns Werner von Raitenau. „Mein ältester Sohn hat in Euch eine gute Frau, gleich, was der Papst dazu sagt. Du bist mir als Tochter in unserer Familie sehr willkommen." Salome drückte den Arm des alten Haudegen.

„Danke", sagte sie, „und mir ist ein Vater sehr lieb."

Als sie in einem anderen Kleid zurückkehrte, war der Tisch gesäubert. Die Spielleute unterhielten die Gäste mit ihren Darbietungen. Der junge Edelmann hatte sich von seinem Schrecken erholt. Salome lächelte freundlich in die Runde. Wolf Dietrich nickte ihr zu. Der reichlich ausgeschenkte Wein tat ein Übriges, dass die gute Stimmung nicht mehr getrübt wurde.

****

Der Landtag genehmigte die Mittel für den Türkenkrieg und ging auseinander. Die Gäste verließen die Stadt Salzburg, und die Truppen begannen sich zu sammeln. Es war bereits Spätherbst, als der Abmarsch der ausgesuchten und bestens ausgerüsteten Soldaten erfolgen konnte. Im Morgengrauen nahm die unabsehbare Menge mit ihren Fahnen, Trompetern, den Reitern und dem Tross an Wagen im Nonntal Aufstellung. Unter dem Oberbefehlshaber Jakob Hannibal von Raitenau dienten seine beiden jüngeren Brüder Hans Ulrich und Hans Werner, ihr Vater würde das kaiserliche Heer befehligen. Die Truppen wurden in Pettau, an der südlichen Grenze der österreichischen Lande, erwartet. Jakob Hannibal saß hoch aufgerichtet auf seinem edlen, mit einem prächtigen Zaumzeug geschmückten Pferd. Er trug einen mit Gold verzierten Helm und Brustpanzer und einen kostbaren Mantel. Das trübe Wetter verhinderte, dass die Ausstattung gebührend zur Geltung kam.

Zahlreiche Hofbeamte und Stadtbewohner wanderten zu dieser frühen Stunde vor das Nonntaltor hinaus, um die Segnung der Truppen durch den Erzbischof mitzuerleben. Er erschien zu Pferd zusammen mit dem Domdechanten und den Domherren und erteilte nach einer kurzen Ansprache den Segen. Soldaten und Waffen empfahl er dem Schutz Gottes an. Allen Anwesenden gebot er, nicht zu vergessen, dass die Verteidigung des christlichen Abendlandes gegen die heidnischen Türken allgemeine Christenpflicht sei. Jeden Tag um die Mittagszeit, wenn in der Stadt Salzburg die Kirchenglocken läuteten, waren alle Einwohner aufgerufen niederzuknien und ein Gebet für eine glückliche Türkenabwehr zu sprechen.

Salome hatte Kunigundes Einladung angenommen, in deren Kutsche vor das Stadttor hinauszufahren. Kunigunde warf stolze Blicke in Richtung des Oberbefehlshabers, ihres Ehemannes. Als die Segnungszeremonie zu Ende war und der Abmarsch der Truppen begann, verdrückte sie sogar ein paar Tränen. Ihr Bewusstsein für Status und äußeres Ansehen gewann sogleich die Oberhand, als die Damen wieder in den Wagen gestiegen waren. Angesichts der zahlreichen Kutschen und der Menschenmenge, die sich nur langsam auflöste, verzögerte sich die Rückkehr in die Stadt.

„Da stehen sie und schwatzen – und man wird ungebührlich aufgehalten!“, sagte sie ärgerlich. Im selben Augenblick setzte sich die Kutsche mit einem heftigen Ruck in Bewegung, so dass Kunigundes Kopf gegen die Wand prallte. „Was fällt bloß dem Kutscher ein!“, schimpfte sie. „Wenn er so weitermacht, entlasse ich ihn...“ Ein tiefes Schlagloch folgte, bevor sie den Satz zu Ende gesprochen hatte. In dem Gedränge konnte der Kutscher wohl nicht rechtzeitig ausweichen. Noch einmal rumpelte es kräftig, bevor der Wagen einigermaßen ruhig weiterfuhr. Salome hatte unwillkürlich wie zum Schutz die Hand auf ihren Bauch gelegt. Die leichten Bewegungen des Kindes, die sie fühlte, erinnerten sie an einen Vogel, der mit den Flügeln schlug, als hätten es die Schläge in Aufregung versetzt. Kunigunde beobachtete, wie Salome die Hand rasch wieder wegnahm. Blitzschnell zog sie ihre Schlussfolgerungen und fragte rundheraus:

„Bist du in anderen Umständen?“

Salome nickte:

„Ja, du hast Recht.“ Ihr Geheimnis würde in Windeseile die Runde machen.

Kunigunde verzog das Gesicht. Es ging ihr nicht um moralische Entrüstung, als sie sagte:

„Nun, ein echter Raitenauer kann es jedenfalls nicht werden.“

Salome lächelte innerlich: Kunigunde war leicht zu durchschauen. Mit größter Selbstverständlichkeit hatte sie damit gerechnet, dass ihr Sohn der erste Raitenauer der nächsten Generation und somit eines Tages das Familienoberhaupt sein würde. Aber sie hatte bisher nur eine Tochter, und nun zog ihr Gatte gerade ins Feld und würde erst nach Monaten zurückkehren. Weiterer Nachwuchs war demnach nicht in Sicht. Wolf Dietrich konnte einem Sohn nicht seinen Namen geben, aber wer weiß, was die Zukunft bringen würde? Vielleicht würde tatsächlich der Zölibat aufgehoben, in der Macht des Kaisers stand es, uneheliche Kinder zu legitimieren. Nach dem Blut war Wolf Dietrichs Sohn ein Raitenauer, gleich, was er für einen Namen trug.

„Vielleicht wird es ohnehin ein Mädchen", sagte Salome. Kunigunde bemühte sich um ein Lächeln, das eher säuerlich ausfiel.

****

Unter Anleitung ihrer Schwester Sabina nähte und stickte Salome an der Säuglingsausstattung. Es erinnerte beide an ihre gemeinsame Arbeit an der Aussteuer. Der Großteil von Salomes so kunstvoll gearbeiteten Stücken war in ihrem Elternhaus verblieben. Ihre Mutter war nicht gewillt, sie herauszugeben. Die kleinen Hemdchen, Jäckchen, Häubchen, Windeln und Wickeltücher würde ihr niemand wegnehmen können. Salome stickte flink und geschickt und legte schließlich das winzige Hemd aus der Hand.

„Sabina, meinst du nicht auch, dass das allzu klein ist?", fragte sie.

Sabina lachte:

„Am Anfang werden die Sachen noch zu groß sein. Erinnere dich doch, Theobald war erst so klein." Ihr Jüngster hatte sich gerade an einem Stuhl hochgezogen und unternahm seine ersten Gehversuche. Ihre Tochter Brigitta betrachtete begeistert die Wäschestücke. Sie bettelte so lange, bis ihr Salome ein Hemdchen, auf dem die Stickerei nicht gut gelungen war, für die Puppe schenkte.

„Wirst du mit dem Kind Großmutter besuchen?", fragte Balthasar, Sabinas mittleres Kind und ältester Sohn. „Da freut sie sich gewiss und es geht ihr wieder besser." Wenn von ihrer Mutter gesprochen wurde, empfand Salome einen dumpfen Schmerz. Die alte Dame kränkelte seit längerer Zeit. An ihrer Verbitterung gegen die ungehorsame Tochter hielt sie fest.

„Vielleicht", sagte Salome, „vielleicht will sie ihr Enkelkind sehen, und ich darf sie besuchen."

Weihnachten war vorüber. In einer klaren Nacht wurde das neue Jahr gebührend mit Böllern begrüßt. Am Tag darauf stellte sich dichtes Schneetreiben mit Sturmböen ein. Salome schätzte den großen Kachelofen in ihrem Wohnsalon. Den Tisch hatte sie etwas näher zu dem gemütlichen Wärmespender rücken lassen. Der Leuchter mit den Kerzen stand so, dass ausreichend Licht auf die Tischplatte fiel.

„Schach!", sagte sie und rückte ihren Turm in eine für Wolf Dietrichs König bedrohliche Position. Seinen darauf folgenden Zug hatte sie bereits erwartet – er ging in die Falle, die sie ihm gestellt hatte. Anfangs war sie ihm im Schachspiel hoffnungslos unterlegen gewesen. Doch längst hatte sie dazugelernt. „Schach!", sagte sie nochmals. Gleich würde die Partie mit „schachmatt" für ihn enden. Da ließen aufgeregte Stimmen und eilige Schritte vor der Tür beide aufhorchen. Offensichtlich versuchte Gisela jemanden abzuwehren, der unbedingt zu dieser späten Stunde zum Erzbischof vorgelassen werden wollte. Ein leiser Aufschrei – der Mann schien sie überzeugt zu haben. Der junge Herr Hans Werner von Raitenau sei eingetroffen, meldete sie.

„Nicht möglich!", rief Wolf Dietrich. Da führte ihn eine Dienerin bereits herein. Salome hätte den jungen Mann auf den ersten Blick kaum erkannt. Schnee klebte auf seinem Mantel und dem Hut, den er in der Hand hielt, und sogar in seinen Augenbrauen. Er sah blass und völlig durchfroren aus und schien sich vor Erschöpfung nur mit Mühe auf den Beinen halten zu können.

Vor seinem Bruder verbeugte er sich, bevor er auf einen Stuhl vor dem Ofen sank. Er legte den Hut auf seine Knie, lehnte sich zurück, zog die Handschuhe aus und rieb sich die steifen Finger.

„Wo um alles in der Welt kommst du her?", fragte Wolf Dietrich. „Um diese Zeit, bei diesem Wetter! Bist du ganz allein gekommen?"

„Um meinen Begleiter kümmern sich schon die Knechte und um die Pferde auch – hier", – seine Finger waren nun soweit beweglich, dass er einen Brief unter seinem Mantel hervorholen konnte –, „von Jakob Hannibal – es sind keine guten Nachrichten. Ich bin auf dem schnellsten Weg geritten, dennoch brauchte ich fast zwei Wochen von Kroatien bis hierher – zu dieser Jahreszeit... Morgen erzähle ich alles..." Hans Werner schloss die Augen und machte den Eindruck, als würde er vor Müdigkeit auf der Stelle einschlafen.

Wolf Dietrich ließ einen der Kammerherren rufen und wies ihn an, den Gast in ein geheiztes Schlafzimmer zu führen und ihm trockene Kleidung und heiße Suppe bringen zu lassen.

Die Nachrichten in Jakob Hannibals Brief waren alarmierend. Die Salzburger Truppen lagen seit Wochen in Garnison und hatten die Türken nur bei kleinen Scharmützeln zu Gesicht bekommen. Kälte und Nässe machten den Männern zu schaffen, Krankheiten brachen aus, doch noch war die Mehrheit der Soldaten in körperlich guter Verfassung und widerstandsfähig. Der Nachschub klappte mangelhaft, so dass die Nahrungsmittel knapp wurden. Weit schlechter sah es beim kaiserlichen Heer aus. Die Waffen reichten kaum für kleine Gefechte. Die Ausrüstung war so unzureichend, dass viele Soldaten nicht einmal festes Schuhwerk besaßen. Ein Drittel der Männer war hauptsächlich Hunger und Krankheiten, weniger den feindlichen Überfällen zum Opfer gefallen. Der Gesundheitszustand von Hanns Werner von Raitenau, dem kaiserlichen Oberbefehlshaber, gab zu Sorge Anlass. Jakob Hannibal schrieb, er hielt es für das Vernünftigste, die Truppen zu entlassen, wieder heimzukehren und in diesem Sinn eine Botschaft an den Kaiser zu schicken. Er wollte offensichtlich den Feldzug abbrechen, andererseits nicht allein die Verantwortung dafür tragen.

„Solche Stümper!", brauste Wolf Dietrich auf. „Da ärgere ich mich wochenlang mit den Landständen herum, bis die endlich die Steuermittel beschließen, und nun will mein Herr Bruder nach wenigen Wochen nach Hause laufen. Dabei haben sie kaum ein paar Schüsse abgegeben!" Er knallte den Brief auf den Tisch. Einige der noch auf dem Brett stehenden Figuren des nicht zu Ende gebrachten Spiels fielen um.

„Dietrich", sagte Salome, „Jakob Hannibal ist im Feld erfahren. Ich glaube, er macht sich vor allem Sorgen um euren Vater und will nicht verantworten, dass ihm etwas zustößt."

„So einfach können sie nicht umkehren nach all dem Aufwand an Vorbereitungen! Ein teurer Feldzug ohne Ergebnis ist doch Wasser auf die Mühlen derer, die sich vor der Türkenabwehr drücken wollen. Das gilt für die Landstände hier in Salzburg und ebenso für das Reich. Es braucht nur ein tatkräftiger, kriegsbegeisterter Sultan an die Macht zu kommen, und das gesamte christliche Abendland gerät in Gefahr. Die Herren Fürsten wollen das nicht wahrhaben und tragen lieber ihre eigenen Streitereien zwischen Katholiken und Protestanten aus. Dem Kaiser und dem Reich fehlt es an einem Gesamtkonzept...", erklärte Wolf Dietrich, wieder ruhiger geworden. Vor seinem inneren Auge schien eine Idee Gestalt anzunehmen.

„Was wirst du deinem Bruder antworten?", holte ihn Salome zur unmittelbar anstehenden Frage zurück.

„Ich werde antworten, dass sie bleiben sollen, so schnell geben wir uns nicht geschlagen!", antwortete er bestimmt.

„Hans Werner sollte sich zuerst ausruhen", meinte sie, „sonst schafft er den Rückweg gar nicht."

„Ja gewiss, doch er ist jung und kräftig. Er muss mir genau die Lage und seine Eindrücke schildern. Mir ist mein Vater sehr lieb, aber ich denke an das gesamte Land und an das Reich. Er ist zäh...", beruhigte er sich selbst.

Salome erinnerte sich, was ihr der alte Raitenauer über das Leben im Feld erzählt hatte. Im Winter kam zu Krankheiten, Hunger, Ungeziefer und schlechter Ausrüstung noch die Kälte. Wenn der väterliche Freund, der sie wie eine Tochter aufgenommen hatte, doch nur wohlbehalten zurückkehrte! Wolf Dietrich hatte entschieden, dass zuerst das Land und danach seine Familie kam.

„Ich hoffe, er kommt gut zurück, dass alle gut zurückkommen", murmelte Salome.

****

Salome erwachte fröstelnd. Die winterliche Kälte war bis in ihr Schlafzimmer spürbar, obwohl sie nicht mit Heizmaterial sparen musste. Maria Lichtmess war vorüber, doch die herrschende Witterung erlaubte nicht einmal eine Ahnung von Frühling. Es war wohl noch lange nicht Morgen. Sie empfand einen ziehenden Schmerz und zuckte zusammen. Ihre Beine zitterten seltsam, anscheinend nicht wegen der Kälte. Das Kind kommt, wusste sie mit einem Mal. Seit Wochen schlief sie schlecht, konnte nicht bequem liegen, da und dort zog es in ihrem schweren Bauch. Doch nun hatte sie das Gefühl, dass eine gewaltige Kraft zu wirken begann, die sie fest in ihrem Griff halten würde, bis das Werk zu Ende gebracht war. Sie stand auf und zündete mit einiger Mühe die Lampe an. Wolf Dietrich war in dieser Nacht in seinen eigenen Räumen geblieben. Der in regelmäßigen Abständen wiederkehrende Schmerz fühlte sich erträglich an. Als der Morgen graute, fand es Salome an der Zeit, Gisela zu wecken und die Hebamme rufen zu lassen. Die brachte den Gebärstuhl, und Gisela sorgte dafür, dass in der Küche Wasser heiß gemacht wurde. Für die Ankunft des neuen Erdenbürgers war alles vorbereitet.

„Es ist alles in Ordnung, Ihr habt noch genug Kraft, es dauert nicht mehr lange", sprach die Hebamme Salome Mut zu. Die schnaufte und keuchte und meinte, der Schmerz würde sie demnächst in Stücke reißen. Sie schrie laut auf und biss sich im nächsten Augenblick auf die Lippen. Unter keinen Umständen wollte sie in der gesamten Residenz zu hören sein!

„Dem gnädigsten Herrn habe ich Bescheid sagen lassen", meldete Gisela.

„Er kommt besser erst, wenn es vorbei ist", keuchte Salome, bevor sich mit der nächsten Wehe der Schmerz nochmals steigerte.

„Pressen!", kommandierte die Hebamme energisch. „Stärker, Ihr habt noch mehr Kraft!" Der Schmerz verwandelte sich in eine enorme Anstrengung – bis in einem Augenblick der ungeheure Druck, der ihren Körper wie in einer eisernen Klammer hielt, so unvermittelt nachließ, dass Salome kaum wusste, wie ihr geschah.

„Es ist da! Ein Knabe!", rief die Hebamme, und schon hörte Salome den ersten Schrei des Neugeborenen.

„Der ist groß und kräftig und rundherum gesund", sagte die Hebamme, als sie das Kind der Mutter reichte

„Oh, er ist doch winzig", staunte Salome, „und alles ist dran, was einen Menschen ausmacht, unglaublich – ein Wunder!" Tiefe Dankbarkeit erfüllte ihr Herz, ihre Seele, ihr gesamtes Wesen. Oh Gott, was für ein Geschenk!

Mehrere Dienerinnen kamen, um beim Baden des Kindes und beim Aufräumen zu helfen. Alle durften das Neugeborene gebührend bewundern. Die Hebamme zeigte Salome, wie sie den Säugling an die Brust legen sollte. Der schnappte so fest zu, dass es fast schmerzte.

„Anscheinend ist er auch rasch von Begriff", lachte die Hebamme. Der gab Gisela ein Zeichen, worauf die Frauen das Zimmer verließen.

Salome war so versunken, dass sie Wolf Dietrich erst bemerkte, als er schon an ihrem Bett stand.

Er küsste sie auf die Stirn und strich über ihr Haar, das in den letzten Monaten noch schöner geworden war und in seiner rötlichen Fülle frisch gebürstet über ihre Schultern fiel.

„Wie eine Madonna mit Kind siehst du aus", sagte er, „noch schöner als sonst." Er setzte sich zu ihr, und sie legte ihm das Kind in den Arm:

„Dein Sohn."

Lächelnd betrachtete er den Kleinen und sagte:

„Ich möchte ihn ‚Hannibal' nennen, nach meinem Onkel, dem Feldherrn."

144

„Der Name klingt gut, ist aber nicht christlich und etwas ungewöhnlich", meinte Salome.

„Wir als Eltern sind auch ungewöhnlich - er wird es oft nicht leicht haben. Meinen Namen kann ich ihm nicht geben, so wird er Hannibal von Altenau heißen."

„Wie meinst du das?", fragte Salome verwundert.

„Ab heute nennst du dich ‚von Altenau'. Das darf ich verfügen. Reichsadel ist es natürlich nicht, aber wer weiß, was die Zukunft bringt – nach dem Blut ist er ein echter Raitenauer. Morgen werde ich ihn taufen. Ich möchte Janschitz die Freude machen, Pate zu sein."

„Das ist gut", nickte Salome. Wolf Dietrichs Kammerdiener hatte immer treu zu ihm und zu ihnen beiden gehalten. Ihm würde es eine Ehre sein, und er hatte keine Vorbehalte gegen dieses Kind.

Am nächsten Morgen erschien Janschitz, begleitet von zwei Wachen, um den warm eingepackten Säugling abzuholen. Das weiße Taufkleid legte Salome zuletzt über das kostbare Bündel. Am liebsten wäre sie mit zur Taufe gegangen. Angesichts dieses Ansinnens hatte die Hebamme entsetzt die Hände über dem Kopf zusammengeschlagen, Gisela war strikt dagegen, und Wolf Dietrich hatte es ihr schließlich ausdrücklich verboten. Wegen der eisigen Kälte in der Kirche versprach er die Zeremonie so kurz wie möglich zu halten. Tatsächlich brachte Janschitz den kleinen Hannibal sehr bald wieder zurück.

Sabina war nicht gekommen, um Salome bei der Geburt beizustehen. Ein Tag war bereits vergangen, und sie hatte sich noch nicht einmal das Kind angesehen! Wollte gar ihre Lieblingsschwester ihr zeigen, dass das Kind illegitim und nach dem kirchlichen Gesetz eine Frucht der Sünde war? Auch Katharina schickte keinen Gruß, obwohl Gisela versicherte, dass sie Salomes Schwestern benachrichtigt hatte.

Der kleine Hannibal lag friedlich schlafend in der Wiege, und sie selbst war gerade eingenickt, als Wolf Dietrich unerwartet ins Zimmer trat.

„Dietrich! Was ist geschehen?", fragte sie. Um diese Tageszeit arbeitete er normalerweise und hatte keine Zeit sie aufzusuchen. Sein Gesichtsausdruck verhieß nichts Gutes. Er setzte sich zu ihr und begann zögernd zu sprechen.

„Deine Mutter ist heute Nacht gestorben", sagte er. „Sie hat nach dir gefragt und hat dir verziehen. Darum war gestern niemand von deinen Verwandten hier, sie lag im Sterben. Die Hebamme hat strikte Anweisung gegeben, es dir nicht früher zu sagen."

Salome schlug die Hände vors Gesicht und begann zu schluchzen:

„Hätte ich sie bloß noch sehen und mit ihr sprechen können!"

„Doch es ist ein Trost, dass sie über dich und uns ihren Frieden gefunden hat", sagte er beruhigend. „Deinem Bruder soll sie das Gleiche auf dem Sterbebett gleichsam befohlen haben."

Das war charakteristisch für ihre Mutter – in Fragen der Religion und der Moral vertrat sie bis zuletzt energisch ihre Meinung. Wenn sie diese änderte, hatten alle anderen mitzuziehen. Sie war schon längere Zeit krank gewesen, ihr Tod kam nicht völlig unerwartet.

„Warum habt ihr mir verschwiegen, dass sie im Sterben liegt? Meine Verwandten, Gisela und an allererster Stelle du!", rief Salome aufgebracht.

Er legte die Hand auf ihren Arm und sagte:

„Salome, Liebes, bitte, beruhige dich. Es wäre zu viel für dich gewesen. Gestern Nacht lagst du in den Wehen. Die Hebamme sagte, die Milch könnte wegbleiben, wenn du dich zu sehr aufregst oder erschreckst." Der kleine Hannibal fing wie zur Bestätigung zu weinen an. Sein Vater nahm ihn aus der Wiege und hielt ihr das Kind hin. Sie nahm den Kleinen und drückte ihn an sich.

„Du bist jetzt selbst Mutter", sagte er. „Das Kind ist wichtiger. Und du willst doch nicht mit der Ammenwirtschaft mancher vornehmen Damen anfangen!" Sie musste wider Willen unter Tränen lächeln. Vor kurzem hatten sie sich erst gemeinsam über diese unvernünftige Unsitte belustigt und

dem großen Gelehrten Erasmus von Rotterdam zugestimmt, dass Mütter ihre Säuglinge selbst stillen sollten und
die Muttermilch keinesfalls schädlich für die eigenen Kinder
sein könnte.

„Wie gern hätte ich ihr noch ihren Enkel gezeigt!“, sagte
Salome. Bei aller Trauer war sie dankbar: Ihre Mutter hatte
ihr verziehen und Frieden gefunden.

****

In der Stiftskirche von St. Peter saß Salome in einer der
vordersten Bänke auf einem Ehrenplatz neben Kunigunde,
auf der anderen Seite bei den Männern hatten Wolf Dietrichs
Brüder Platz genommen. Ein dicker Kloß steckte in ihrem
Hals. Im Mittelgang, nahe dem Altar, stand der Sarg,
geschmückt mit den militärischen Insignien des kaiserlichen Oberbefehlshabers. Hanns Werner von Raitenau war
aus dem Feldzug nicht lebend heimgekehrt.

Gegen Ende des Winters kam der junge Hans Werner von
Raitenau neuerlich mit schlechten Nachrichten über die
Verfassung seines Vaters und die der Soldaten aus dem Feld
nach Salzburg zurück. Ein günstiger Zeitpunkt für den
Abzug der Truppen war jedoch verpasst, denn im beginnenden Frühjahr verwandelten sich die Straßen in Morast und
Schlamm. Nach Ostern brachte ein Bote die traurige Nachricht, dass Hanns Werner von Raitenau im Feld an Krankheit und Erschöpfung gestorben war. Von seinen Soldaten
blieb nur ein kleiner Rest, die meisten hatten den Winter im
Feldlager nicht lebend überstanden. Der Mann, der Salome
entgegen dem Gesetz der Kirche einen Platz in seiner Familie gegeben hatte, war tot.

Jakob Hannibal und Hans Ulrich von Raitenau kehrten
nach einigen Wochen mit dem Sarg des Vaters heim. Der
Erzbischof richtete ein prunkvolles Leichenbegängnis aus,
über das sich sein zeitlebens bescheidener Vater verwundert
hätte. Ein gewaltiger Trauerkondukt, Soldaten, Handwerks-
zechen, vornehme Bürger, Adelige und die gesamte Geistlichkeit zogen quer durch die Stadt, begleitet von Tromm-
lern und Trompetern. Wolf Dietrich zelebrierte mit mehre-

ren Priestern und zahlreichen Messdienern die feierliche Totenmesse. Seine Tränen hatte außer Salome niemand gesehen.

Als die Salzburger Truppen heimkehrten, wurden sie von der ganzen Stadt mit großen Ehren empfangen und wie Sieger beschenkt. Für einen ergebnislosen Feldzug hatte der Fürstbischof eine Menge Geld ausgegeben. Wochenlang hatte er zuvor mühsam mit den Landständen verhandelt, um es zu beschaffen. Soldaten waren sinnlos gestorben. Dennoch hielt Wolf Dietrich eine feierliche Ansprache und lobte die Heimgekehrten.

Es war ein so freundlicher, frühsommerlicher Tag, dass Salome sich zusammen mit Gisela und mit Hannibal auf dem Arm auf den Marktplatz begab, um die Ehrung der Helden mitzuerleben. Als von der Festung die erste Salve abgeschossen wurde, begann der Kleine lauthals zu brüllen, übertönt vom Kanonendonner. Anscheinend tat ihm der Krach in den Ohren weh. Die nächste Salve folgte, und er schrie noch lauter. Salome und Gisela verließen fluchtartig den Platz.

„Aus dir wird vielleicht doch kein Feldherr, wie es dein Vater am liebsten hätte", meinte Salome, worauf ihr Gisela lachend zustimmte.

******

Mit Rücksicht auf den Tod seiner Mutter wenige Monate zuvor gab Samuel Alt ein bescheidenes Fest. In Augsburg hatte er die Tochter eines angesehenen Bürgers geheiratet. Nun führte er sie in die Salzburger Gesellschaft ein.

Salome hatte Kleidung und Schmuck sorgfältig ausgewählt. Wo immer sie in der Öffentlichkeit erschien, wurde sie genau beobachtet. Legte sie zu feine Kleidung und zu kostbare Juwelen an, wurde gemunkelt, dass der Erzbischof wohl eine Menge Geld für sie ausgeben würde. Fiel ihre Aufmachung zu bescheiden aus, schüttelte man den Kopf über die unstandesgemäße äußere Erscheinung der Frau von Altenau, der fürstlichen Mätresse.

Salomes Schwägerin Henrietta zählte achtzehn Jahre, auffallend war der Gegensatz zwischen ihrer hellen Haut und dem schwarzen Haar. Sie stammte aus der bedeutenden freien Reichsstadt Augsburg, plauderte lebhaft und bewegte sich sicher zwischen den vielen, ihr unbekannten Menschen. Ihre Aussprache ließ erkennen, dass sie keine Einheimische war. Mit Salome unterhielt sie sich unbefangen und versprach, deren Einladung zu einem Besuch bald nachzukommen. Die vornehmen Familien würden Henrietta Alt aufmerksam beobachten, bis sie die Fremde als eine der Ihren ansehen würden.

Salome kam hungrig zur Festtafel. Doch als der erste Gang aufgetragen wurde und ihr der Duft aus der Suppenschale in die Nase stieg, verging ihr der Appetit. Fast wurde ihr übel, und sie musste sich zum Essen zwingen. Diese Anwandlungen gingen seit einigen Tagen so, und es gab dafür wohl nur einen halbwegs plausiblen Grund.

Die Hebamme stellte einige Fragen und bestätigte Salomes Verdacht: Sie war wieder schwanger! Die letzte Gewissheit würden erst die fühlbaren Kindsbewegungen bringen, aber für sie gab es keinen Zweifel. Sie konnte es kaum glauben! Nach der langen Wartezeit war sie für den kleinen Hannibal zutiefst dankbar und hätte sich mit einem Kind zufrieden gegeben, gar nicht daran gedacht und nicht damit gerechnet, dass weitere folgen könnten.

Wolf Dietrich nahm die Nachricht, dass er wieder Vater werden sollte, ohne große Verwunderung auf.

„Unser Hannibal bekommt Gesellschaft – das ist doch schön", meinte er, als wäre es das Natürlichste von der Welt. „Ich habe mir immer eine große Familie gewünscht."

****

Kurz vor seinem ersten Geburtstag versuchte der kleine Hannibal erstmals den Wohnsalon auf seinen eigenen Beinchen zu durchqueren. Knapp vor dem rettenden Lehnstuhl, den er als Ziel angepeilt hatte, stolperte er und landete unsanft auf dem Teppich. Mehr mit ärgerlichem Protest als

Wehgeschrei rappelte er sich wieder hoch und erreichte seine Mutter, die ihm die Arme entgegenstreckte.

„Fast geschafft", lachte sie, „du musst weiterüben."

„Der Kleine ist tüchtig", sagte Gisela. „Schade, dass ihn der gnädigste Herr so selten sieht."

Als Salomes Vertraute durfte sie sich die angedeutete Kritik erlauben. Tatsächlich sah Wolf Dietrich seinen Sohn hauptsächlich schlafend.

Den Fürstbischof nahmen die Regierungsgeschäfte mehr denn je in Anspruch. Er arbeitete eine Schulordnung aus. Selbst hatte er nie eine öffentliche Schule besucht und auch für seine eigenen Kinder kamen nur Privatlehrer als standesgemäße Erzieher in Frage. Mit scheelen Blicken beobachteten die Hofbeamten und Diener, dass Salome mehrere Male an seinem Schreibtisch Platz nahm. Sie erzählte gern von ihrer gemeinsamen Schulzeit mit Felicitas und erinnerte sich an so manche Missstände. Die gemeinsamen Arbeitsstunden waren rasch vorüber und das neue Regelwerk fertig gestellt. Die Lehrer sollten ein gutes Vorbild abgeben und die Schüler nicht ungerecht und grob strafen. Auf einen ordentlichen Unterricht wurde geachtet und auf nahrhaftes Essen in der Mittagspause. Die Lehrer waren dazu angehalten und dafür zuständig, während langer Gottesdienste bei großer Kälte die Kinder zur Erwärmung zwischendurch in die Schule zu führen.

Wolf Dietrich arbeitete ein Konzept für den Türkenkrieg aus, das das gesamte Heilige Römische Reich betraf, und schickte es an den Kaiser. Darin forderte er die Einberufung eines Reichstags. Was Salome geahnt und befürchtet hatte, traf ein: Der Reichstag wurde nach Regensburg einberufen und sollte ungefähr zur Zeit ihrer Niederkunft eröffnet werden. Wenn das Kind zur Welt kam, würde Wolf Dietrich längst abgereist sein und erst nach Monaten zurückkehren.

Samt seinem stattlichen Gefolge nahm der Erzbischof den Wasserweg nach Regensburg. Hektische Aktivität breitete sich aus, als das umfangreiche Gepäck auf die Schiffe verladen wurde. Der Salzburger Landesherr würde der ranghöchste Teilnehmer aus dem bayerischen Kreis sein und musste dementsprechend repräsentativ auftreten. Vieles war vor der Abreise zu erledigen.

Salome bekam Wolf Dietrich in den letzten Tagen vor der Abfahrt nur wenig zu sehen. Beim Abschied versuchte sie so tapfer wie möglich zu sein. Der kleine Hannibal lachte seinen Vater fröhlich an, als der ihn auf den Arm nahm und küsste. Als sie vor der Schranktür standen und er den Kleinen an die Mutter zurückgab, verzog der weinerlich das Gesicht, als hätte er verstanden, worum es ging. Bei einer letzten Umarmung sagte Salome nichts mehr. Sie wollte nicht weinen.

Mit Hannibal auf dem Arm ging sie zu einem der Fenster, die zum Marktplatz schauten, und beobachtete den feierlichen Auszug. In ihrem hochschwangeren Zustand konnte sie sich weder im Hof noch am Kai, wo eine große Menge Schaulustiger wartete, sehen lassen. Diener, Lakaien und Höflinge, gefolgt von den hochrangigsten Begleitern des Landesherrn, verließen den Hof. Wolf Dietrich trug den Purpur des päpstlichen Legaten und bestieg sein Pferd. Für einen Augenblick wandte er den Blick in die Richtung von Salomes Wohntrakt. Er hob kurz die Hand zu einem letzten Abschiedsgruß, bevor er davonsprengte. Die Trompeter gaben mehrere Fanfaren ab, Kanonendonner hallte von der Festung. Der Erzbischof war somit auf dem Schiff eingetroffen. Die Boote wurden gelöst, und der Zug begab sich die Salzach hinunter in Richtung Bayern.

****

Ein prächtiges Morgenrot kündigte gerade einen herrlichen Frühlingstag an, als Salomes Tochter Anfang Mai geboren wurde. Es ging leichter und schneller als beim ersten Kind. Die Hebamme legte ihr den gebadeten und angezogenen Säugling in den Arm.

„Wenn es mit allen Frauen und ihren Neugeborenen so gut ginge wie mit Euch, wäre meine Arbeit die reine Freude", meinte sie.

Zutiefst dankbar betrachtete Salome das Kind. Das dichte schwarze Haar würde es wohl wieder verlieren, doch vor allem die charakteristische Augenpartie ließ bereits jetzt keinen Zweifel: Das Mädchen würde seinem Vater gleichen, während Hannibal eher an Salome und ihre Familie erinnerte. Johann Anton von Thun taufte die Kleine am nächsten Tag auf den Namen Helena, nach Wolf Dietrichs Mutter. Sabina war die Patin. Salome schrieb einige Zeilen und schickte einen berittenen Boten nach Regensburg. In einem plötzlichen Einfall schnitt sie der kleinen Helena zwei der schwarzen Haarlocken ab und legte sie in das eng gefaltete Blatt.

Der Bote überstand die Reise bei günstiger Witterung ohne Zwischenfälle und kehrte überraschend bald mit einem auffallend dicken Brief zurück. Wolf Dietrich hatte nur wenige Zeilen geschrieben, zu mehr hatte die Zeit nicht gereicht. Es kam ein goldenes Kettchen mit einem Kreuz und einem zweiten Anhänger mit einem Schutzengelmotiv zum Vorschein, das er selbst geweiht hatte. Es war nicht in eine Schachtel gepackt, um nicht – sollte der Bote überfallen werden – die Aufmerksamkeit der Wegelagerer auf sich zu ziehen. Salome lächelte. Offensichtlich war ihm das kleine Geschenk für seine Tochter sehr wichtig, von dem die noch nichts verstand.

Der Reichstag wurde zum Höhepunkt von Wolf Dietrichs nunmehr siebenjähriger Regierungszeit. In der wichtigsten Frage, der Türkenabwehr, vertrat er nicht nur die Linie Kaiser Rudolfs und sprach sich für großzügige Hilfe aus, sondern wurde, da er das Konzept ausgearbeitet hatte, zu dessen Wortführer. Der Bayernherzog war nicht selbst erschienen, sondern ließ sich durch den Kronprinzen vertreten. Angesichts der ständigen Rivalität mit Bayern und der Streitereien um das Salz verschaffte es Wolf Dietrich Genugtuung, somit unwidersprochen der Vorsitzende des bayerischen Kreises zu sein. Gegenüber den protestantischen Reichsständen kam ihm zugute, dass er mehr weltmännisch als klerikal wirkte, denn von einem Vertreter des Papstes ließen sie sich nicht so leicht etwas sagen.

Die alte Reichsstadt Regensburg mit dem mächtigen Dom, dem prächtigen Reichssaal im Rathaus und den vornehmen Gebäuden beeindruckte Wolf Dietrich, obwohl das moderne Rom weit mehr seinem Geschmack entsprach als eine alte deutsche Stadt. Die Anwesenheit der zahlreichen Fürstlichkeiten mit ihren Gefolgsleuten verlieh ihr Glanz, sie war mit Fremden förmlich übervölkert. Die Einheimischen machten gute Geschäfte. Wolf Dietrich gab sich als mit Geschenken und der Veranstaltung von Festen großzügiger Herr und kaufte prächtiges silbernes Tafelgeschirr für die Residenz. Er schrieb, man würde es nicht für die alltägliche Hoftafel verwenden, dafür wäre es zu erlesen und teuer, sondern nur zu besonderen Anlässen, falls etwa vornehme Gäste anwesend wären. Er hatte seine Freude an Kostbarkeiten, mit denen er sich gerne umgab und gleichzeitig das Ansehen des Landes hob.

****

An einem heißen Augusttag traf ein Bote ein, der die Ankunft des Erzbischofs samt seinem Gefolge für die Mittagszeit des nächsten Tages ankündigte. Salome verbrachte den Nachmittag mit den Kindern bei Sabina im Garten. Als sie gegen Abend im Hof der Residenz aus der Kutsche stieg, schien sich der wenige Stunden zuvor verschlafen wirkende Gebäudekomplex in ein Bienenhaus verwandelt zu haben. Es wurde gefegt und geputzt, Knechte schleppten Säcke und Fässer mit Lebensmitteln in Richtung Küche. Zwei Kammerherren kommentierten mit wenig feinen Worten ihren Versuch, ein Banner mit einem Willkommensgruß über dem Eingang zur Haupttreppe zu befestigen. Die Stoffbahn hing so kläglich durch, dass sie sehr unfeierlich aussah und überdies der Schriftzug kaum zu lesen war. Salome musste fast lachen. Gleichzeitig machte ihr Herz einen Sprung: Wolf Dietrich kam endlich nach Hause! Sie würde sich allerdings gedulden müssen, bis sie ihn in die Arme schließen konnte. Am Tag der Ankunft würde auf den feierlichen

Empfang ein ebensolches Hochamt und in der Residenz eine große Tafel folgen.

Es war schon dunkel, und die Kinder schliefen bereits, als Salome die Dienstboten für diesen Tag entließ. Die Hitze hatte nachgelassen. Ein wenig plagte sie das schlechte Gewissen, dass sie die Mägde so viele Eimer Wasser hatte schleppen lassen, damit nun in ihrem Ankleidezimmer der Badezuber bereitstand. Gisela war noch geblieben und wollte eben eines der Fenster zum Hof schließen, als vom Tor her ein kurzer, heftiger Wortwechsel zu hören war.

„Das klingt doch wie…", sagte sie, worauf Salome auch ans Fenster trat.

Im schwachen Schein des wenigen Lichts, das von den Fenstern in den Hof fiel, sah sie zwei Reiter durch das Tor sprengen. Offensichtlich hatten die Wachen sie nach anfänglichem Widerstand durchgelassen. In der Dunkelheit nahmen sich die beiden wie Schatten aus. Der eine der beiden Reiter stieg ab. Sie beobachtete, wie der andere näherkam und sich aus dem Sattel schwang. Mit einer Handbewegung bedeutete er anscheinend seinem Begleiter, sein Pferd zu versorgen. Da bestand für Salome kein Zweifel mehr: Es war Wolf Dietrich, der nun rasch auf den Eingang zu ihrem Wohntrakt zuging. So bewegte er sich, wenn er normale Kleidung und kein geistliches Gewand trug, das die Bewegungsfreiheit einschränkte. Sein Begleiter, höchstwahrscheinlich Janschitz, kümmerte sich um die Pferde.

„Du kannst für heute gehen, Gisela, gute Nacht", sagte Salome und eilte davon. Sie würde dem endlich Heimgekehrten selbst öffnen.

Wolf Dietrich blieb keine Zeit, sich darüber zu wundern, dass Salome selbst an die Tür gekommen war. Sie fiel ihm um den Hals und konnte es gar nicht fassen, dass er schon hier war.

„Selbstverständlich findet morgen der feierliche Einzug statt", beantwortete er ihre erstaunte Frage. „Der ganze Zug hat nicht weit von der Stadt entfernt Quartier genommen. Ich mache mit Janschitz zusammen nur einen kleinen Ausflug. Der scharfe Ritt war eine angenehme Abwechslung nach der Schifffahrt. Morgen früh sind wir wieder zurück. Ich konnte es nicht mehr erwarten dich wiederzusehen. Wo sind die Kinder?"

„Die schlafen um diese Zeit", lachte sie. „Komm, sieh sie dir an."

Hand in Hand betraten sie leise Hannibals Zimmer. Der Kleine hatte im Schlaf den Daumen in den Mund gesteckt und sah engelsgleich aus, soweit das in der Dunkelheit zu erkennen war. Die Kinderfrau, die im selben Raum schlief, bemerkte nichts von dem Besuch.

In Salomes Schlafzimmer standen sie an Helenas Wiege. Salome hielt die Lampe hoch, damit er das kleine Gesicht betrachten konnte.

„Sie ist schon ordentlich gewachsen, schade, dass du ihre ersten Monate versäumt hast."

Er streichelte vorsichtig Helenas Haare und ihr Gesicht.

„Sie ist allerliebst", sagte er, „ein großes Geschenk."

„Ich habe", sagte Salome, „um ein Kind gebetet und nun sind es zwei – zwei Geschenke, die wir mit nichts verdient haben."

„Es gibt bei Gott viele Geheimnisse, die wir nicht ergründen können", sagte er. „Du und die Kinder, ihr seid ein großes Geschenk, dank euch bin ich hier zu Hause und nicht nur der mächtige Herr."

Sie umarmten und küssten sich. Wolf Dietrichs Kleidung sah staubig und er selbst nach dem heißen Sommertag verschwitzt aus. Im Nebenzimmer wartete einladend der Badezuber.

„Was hältst du von einem Bad?", fragte sie. „Es steht bereit."

Wenig später saßen sie beide lachend und scherzend im Wasser. Die Dienstboten schliefen fest, so dass sie niemand hörte. Wolf Dietrich schaffte es ausnahmsweise, ohne Hilfe seines Kammerdieners in seinem Ankleidezimmer ein Hemd zu finden. Als Salome ins Schlafzimmer kam, war er bereits im Bett. Auf ihrem Kopfkissen lagen drei goldene Rosen, eine mit Rubinen, eine mit Diamanten besetzte und eine aus schlichtem Gold. Er musste sie unter seinem Wams getragen haben, da er ohne Gepäcksstück gekommen war. Sie nahm eine nach der anderen in die Hand und betrachtete die erlesenen, fein gearbeiteten künstlichen Blumen. Die Edelsteine funkelten im schwachen Licht der Lampe.

„Die sind doch viel zu kostbar", sagte sie.

„Lange nicht so wertvoll wie du, mein Liebes", sagte er und zog sie an sich. „Lass uns die Zeit auskosten, bevor ich wieder aufbrechen muss."

„Damit sich der feierliche Einzug nicht verzögert", lächelte sie.

6 - Der Brand

Die Nacht vom 11. auf den 12. Dezember 1598 würde keiner der damals lebenden Salzburger vergessen. Auch die Kinder und Enkelkinder, denen das Datum eingeprägt wurde, behielten es im Gedächtnis.

Zusammen mit der Kinderfrau hatte Salome die Kinder zu Bett gebracht. Der nunmehr fünfjährige Hannibal, die vierjährige Helena, die dreijährige Euphemia und die zweijährige Maria Salome sorgten für Leben im Haus. Salome fand es selbst nahezu unglaublich, dass sie bereits vier Kinder hatte. Alle waren gesund – ein überwältigend großes Geschenk! Und nun kündigte sich wieder Nachwuchs an.

Sie nahm ihr Gebetbuch und ging in das Münster, um ihre abendliche Andacht zu halten. Der leichte Schneefall hatte aufgehört, und der Blick auf den nächtlichen Sternenhimmel war frei. Salome empfand es als nicht allzu kalt und windstill, als sie wieder aus der Kirche trat. Im Hof fuhr gerade die erzbischöfliche Kutsche vor. Zwei ihrer Dienerinnen verstauten ein paar Sachen, die sie auf den Landsitz außerhalb der Stadt mitnehmen wollte.

Wolf Dietrich erschien sichtlich gut gelaunt. Sie stiegen ein, und ein Lakai schloss den Wagenschlag. Einige Dienstboten hatten sie vorausgeschickt, um im Landhaus einzuheizen und ein Essen vorzubereiten. Im Übrigen wollten sie allein und ungestört sein. Mit den Ergebnissen der letzten Tage konnte Wolf Dietrich zufrieden sein. Die Folgen des Hochwassers, das die Stadt Salzburg im vergangenen Sommer heimgesucht hatte, waren soweit beseitigt. Die Salzach hatte es weiter nach Bayern getragen, was die Salzburger und Bayern in diesem gemeinsamen Schicksal zusammenrücken ließ. Die ständige Rivalität machte eine Pause. Natürlich würde dieser Zustand nicht lange anhalten, vor allem, da nun der Kronprinz Maximilian als Mitregent eingesetzt war. Den verband mit Wolf Dietrich eine tiefe gegenseitige Abneigung. Fürs Erste war Maximilian damit beschäftigt, die Staatsfinanzen einigermaßen in den Griff zu bekommen, die sein frommer, aber recht sorgloser Vater in einen katastrophalen Zustand gebracht hatte. Der Bischof von Chiemsee hatte sich in einem Streit mit seinem Vorgesetzten, dem Salzburger Erzbischof, an den Bayernherzog um Hilfe gewandt, jedoch vergeblich. Jakob Hannibal hatte mit seinem Versuch, den Stammbesitz der Raitenauer, an dem Wolf Dietrich sehr viel lag, zu verkaufen, nichts erreicht und diese Idee wieder aufgegeben.

Salome und Wolf Dietrich wickelten sich in Decken und rückten eng zusammen. Sie brauchten nicht lange zu frieren. Am Bürgerspital vorbei führte der Weg zum westlichen Stadttor hinaus. Gegenüber des davor an der Salzach gelegenen Dörfchens lag der Hügel, auf dem sich der Landsitz befand. Sie zweigten nach links ab und erreichten die Auffahrt. Das Tor stand bereits offen, und zwei Diener empfingen sie mit Lampen.

Salome liebte diese seltenen Ausflüge. Diese Zeit gehörte allein ihr und Wolf Dietrich. Regierungsgeschäfte und Kirche, der Hof und auch die Kinder blieben in der Stadt zurück. Alle trüben Gedanken, die ihr in dunklen Momenten zu schaffen machten, rückten in weite Ferne. Wolf Dietrich trug weltliche Kleidung wie in früheren Zeiten als Domherr, die Residenz schien weit weg und das Leben einfach zu sein.

Nach dem Essen entließen sie die Dienstboten und setzten sich an den Kamin. In dem bequemen Stuhl überkam Salome die bleierne Müdigkeit, die sie während der Schwangerschaften häufig plagte. Die Augen fielen ihr zu. Sie fühlte Wolf Dietrichs Hand auf ihrem Knie.

„Willst du schon schlafen oder geht es dir nicht gut, Liebes?", fragte er.

Salome gab sich Mühe, die Augen offen zu halten.

„Mit geht es gut – ich bin noch ganz munter", sagte sie.

„So siehst du aber nicht aus." Sein fröhliches Lachen ging jäh in ein unwilliges „Was soll das?" über, als es an der Tür klopfte und ein Lakai eintrat, ohne die Aufforderung dazu abzuwarten. „Ich bin für niemanden zu sprechen", sagte der Erzbischof verärgert.

Der Diener verneigte sich und stotterte:

„Bitte vielmals um Verzeihung, gnädigster Herr, die Herren Ratsbürger Unterholzer und Alt sind hier, mit einer furchtbaren Nachricht..."

Salome konnte es nicht glauben: Was wollte ausgerechnet ihr Bruder hier zu dieser späten Stunde? Der Diener sah blass und wahrhaft erschrocken aus.

„Lass sie also eintreten", befahl Wolf Dietrich.

Samuel Alt und Xaver Unterholzer wirkten erhitzt, offensichtlich waren sie trotz der Dunkelheit in aller Eile von der Stadt hierher geritten. Samuel Alt schien die Anwesenheit seiner Schwester kaum wahrzunehmen. Er verneigte sich vor dem Erzbischof, wartete die Aufforderung zu sprechen nicht ab und sagte aufgeregt:

„Gnädigster Herr, das Münster brennt!"

Salome sprang aus ihrem Stuhl hoch und presste die Hand auf den Mund. Wie konnte das geschehen?

„Das Feuer wurde erst spät entdeckt. Menschenketten geben vom Fluss und von den Brunnen bis zum Münster Wassereimer weiter, um es einzudämmen", berichtete Xaver Unterholzer, ein Vetter von Salome. „Andere versuchten Altäre und Reliquien vor den Flammen in Sicherheit zu bringen, die wüten mit großer Kraft."

„Die Leute sollen besser die Portale des Münsters schließen und nicht ihr Leben in Gefahr bringen!", rief Wolf Dietrich. „Die Residenz muss sicherheitshalber geräumt werden.
Herr Alt, Ihr bleibt hier und leiht mir Euer Pferd! Herr
Unterholzer, Ihr begleitet mich!"

„Die Kinder!", schrie Salome auf. „Ich muss zu ihnen!"

„Du bleibst hier", ordnete Wolf Dietrich an, „und bringst
dich nicht in Gefahr." Im Gegensatz zu den herrischen Worten strich er ihr sanft über die Wange. Schon eilte er gefolgt
von Xaver Unterholzer aus dem Zimmer. Salome lief zur
Tür. Diener brachten dem Erzbischof Stiefel, Mantel und
Hut.

„Seid vorsichtig!", rief sie noch, als die Schritte der Männer bereits im Treppenhaus hallten. Gespenstisch tanzte das
Licht der Fackel im Dunkel, mit der sie ein Diener zum Tor
begleitete.

Salome trat mit ihrem Bruder auf den Balkon des Wohnsalons und sah zur Stadt hinüber. Eine dichte Rauchwolke
verdunkelte den sternklaren Nachthimmel. Flammen schlugen aus den zerborstenen Fenstern des Münsters und züngelten am Dach hoch.

„Das Bleidach schmilzt in der Hitze, und das Gewölbe
wird einstürzen", sagte Samuel.

Salome meinte den Geruch nach Rauch wahrzunehmen,
als die Flammen hoch emporschossen. Die noch dunkler und
größer werdende Rauchwolke stieg steil nach oben.

„Oh Gott!" Salome konnte es nicht fassen. Das altehrwürdige, mächtige Münster brannte! „Wenn das Feuer auf die
Residenz übergreift! Wenn die Kinder in Gefahr sind!"

„Es ist windstill", sagte ihr Bruder. „Die Mauern des
Münsters sind dick und stark, die Dächer der Gebäude nass
vom Schnee. Vielleicht ist es gar nicht nötig, die Residenz zu
räumen, und die Kinder verschlafen das Feuer. "

Salome fühlte die winterliche Kälte nicht, während sie
ohne Mantel auf dem Balkon stand. Sie sorgte sich um ihre
Kinder und um Wolf Dietrich. Den Weg in die Stadt legte
er trotz Dunkelheit und Schnee gewiss in halsbrecherischem
Tempo zurück. Beim Anblick des brennenden Münsters rie-

selten ihr Schauer über den Rücken. Seit Jahrhunderten überragte es als scheinbar unerschütterliches Wahrzeichen die Stadt Salzburg. Wer sich deren Toren näherte, sah es von weitem: ein Bollwerk des katholischen Glaubens, das allen Stürmen des Lebens zu trotzen schien, ein sichtbares Zeichen der Macht der Kirche und der Heiligkeit Gottes. Samuel berührte ihren Arm.

„Komm zurück ins Haus", sagte er, „du erkältest dich. In früheren Zeiten hat es schon im Dom gebrannt, und er hat das alles überstanden. Und auch deiner Familie wird nichts zustoßen."

Sie sah ihn überrascht an, doch in der Dunkelheit konnte sie seinen Gesichtsausdruck nicht erkennen. Ihr Bruder hatte Wolf Dietrich und die Kinder „ihre Familie" genannt! Seine Frau Henrietta besuchte sie gelegentlich mit den beiden kleinen Kindern. Er ließ sie gewähren und hielt selbst Abstand zu seiner jüngsten Schwester, auch nachdem ihr seine Mutter kurz vor ihrem Tod verziehen hatte.

„Ja, du hast Recht", sagte Salome und ließ sich willig zurück in den Wohnsalon führen. Sie zitterte vor Kälte. Samuel wickelte sie in eine Decke, und die beiden ließen sich vor dem Kamin nieder. Irgendwann schlief Salome ein. Als sie erwachte, graute bereits der Morgen. Im Zimmer war es immer noch warm. Samuel hatte dafür gesorgt, dass das Feuer nicht ausging.

„Gnädige Frau", sagte eine vertraute Stimme. Janschitz stand vor ihr. „Der gnädigste Herr schickt mich, Euch abzuholen. Euren Kindern geht es gut, niemand ist zu Schaden gekommen, doch der Dom ist schwer getroffen."

****

Das Frühjahr setzte mit schweren Regengüssen ein. Salome schloss rasch die Tür des renovierten Münsters hinter sich. Im Inneren roch es weniger nach Kerzen und Weihrauch wie früher, sondern mehr nach frischem Mauerwerk und frischer Farbe. Die alten Malereien an den Wänden waren den Flammen zum Opfer gefallen, ebenso das Chorgestühl und die Sitzbänke. Die Orgel und die Altäre, die die beherzten Bürger gerettet hatten, standen wieder an den vertrauten Plätzen. Der Raum wirkte hell durch den neuen Anstrich, der noch nicht rußgeschwärzt war, und die neuen Fenster, die mehr Licht durchließen. Auch das Bild mit der Kreuzigungsgruppe in Salomes Kapelle war gerettet worden und hing wieder an seinem Platz. Salome kniete sich in die Bank, die nach frischem Holz roch. Das Silber der neuen Kerzenleuchter blitzte, das bunte Glas des Fensters war blank geputzt. Das Bild mit Jesus in der Mitte war unverändert. Deutlicher als früher war das Gesicht des Gekreuzigten zu erkennen, geprägt von Schmerz und Ergebenheit. Bei genauem Hinsehen waren auf den Körpern der Schächer links und rechts Spuren von Rauch und Ruß zu sehen, den Körper des Heilands hatten die Auswirkungen des Feuers verschont. Er war schon geschunden genug durch die Schuld der Menschen, dachte Salome. Von der Kapelle hier sollte das Feuer ausgegangen oder ganz in der Nähe ausgebrochen sein. Hatte der Kirchendiener an jenem Abend die Kerzen nicht gelöscht? Wer hatte das Bild gerettet, vielleicht unter Einsatz seines Lebens? Wie gern würde sie ihm von Herzen danken! Der Anblick des Gekreuzigten hatte sie ermutigt, um ein Kind zu beten. Und nun würde in wenigen Monaten das fünfte geboren werden.

Als Salome zu Bett ging, trommelte noch immer der Regen gegen die Fensterscheiben. Im Traum betrat sie wieder den Dom, das durch den Brand zerstörte Münster. Die Wände waren vom Ruß geschwärzt. Herabgefallenes Mauerwerk und zerbrochene Figuren, die verkohlten Reste der Bänke, geschmolzene Kerzenleuchter und andere, halb verbrannte und geschwärzte Gegenstände, deren ursprüngliche Form kaum zu erkennen war, bildeten ein wirres Durcheinander. Durch das offene Dach fiel Regen auf ihr Haar und ihr Kleid. Sie blickte noch oben zu den Türmen des Münsters, als wollte sie nach der Zeit auf der Turmuhr sehen. Doch von der gab es nur noch die zerstörten Reste, die sich plötzlich zu nähern schienen – der Turm neigte sich mehr und mehr und stürzte durch das offene Dach. Sie wollte fliehen und konnte sich nicht bewegen, ein Aufschrei blieb ihr im Hals stecken. Mit gewaltigem Krachen zerbarst das Mauerwerk und begrub sie unter sich.

Salome erwachte schweißgebadet und schlug die Decke zurück. Nur im Traum war sie unter Trümmern gelegen. Sie lauschte in die Dunkelheit – was hatte das Geräusch zu bedeuten? Ein Krachen und Rumpeln verklang – nun war es still. Sie stand auf, schlüpfte in ihren Morgenmantel und zündete die Lampe an. Von einem der Fenster zum Hof der Residenz sah sie, wie die Gardesoldaten mit Fackeln zum Portal des Münsters liefen. Gisela und zwei weitere Dienerinnen, die der Lärm geweckt hatte, standen hinter ihr in der Tür. Die Kinderfrau erschien, sagte, dass die Kinder fest schliefen, sie aber das Krachen und Rumpeln gehört hätte. Gisela warf einen Umhang über und eilte hinunter in den Hof. Hinter anderen Fenstern wurden Lichter angezündet, draußen liefen Leute aufgeregt zusammen. Salome hörte, wie unten das Tor laut ins Schloss fiel – so unachtsam war Gisela normalerweise nicht –, und schon stürzte die Zofe herein.

„Das Münster – das Dach, das Gewölbe ist wieder eingestürzt!" Die Dienerinnen bekreuzigten sich, und die Kinderfrau rief:

„Heilige Muttergottes, Allmächtiger, das bedeutet Unheil!"

„Der Baumeister hat wohl zu schnell und schluderig gebaut", sagte Salome, „der hat uns das Unheil beschert, nicht Gott." Wolf Dietrich wollte das Münster möglichst rasch wieder benützen und hatte trotz eigener Bedenken dem Baumeister und seinen Plänen vertraut. Der Mann stammte aus Italien, wo man sich auf diese Kunst besonders gut verstand. Also ließ er sich von dessen Konstruktion, die verdächtig viel Mörtel und wenig feste Streben enthielt, überzeugen. Die rasche Ausführung in der kalten Jahreszeit, so dass dem Mauerwerk kaum Zeit zum Trocknen blieb, und der heftige, anhaltende Regen hatten ein Übriges getan und das altehrwürdige Münster neuerlich zur Ruine gemacht.

****

Das bunte Treiben auf dem Markt begeisterte die Kinder immer wieder aufs Neue. Salome hatte alle vier mitgenommen und musste sich zusammen mit Gisela alle Mühe geben, Hannibal und Helena in der Menge nicht aus den Augen zu verlieren. Die Jüngste hielt sie fest an der Hand. Gisela versuchte mit der temperamentvollen Euphemia dasselbe, die energisch in die jeweils von ihr gewünschte Richtung zog. Eben hatte sie ihre Tante Sabina entdeckt, winkte und zerrte so fest an Giselas Hand, dass diese loslassen musste, um nicht einen anderen Marktbesucher zu rammen, worauf sich die Kleine in Sabinas Arme stürzte.

„Der gnädigste Herr ist verreist, also gehst du auf den Markt", flüsterte Sabina ihrer Schwester augenzwinkernd zu. Salome lachte. Wolf Dietrich besuchte zurzeit seine Bistümer und wäre nicht erfreut darüber, dass sie hier einkaufen ging, anstatt die Dienstboten zu schicken. Für eine Dame von Stand gehörte es sich nicht, sich auf dem Markt zwischen den Buden und Ständen samt ihren Verkäufern zu drängen, von denen manche lautstark ihre Waren anpriesen. An diesem sonnigen Frühlingstag hatte es Salome nicht fertig gebracht, zu Hause zu bleiben. Ihrer Größe und einem langen Umhang verdankte sie es, dass sie in ihrem fortgeschrittenen Zustand der Schwangerschaft nicht unförmig wirkte. Sie beobachtete gerade, wie Hannibal begeistert geschnitzte Figuren und Tiere betrachtete, die ein Bauer im Winter hergestellt hatte und nun zum Verkauf anbot.

„Mutter, darf ich eines haben?", rief er herüber. Einige andere Kinder, bloßfüßig, in geflickter Kleidung und etwas schmutzig, drängten sich neben Hannibal an dem Stand. Salome hatte fast ein schlechtes Gewissen, als sie die hölzernen Schafe für ihn und seine Schwestern bezahlte. Diesen Kindern konnten ihre Eltern nichts geben, was nicht gerade zum Lebensnotwendigsten zählte. Sie zog ihren Sohn eilig mit sich fort. Er machte gerade Anstalten, mit einem der Knaben eine Rangelei zu beginnen, und da wäre die Gefahr groß, Läuse oder Flöhe mit nach Hause zu nehmen.

Sabina und Salome hörten neben sich einige Wortfetzen eines Gesprächs zwischen zwei Salzburgern und einem der auswärtigen Marktfahrer. Als die beiden die Frauen erkannten, verstummten sie kurz und redeten sodann im Flüsterton weiter. Das Thema des Tages war der letzte Beschluss des Erzbischofs, den er vor seiner Abreise hatte verlautbaren lassen: Da das Dach des Münsters neuerlich eingestürzt war und das Bauwerk nur mit großem Aufwand und Kosten wiederhergestellt werden könnte, sollte der Dom abgetragen und ein neuer errichtet werden. Dieses Jahrhunderte alte Wahrzeichen der Stadt, das Münster, das der heilige Virgil hatte erbauen lassen, sollte abgerissen werden! Unvorstellbar! Schon bald würde damit begonnen werden, die Altäre abzunehmen, das Taufbecken, die Kanzel, die gesamte Innenausstattung zu entfernen und alles in andere Kirchen zu bringen. Die Grüfte der früheren Erzbischöfe würde man feierlich öffnen, Türme und Mauern abtragen. Die Reliquien sollten im Stift St. Peter aufbewahrt werden. Salome blickte zu den Türmen des Münsters hinüber. Seit sie denken konnte, überragten sie die Stadt wie ein unerschütterlicher Fels in der Brandung. Es war kaum vorstellbar, dass sie nicht mehr da sein sollten, dass eines Tages andere, neue, an ihrer Stelle stehen würden.

Salome hatte Wolf Dietrich erschrocken angesehen, als er ihr erstmals von dieser Idee erzählt hatte. Er schätzte die tiefe Verbundenheit der Salzburger mit ihrer Hauptkirche, war jedoch zu der Überzeugung gekommen, dass sich ein zweiter Rettungsversuch nicht mehr lohnte und dass es an der Zeit sei, einen neuen Dom zu errichten. Das moderne Rom war sein Vorbild.

„Das Münster hat doch der heilige Virgil erbaut", versuchte Salome einzuwenden, wie später andere Salzburger.

„Die es tatsächlich gebaut haben, waren auch nur Maurer und Bauleute", entgegnete Wolf Dietrich. „Und ebensolche werden den neuen Dom erbauen, zur Ehre Gottes, als Zeichen seiner Größe. Was zählt dagegen der längst verstorbene Virgil?" Er war zutiefst von der Allmacht, Herrlichkeit und

Heiligkeit Gottes überzeugt. Was bedeuteten dagegen die Heiligen? Er hatte deren Feiertage eingeschränkt, nicht zur Freude aller Untertanen. Von Reliquien hielt er nichts, da ohnehin die wenigsten echt waren und seines Erachtens der Glaube an die wundersame Wirkung von Knochen oder Gegenständen eher von Unbildung als von Frömmigkeit zeugte.

„Wir werden es kaum erleben, dass Salzburg einen neuen Dom hat", sagte Salome.

„Was redest du da? Ich bin gerade vierzig und du dreißig Jahre alt. Die Zeiten, in denen man jahrzehntelang an einer Kirche gebaut hat, sind vorüber. Bis der neue Dom gebaut ist, werde ich andere Kirchen benützen und dort die Messe lesen. Besser keine eigene Bischofskirche als eine baufällige!" Salome musste an ihre Kinderfrau, die alte, Liese, denken. Sie ging gerne in die Kirche und zur Messe, doch mit ihren evangelischen Gesinnungsgenossen traf sie sich zur Andacht und zum Gebet in ganz normalen Häusern. Sie hätte das Schicksal des Doms bedauert, hätte aber gewiss gemeint, dass das Gebäude keine Bedeutung für den Glauben hat. So will ich es auch halten, beschloss Salome.

Der kleine Raum war mit Holz getäfelt. An der Wand hing ein einfaches, geschnitztes Kruzifix, davor stand ein Betschemel. Ein Marienbild und ein Gefäß für das Weihwasser hatte Salome aufhängen lassen, doch keine Bilder von Heiligen, auch nicht von denjenigen, die in Salzburg am meisten verehrt wurden. Auf dem kleinen Tisch stand ein Kerzenleuchter, daneben eine Vase mit Frühlingsblumen. Salome betrachtete zufrieden den Andachtsraum, den sie sich in ihrer Wohnung hatte einrichten lassen. In der Franziskanerkirche, der ehemaligen Pfarrkirche, die abwechselnd mit der Stiftskirche von St. Peter an Stelle des Doms benützt wurde, besuchte sie die Messe, aber sie würde dort nicht mehr wie in ihrer Jugend ihre persönliche Andacht halten. Zu wenig hatte sie mit dem Mädchen von damals gemeinsam. Wie anders, als von ihren Eltern gedacht, verlief ihr Leben! Zu dieser Gewohnheit konnte sie nicht zurückkehren. Mit einer einfachen Zeremonie hatte Wolf Dietrich ihre Hauskapelle eingeweiht.

Salome erhob sich aus dem bequemen Stuhl, der neben einem Schränkchen die Einrichtung vervollständigte. Sie steckte den Schlüssel, den allein sie besaß, in das Schloss und legte das Buch, in dem sie gelesen hatte, auf seinen Platz zurück. Niemand würde ungebeten in dieses Zimmer platzen, nicht einmal die Kinder, und sie mit dem deutschen Neuen Testament in der Hand überraschen. Die Bibel, die Salome schon so lange besaß, hatte einen würdigen Platz neben ihrem Gebetbuch, einigen Dokumenten, christlichen Erinnerungsstücken und Wolf Dietrichs Briefen erhalten.

Sie hatte keinen Augenblick zu früh abgeschlossen. An dem fröhlichen Lärm der Kinder hörte sie, dass Wolf Dietrich gekommen war und wie versprochen das Buch mitgebracht hatte, das sie so gerne ansahen. Als sie den Wohnsalon betrat, saß er in einem Lehnstuhl und schlichtete den Streit zwischen Euphemia und Maria Salome, wer auf seinem Schoß sitzen durfte. Er bot jeder ein Knie an und hielt sie dazu an stillzuhalten. Hannibal und Helena nahmen links und rechts auf den Lehnen Platz. So konnten alle die lebensecht gezeichneten Pferde in dem Buch betrachten. Gerne ließen sie sich aufs Neue die Rassen und ihre Eigenschaften erklären, obwohl sie das schon oft von ihrem Vater gehört hatten.

„Ich frage mich, wie ihr euch arrangieren werdet, wenn es erst fünf Kinder sind", meinte Salome.

„Bis das neue Brüderchen oder Schwesterchen alt genug ist, um ein Buch anzusehen, kann ich schon selber lesen", meinte Hannibal mit wichtiger Miene.

„Und ich auch", stellte Helena selbstbewusst fest.

166

7 - Der Vetter

Salome beobachtete den jungen Mann mit dem ungewöhnlichen Vornamen, der ihr schräg gegenüber an der Hoftafel saß. Merk Sittich Graf von Hohenems war ein Vetter Wolf Dietrichs, ein Sohn des Feldherrn, des Bruders seiner Mutter. Die Eltern hatte er früh verloren, worauf der wesentlich ältere Wolf Dietrich die Vormundschaft übernahm. Die Familienähnlichkeit war unverkennbar, doch neben dem markanten Gesicht des Erzbischofs wirkten die Züge des jungen Merk Sittich platt und gewöhnlich. Den Ausdruck der dunklen Augen unter den geraden buschigen Brauen im Gegensatz zu den fein geschwungenen Wolf Dietrichs fand Salome verschlagen und unaufrichtig. An den Wirtshaustischen der Stadt wurde gemunkelt, dass sich der Erzbischof vor diesem jungen Mann, den er sehr gefördert hatte, besser in Acht nehmen sollte. Das Kanonikat, das sich durch seine Wahl zum Erzbischof erledigt hatte, verschaffte er dem zu dieser Zeit noch sehr jugendlichen Vetter. Der wurde zum Kleriker bestimmt, studierte in Italien, reiste dort herum und machte Schulden. Als ihm sein älterer Bruder aus dem väterlichen Erbe nichts mehr geben wollte, wandte er sich an seinen Vetter Wolf Dietrich, der sich wie üblich als großzügig erwies. Vor einem halben Jahr zum St. Ruperti Tag im September 1601, im Alter von 26 Jahren, hatte Merk Sittich endlich sein Residenzjahr in Salzburg angetreten. Ein Jahr ständiger Aufenthalt in der Stadt war Pflicht, um in alle Rechte eines Domherrn eingesetzt zu werden.

Die Tafelrunde war beim Nachtisch angelangt. Mit höflichen Worten erkundigte sich Merk Sittich nach dem Befinden seiner anderen Vettern, den Brüdern des Erzbischofs. Das kümmert ihn wohl nicht wirklich, dachte Salome, aber er versucht sich bei Wolf Dietrich beliebt zu machen. Über Hans Ulrich und Hans Werner, die beiden Ordensritter, gab es nichts Besonderes zu berichten, doch Jakob Hannibals Lebensführung war für hörenswerte Neuigkeiten und Klatsch jederzeit gut. Vor knapp zwei Jahren war er auf den Stammsitz der Raitenauer in der Nähe des Bodensees zurückgekehrt, nachdem sich die Unstimmigkeiten zwischen ihm und dem Erzbischof mehr und mehr gehäuft hatten. Jakob Hannibal vergaß gelegentlich, dass er als Hofmarschall zwar der höchste Beamte, aber nicht der Herr in der Residenz war. Als er wieder einmal seine Befugnisse überschritten hatte, geriet Wolf Dietrich so heftig in Zorn, dass seine Zurechtweisung noch mehrere Zimmer weiter zu hören war. Jakob Hannibal schrie völlig ungehörig zurück, worauf ihn sein Bruder kurzerhand seines Amtes enthob. Die Ohrenzeugen wurden nicht müde, den Auftritt weiterzuerzählen und ihn noch etwas auszuschmücken. Die beiden Brüder versöhnten sich wieder und beschlossen, dass sich ihre Wege besser trennten. Mit Finanzen und Gütern reichlich ausgestattet übersiedelte Jakob Hannibal mit seiner Familie auf den Stammsitz der Raitenauer. Dort führte er nicht das bescheidene Leben eines ländlichen Gutsherren wie sein Vater, sondern hielt sich einen umfangreichen Hofstaat.

„Mein Vetter Jakob Hannibal wird hoffentlich nicht erneut in finanzielle Schwierigkeiten geraten sein", stellte Merk Sittich fest. Der bedauernde Unterton klang gekünstelt. Er wusste, dass sich Wolf Dietrich über Jakob Hannibals aufwändigen Lebensstil ärgerte, der ständige Geldnöte mit sich brachte. Schon mehrmals hatte sie der Erzbischof aus seinen Mitteln behoben. Trotz allem fühlte er sich seinem Bruder herzlich verbunden und war ehrlich bekümmert darüber, dass dieser keinen Sohn hatte, um den Familienbesitz im Mannesstamm weiterzuvererben. Mit deinen unterschwelligen Sticheleien wirst du nicht Wolf Dietrichs Wohlwollen oder gar Zuneigung gewinnen, Merk Sittich, dachte Salome, und das macht dich gefährlich, denn du bist eifersüchtig.

„In Friesach laufen die Dinge sehr erfreulich, und Hans Rudolf und seiner Familie geht es gut", wechselte der Erzbischof zu seinem jüngsten Bruder über. Vor knapp zwei Jahren, etwa zur selben Zeit wie Jakob Hannibal auf den

Stammsitz der Raitenauer, war Hans Rudolf nach Friesach in Kärnten gezogen. Bei seinen Aufenthalten in Salzburg war er den Kindern immer ein netter Onkel gewesen, den Salome mochte und schätzte. Wolf Dietrich hatte ihn als Vizedom über die salzburgischen Besitzungen eingesetzt. Er herrschte im Namen des Fürstbischofs gerecht und umsichtig und wirtschaftete gut. Kurz vor seiner Abreise heiratete er eine junge Witwe, eine warmherzige Frau von gutem Adel mit ansehnlichem Vermögen. Salome fand diese Sydonia sehr sympathisch und bedauerte es, dass die beiden so weit fort zogen. Wie gern hätte sie den kleinen Sohn des Paares gesehen, der vor einigen Monaten zur Welt gekommen war! Er hieß Wolf Dietrich, und die Freude des Onkels war überaus groß gewesen, als der Eilbote mit der Nachricht in Salzburg eintraf. Das Familienoberhaupt der Raitenauer konnte nicht übersehen, dass männlicher Nachwuchs in der neuen Generation bisher ausgeblieben war, sein eigener Sohn Hannibal galt als illegitim. Die Geburt des Knäbleins ließ ihn die Zukunft des Geschlechts wieder in einem erfreulichen Licht sehen.

Der Kanzler und der Dompropst pflichteten bei, dass aus Friesach sehr erfreuliche Nachrichten kamen, einige der Anwesenden murmelten zustimmend. Merk Sittich nahm es mit säuerlicher Miene zur Kenntnis. Im Vergleich zu ihm hatte der etwas jüngere Hans Rudolf schon weit mehr geleistet.

Salome nahm einen Schluck Wein. Der erzbischöfliche Kellermeister verstand es, eine hervorragende Wahl zu treffen. Ihr eigener Bruder Samuel war einer seiner Hauptlieferanten. In den nächsten Tagen würde sie mit ihren Kindern zu Mittag essen und nicht an der Hoftafel, außer Wolf Dietrich bat sie ausdrücklich darum. Ihre Anwesenheit freute ihn, andererseits sah er ein, dass die Kinder sie brauchten. Deren fröhliche Gesellschaft samt gelegentlich umgeworfenen Bechern oder angekleckerten Tischtüchern zog sie Leuten wie Merk Sittich vor.

Der Erzbischof stand auf, womit die Tafel aufgehoben war. Seine Handbewegung ließ darauf schließen, dass er noch etwas sagte, doch die Worte gingen in einem gewaltigen Krachen und Getöse unter. Salome spürte förmlich, wie der Stuhl, auf dem sie saß, vibrierte und ebenso das Tischbein nahe dem Rock ihres Kleides. Wie die meisten anderen sprang sie auf, einige beschworen mit erschrockenen Rufen die Heiligen oder die Jungfrau Maria, mehrere liefen zu den Fenstern. Ein Diener ließ vor Schreck eine silberne Schüssel fallen, die klirrend auf dem Boden aufschlug. Einer der Hofbeamten hatte bereits eines der Fenster aufgerissen und rief:

„Über der Residenz steht eine mächtige Staubwolke!" Im nächsten Augenblick begann er zu husten, da sich der feine Staub den Weg in den Speisesaal bahnte.

„Schließt das Fenster!", ordnete der Hofmarschall an. „Am besten bleiben alle im Saal", er sah den Erzbischof fragend an, der zustimmend nickte.

Die Wachen hatten gerade die Flügeltür des Speisesaals geöffnet. Im Türrahmen erschien ein aufgeregter, staubbedeckter Kammerherr.

„Die Sprengung war zu stark", stammelte er, „überall liegen Trümmer und Mauerbrocken, alles ist voll Staub, die Leute schreien..."

„Wozu habe ich bloß einen Sprengmeister bestellt! Bringt mir diesen Stümper, falls er seinen Pfusch überlebt hat!", schrie Wolf Dietrich, erschrocken und wütend zugleich. „Hol den Wundarzt", befahl er einem der Lakaien.

Im Hof der Residenz war alles voller Staub, Mauerbrocken lagen herum. Einzelne hatten Fenster getroffen, die zu Bruch gegangen waren. Salome hob den Saum ihres Kleides ein wenig hoch und drängte sich durch die Menge der Diener und Beamten, die aufgeregt durcheinander redeten und die Schäden besahen.

„Frau von Altenau", hörte sie die Stimme Merk Sittichs hinter sich, „wenn Ihr zum Münster wollt, gehe ich mit Euch."

Der Abbruch des Münsters war seit Jahren im Gange und erwies sich als mühsame Angelegenheit. Die Pfeiler und Grundmauern ließen sich nur mit Hilfe von Sprengungen abtragen, bei denen es bereits mehrere Verletzte und sogar einen Toten gegeben hatte. Den Maurer- oder Sprengmeister traf keine Schuld, die Ursache war die Unvorsichtigkeit der Arbeiter und die Neugier der Zuschauer, die den gebotenen Abstand nicht einhielten. Die Grabstätten und Grüfte im und unter dem Münster wurden jeweils feierlich und unter Anteilnahme der Bevölkerung geöffnet und die Gebeine der Toten anderweitig bestattet. Im Übrigen wurde vor dem Betreten der Baustelle eindringlich gewarnt, doch sahen es besonders Vorwitzige als Mutprobe an, sich dort aufzuhalten. Einen Bauern hatte einmal ein herabfallendes Mauerteil erschlagen.

Salome wollte sehen, was geschehen war. Vielleicht konnte sie sogar helfen. Die Begleitung Merk Sittichs von Hohenems war ihr nicht willkommen, doch sie schluckte die ablehnenden Worte hinunter. Vielleicht hatte ihn Wolf Dietrich beauftragt, für ihren Schutz zu sorgen.

Die Ruine des Münsters bot einen grotesken Anblick. Einer der hinteren Türme ragte einsam in die Höhe, während die Mauern rundherum bereits dem Erdboden gleichgemacht waren. Die Mauern des vorderen Teiles standen zum Teil noch, einschließlich des Hauptportals, dessen Öffnung nun nicht in die dunkle Kirche, sondern zu einem Haufen Mauerwerk und Schutt führte, auf den je nach Wetter die Sonne schien oder der Regen niederprasselte. Mehrere der dicken Pfeiler des Langschiffs waren bis zu diesem Morgen noch gestanden. Zwischen Maurer- und Sprengmeister hatte es Meinungsverschiedenheiten gegeben, wie viele Pfeiler gleichzeitig gesprengt werden sollten. Um die Arbeiten möglichst rasch voranzubringen, war die Entscheidung zu Gunsten einer umfangreicheren Sprengung und des höheren Risikos gefallen. Die Folge war ein unübersichtliches Chaos. Auch auf dem Marktplatz lagen eine Menge Staub und Gesteinsbrocken.

Zwei Arbeiter trugen einen Verletzten an Salome vorbei. Der eine rief: „Wir sollen ihn in die große Eingangshalle bringen, Befehl des Doktors." Inmitten der hin- und herlaufenden Menschen – die einen wollten von der Baustelle möglichst weit wegkommen, andere hatten Angehörige unter den Arbeitern und wollten sehen, ob ihnen etwas zugestoßen war oder ob sie helfen konnten, manche waren einfach allzu neugierig – stand eine Frau vor ihr, die sich ein Tuch an die blutende Stirn hielt. Salome wies sie an, in der Eingangshalle zu warten, bis der Arzt nach ihr sehen konnte. Zwei Wachen führten einen verzweifelt gestikulierenden Mann in ihrer Mitte. Das war der unglückliche Sprengmeister, den der Erzbischof auf der Stelle zum Rapport beordert hatte. Salome stieg übere einige größere Gesteinsbrocken, die den Weg zum Münster versperrten. Merk Sittich reichte ihr die Hand zur Hilfe, die sie zögernd nahm.

„Ganze Arbeit hat der Sprengmeister geleistet", sagte der Domherr. Tatsächlich, von den starken Mittelpfeilern stand kein einziger mehr! „Wir werden einen Dom bauen", fuhr er fort, „viel größer und schöner als der alte, zur Ehre Gottes und der Kirche!"

Was heißt hier „wir", dachte Salome, Wolf Dietrich baut den Dom, nur gibt es bisher noch keinen fertigen Plan und keinen geeigneten Architekten.

„Für heute können wir froh sein, dass es keinen Toten gegeben hat", sagte sie. Ihre Worte klangen nach einer Zurechtweisung. Was redete der Hohenemser so großspurig, als hätte er hier etwas zu sagen?! Er besaß nicht einmal die vollen Rechte eines Domherrn. Besondere Qualitäten an Verstand oder Charakter hatten sich in seiner bisherigen Lebensführung nicht gezeigt.

Salomes Blick wanderte den Flügel der Residenz entlang, den sie vor kurzem noch bewohnt hatte. Mehrere Fenster waren zerbrochen, von Gesteinsbrocken durchschlagen. Sie war zutiefst dankbar, dachte nicht mehr an die Mühen des Umzugs. Nicht auszudenken, wenn eines ihrer Kinder zu

Schaden gekommen wäre! Wie es in den Räumen jetzt wohl aussehen mochte?!

Arbeiter begannen mit ersten Aufräumungsarbeiten. Sie stand nur im Weg.

„Ich gehe nach Hause", sagte sie zu dem Hohenemser. Er bot seine Begleitung an, sie wehrte höflich dankend ab.

****

Das große Bürgerhaus, das Salome nunmehr bewohnte, lag unmittelbar neben der Franziskanerkirche, der ehemaligen Pfarrkirche. Die Hauptfront mit dem großen Tor ging in die Kirchengasse, hinter dem Haus befand sich ein Garten mit alten Bäumen. Den begrenzte auf der gegenüberliegenden Seite ein neu erbauter Teil der Residenz. Parallel zur Franziskanerkirche verband ein überdachter Gang, der seitlich die Grenze des Gartens bildete, Salomes Haus mit diesem Flügel des Bischofssitzes. Ihr früherer Wohntrakt in der Residenz hatte sich auf die Dauer als nicht geeignet für die wachsende Familie erwiesen. Die weitere Entfernung des geräumigen, herrschaftlichen Bürgerhauses von der lärmigen, staubigen Abbruchstelle des Münsters bedeutete eine zusätzliche Annehmlichkeit. Das Haus wurde die „alte Münz" genannt, obwohl es sehr lange zurücklag, dass hier Münzen geprägt wurden. Vor Generationen hatte es tatsächlich der Familie Thenn, den erzbischöflichen Münzmeistern, gehört, die wegen ihres Glaubens das Land verlassen mussten. Schon lange war das Gebäude im Besitz einer anderen Familie, der es der Erzbischof abgekauft hatte. Salome schätzte besonders den naturbelassenen Garten mit den alten Bäumen.

Sie ging durch das Haupttor in der Kirchengasse, und sogleich liefen ihr die Kinder die Treppe hinunter entgegen.

„Mutter, wo warst du so lange?", rief Hannibal. „Gisela hat dich schon gesucht und nicht gefunden. Stimmt es, dass die Sprengung zu stark war? Das hat Lisa gesagt, die habe ich losgeschickt, um zu sehen, was geschehen ist."

Hannibal mit seinen neun Jahren fühlte sich verantwortlich, da von seinen Eltern und Lehrern niemand im Haus war. Die beiden Kinderfrauen hatten genug zu tun, die einjährige Cäcilia und die dreijährige Eusebia zu beruhigen, die der fürchterliche Krach aus dem Mittagsschlaf gerissen hatte. Hannibals jüngere Schwestern reagierten auf seine gelegentlichen Herrscherallüren unterschiedlich: Die achtjährige Helena verhielt sich distanziert und machte einfach nicht, was er sagte, die temperamentvolle siebenjährige Euphemia protestierte lautstark, die knapp sechsjährige Maria Salome und die beiden jüngsten waren von ruhiger Art und fügten sich. Als die Explosion die Stadt erzittern ließ, spielten die älteren Kinder im Garten. Zutiefst erschrocken liefen sie ins Haus, als es so laut krachte und Staub vom Himmel fiel. Heute waren sogar Helena und Euphemia froh, dass Hannibal seinem Status als Ältester und Knabe gerecht wurde und nicht zu weinen anfing, sondern Lisa schickte, um zu erfahren, was geschehen war.

„Ja", sagte Salome, „die Sprengung war zu stark, aber erfolgreich, und es ist Gott sei Dank niemand umgekommen, einige Verletzte gibt es leider."

„Dürfen wir zur Baustelle gehen? Sind die dicken Pfeiler gefallen?", fragte Euphemia voller Neugierde. Sie interessierte sich für Technisches fast so sehr wie ihr Bruder Hannibal.

„Nein, dort ist die gesamte Umgebung voller Staub und Trümmer. Kinder haben da nichts zu suchen, ein andermal könnt ihr mit mir schauen gehen."

„In unserem Garten ist es auch staubig", sagte Maria Salome mit wichtiger Miene, „dort waren wir gerade, als es so krachte."

Maria Salomes helles und Helenas und Hannibals dunkles Haar hatte gleicherweise eine leicht graue Färbung angenommen.

„Ihr braucht wohl ein Bad", stellte die Mutter fest. „Und habt ihr ordentlich gelernt?"

„Herr Sartori hat mich gelobt", sagte Helena, „und den Hannibal auch." Der nickte zustimmend. Der italienische

Lehrer, den Wolf Dietrich für die Kinder ausgesucht hatte, war streng und gerecht, sein Lob schätzten sie. Euphemia hatte sich blitzschnell verdrückt, sobald ihre Mutter nach den Lektionen fragte.

„Aber Euphemia...", fuhr Helena fort.

„Ich frage sie später selbst", schnitt ihr Salome das Wort ab. „Wir bekommen Besuch, bleibt im Haus, im Garten werdet ihr nur schmutzig."

Schade, dass sich der Staub auf das erste frische Grün gelegt hatte. Der nächste Regenguss würde ihn abwaschen. Es wäre nett gewesen, ein wenig im Freien zu sitzen. Um auf der Terrasse zu essen, war es ohnehin zu kühl.

Salome blickte aus einem der Fenster des Wohnsalons hinunter in die Kirchengasse. Bis zu ihrem Elternhaus oder bis zu dessen Nachbarhaus, wo nun ihr Vetter Philipp mit seiner Familie und seiner Mutter wohnte – ihr Onkel Ludwig Alt war vor einigen Jahren verstorben – konnte sie nicht sehen. Da hätte sie sich hinausbeugen müssen. Untertags waren in der Gasse ständig Passanten unterwegs. Wie töricht ihr Herz klopfte! Sie wartete auf ihre beste Freundin, doch mehr als dreizehn Jahre waren eine lange Zeit. Und da kam sie! Felicitas hatte sich kaum verändert. Etwas rundlich war sie geworden. Wie Salome hatte sie mehrere Kinder geboren, drei waren ihr geblieben. Angelika, Christophs Tochter aus erster Ehe, hatte vor kurzem geheiratet. Felicitas trug die bürgerliche Frauenhaube und einen eleganten, dunklen Mantel. Salome hatte den Perlenschmuck, den sie zur Hoftafel getragen hatte, aus ihrem Haar entfernt, ebenso die Ohrgehänge. Sie sah an sich hinunter: Waren das Kleid und die Halskette nicht doch zu auffällig? Entsprach ihre Aufmachung etwa auf den ersten Blick ihrem Status als Mätresse des Landesherrn? Dessen Werk war es, dass ihre Base und Freundin, die gerade auf das Tor ihres Hauses zuging, das Land hatte verlassen müssen. Viele Briefe hatten sie sich in all den Jahren geschrieben – aber hatten sie sich nicht beide zu sehr verändert? Waren sie tatsächlich noch Freundinnen?

Zum Nachdenken blieb keine Zeit, eine Dienerin öffnete auf das Klopfen. Salome eilte die Treppe hinunter. Die Dienerin nahm Felicitas den Mantel ab. Die streckte der Freundin die Arme entgegen. Halb lachend, halb weinend, umarmten sie sich.

Zu Befangenheit kam es erst gar nicht. Salome stellte nach der Reihe ihre Kinder vor, die artig grüßten, nur die kleine Cäcilia betrachtete misstrauisch die unbekannte Besucherin und klammerte sich vorsichtshalber an ihre Mutter. Felicitas teilte an die Kinder kleine Geschenke aus.

„Mein Leopold ist älter als ihr alle", sagte sie, „meine Lydia ist so alt wie du, Euphemia, und meine Dorothea ist gerade zwei geworden." Sie ließ sich bereitwillig durchs Haus führen und bewunderte den schönen, nun leider etwas staubigen Garten. Sie plauderte so munter wie früher und erzählte von ihren Kindern, von der Stadt Wels und von den Geschäften ihres Ehemannes. Er hatte in Salzburg zu tun, und erstmals war sie mitgekommen, um Verwandte und Freunde zu besuchen.

Die frühere strenge Regel für emigrierte Protestanten, dass sie sich nur drei Tage im Land aufhalten durften, wurde locker gehandhabt. Wolf Dietrich wies kaum mehr Protestanten aus, zu sehr schwächte der Verlust tüchtiger Arbeiter die Wirtschaftskraft des Landes. Er setzte auf Überzeugung und Belehrung der Bevölkerung. Doch wenn es um Ehen zwischen Katholiken und Protestanten ging, blieb er hart und erteilte keine Heiratserlaubnis, so dass den Betroffenen nur die Auswanderung blieb. Die Kirche durfte Opfer verlangen und nicht nur von ihm und der Frau, die er liebte. Im Innersten schmerzte es ihn zutiefst, dass die Kirche seine Lebensgemeinschaft mit Salome verbot und dass weder sein Einsatz noch seine Macht deren Gesetz änderte.

Christoph Weiß war in Wels als Kaufmann überaus erfolgreich tätig. Sein neu erbautes Haus galt als Zierde des Stadtplatzes. Dem Erzherzog Matthias, dem kaiserlichen Statthalter über das Land ob der Enns, hatte er eine enorme Summe Geldes geliehen. Sogar ein Schloss hatte er gekauft, das er renovieren ließ.

176

„Ich bin so froh, dass es dir, dass es euch gut geht", sagte Salome.

„Du fürchtest immer noch, dass ich deinem Wolf Dietrich böse bin, dass er uns weggeschickt hat", sagte Felicitas. „Nein, wirklich nicht. Viele ehemalige Salzburger sind in Wels wohlhabend geworden. Wir haben alte Freunde wiedergetroffen, und Christoph kann nach seinem Glauben leben. Viele Protestanten haben es unter Erzherzog Matthias nicht leicht, doch mit seinem Kreditgeber kann er nicht so streng sein. Vor einigen Jahren hat Christoph an einem Türkenfeldzug teilgenommen – ach, habe ich mich geängstigt…"

Sie hatte die Gabe, das Leben zu nehmen, wie es war, und die Dinge unkompliziert zu sehen.

Eine Frage beschäftigte Salome schon lange:

„Bist du auch evangelisch geworden?"

„Nein, das nicht, ich gehe in die Messe und zu den Sakramenten. Die Kinder erziehen wir evangelisch, und uns hat ja auch der protestantische Prädikant getraut." Das wusste Salome.

„Stört es dich, dass deine Ehe vor der katholischen Kirche nicht gültig ist?", fragte sie.

Felicitas sah sie erstaunt an.

„Nein, warum? Meinst du, dass das bei Gott wichtig ist? Im Leben braucht man einen festen Glauben", sagte sie, „und viel Liebe für die Familie und andere. Gottes Gnade gilt doch für Katholische und Evangelische gleicherweise." Salome dachte an die Schülerin Felicitas, die so eifrig alle Lehrsätze der katholischen Religion gelernt hatte.

„Du hast Recht", murmelte sie lächelnd.

Felicitas streichelte ihren Arm.

„Du hast es schwerer als ich", sagte sie, „aber es gilt auch für dich: Gott ist größer als das Gesetz der Kirche. Das weiß ich aus der Heiligen Schrift, die lesen wir bei uns zu Hause." Den letzten Satz flüsterte die lebhafte Felicitas. Die Kinder und die Dienerinnen brauchten ihn nicht zu hören.

„Du bist sehr lieb", sagte Salome. Felicitas war und blieb ihre beste Freundin.

„Das hast du sehr schön gezeichnet, du bist fürwahr begabt", sagte Wolf Dietrich und gab Euphemia das Blatt zurück, das er eingehend betrachtet hatte. Als sie ihn kommen hörte, war sie blitzschnell aus dem Bett gesprungen und mit ihrem Kunstwerk ein Stockwerk tiefer in den Wohnsalon gelaufen.

„Herr Sartori hat mich auch gelobt", sagte Euphemia voll Stolz und Selbstbewusstsein, „nur Mutter wollte meine Zeichnung nicht sehen."

„Das war leider ein Missverständnis", beantwortete Salome den vorwurfsvollen Blick der Tochter. „Ich war in Eile und habe Besuch erwartet."

Euphemia war am Nachmittag nicht wegen ihres schlechten Gewissens so rasch weggelaufen, sondern um ihre neueste Zeichnung zu holen. Das Lernen liebte sie nicht sehr, doch sie besaß künstlerisches Talent. Über einer Zeichnung konnte sie lange stillsitzen, was ihr sonst schwer fiel. Sehr zufrieden über das Lob des Vaters ging sie zurück in ihr Zimmer.

Janschitz erschien in der Tür und verneigte sich. Wolf Dietrich bedeutete ihm, dass er für heute entlassen war und er ihn erst wieder am nächsten Morgen benötigte. Im Unterschied zu allen anderen Höflingen und Dienern in der Residenz hatte sein persönlicher Kammerdiener jederzeit freien Zutritt zu Salomes Haus. Die sagte:

„Grüßt mir Eure Frau. Ich lasse mich herzlich für die Kräuter bedanken, sie haben wirklich geholfen, Cäcilia hustet gar nicht mehr." Janschitz versprach es auszurichten, verneigte sich nochmals und zog sich zurück.

Vor einem Jahr hatte der Kammerdiener geheiratet. Selten war Wolf Dietrich so überrascht gewesen als an dem Tag, als er das Heiratsgesuch seines langjährigen Dieners und Vertrauten auf seinem Schreibtisch vorfand. Noch mehr staunte er, dass der seine Auserwählte schon lange kannte. Mit Rücksicht auf deren schwerkranken Vater, den sie betreut hatte und der nun verstorben war, hatten sie mit der Hochzeit gewartet. Wolf Dietrich war ziemlich beunruhigt. Wenn er wollte, konnte er Personen wie Schachfiguren hin-

und herschieben, doch gab es nur ganz wenige, denen er vertraute. Er fürchtete, Janschitz würde seinen Dienst quittieren. Zu Wolf Dietrichs Erleichterung sprach der den Wunsch aus, ihm weiter treu zu dienen, auch wenn es bedeutete, dass er für seine Frau nur wenig Zeit haben würde. Der Erzbischof schenkte ihm daraufhin ein Haus nahe der Residenz, erhöhte sein Gehalt und versprach sogar, nur in äußerst dringenden Fällen seinen wöchentlichen freien Nachmittag kurzfristig zu verschieben oder ganz zu streichen. Auf seine Begleitung auf Dienstreisen konnte er allerdings nicht verzichten.

Die Nachricht von der bevorstehenden Hochzeit veranlasste Salomes Dienerinnen und Mägde zu tuscheln und zu kichern. Der Herr Janschitz hatte immer den Eindruck erweckt, als interessierten ihn nur seine Aufgaben im Dienst seines Herrn. Scherze und kokette Blicke schien er gar nicht wahrzunehmen, doch die kleinste unerwünschte Falte an den Gewändern des Erzbischofs entging ihm nicht. Mit kritischem Blick musterte er die Hemden, die Salomes Wäscherinnen und Büglerinnen fertig zurückschickten. Er schätzte die Frau von Altenau, aber ob ihre Dienerschaft den erzbischöflichen Ansprüchen genügte, musste überprüft werden.

Wolf Dietrich nahm die Trauung selbst vor. Die Franziskanerkirche war bis auf den letzten Platz gefüllt, als der hochherrschaftliche Kammerdiener seiner Rosalia das Jawort gab. Der wirkte anfangs etwas verlegen, meisterte aber schließlich souverän die ungewohnte Rolle als Mittelpunkt der allgemeinen Aufmerksamkeit.

Rosalia besaß umfangreiche Kenntnisse über Heilkräuter, mit denen sie gerne half, wo sie konnte. Salome hatte bei einem Händler auf dem Markt ein Buch über Kräuter und deren Verwendung beim Kochen und als Medizin entdeckt und es gekauft. Rosalia würde bestimmt wissen, welche davon hierzulande zu finden waren.

Sie wollte Wolf Dietrich die schönen Abbildungen zeigen und seufzte über den Staub, der bei der Sprengung selbst durch die Fensterritzen gedrungen war und den sie erst vom Buchdeckel wischen musste.

„Heute kam ein Schreiben des Bischofs von Brixen an. Er hat mir einen Architekten empfohlen, der könnte geeignet sein, den neuen Dom zu planen", sagte Wolf Dietrich. Es hatte schon mehrere Pläne gegeben, die er wieder verworfen hatte.

„Für heute kannst du froh sein, dass die Sprengung gut ausgegangen ist", zeigte sich Salome wenig beeindruckt. „Der Abbruch des Münsters und die anderen Baustellen sind eine große Belastung für die Stadt, besonders für die Leute, die in der Nähe wohnen. Gesteinsbrocken haben die Fenster meines früheren Wohntrakts durchschlagen." Sie hing an ihrer Heimatstadt, den vertrauten Gebäuden und Gassen. Um jedes Haus tat es ihr leid, das Wolf Dietrichs ständigem Streben nach Neuem und nach Veränderung des Stadtbilds zum Opfer fiel.

„Du wohnst nicht mehr dort, und es ist nichts geschehen. Meine Vorgänger haben auch gebaut", sagte er leicht verärgert. „Etwas Staub und ein paar zerbrochene Fensterscheiben sind doch nicht so schlimm." Salome verkniff sich die Bemerkung, dass seine Vorgänger in hundert Jahren nicht so viel verändert hatten wie er in den nunmehr fünfzehn Jahren seiner Regierungszeit. „Und eines Tages", fuhr er fort, „baue ich dir ein Schloss."

„Was? Ich brauche kein Schloss! Und du hast doch die Residenz."

„Ich meine ein Schloss für uns beide und die Kinder. Einen geeigneten Platz weiß ich schon."

Salome sah ihn fast entsetzt an – sie kannte ihn, das war kein Hirngespinst, sondern ernst gemeint!

„Dietrich, bitte, wir brauchen kein Schloss. Bau doch den Dom..."

„Zuerst muss der Plan für den Dom fertig sein. Gott kommt zuerst, da hast du Recht. Aber ein kleines Schloss ist schnell gebaut..."

Von der Idee würde er nicht mehr abzubringen sein, sie ahnte es. Unter einem „kleinen Schloss" verstand er gewiss einen Palast, der mindestens so groß war wie der seines Bruders Jakob Hannibal, der nun leer stand.

„Weil du nichts von mir forderst, darum mache ich dir so gern Geschenke. Lass mir die Freude. Und es ist gut, wenn du mir ehrlich sagst, was du denkst. Aber du wirst sehen, eines Tages haben wir ein Schloss, und es wird dir gefallen."

Salome sah ihn immer noch bekümmert an. Im Zusammenhang mit Bauplänen konnte sie heute nur an Lärm, Staub, Schmutz und Gefahr denken.

„Ja, vielleicht, wenn du meinst", sagte sie leise.

Die Flammen der Kerzen spiegelten sich in seinen Augen. Sein Blick sagte mehr als viele weitere Worte. Sie wollte sich an seiner Liebe erfreuen. Wenn ihm so viel daran lag, dann mochte er später einmal ein Schloss bauen. Er erhob sich, kam zu ihr und ließ sich neben ihrem Stuhl auf ein Knie nieder. Sie legte ihm den Arm um den Hals und drückte ihr Gesicht an seine Wange.

****

An einem heißen Sommertag machte sich Salome mit den Kindern, den Kinderfrauen, Gisela und mehreren Dienerinnen auf den Weg zu Wolf Dietrichs Landsitz außerhalb der Stadt. Während die anderen Kutschen vorausfuhren, ließ sie gegenüber vom Kapitelhaus im Schatten halten. Die Werkstatt des Hofgoldschmieds lag nur wenige Schritte um die Ecke. Das Schmuckstück, das ihr von all ihrem Geschmeide am meisten bedeutete, wollte sie beim Meister persönlich zur Reparatur abgeben. Viel hätte nicht gefehlt, und der kostbare Edelstein wäre verloren gegangen, der den Ring schmückte, den ihr Wolf Dietrich am Tag ihrer Trauungszeremonie geschenkt hatte. Der Meister, der das wunderschöne Stück angefertigt hatte, verließ einige Jahre später wegen seines evangelischen Glaubens Salzburg und ging mit seiner Familie nach Augsburg. Seine angesehene, gut bezahlte Stellung gab er um der Freiheit des Glaubens willen auf. Salome hatte die Entscheidung dieses Mannes beeindruckt, die sie sogar ein wenig verstand. Er tat, was nach seiner Überzeugung vor Gott das Richtige war. Der

Hofgoldschmied, der nun für den Erzbischof arbeitete, erwies sich als ebenso kunstfertig und tüchtig. Erstaunt, dass Salome persönlich zu ihm kam und nicht eine Dienerin oder einen Boten schickte, versprach er, den Ring so rasch wie möglich wieder instand zu setzen.

Salome kehrte aus den kühlen, halbdunklen Räumen zurück in den grellen Sonnenschein. Es ging bereits gegen Mittag, das Packen am Morgen hatte mehr Zeit in Anspruch genommen als erwartet. Der Platz war frisch gepflastert und das neue Kapitelhaus erst vor kurzem fertig gestellt worden. Lange Zeit herrschte hier wie auf den zahlreichen anderen Baustellen in der Stadt bei Trockenheit Staub und Lärm und bei Regenwetter ein sumpfiger Morast. Der Kutscher stieg vom Bock, um für Salome den Wagenschlag zu öffnen. Die Kinder hingen ungeduldig an den Fenstern. Sie warf einen kurzen Blick auf das stattliche neue Gebäude. Die geraden Linien mit den breiten Fenstern wurden in der Mitte von einem mächtigen Portal unterbrochen, um das die Wappen der Domherren harmonisch angeordnet waren. Als Krönung hatte der Erzbischof sein eigenes Wappen anbringen lassen samt dem Legatenhut, dem Ehrenzeichen des päpstlichen Vertreters. Durch seinen Vetter Merk Sittich von Hohenems war das Zeichen seiner mütterlichen Linie vertreten.

Salome wollte gerade in die Kutsche steigen, als sie einen Mann um die Ecke des Kapitelhauses biegen sah. Es war Merk Sittich von Hohenems, der, anscheinend aus einem Seiteneingang kommend, eilig die Vorderfront des Gebäudes entlangschritt. Er verhielt sich wie jemand, der nicht gesehen werden wollte, und tat so, als hätte er sie nicht bemerkt. Bevor er in einem schmalen Durchgang zwischen zwei benachbarten Häusern verschwand, wandte er sich rasch nochmals um. Ein seltsames Verhalten für einen Domherren vor dem repräsentativen Gebäude seines Standes!

„Mutter, so fahren wir doch endlich!", rief Euphemia ungeduldig. Salome stieg rasch ein und die Pferde zogen an.

Wolf Dietrich ritt nicht wie versprochen am nächsten Abend zum Landsitz hinaus, sondern erschien erst am Tag darauf. Zu Salomes Verwunderung kam er in Begleitung von Janschitz, den der Erzbischof seit dessen Heirat am Abend gewöhnlich nach Hause entließ. Die Kinder sprangen begeistert auf die beiden zu. Janschitz war Hannibals Taufpate, der ihnen manchmal kleine Geschenke brachte. Diesmal wurden sie enttäuscht.

Der laue Abend lud dazu ein, auf der Terrasse zu sitzen und den Blick auf die Stadt zu genießen. Doch Wolf Dietrich hatte nur eine abfällige Bemerkung für die Abbruchstelle des Münsters übrig. Eine höchst unerfreuliche Angelegenheit hatte ihm gründlich die Laune verdorben und sorgte für gewaltige Aufregung und eine Menge Gerüchte in der Residenz. Janschitz hatte er mitgenommen, weil er außer diesem Vertrauten keinen Höfling um sich haben wollte.

Das Siegel des Domkapitels war aus dem Kästchen, in dem es der Dompropst aufbewahrte, entwendet worden, gestohlen aus einem Raum, zu dem nur wenige Personen Zutritt hatten. Verübte einer einen dummen Streich oder handelte jemand in hinterhältiger Absicht, um mit dem Siegel Schindluder zu treiben? Etwa um einen Beschluss des Domkapitels vorzutäuschen, den es nicht gefasst hatte? Der Erzbischof hatte eine strenge Untersuchung angeordnet.

„Hinter vorgehaltener Hand wird getuschelt, dass ich etwas damit zu tun hätte", schimpfte er. „Zu solchen Mitteln zu greifen, habe ich wahrlich nicht nötig!" Zornig fügte er hinzu: „Die Domherren bringe ich auch ohne Winkelzüge dazu, nach meinem Willen zu entscheiden!" Seine Beziehungen zum Domkapitel waren gespannt. Er drängte dessen Einfluss zurück, die Domherren versuchten ihre Interessen zu wahren.

„Was sagt Johann Anton von Thun?", fragte Salome. Der hatte als Domdechant seit vielen Jahren eine sehr schwierige Stellung inne. Er sollte und wollte die Interessen des Domkapitels gegenüber dem Erzbischof vertreten, andererseits war er seit seiner Jugend mit Wolf Dietrich in Freundschaft verbunden. Salomes Frage nach dem alten Freund besänftigte seinen Unmut.

„Er ist völlig betrübt, beteuerte seine Unschuld, hat versprochen, alles zu tun, um den Diebstahl aufzuklären", sagte er bekümmert.

„Er hat mir erzählt, dass er sich sehr auf die feierliche Einweihung des Kapitelhauses freut", sagte Salome. Seit einigen Jahren war Johann Anton von Thun ihr Beichtvater, ein aufrechter, zutiefst ehrlicher Mann. Treu stand er zu ihrer Lebensgemeinschaft mit Wolf Dietrich, die er vor vielen Jahren gesegnet hatte. Nun hoffte er wohl, dass sich mit einem glanzvollen gemeinsamen Fest das Einvernehmen zwischen Domkapitel und Erzbischof verbessern würde.

„Merk Sittich von Hohenems kam gerade aus dem Kapitelhaus, als ich vorgestern dort anhalten ließ", erinnerte sich Salome und sah den Hohenemser deutlich vor sich, wie er an dem Gebäude entlangeilte. „Er verhielt sich seltsam, tat, als hätte er mich nicht gesehen." Hatte er den Arm nicht so gehalten, als versuchte er etwas zu verbergen? „Vielleicht solltest du Merk Sittich befragen oder überhaupt alle Domherren?", meinte sie.

„Das ist bereits geschehen, im Beisein des Propstes und des Dechanten, eine höchst unerfreuliche Angelegenheit. Keiner wusste etwas Aufschlussreiches zu sagen", sagte Wolf Dietrich und fuhr nach einer Pause seufzend fort, „oder es gibt zumindest jeder vor, nichts zu wissen."

Seine Macht als Landesherr übte er mit größter Selbstverständlichkeit aus und kannte keine Bedenken, wenn nötig durchzugreifen. Doch Ränke zu schmieden, war seiner geradlinigen Art fremd. Eine hinterhältige Absicht musste dahinterstecken, falls einer der Domherren etwas mit dem Entwenden des Siegels zu tun hatte.

Er wechselte das Thema und fragte nach ihrem Befinden. Das war ausgezeichnet trotz einer neuerlichen Schwangerschaft und hochsommerlicher Hitze. Gegen Weihnachten würde das Kind zur Welt kommen. Wolf Dietrich hoffte nach der fröhlichen Mädchenschar auf einen Sohn. Seinen Namen würde er auch ihm nicht geben können, dennoch war es ein echter Raitenauer. Eines Tages würde er Salome vielleicht doch noch vor aller Welt zu seiner rechtmäßigen Gattin machen können. Sie sprachen nicht darüber – es hatte keinen Sinn, Luftschlösser zu bauen, aber den Traum hatten sie noch lange nicht begraben.

Im September zum Tag des Heiligen Rupert reisten auch die Domherren, die sich gerade nicht in Salzburg aufhielten, nahezu vollzählig an, um die Einweihung des neuen Kapitelhauses mitzuerleben. Nach einem feierlichen Hochamt in der Kirche des Stiftes St. Peter mit zahlreichen geistlichen Würdenträgern begab sich der Zug der Kleriker zum Kapitelhaus. Im angenehmen herbstlichen Sonnenschein hatten sich auf dem Platz davor die Einwohner Salzburgs eingefunden. Sie drängten sich entlang der Häuser und in den Nebengassen. Die Garde sorgte für Ordnung. Eine Trompetenfanfare erklang, und von der Festung wurde ein Salut geschossen, als sich die hohe Geistlichkeit vor dem Portal gruppiert hatte. Das prunkvolle Messgewand des Erzbischofs mit der Goldstickerei und die Mitra glänzten in der Sonne, als er die Hand zum Segen hob. Links und rechts von ihm standen der Dompropst und der Domdechant. Salome hatte mit den größeren Kindern einen guten Platz gefunden, um alles genau zu beobachten. Nun wandten ihr die Kleriker den Rücken zu, doch als der Zug in den Platz einbog, hatte sie die Gesichter im Sonnenlicht deutlich gesehen. Neben Wolf Dietrichs frischem, gesundem Aussehen – eine ausgedehnte Dienstreise zu Pferd im Sommer hatte ihm eine nahezu unvornehme Bräune beschert – wirkte der Domdechant Johann Anton von Thun fahl und eingefallen. Den Blick hielt er gesenkt und er schien seine Aufgaben bei der Zeremonie wie innerlich unbeteiligt wahrzunehmen. War er etwa krank? Er hatte doch gesagt, dass er sich auf die Einweihung freute. Nun wurde das Tor geöffnet, und die Kleriker begaben sich ins Innere des Gebäudes. Für die Zuschauer war das Fest beendet.

****

Wenige Wochen später ging die neueste Nachricht von Mund zu Mund: Das Siegel des Domkapitels war wieder aufgetaucht, ausgerechnet in der Kapelle des Kapitelhauses. Der Domdechant Johann Anton von Thun hatte es dort völlig unerwartet zusammen mit dem Domherrn Merk Sittich von Hohenems aufgefunden. Zuvor hatte in diesem Raum zuletzt der Domdechant zu tun gehabt. Wer hatte das Siegel dort hingebracht? Ein reuiger Sünder oder hatte gar der Dechant etwas mit dem Diebstahl zu tun? Oder vernachlässigte er etwa seine Pflichten und ließ die Räume des Kapitelhauses unzureichend überwachen?

Salome ergriff Mitleid mit dem Mann. War es tatsächlich ein Zufall, dass er ausgerechnet in Begleitung Merk Sittichs das Siegel fand? Als sie ihn zuletzt gesehen hatte, wirkte er mindestens ebenso blass und niedergeschlagen wie bei der Einweihungsfeier. Als ihr Beichtvater hatte er ihr schon manch guten Rat erteilt. Er betrachtete sie als normale Ehefrau und Mutter, nicht als nach dem Gesetz der Kirche unverbesserliche Sünderin, die ein unkeusches Leben führte. Wie gern würde sie ihm helfen!

Johann Anton von Thun erwartete Salome in der Sakristei der Franziskanerkirche. Sie kniete nach der Begrüßung nicht auf dem Betschemel vor dem Gitter nieder, um zu beichten, sondern blieb stehen.

„Du hast mir oft geholfen, Johann Anton", sagte sie, „und ich bin dir von Herzen dankbar. Verzeih, aber seit einigen Wochen siehst du selbst wie jemand aus, der Hilfe brauchen könnte. Bist du etwa krank?"

Johann Anton von Thun schüttelte müde den Kopf.

„Ich bin nicht krank. Die Last meines Amtes ist oft nicht leicht…"

„Wenn du lieber ein anderes Amt hättest, könntest du unseren gnädigsten Herrn darum bitten. Er war dir immer in Freundschaft verbunden, wenn er auch als Landesherr oft nicht nach deinen oder den Wünschen des Kapitels gehandelt hat. Aber eine persönliche Bitte wird er dir nicht abschlagen."

„Mit einem neuen Amt ist mir nicht geholfen", sagte Johann Anton. „Ich kann nicht vor dem, was ich weiß, was ich gehört und gesehen habe, weglaufen, vor allem nicht um des Erzbischofs willen. Aber vielleicht kann ich doch etwas tun, ihn schützen…"

Der Thuner schien unter einer schweren inneren Last zu leiden. Wovor wollte er Wolf Dietrich schützen? Es war normal, dass der Landesherr Gegner hatte. Doch sie dachte, dass er sein Land gut im Griff hatte und so weit beliebt war, dass er nicht hinter jeder Ecke ein Komplott oder eine Verschwörung fürchten musste.

„Hat es etwas mit dem verschwundenen Siegel zu tun?", fragte Salome. „Macht man etwa dich dafür verantwortlich? Ist etwas geschehen, von dem unser gnädigster Herr noch nichts weiß?"

„Mit dem Siegel hat es etwas zu tun. Aber wenn ich etwas Unrechtes getan hätte, würde ich es unserem gnädigsten Herrn bekennen, ohne seinen Zorn zu fürchten. Was ich weiß, wiegt schwerer, er sollte sich in Acht nehmen…"

„Vor wem denn?" Es handelte sich wohl um eine bestimmte Person und nicht allgemein über Unzufriedene im Erzstift. „Hat es etwas mit Merk Sittich von Hohenems zu tun?"

Johann Anton, der gerade noch in Gedanken an ihr vorbeigesehen hatte, fuhr herum. Sein Blick verriet ihr, dass sie das Richtige getroffen hatte.

„Wolf Dietrich schickt ihn als Commissarius nach Rom. Er reist in wenigen Tagen ab", sagte Salome. Ohne es zu wollen, hatte sie einfach den Vornamen anstatt der respektvollen Anrede des Erzbischofs verwendet. Der Thuner zog erstaunt die Augenbrauen hoch – er wusste noch nichts vom Abgang des Hohenemsers.

„Das hätte ich gewiss nicht sagen sollen. Verrate möglichst unserem gnädigsten Herrn nicht, dass ich zu viel geredet habe." Niemals gab sie an Dritte weiter, was ihr Wolf Dietrich im Vertrauen erzählt hatte.

Johann Anton nickte und wirkte etwas erleichtert, als er sagte:

„Das ist gut, vielleicht auch nicht." Und nach einer Pause: „In Rom ist er weniger gefährlich als hier…"

Die Eifersucht des Hohenemsers auf alle, die Wolf Dietrich nahe standen, die er mochte und gerne – nicht nur aus Pflichtgefühl – begünstigte, hatte sie erkannt. Dazu zählte auch Johann Anton von Thun. Konnte Merk Sittich eine Gefahr für den Erzbischof selbst sein?

In wenigen Tagen würde der Vetter als offizieller Abgesandter des Erzstifts nach Rom reisen, einerseits eine besondere Ehre, andererseits eine gute Gelegenheit, ihn aus Salzburg für längere Zeit zu entfernen.

„Lassen wir es gut sein", sagte Johann Anton, „ich würde dich nur belasten."

Als Salome die Kirche verließ, schien die Sonne so angenehm warm, dass sie sich entschloss, auf einem Umweg nach Hause zurückzukehren. Die Neugier zog sie zur Abbruchstelle des Münsters. Einen Teil des Fundaments hatte man entfernt, seit sie zum letzten Mal hier gewesen war. Einige Arbeiter werkten mit der Spitzhacke, andere transportierten Schutt und Mauerwerk. Sie wollte nicht zu nahe herangehen, wie sie es auch den Kindern immer wieder einschärfte. Eben wandte sie sich um, um sich auf den Rückweg zu machen, als ihr Blick auf einen herumliegenden Mauerblock fiel. Der war mit einem Vers beschmiert, der mit Wolf Dietrichs Namen begann. Salome blieb stehen und entzifferte den nur noch schlecht leserlichen Satz: *Wolf Dietrich, hüt dich! Merk Sittich sticht dich.* Irgendjemand hatte hier seine Meinung kund getan. Solche Sprüche entsprangen Gerüchten und Geschwätz und enthielten meist doch ein Körnchen Wahrheit.

****

Wolf Dietrich hatte mit seinem Vetter nach dem Abendessen bei Hof noch einen Becher Wein getrunken, bevor dieser am nächsten Morgen nach Rom abreisen würde. Salome fand sein Aussehen blass und müde.

„Plagen dich Zweifel", fragte sie, „ob es richtig ist, Merk Sittich als Abgesandten nach Rom zu schicken?"

„Nein, es ist derzeit das Beste", sagte er, „aber ich fühle mich einfach nicht wohl." Er stützte den Kopf in die Hand und seufzte: „Mir ist richtig übel."

„Hast du den Wein vorkosten lassen?", fragte Salome. Ein unbestimmtes Gefühl des Argwohns beschlich sie, wenn von dem Hohenemser die Rede war.

„Ja gewiss, obwohl ich nicht extra Anweisung gegeben habe, das ist doch selbstverständlich", meinte er. Als Landesfürst musste er auf der Hut sein, nicht nur um des eigenen Wohles, sondern auch um das Geschick des Landes willen. Mit Feinden hatte ein Herrscher zu rechnen. Der plötzliche Tod oder auch nur eine schwere Krankheit des Souveräns könnte eine Staatskrise verursachen. Große Sorge ergriff Salome. Wolf Dietrich war nie krank. Der größten winterlichen Kälte in der Kirche widerstand er ohne Erkältung, und sie konnte sich nicht erinnern, dass er sich jemals den Magen verdorben hätte.

„Soll ich deinen Arzt holen lassen?", fragte sie.

„Den habe ich zu dem erkrankten Festungskommandanten geschickt, der kann noch nicht zurück sein", meinte er.

„Dann einen anderen Arzt?"

„Das verursacht Aufsehen und Gerüchte", schüttelte er den Kopf und erhob sich. „Ich lege mich etwas hin."

Salome gelang es nicht, ruhig zu bleiben. Was mochte Wolf Dietrich, ohne es zu wissen, zu sich genommen haben? Sie eilte zu dem Schrank, in dem sich ihr Schreibgerät befand. Der Gänsekiel war ein geeignetes Mittel, um Erbrechen herbeizuführen.

Sie brauchte sich keine Mühe mehr zu machen. Wolf Dietrich schaffte es gerade noch bis zum Leibstuhl im Ankleidezimmer und übergab sich.

Am späten Abend erschien der Arzt, der Erzbischof fühlte sich jedoch schon besser. Nur am nächsten und teilweise am übernächsten Tag konnte er nicht seinen Amtsgeschäften nachgehen. Was immer seine Gesundheit angegriffen haben mochte, seine Widerstandskraft hatte sich erfolgreich dagegen gewehrt.

Sehr bald traf ein Schreiben des Papstes ein. Das Domkapitel hätte Besorgnis geäußert, hieß es darin. Der Heilige Vater sei durchaus bereit, selbstverständlich nur auf dessen ausdrücklichen Wunsch, Wolf Dietrich einen Koadjutor beizustellen. Seiner Gesundheit wäre es vielleicht zuträglich, sein Arbeitspensum zu reduzieren. Der Erzbischof war über dieses Ansinnen erbost. Merk Sittich von Hohenems musste seine Finger im Spiel haben. Er gab sich in Rom wohl als Stimme des Domkapitels aus, dem das Wohl des Erzstifts und des Erzbischofs sehr am Herzen lag. Gewiss präsentierte er sich selbst als höchst geeigneten Kandidaten für das Amt des Koadjutors. Woher hatte er überhaupt und so rasch über die kurze Zeit von Wolf Dietrichs Krankheit Bescheid gewusst? Der Domdechant Johann Anton von Thun berief eine außerordentliche Sitzung des Kapitels ein, in der der Erzbischof mit großer Bestimmtheit erklärte, dass er die Einsetzung eines Koadjutors nicht einmal mit einem einzigen Gedanken erwog.

Ob Merk Sittich versuchte, den Erzbischof wegen seiner Lebensgemeinschaft mit ihr in Rom anzuschwärzen?, fragte sich Salome. Der derzeitige Papst war seit Jahren im Amt und hatte nichts dagegen unternommen. Sie hoffte, dass es so bleiben würde. Wolf Dietrichs Onkel, der Kardinal, war gestorben. Mit ihm hatte er seinen einflussreichen Fürsprecher und Gönner in Rom verloren.

******

Schneeflocken tanzten vor den Fenstern. Der erste Wintereinbruch hatte das Land in Weiß gehüllt. Im Speisezimmer hatte Salome mit den Kindern gerade das Mittagessen beendet, als eine Dienerin zu dieser ungewöhnlichen Stunde das Eintreffen des Erzbischofs meldete.

Mit eiligen Schritten trat Wolf Dietrich ein, schickte mit einer Handbewegung und kurz angebundenen Worten die anwesenden Kinder, die Dienerinnen und sogar Gisela weg, was er noch nie getan hatte. In ihrem Haus war Salome die Herrin und sie allein hatte der Dienerschaft zu befehlen. Sein Gesichtsausdruck veranlasste sie, kein Wort zu entgegnen.

„Was ist geschehen?", fragte sie. Die Blässe und Müdigkeit in seinen Zügen kam von keiner neuerlichen Krankheit. Es war Entsetzen, nur mühsam verhüllt, was sich in seinem Gesicht spiegelte.

„Johann Anton von Thun", sagte er stockend, als kosteten ihn die Worte Mühe, „hat sich das Leben genommen. Er erschien nicht zur Sitzung des Kapitels. In seiner Wohnung hat er sich selbst – die Kehle aufgeschnitten..."

Salome schrie auf.

Wolf Dietrich sank auf einen Stuhl und schlug die Hände vor das Gesicht. Seine Schultern zuckten. Stundenlang hatte er als oberster Herr allen anderen gegenüber die Selbstbeherrschung gewahrt, die nötigen Anweisungen gegeben, Nachrichten verschickt, alles getan, um ausufernde Gerüchte von vornherein zu verhindern. Er war mit seiner Kraft am Ende.

„Ich sah ihn in seinem Blut liegen, alles war rot bespritzt..."

Salome legte die Arme um ihn und zog seinen Kopf an ihre Brust. Gemeinsam trauerten sie um Johann Anton von Thun.

„Oh Gott", flüsterte Salome, „sei seiner Seele gnädig."

Es war unfassbar. Niemals zuvor hatte sich etwas Derartiges im Land ereignet – ein hoher geistlicher Würdenträger, der Hand an sich selbst legte! Und auf diese schreckliche Art! Johann Anton von Thun musste unter einem furchtbaren Druck gestanden haben, aus dem er keinen Ausweg mehr sah. Es hatte wohl etwas mit seinen Aufgaben als Domdechant zu tun, mit den Gegensätzen zwischen dem Erzbischof, mit dem ihn Freundschaft verband, und den Kapitelherren, mit Machenschaften, von denen er wusste und deren Täter er dennoch nicht preisgeben wollte. Vielleicht war er unbeabsichtigt mitbeteiligt und hätte nur gegen Verrat wieder herausfinden können. Hätte er Merk Sittich von Hohenems verraten müssen? Was mochte der letzte Auslöser für die Verzweiflungstat dieses gewissenhaften Priesters gewesen sein? Seine Geheimnisse nahm Johann Anton von Thun mit ins Grab. Wolf Dietrich segnete ihn selbst ein, ungeachtet dessen, dass ein kirchliches Begräbnis für Selbstmörder verboten war. Seinem Vetter Merk Sittich schickte er ein deutliches Schreiben nach Rom, dass er diese Angelegenheit im Sinn des Erzbischofs vor dem Papst zu vertreten habe, sonst brauche er mit seiner Gunst nicht mehr zu rechnen.

Ob Johann Anton Gewissensbisse wegen der Trauungszeremonie plagten?, fragte sich Salome, in der sie sich mit dem Erzbischof verbunden hatte. Vielleicht hatte er sich aus Freundschaft oder aus Pflichtgefühl seinem Vorgesetzten gegenüber dazu bereit erklärt und es später bereut. Wolf Dietrich betonte immer, dass er keinen Druck ausgeübt hätte.

Ein alter Freund war tot, einer, der aus ganzem Herzen und aus Berufung Priester gewesen war. Dennoch achtete er ihre Liebe, hielt zu ihnen, schützte sie, auch wenn es äußerlich den Anschein haben mochte, als würde der Erzbischof keinen Schutz brauchen. In Wahrheit war er so verletzlich wie jeder andere Mensch.

8 - Die Krise

Die Sonne schien an diesem Oktobernachmittag noch warm genug, um im Garten zu sitzen. Salome und ihre älteste Schwester Sabina sahen zu, wie deren jüngste Tochter, die neunjährige Magdalena, mit der achtjährigen Maria Salome und der fünfjährigen Eusebia durch den Garten tobte. Der dreieinhalbjährigen Cäcilia gelang es, mit den Älteren mitzuhalten, während sich die Beine des knapp zweijährigen Anton als hoffnungslos zu kurz erwiesen, so dass er in bitterliches Weinen ausbrach. Er lief zu seiner Mutter und wollte unbedingt auf ihren Schoß klettern. Diesen Platz nahm jedoch bereits der kleine Viktor ein, der noch lange nicht laufen, sich aber mit lautem Geschrei wehren konnte. Salome rief die älteren Mädchen zu sich und befahl ihnen, etwas Ruhigeres zu spielen und den kleinen Bruder mitmachen zu lassen.

„Wir spielen, wir sind in der Kirche. Setzt euch alle hin!", rief Maria Salome. „Und ich bin der Priester." Gehorsam nahmen die anderen Kinder auf einer Gartenbank Platz. Das nun folgende Spiel war jederzeit beliebt. Maria Salome besaß sprachliches Talent und eine gute Beobachtungsgabe. Es war deutlich zu erkennen, welchen Priester sie nachahmte, zweifelsohne ihren eigenen Vater.

Salome und Sabina sahen amüsiert zu. Maria Salome machte sich jedoch keineswegs lustig. Sie nahm die Religion ernst und interessierte sich sehr für alles Kirchliche. Eusebia neigte allem Religiösen in einer ruhigeren Art zu. Nie wäre es ihr eingefallen, sich so darzustellen wie die ältere Schwester.

Als die Kirchenbesucher auf der Gartenbank nach einer Weile nicht mehr ganz bei der Sache waren und zu kichern und zu tuscheln anfingen, freute auch Maria Salome ihr Spiel nicht mehr.

„Gehen wir ins Gartenhaus", schlug sie vor und lief schon voraus.

In einer Ecke des Gartens stand ein kleines Holzhaus, wo die Kinder gerne spielten. Drinnen hatten sie in einer Truhe ihre Schätze gesammelt, daneben gab es einen Tisch und ein paar Stühle. Schon war die Kinderschar hinter den Bäumen verschwunden.

Der kleine Viktor begann zu quengeln, und Salome schaukelte ihn zur Beruhigung auf den Knien.

„Ein Glück, dass die Kinderfrau meiner beiden Jüngsten nur einmal in der Woche ihren freien Nachmittag hat", lachte sie.

„An Personal dürfte es dir ja nicht mangeln", sagte Sabina mit einem Unterton, der ihre Schwester aufhorchen ließ. Die Frau des reichsten Bürgers von Salzburg, die ihrer jüngsten Schwester von Herzen zugetan war, würde diese doch nicht wegen ihrer Dienstboten beneiden?! Sabina rückte mit dem heraus, was sie ärgerte und bedrückte und was sie über dem unterhaltsamen Spiel der Kinder vorübergehend vergessen hatte. „Mein Mann und seine Brüder haben ein Dekret Seiner hochfürstlichen Gnaden erhalten, von ihm eigenhändig unterschrieben, mit der Aufforderung, das tatsächliche Vermögen unserer Firma wahrheitsgemäß anzugeben – der Ton des Schreibens ist unmissverständlich", sagte Sabina mit Missbilligung in der Stimme. „Er verlangt die Selbsteinschätzung unter Eid. Der bisherige Pauschalbetrag von 100.000 Gulden genügt anscheinend nicht mehr."

Salome schluckte – davon hatte sie nichts geahnt. Doch sie wusste um Wolf Dietrichs Bestrebungen, seine Einnahmen in die Höhe zu schrauben. Der Fürstbischof gestaltete die Einhebung der Vermögensabgabe immer rigoroser und härter. Bisher hatte jeder versucht, seinen Besitz so niedrig wie möglich einzuschätzen und anzugeben, so dass es gerade noch glaubwürdig war, weit unter dem tatsächlichen Verkehrswert. Auf verzögerte Steuerzahlung stand nunmehr eine kräftige Geldbuße, zu niedrig eingeschätztes Gut verfiel zur Gänze dem Fiskus. Erzbischöfliche Kommissionen waren im ganzen Land unterwegs, um alle Grundstücke neu zu vermessen und die Daten in Bücher einzutragen. Der neuerdings verlangte Eid bei der Selbsteinschätzung wog schwer, denn im schlimmsten Fall stand als Strafe auf Meineid das Abhacken der Schwurhand. Wolf Dietrich war kein Freund von brutalen Strafen, er würde sich wohl mit dem Einzug des Vermögens begnügen.

„100.000 Gulden sind sehr viel Geld. Müsstet ihr denn um so viel mehr zahlen, wenn ihr das tatsächliche Vermögen angebt?", fragte Salome. Waren die Steinhausers so reich? Die höchsten Hofbeamten hatten als Jahreseinkommen nur den Bruchteil dieser Summe und davon lebten sie wahrlich nicht schlecht. Als hätte Sabina die Gedanken ihrer Schwester erraten, sagte sie:

„In jedem Fall ist es ungerecht. Die erzbischöflichen Beamten säuseln etwas von gerechter Verteilung der Lasten, aber die adeligen Herren wie etwa unser Schwager Fabrici von Klesheim zahlen keine Steuern, erfreuen sich ihres

Besitzes und Vermögens und kassieren zusätzlich ihr Gehalt als Beamte. Von den Prälaten und sonstigen Geistlichen samt ihren Einkünften will ich gar nicht reden. Und von wem leiht sich Seine hochfürstliche Gnaden Geld?"

„Wolf Dietrich zahlt es aber pünktlich zurück", entgegnete Salome.

„Ja, weil er die Steuern erhöht..."

„Er verlangt, dass sie die Leute ehrlich zahlen..."

„Du hast leicht reden: Alles, was er für dich und die Kinder kauft, kommt doch auch aus Steuergeld – und ihr lebt nicht gerade schlecht. Dir erfüllt er jeden Wunsch. Andere müssen dafür arbeiten", wurden Sabinas Worte heftiger. „Für deinen Mann arbeiten eine Menge Leute – das viele Geld verdient er doch nicht mit eigenen Händen. Den Großteil hat ihm schon sein Vater hinterlassen. Denk mal an Josephas Familie, an ihren Vater, den Riemenschneider. Diese Leute müssen hart arbeiten und sind dabei arm. Die brauchen auch keine Steuern zahlen", sagte Salome verärgert. An den Unterschieden zwischen Adel, Klerus und Bürgerlichen war doch nicht sie schuld! Was sollte diese ungewohnte Missgunst ihrer Schwester?!

Sabina schwieg und sah nachdenklich vor sich hin.

„Verzeih", sagte sie, „ich will nicht mit dir streiten, aber ich mache mir Sorgen. Wer weiß, wie lange die Geschäfte gut gehen, der Ertrag aus den Bergwerken sinkt von Jahr zu Jahr."

Was machte sich Sabina für Gedanken? Salome war für ihr materielles Wohlergehen und das ihrer Kinder dankbar und nahm es andererseits als von Natur gegeben hin. War dies Sorglosigkeit oder eine Tugend? Sie stammte aus einer wohlhabenden Familie. Selbst nach dem Tod ihres Vaters bestand keine Gefahr eines finanziellen Einbruchs. Wolf Dietrich hatte jederzeit reichlich Mittel zur Verfügung – das hatte sie bisher für selbstverständlich gehalten. Er hatte für sie Grundstücke gekauft und Geld im Handelshaus Steinhauser angelegt. Salome hatte unterschrieben und nicht weiter darüber nachgedacht. Sie war daran gewöhnt, dass Geld und Besitz einfach da waren. Gerne half sie armen Leuten, ohne daran zu denken, dass der Tag kommen könnte, an dem sie selbst Hilfe brauchte.

Was wäre geschehen, wenn Wolf Dietrich nicht zum Erzbischof gewählt worden wäre, wenn sie mit ihm ein unsicheres Leben in Italien begonnen hätte? Vielleicht hätten sie mit materieller Not Bekanntschaft gemacht, und womöglich wäre eingetreten, was er unbedingt verhindern wollte: Dass seine Familie unter vergleichsweise einfachen Umständen leben müsste wie seine Eltern. Im Gegensatz zu ihr hatte er wohl daran gedacht. Bis zum heutigen Tag war es ihm nach seinem Ehrgefühl gewiss lieber, auf den Segen der Kirche für seine Ehe zu verzichten als die Seinen in Armut zu sehen. Woher nahm sie die Sicherheit, dass Bedürftigkeit für alle Zeit von ihrem Haus fernbleiben würde? Ein fester, scheinbar unverrückbarer Bestandteil ihres Lebens geriet zum ersten Mal ins Wanken.

****

Im Halbschlaf wickelte sich Salome enger in ihre Decke. Am Abend zuvor hatte es in dichten Flocken zu schneien begonnen. Bis zum Morgen würde der erste Wintereinbruch Stadt und Land in Weiß gekleidet haben. Eine ruckartige Bewegung neben sich und ein Laut wie ein unterdrückter Aufschrei machten sie in einem Augenblick hellwach. Im Dunkeln konnte sie mehr erahnen als sehen, dass sich Wolf Dietrich an den Kopf griff. Er stöhnte erneut auf und sagte etwas, was sie nicht verstand. Salome setzte sich auf und beugte sich zu ihm hinüber.

„Dietrich, was ist? Träumst du?"

„Mein Kopf", sagte er, „Oh Gott, mein Kopf!"

Die Ehre und der Name Gottes waren Wolf Dietrich heilig, niemals nahm er dieses Wort leichtfertig in den Mund. Es konnten nicht einfach Kopfschmerzen sein, die ihn überfallen hatten, sondern es musste sich um ein weit schlimmeres Übel handeln.

„Was ist mit deinem Kopf?", fragte Salome und fühlte seine Stirn. Fieber hatte er offensichtlich nicht.

196

„Es sticht wie mit Messern – es ist schon vorbei... Gib mir deine Hand."

Ihre Hand glitt über seinen Arm bis zu seiner Hand.

„Hier ist sie", sagte sie. Sie fühlte eine leichte Bewegung, doch schien er nicht imstande zu sein, nach ihren Fingern zu greifen. Sie nahm die seinen, die er schwach bewegte, aber nicht um die ihren schloss. Die Hand schien ihm nicht zu gehorchen.

„Was hast du?", fragte Salome wieder.

„Mein Arm und meine Hand fühlen sich seltsam taub an."

In Salome keimte eine dunkle Ahnung auf.

„Ich lasse den Arzt holen", sagte sie und erhob sich. Sie weckte Gisela und schickte sie zu Janschitz. Der durfte auch mitten in der Nacht die Residenz betreten, ohne dass ihm die Wachen Fragen stellten.

Salome hatte mehrere Lampen angezündet, in deren Schein der Arzt den Erzbischof untersuchte. Als er aus dem Zimmer trat, machte er ein besorgtes Gesicht. Er bestätigte Salomes Verdacht: Die so plötzlich aufgetretene Krankheit Wolf Dietrichs hielt er für einen Schlaganfall. Sie konnte es nicht fassen: Er war doch erst fünfundvierzig Jahre alt!

„Morgen in der Früh werde ich den Domdechanten und den Dompropst in Kenntnis setzen", sagte der Arzt. „Dennoch liegt es zu einem guten Teil an Euch, Frau von Altenau, und an Euch, Herr Janschitz, was in der Öffentlichkeit bekannt wird." Janschitz versicherte, dass er ausschließlich den offiziellen Verlautbarungen über die Krankheit des Fürstbischofs zustimmen und kein Wort darüber hinaus sagen würde. Salome nickte nur dazu. Eine schwere Erkrankung des Landesherrn könnte eine Staatskrise herbeiführen, mit Informationen musste sehr vorsichtig umgegangen werden. Doch für politische Erwägungen war in ihrem Kopf und in ihrem Herzen in dieser Nacht kein Platz.

Wolf Dietrichs rechte Körperhälfte war nicht völlig gelähmt, doch gehorchten sowohl Arm und Hand als auch das Bein nicht seinem Willen. Bei den einfachsten Verrich-

tungen benötigte er Hilfe. Nachdem der Arzt seine Anord-
nungen getroffen hatte, blieb Janschitz in Salomes Haus bei
seinem Herrn. Er half ihm, den Leibstuhl zu benützen, das
Hemd zu wechseln und etwas Morgentoilette zu machen. Im
Licht des morgendlichen Wintertages sah Wolf Dietrichs
Gesicht grau und eingefallen aus. Eine Dienerin brachte eine
Schale mit Suppe, die Salome nahm und sich damit an sein
Bett setzte. Er wandte sich ab, wirkte erschöpft. Die Augen
fielen ihm zu.

„Du musst essen", sagte Salome, „das hat auch der Arzt
angeordnet."

Mit einer heftigen Bewegung des Kopfes wandte er sich
ihr zu.

„Noch gestern hatte mir hier niemand etwas zu befehlen.
Über Nacht bin ich ein kranker Mann geworden, nicht
fähig, allein die einfachsten Verrichtungen auszuführen.
Regieren sollte ich – ha! Wie meinem Vorvorgänger wird es
mir ergehen, der mehrere Jahre lang dahinsiechte – und
andere haben über ihn bestimmt und die Entscheidungen
getroffen. Ich wäre besser gleich gestorben..." Er schwieg
erschöpft. Seine Stimme klang anders als sonst, das Sprechen
machte ihm Mühe und kostete ihn viel Kraft.

„Dietrich, wie kannst du so etwas sagen!", rief Salome mit
Tränen in den Augen. „Dein Verstand ist doch völlig in Ordnung. Du wirst dich wieder erholen..."

Er verzog das Gesicht zu einer Grimasse und schloss die
Augen.

„Bitte", sagte sie, „iss doch." Er tat so, als hätte er nichts
gehört. „Bitte", wiederholte sie, „um meinetwillen – und
um der Kinder willen. Du musst wieder gesund werden,
musst kämpfen..."

Er sah sie lange wie in Gedanken versunken an und nickte
schließlich kaum merklich. Mühsam richtete er sich im Bett
auf und machte eine Bewegung, als wollte er nach dem Löffel greifen, den Salome in der Hand hielt. Er seufzte tief, und
sie empfand mit, wie ihm seine Hilflosigkeit neuerlich
bewusst wurde. Sie rückte näher zu ihm, tauchte den Löffel
in die Suppe und hielt ihn an seinen Mund.

„In ein paar Tagen hast du gelernt, mit der linken Hand zu essen", sagte sie, „für heute machen wir es so."

Als die Suppenschale leer war, schlief er sogleich ein. Die innerliche Überwindung, sich von ihr füttern zu lassen, hatte ihn mehr Kraft gekostet als zu essen.

Am Abend, als es längst dunkel war, schafften Janschitz, der Arzt und Angehörige der Garde den Erzbischof in seine Räume in der Residenz. In Salomes Haus hätte er sich wohler gefühlt, doch durch seine Anwesenheit im Bischofssitz ließ sich der Schein wahren, dass er die Regierungsgeschäfte zumindest zum Teil führte.

Salome ließ in seinem Schlafzimmer ein Feldbett aufstellen, auf dem sie viele Nächte zubrachte. Untertags kümmerte sie sich um die Kinder und um die Angelegenheiten ihres Hauses. Für die Kinder sollte das Leben so normal wie möglich weitergehen. Ja, der Vater würde wieder gesund werden, beantwortete sie die Fragen, derzeit könnten sie ihn nicht besuchen, aber vielleicht schon bald, ja, nicht mehr lange, dann würde er wieder zu ihnen kommen. Sie hatte den Eindruck, dass sie die älteren, vor allem Hannibal und Helena, über den Ernst der Krankheit ihres Vaters nicht täuschen konnte. Die beiden hielten die jüngeren Geschwister dazu an, auf die Mutter Rücksicht zu nehmen, selbst der kleine Anton schien das schon ein wenig zu begreifen.

In den meisten Nächten schlief Salome schlecht. In Wolf Dietrichs Zimmer in der Residenz lauschte sie seinem Atem oder fragte sich, ob er vielleicht etwas brauchte, obwohl immer ein Diener oder eine Pflegerin in der Nähe war. Für die Ärzte, die Pflegerinnen und Diener, die ihn betreuten, war Wolf Dietrich kein angenehmer Patient. Den Anordnungen leistete er häufig nur widerwillig Folge - er war es gewohnt, selbst zu befehlen. Über kleine Ungeschicklichkeiten wurde er sehr ärgerlich. Gelegentlich wünschte er unverzüglich eine Speise, die er dann doch nicht mochte. Alle waren froh, wenn der Kammerdiener Janschitz anwesend war. In der Gegenwart seines Vertrauten war der Erzbischof freundlicher und umgänglicher. Am meisten schätzte er Salomes Nähe. Wenn sie über Nacht blieb, wussten sich die Pflegerinnen und Diener vor launischen Wünschen des Kranken sicher. Er fragte sie immer wieder nach den Kindern, sagte, sie solle sie nicht vernachlässigen, und war doch dankbar, wenn sie bei ihm blieb. Das Feldbett war unbequem und noch vor dem ersten Morgengrauen, wenn Wolf Dietrich gewöhnlich ruhig schlief, schlich sie sich davon. Eine der Wachen begleitete sie mit einer Lampe durch die dunklen Räume der Residenz und die wenigen Schritte bis zu ihrem Haus. Wolf Dietrich hatte angeordnet, dass sie nicht allein ging. Blieb sie über Nacht in ihrem eigenen Haus, griffen dunkle Gedanken nach ihrem Herzen. Sie krochen durch ihre Glieder und lösten ein Gefühl der Beklommenheit aus, das ihr gelegentlich fast den Atem nahm.

Im ersten Schrecken über Wolf Dietrichs plötzliche und so schwere Erkrankung empfand sie nur Trauer und Kummer bei der Vorstellung, sie könnte ihn verlieren. Sie hatte nie daran gedacht, dass das geschehen könnte. Wie töricht von ihr! So viele Menschen starben jung. Wie würde ihr Leben und das der Kinder weitergehen? Wolf Dietrich hatte für sie Besitz erworben und Geld angelegt, was sie bisher für übertriebene Fürsorge gehalten hatte. Nun musste sie sich fragen, ob sie im Fall seines Todes wohl ihr Haus behalten könnte und ob ihr Vermögen für sie und die Kinder reichen würde. Vielleicht, bei großer Sparsamkeit, und Wolf Dietrich hatte sie wohl in seinem Testament bedacht. Doch würden sie und die Kinder überhaupt in Frieden leben können? Vielleicht würde man die Mätresse des Erzbischofs aus der Stadt verbannen? Jetzt stand sie unter seinem Schutz. Aber falls ein möglicher Nachfolger Wolf Dietrichs ihr sündiges Leben anprangerte oder zuließ, dass es andere öffentlich taten? Wenn sie mit den Kindern gar das Land verlassen müsste? Wohin sollte sie gehen? Ihre Geschwister, selbst Sabina, würden um ihrer Familien willen auf ihren eigenen Ruf achten müssen. Früher einmal wäre ihr Johann Anton von Thun ein Helfer gewesen, doch der hatte ein schreckliches Ende gefunden. An seiner Stelle war nun ein Kapuzinermönch ihr Beichtvater, der freundlich und gütig zu ihr sprach und sich mit ihrem Lebenswandel einverstanden zeigte. Doch auch nach nunmehr zwei Jahren hatte sie nicht herausgefunden, ob er nur als gehorsamer Diener des Erzbischofs fungierte oder seine ehrliche Meinung vertrat. Wo fand sie mit ihren Kindern Schutz, wenn ihn Wolf Dietrich nicht mehr geben konnte? Die scheinbare Sicherheit in ihrem Leben mochte sich von einem Augenblick auf den anderen als nichtig erweisen.

Salome gelang es nicht, im Gebet Ruhe zu finden. Die dunklen Gedanken bedrängten sie, oder ihr fielen vor Übermüdung die Augen zu. Nur die Worte glitten von ihren Lippen, ihr Herz war nicht beteiligt. Immer häufiger nahm sie das deutsche Neue Testament zur Hand. Am Abend, im Schein der Kerze, bevor sie zu Wolf Dietrich ging, oder am Morgen, wenn sie zurückgekehrt war und das erste Licht durchs Fenster fiel. Viele Geschichten aus den Evangelien kannte sie seit ihrer Kindheit. Doch in dieser schweren Zeit wurden sie überraschend lebendig, als wäre sie selbst mittendrin. Jesus lehrte, heilte Kranke, nahm sich der Armen und Verachteten, der Frauen und Kinder an. Gott hatte die Macht, Wolf Dietrich wieder gesund zu machen und sie und die Kinder zu schützen. Tief berührte sie das Gleichnis vom guten Hirten. Sie fühlte sich selbst wie ein verlorenes Schaf. Das Schaf hatte einen liebevollen Hirten, der es suchte und sogar auf seinen Schultern trug. Jesus, Gott selbst, bot Zuflucht und Schutz! Oh Gott, Herr Jesus, sei uns gnädig und erbarme dich!, schrie Salome in ihrem Herzen.

****

In den Kirchen wurden Messen für die Genesung des Erzbischofs gelesen. Zugleich wurde seine Krankheit in der Öffentlichkeit als harmlos hingestellt. Allerlei Gerüchte waren im Umlauf. Auf Salome fielen neugierige Blicke, sobald sie in der Kirche oder in den Gassen der Stadt zu sehen war. Gelegentlich sprachen sie Leute an, die zum Teil ehrlich besorgt wirkten. Sie antwortete mit einer allgemeinen Floskel und gab keine konkrete Auskunft. Selbst ihrer Lieblingsschwester Sabina gegenüber ließ sie es dabei bewenden.

Noch ein weiteres Geheimnis hütete sie sorgfältig. Salome hatte es kaum glauben können, meinte, es müsste ein Irrtum sein. Wolf Dietrich war doch schon so lange krank. Der Tag, an dem ihre Welt plötzlich Kopf stand, lag, wie ihr schien, viel zu weit zurück. Sie rechnete angestrengt nach – nein, es war wohl keine Täuschung – nur nach ihrem Gefühl war schon so viel Zeit vergangen. Salome ließ die Hebamme nicht ins Haus rufen, schlich sich heimlich hin. Die bestätigte ihre Vermutung: Sie war tatsächlich wieder schwanger! Schon jetzt benötigte sie all ihre Kräfte, woher sollte sie zusätzliche für ein neues Kind nehmen? Wolf Dietrich würde sie es später sagen, wenn es ihm – so Gott will - wieder besser ging. Er war nicht in der Verfassung, ihr eine Stütze zu sein.

Wolf Dietrichs Zustand besserte sich nur langsam. An den Lähmungserscheinungen änderte sich vorerst nichts. Er war weniger müde und erschöpft und entwickelte einige Geschicklichkeit, Dinge mit der linken Hand zu erledigen. So weit es ging, lenkte er die Regierungsgeschäfte vom Krankenbett aus. Als Ersatz für seine Unterschrift wurde ein Stempel angefertigt, da alle Versuche, mit der linken Hand seinen Namenszug einzuüben, in einem hässlichen Gekrakel endeten. Der Kanzler, der Sekretär und der Hofmarschall erstatteten regelmäßig Bericht über die laufenden Geschäfte. Eine schwierige Aufgabe hatte der alte Dompropst. Bei seinen Besuchen erschien er mit bekümmerter Miene. Er hielt in Loyalität zu Wolf Dietrich, während der Domdechant und die Domherren die Schwäche des Erzbischofs als willkommene Gelegenheit betrachteten, an Eigenständigkeit zurückzugewinnen und ihre Interessen durchzusetzen. Es wäre doch ein günstiger Zeitpunkt für die Bestellung eines Koadjutors, der Entscheidungen im Sinn des Domkapitels treffen würde! Merk Sittich von Hohenems kehrte nach langer Abwesenheit aus Rom zurück und würde nicht zögern, sich als möglichen Kandidaten zu präsentieren, erzbischöfliche Nachfolge nicht ausgeschlossen. Die mächtigen Nachbarn sahen die Gelegenheit gekommen, Einfluss in Salzburg zu gewinnen. Deren Gesandte, der des Bayernherzogs und der des Kaisers, erschienen alsbald und überbrachten gute Wünsche für baldige Genesung des Landesherrn. Oder wollten sie die Lage erkunden, wer als Nachfolger dem jeweiligen Nachbarn am besten zu Gesicht stünde?

Salome beobachtete all dies hellhörig, doch mit für sie selbst erstaunlicher Gelassenheit. Gott würde sie schützen, was immer geschah!

****

Als die ersten Bäume blühten, kehrte das Gefühl in Wolf Dietrichs rechte Hand und in sein rechtes Bein zurück. Er ging seinen Amtsgeschäften nach, doch verließ er die Residenz noch nicht. So mancher Höfling und Beamte musste nun aus nachlässigem Schlendrian wieder zu gewissenhafter Pflichterfüllung zurückkehren.

Salome ging zum offenen Fenster und atmete tief die um diese Tageszeit recht kühle Frühlingsluft ein, bevor sie es schloss. Wolf Dietrich hatte sich bereits zur Ruhe begeben. Sie wollte sich gerade für die Nacht auf dem Feldbett einrichten, als er sagte:

„Ich schätze es sehr, wenn du bei mir bleibst, doch du würdest dich in deinem eigenen Bett besser ausruhen."

„Ich bin aber gern hier."

Er machte eine Bewegung mit seiner rechten, kranken Hand:

„Komm doch zu mir."

Sie stieg die Stufe zu dem Himmelbett hinauf und setzte sich zu ihm. Er legte seine rechte Hand auf ihren Bauch. Seinen Blick im Schein der Lampe deutete sie richtig:

„Du weißt es?"

„Schon länger. Du hast dir große Mühe gegeben, es zu verbergen. Ich kenne dich, du kannst mir nichts vormachen. Du bist innerlich stärker als früher, darum hast du mir auch nichts gesagt. Ich hatte viel Zeit zum Beten und Nachdenken. Wenn ich wieder gesund bin, weiß ich, was ich für dich und die Kinder tun werde..."

„Werde nur bald wieder gesund", sagte sie, „sonst brauchst du nichts zu tun..."

****

Tags darauf konnte Salome nicht mehr über Nacht bei Wolf Dietrich bleiben. Die sonst so lebhafte Euphemia lag mit Fieber und Husten im Bett. Obwohl sie keineswegs wehleidig und empfindlich war, klagte sie, dass sie sich hundeelend fühle. Am nächsten Tag stieg das Fieber an, der Hals schmerzte, die Nase lief, und das Licht tat ihr in den Augen weh. Was der Arzt vermutete, fand Salome am darauf folgenden Morgen beim Blick in Euphemias Gesicht bestätigt. Es zeigte blassrote Punkte. Sie strich Euphemias schweißnasses Haar zurück und fand den Ausschlag in dichterer Form hinter den Ohren. Die Krankheit, die gerade in der Stadt Salzburg unter den Kindern grassierte, hatte vor dem Nachwuchs des Erzbischofs nicht Halt gemacht. Euphemias gesamter Körper würde bald mit roten Flecken übersät sein, und es würde ein Weile dauern, bis sie die Masern überstanden hatte. Die temperamentvollste und kontaktfreudigste von Salomes Töchtern nützte jede Gelegenheit, um mit anderen Kindern zu spielen. Es war kein Wunder, dass sie die Seuche einschleppte. Da half es auch nichts, dass die Kinder von einem Hauslehrer unterrichtet wurden und nicht die öffentliche Schule besuchten.

Andererseits kannte die Krankheit ohnedies keine Standesgrenzen. Vor einigen Jahren hatte sie die aristokratisch gesinnte Helena, die den gesamten Adelsstolz ihrer väterlichen Vorfahren geerbt zu haben schien, ebenso heimgesucht wie deren Bruder Hannibal. Die beiden erkrankten im Sommer, als sich Salome mit den jüngeren Geschwistern auf dem Landsitz aufhielt. Sie überließ die Kleinen den Kinderfrauen und der Dienerschaft, kehrte zurück und betreute ihre Ältesten. So blieben die Geschwister verschont. Nun würden wohl die Jüngeren eins nach dem anderen oder zum Teil gleichzeitig an die Reihe kommen. Ihr Haus würde für die kommenden Frühlingswochen ein ständiges Krankenlager sein.

Eusebia, Cäcilia und Anton erkrankten nahezu gleichzeitig. Eusebia erwies sich von ihrem ruhigen Naturell her als geduldig, zu Salomes Erstaunen auch der kleine Anton, während Cäcilia jammerte und klagte und es fertigbrachte, Mutter, Kinderfrau und Dienerinnen auf Trab zu halten. Euphemia war schon fast wiederhergestellt und begann sich in ihrem Bett zu langweilen, als eines Morgens Matthias Janschitz mit Nachschub an Kräutern erschien, die seine Frau Rosalia ebenso schickte wie einen Trank für Salome zur Stärkung. Sogleich goss sie aus der Flasche eine winzige Menge in einen Becher und kostete. Lachend verzog sie das Gesicht.

„Wenn die Mixtur so wirksam ist wie sie scheußlich schmeckt", sagte sie, „werde ich nicht so bald ermatten. Das könnt Ihr zusammen mit meinem herzlichen Dank Eurer Frau bestellen."

„Muss ich das auch einnehmen?", hörte sie Euphemias Stimme hinter sich, die im Hemd in der Tür stand. Bevor sie Salome noch mit energischen Worten in ihr Bett zurückschicken konnte, hatte ihre Tochter den Onkel Janschitz, wie ihn die Kinder nannten, schon überredet, sie doch kurz zu besuchen. Er tröstete auch die Geschwister, besonders die sehr leidende Cäcilia.

Euphemia war wieder gesund und die anderen Kranken auf dem Weg der Besserung, als sich bei Maria Salome die typischen Anzeichen der beginnenden Masern einstellten. Während sich die roten Flecken nur spärlich und blass zeigten, litt sie an Durchfall und von Tag zu Tag zunehmend an Mattigkeit und großer Erschöpfung. Schließlich weigerte sie sich, auch nur ein paar Löffel Suppe zu essen.

„Es tut so weh", jammerte sie und wand sich wie in einem Krampf. Sie stöhnte auf und lag wie zuvor still und blass in ihrem Bett.

Angst kroch in der Mutter hoch. Was stimmte mit Maria Salome nicht? Die Krankheit verlief anders als bei den Geschwistern. Die Tochter sollte schon auf dem Weg der Besserung sein, doch im Gegenteil, sie schien zu - verfallen. Salomes Gedanken formulierten wie von selbst das schreckliche Wort – so sprach man von Schwerstkranken, die der Tod bedrohte. Maria Salomes Leben stand in Gefahr zu verlöschen.

Salome sank auf den Rand des Bettes nieder. Das konnte, durfte nicht sein! Ihre Müdigkeit zu dieser späten Stunde, die nur durch den Schein einer Kerze schwach erhellte Dunkelheit und die stickige Luft im Zimmer vernebelten ihr wohl die Sinne. Sie nahm nicht wahr, dass hinter ihr die Tür ging, und schrak zusammen, als sie eine Hand auf ihrer Schulter fühlte. Sie wandte sich um und beobachtete die Veränderung in Wolf Dietrichs Gesicht, während er seine Tochter anblickte.

„Es geht ihr schlecht", sagte er, „wir sollten bei ihr bleiben und beten."

Die von Salome erhofften beruhigenden Worte blieben aus, die ihr bestätigen würden, dass sie sich getäuscht hatte.

Er setzte sich auf einen Stuhl neben dem Bett und nahm die Hand seiner Tochter. Maria Salome öffnete die Augen und wandte ihm ihr Gesicht zu.

„Vater", flüsterte sie, „der Heiland ruft mich..." Ihre Augen waren wieder geschlossen. „Maria Salome", sagte er und strich über ihre Wange, „hörst du mich?" Er erhielt keine Antwort.

Die Stunden der Nacht gingen dahin, eine nach der anderen, während sie zusehen mussten, wie das Leben aus dem Körper ihrer Tochter schwand.

Wolf Dietrich sprach seiner Tochter die Worte der Absolution zu und salbte sie mit der letzten Ölung. Die eingeschränkte Bewegungsfähigkeit seiner rechten Hand machte ihm sichtlich Mühe. Während er leise die lateinischen Worte sprach, kniete Salome am Fußende des Bettes. Sie fühlte, wie sich im Zimmer Ruhe und Friede ausbreiteten, eine Ahnung von der himmlischen Welt, die den tiefen, herzzerreißenden Schmerz noch nicht zuließ. Als Wolf Dietrich geendet hatte, faltete er Maria Salome die Hände über der Brust, sie war gegangen.

In dieser Nacht weinte Salome zusammen mit Wolf Dietrich um ihre Tochter. Ab dem nächsten Morgen musste sie sich zusammennehmen, für die anderen Kinder da sein, deren Fragen beantworten, den Dienstboten die nötigen Anweisungen geben.

Maria Salome wurde in der Klosterkirche am Nonnberg beigesetzt, ihr Vater segnete sie selbst ein. Warm und freundlich schien an diesem Tag die Sonne vom Himmel, als wäre die Welt in schönster Ordnung.

Viele Menschen umarmten Salome in ehrlicher Anteilnahme, drückten ihr die Hand. Es gab natürlich auch eine Menge neugieriger Gaffer. Die Konkubine des Erzbischofs und ihre Kinder zogen die allgemeine Aufmerksamkeit auf sich, diese unrechtmäßige Familie Seiner hochfürstlichen Gnaden. Besonders schätzte es Salome, dass ihr Bruder warmherzig auf sie zukam. Vielleicht könnte er sich eines Tages sogar dazu überwinden, sie zu besuchen. Sein Haus würde sie nicht betreten, so viel Entgegenkommen verlangte sie nicht von ihm. Sehr lieb war Rosalia, die selbst keine Kinder und in ihrem nahe gelegenen Haus jederzeit eine offene Tür für Salomes Töchter hatte. Diese Freundschaft und sein Besuch hatten ihrem Mann Matthias Janschitz den fast ein wenig lächerlichen Umstand eingebracht, dass er ebenfalls an den Masern erkrankte.

✳✳✳✳✳✳✳

Was außerhalb ihrer Familie vorging, nahm Salome in diesen Tagen nur am Rande wahr. Ihre Kräfte brauchte sie für sich selbst und ihre Kinder. Besonders die Jüngeren hatten ihre eigene Art, mit Trauer umzugehen. Sie brachen unvermittelt in Tränen aus, wenn ihnen das Fehlen der

Schwester schmerzlich bewusst wurde, und lachten kurz darauf über irgendeinen Unsinn. Salome ermahnte am Frühstückstisch Euphemia und Eusebia, die über eine Haarschleife zu streiten begonnen hatten, die die Jüngere angeblich von den Sachen der Älteren genommen hatte. Da meldete eine Dienerin, dass die Frau Rosalia unbedingt die gnädige Frau sprechen wolle. Sie sehe verweint aus und sei ganz aufgeregt.

So wie Rosalia aussah, hatte sie die Nacht wachend am Bett ihres Mannes verbracht. Sie sagte, er hätte im Fieber fantasiert. Ein neues Übel war hinzugekommen. Seit Tagen quälte ihn ein starker Husten und gelegentlich spuckte er Blut. Der Arzt war gerade bei ihm gewesen und hatte bedenklich den Kopf geschüttelt. Er meinte, der Wunsch des Kranken, den Erzbischof zu sehen, nach dem er bereits mehrmals gefragt hatte, sollte erfüllt werden. Das Fieber war keineswegs gesunken, doch schien er klar bei Sinnen zu sein. Es stand schlimm um Matthias Janschitz. Seine Frau rang verzweifelt die Hände.

„Warum geht Ihr nicht in die Residenz, Rosalia?", fragte Salome. Jeder wusste, wie sehr der Erzbischof seinen Kammerdiener schätzte. Keiner der Wachen oder Lakaien würde es wagen, dessen Frau einfach wegzuschicken.

„Seine hochfürstliche Gnaden ist in der Sitzung des Domkapitels, die kann bis zum Mittag dauern, sagen sie, und dass niemand stören darf –, aber Matthias, ich meine, mein Mann ist jetzt gerade bei Sinnen, wer weiß, wie lange...", sagte Rosalia, den Tränen nahe.

Salome erhob sich.

„Ich hole ihn", sagte sie bestimmt. „Geht zu Eurem Mann und sagt ihm, dass der gnädigste Herr kommt." Sie wies eine Dienerin an, ihren Umhang zu bringen.

Rosalia hatte sich schon eilig mit vielen Dankesworten verabschiedet, als Gisela, die Kinderfrauen, die anwesenden Dienerinnen und die größeren Kinder, die die Situation verstanden, sie immer noch mit großen Augen anstarrten. Was sie vorhatte, war unerhört!

Salome nahm den Weg um die Franziskanerkirche herum und ging die Mauer des Stiftes St. Peter entlang. Sie warf einen Blick auf die Abbruchstelle des Münsters, die verödet dalag. Die Arbeiter hatten ihr Werk vollendet und für den Neubau war noch kein Beginn in Sicht. Noch immer gab es keinen Plan, der dem Erzbischof geeignet erschien und der ihn zufriedenstellte. Vor dem Kapitelhaus blieb Salome kurz stehen, bevor sie entschlossen auf das Portal zuging. Der Wachhabende, der gerade noch gelangweilt die Passanten beobachtet hatte, stellte sich ihr sogleich in den Weg.

„Ich muss Seine hochfürstliche Gnaden in einer äußerst dringenden und wichtigen Angelegenheit sprechen", erklärte sie mit fester Stimme und blickte dem Wächter geradeaus ins Gesicht. Der musterte sie von oben bis unten, zuerst sichtlich erstaunt und unverhohlen neugierig, dann nahm sein Gesicht wieder einen unbeteiligten Ausdruck an. Zu ihrer eigenen Überraschung gab ihr der Mann den Weg frei. Seiner Meinung nach war sie einerseits ungefährlich, andererseits wollte er sich mit seinem höchsten Herrn keinen Ärger einhandeln, indem er sie nicht gewähren ließ. Salome betrat die Eingangshalle. Auch hier standen Wächter. Sie ging auf den Treppenaufgang zu. So viel sie wusste, lag der Sitzungssaal im ersten Stock. Dort stand gewiss wieder ein Wächter oder Lakai, an den sie sich mit ihrem Anliegen wenden konnte und der hoffentlich gewillt sein würde, die Sitzung zu stören und dem Erzbischof ihre Nachricht zu überbringen. Vielleicht hätte sie einen Zettel schreiben sollen, um ihn dem Diener zu geben. Dazu war es zu spät.

„Frau von Altenau?", fragte eine Stimme hinter ihr.

Salome wandte sich um.

„Herr von Hohenems!" Offensichtlich war Merk Sittich verspätet auf dem Weg zur Sitzung des Domkapitels.

„Was führt Euch ins Kapitelhaus?", fragte er. Missbilligung und Verwunderung lagen in seinem Blick. „Kann ich Euch helfen?" Er kam genau im richtigen Augenblick, auch wenn es sie nicht freute, ausgerechnet Merk Sittich um Hilfe bitten zu müssen. Ja, selbstverständlich würde er Seiner hochfürstlichen Gnaden sogleich Bescheid sagen, sie möge hier warten. Sie sah ihm nach, wie er den Treppenaufgang hinaufeilte. Seine Freundlichkeit wirkte unecht. Salome hatte das Gefühl, dass dieser Mann gleichsam auf der Lauer lag und auf die für ihn günstige Stunde wartete.

Wolf Dietrich stieg langsam die Treppe hinunter. Sein Gesicht zeigte keinen Unwillen, dass sie in unbefugter Weise ins Kapitelhaus eingedrungen war und ihn hatte holen lassen.

„Steht es so schlimm um ihn?", fragte er besorgt.

Salome nickte bekümmert:

„Ich fürchte ja."

„Begleitest du mich bis zum Haus von Janschitz? Besuchen möchte ich ihn allein."

„Ja, natürlich", sagte Salome überrascht. Sie hatte erwartet, er würde einen oder zwei der Wächter rufen, um ihn zu begleiten.

Der Weg zum Haus von Matthias und Rosalia Janschitz war kurz, nur zweimal um die Ecke. Salome konnte sich kaum erinnern, jemals am hellichten Tag mit Wolf Dietrich einfach auf der Straße gegangen zu sein. Ja, ganz am Anfang ihrer Bekanntschaft, als ihre Begegnungen noch zufällig waren. Ihre Beziehung zu dem Domherrn hielt sie geheim, und der Fürstbischof begab sich niemals ohne Höflinge und Wächter auf die Straße und selbstverständlich nicht in Begleitung seiner Mätresse. Er trug nicht den Purpur des päpstlichen Legaten und war auf Grund seiner Krankheit schon lange nicht mehr in der Öffentlichkeit erschienen. Die Passanten beachteten die Frau in Trauerkleidung und den geistlichen Würdenträger nicht. Die zahlreichen Kleriker gehörten in Salzburg zum alltäglichen Straßenbild. Plötzlich blieb ein Mann, offensichtlich ein Handwerker, vor ihnen stehen, riss überrascht die Augen auf, verneigte sich tief und flüchtete an die gegenüberliegende Hauswand. Dort stieß er beinahe mit zwei anderen Männern zusammen, denen er etwas zuflüsterte, worauf alle drei auf die Knie fielen. Oder war das nur die Folge des Zusammenstoßes? Wolf Dietrich beachtete die Szene nicht und nahm Salome am Arm.

„Komm", sagte er. Er wollte die Leute glauben machen, dass sie sich geirrt hatten. Sie standen bereits vor dem Haus des Kammerdieners. Mit einem schmerzlichen Ausdruck im Gesicht nickte er ihr zum Abschied zu. Die Tür schloss sich hinter ihm, und sie wandte sich zum Gehen. Sie fühlte sich wie betäubt. Zu viele Gefühle stürmten auf sie ein, die sie nicht mehr alle gleichzeitig fassen konnte: die Trauer um ihre Tochter, Janschitz, der mit dem Tod rang, und mit Wolf Dietrich war sie einfach durch die Straßen gegangen, als wären sie ein normales Paar wie jedes andere.

Nach wenigen Tagen starb Janschitz. Wolf Dietrich verlor seinen langjährigen Vertrauten und Salome und die Kinder einen lieben Freund. Soweit es in ihren Kräften stand, wollte Salome seiner Witwe Rosalia beistehen.

****

Im Sommer brachte Salome ihr neuntes Kind zur Welt. Nur zu gut kannte sie die damit verbundenen Schmerzen und Mühen, besondere Schwierigkeiten traten nicht auf. Erst als das Kind gebadet und angezogen und das Zimmer aufgeräumt war, durfte Wolf Dietrich eintreten. Er setzte sich an ihr Bett, und Salome legte ihm den gesunden, kräftigen Knaben in den Arm.

„Nach den zahlreichen Töchtern sind nun die Söhne an der Reihe", sagte sie. Sie wollten ihn Eberhard nennen nach einem von Salomes Großvätern und entsprechend Wolf Dietrichs Vorliebe für Namen, deren Bedeutung für Stärke und Kraft stand.

„Es ist an der Zeit, dass ich für dich und die Kinder vorsorge", sagte er. „Ich werde langsam alt..."

„Aber du bist doch fast wieder gesund", sagte Salome, „und wir sind in Gottes Hand." Er reichte ihr den Säugling zurück und streichelte ihr Haar.

„Deine Bescheidenheit und dein Gottvertrauen ehren dich, doch ich habe nur zu deutlich erfahren, wie rasch das Leben zu Ende sein kann. Sogar in der Heiligen Schrift steht, dass ein Christ für die Seinen sorgen soll."

„Du hast schon Geld im Handelshaus der Steinhausers für mich angelegt und Grundstücke gekauft", meinte sie.

„Für ein standesgemäßes Leben würde das nicht lange reichen", sagte er. „Du hast für mich deinen guten Ruf geopfert und alles aufgegeben. Ich kann nicht zulassen, dass du eines Tages in Armut lebst – nein", fuhr er fort, als sie die Hand auf seinen Arm legte, „widersprich mir nicht, Liebes. Die Vorstellung ist mir unerträglich, dass du und die Kinder unter so einfachen Umständen leben müsstet wie meine Mutter..."

Salome drückte seine Hand. Bis zum heutigen Tag prägte und belastete ihn die Erfahrung seiner Kindheit: Seine Eltern lebten für Adelige in bescheidenen Verhältnissen, und seine Mutter, die aus einer weit wohlhabenderen Familie stammte, führte ein sehr arbeitsreiches Leben. Auf den angrenzenden Gütern lebte der Reichsgraf Jakob Hannibal, Wolf Dietrichs Onkel, der Feldherr, mit seiner Familie in Reichtum und Wohlstand. Die armen Verwandten durften auf dessen Schloss all den Luxus bestaunen. Der Erzbischof würde alle legalen Mittel ausschöpfen, um seine Familie vor Armut zu bewahren.

Zum Fest des heiligen Rupert am 24. September, das in Salzburg wie jedes Jahr gebührend gefeiert wurde, trafen Hans Ulrich und Hans Werner, die Brüder des Erzbischofs, als Gäste in Salzburg ein. Salome wurde abends zu einer kleinen Familienfeier in der Residenz erwartet. Sie ließ sich ein elegantes, dunkelgrünes Kleid und dezenten Schmuck bereitlegen. Nachrichten und Briefe gingen so langsam, dass die Verwandten über Wolf Dietrichs gute Verfassung überrascht waren. Sie wollte ihnen nicht durch ihre Trauerkleidung die Freude verderben.

Den kleinen Eberhard stillte sie, ließ den schon fast schlafenden Säugling noch ein Weilchen an ihrer Schulter liegen und brachte ihn zurück in seine Wiege. Seine Brüder Viktor und Anton hatte die Kinderfrau bereits zu Bett gebracht. Salome sprach mit ihnen in ihrem Zimmer ein Gebet und zeichnete jedem ein Kreuzchen auf die Stirn. Seit der

Masernerkrankung im Frühjahr hatten sich die Mädchen angewöhnt, sich zum gemeinsamen Abendgebet im Andachtsraum ihrer Mutter zu versammeln. Salome war dafür dankbar. Sie brauchte nicht von einem Zimmer zum anderen zu gehen, vorbei an Maria Salomes Tür, hinter der die Leere gähnte.

Nachdem sie fertig angezogen war, ging sie zuletzt zu Hannibal, um ihm eine gute Nacht zu wünschen. Auf dem Weg zurück blieb sie an einem Fenster stehen und schaute in den Garten hinunter. Der eben aufgegangene Vollmond tauchte ihn in einen milden Schein. Was für ein schöner Anblick! Sie ging die Treppe hinunter und trat durch den offenen Torbogen in den Hof. Für die Jahreszeit war die Luft ungewöhnlich mild. Der Brunnen lag wie verschlafen im Mondlicht. Salome tauchte die Hände in das Becken und benetzte mit dem klaren, kalten Wasser ihr Gesicht. Sie hatte das Gefühl, als würde sie nach langer Zeit erstmals wieder vollends wach. Der letzte Winter, das Frühjahr und der Sommer waren mit Sorge, Kummer und Trauer ausgefüllt gewesen, dass sie den Lauf der Jahreszeiten kaum wahrgenommen hatte. Die Geburt des kleinen Eberhard riss sie kurz aus ihrem trübseligen Nebel, doch dieser Farbtupfer war nur zu bald im allgemeinen Grau versunken. In diesem Augenblick genoss sie die milde Luft, das Wasser, das Rascheln der Blätter in den Bäumen. In wenigen Wochen würden stürmischer Wind, Kälte und der erste Schnee die Natur winterlich erstarren lassen.

„Gnädige Frau?", hörte Salome eine Stimme hinter sich. Wolf Dietrichs neuer Kammerdiener, ein zuverlässiger und anstelliger junger Mann namens Wenzel, stand mit einer Lampe unter dem Torbogen. Er kam sie abholen. „Seid Ihr bereit?", fragte er.

„Ja, gehen wir!" Zu ihrer gefälligen äußeren Erscheinung brachte sie auch ein frohes Herz mit.

„Ich freue mich sehr über diese unerwartete Familienfeier", sagte Wolf Dietrich, als sie die Becher hoben und einander zutranken. „Der heute unterzeichnete Vertrag wird uns allen zum Besten dienen." Er hatte lange geübt, um wieder eigenhändig unterschreiben zu können. Viele Blätter Papier waren zerknüllt auf dem Boden gelandet, bis sein Namenszug einschließlich des gitterartigen Schnörkels darunter nahezu wieder so aussah wie vor seiner Erkrankung.

Hans Ulrich und Hans Werner, die beiden Ordensritter, bekundeten ihre Zufriedenheit über den soeben abgeschlossenen Vertrag zwischen dem Erzbischof und dem Domkapitel. Die Vereinbarung mochte eines Tages für sie von Vorteil sein, zweifelsohne diente sie jedoch an erster Stelle Salome und ihren Kindern.

„Für Euch soll gut gesorgt sein, Frau von Altenau", bekräftigte Hans Ulrich. „Das haben sich treue Gefährtinnen von Geistlichen verdient. Leider bin ich nicht so mutig wie mein ältester Bruder." Der Ordensritter hatte eine langjährige Geliebte und einen Sohn. Nur wussten von diesem Verhältnis nur wenige.

„Wie geht es Eurem Sohn und - seiner Mutter?", fragte Salome. Was für eine dumme Formulierung! Doch wie sollte sie fragen? Es freute ihn sichtlich, von den beiden zu erzählen.

Wolf Dietrich erklärte das Vertragswerk, das er ausgearbeitet und dem Domkapitel vorgelegt hatte. Schon viel hatte er geleistet und die Einkünfte des Erzstifts vermehrt. Der Erzbischof erhielt das Recht, frei über jene Einnahmen zu verfügen, die nicht zur Deckung der laufenden Ausgaben notwendig waren. Er und zukünftige Erzbischöfe könnten sie an Verwandte oder andere Personen ihrer Wahl verschenken. Der Vertragstext hatte andererseits genaue Bestimmungen zum Schutz des Eigentums des Landes zum Inhalt sowie die Verpflichtung, für dessen weiteres Wohlergehen zu sorgen und keine Schulden in größerem Ausmaß zu machen. Besitzstreitigkeiten waren in kirchlichen Herrschaftsgebieten keine Seltenheit, besonders Erbschaftsstreitereien nach dem Tod eines Erzbischofs zwischen Domkapitel, nachfolgendem Landesherrn und Verwandten des Verstorbenen. Das Domkapitel stimmte zu, da eine genaue Regelung für alle Beteiligten sinnvoll erschien. Zweifelsohne zum Schutz Salomes und ihrer Kinder wurde festgehalten, dass alle Besitzrechte, die der Erzbischof zu Lebzeiten vergab, von seinen Nachfolgern anerkannt und geschützt werden mussten.

Hans Ulrich und Hans Werner verabschiedeten sich und begaben sich in ihr Quartier, einen neuen Palast, der zur Residenz gehörte.

„Es war ein schöner Abend", sagte Salome. Sie ging mit Wolf Dietrich durch die mit Kerzen beleuchteten Räume und Säle. Am Treppenabgang, der nahe dem Ausgang zu ihrem Garten endete, wartete bereits Wenzel mit der Lampe. Er würde sie nach Hause begleiten. Seit seiner Erkrankung verbrachte der Erzbischof die Nächte in der Residenz. Gleich am frühen Morgen sah jeden Tag der Arzt nach ihm.

„Ja, schade, dass der Abend fast zu Ende ist", sagte er. „Gehen wir doch noch ein wenig in den Garten!"

Wenzel stieg vor Wolf Dietrich und Salome mit der Lampe die Treppe hinunter und leuchtete ihnen den Weg aus.

„Kehr mit der Lampe um", wies Wolf Dietrich seinen Kammerdiener an, als sie ins Freie traten. „Der Mond scheint hell genug."

Sie gingen den überdachten Gang die Franziskanerkirche entlang und bogen in einen Weg unter den Bäumen ein. Auf der Bank, die unter dem ältesten und mächtigsten Baum stand, ließen sie sich nieder. Salome schlüpfte aus den Schuhen und setzte die Füße auf das Gras. Es fühlte sich kühl und feucht an. Wolf Dietrich legte den Arm um sie, Salome die Hand auf sein Knie. Wie lange war es wohl her, dass sie so bewusst die Wärme seines Körpers gefühlt hatte? Es erschien ihr wie ein halbes Leben. Äußerlich hatte er sich in all den Jahren nur wenig verändert. Einzelne Silberfäden durchzogen das schwarze Haar und den Bart. Das wenige, was er durch die üppige Kost der Hoftafel an Leibesfülle zugelegt hatte, hatte er durch die lange Krankheit wieder verloren. Salome fühlte seinen Atem und seine Lippen in ihrem Haar. „Mein Geliebter", flüsterte sie. Es war, als hätte sie ihn bereits verloren und wieder zurückgewonnen. Er küsste sie leidenschaftlich. Eine süße Sehnsucht stieg in ihr hoch. Sie schlang die Arme um ihn, als wollte sie ihn festhalten und nicht wieder loslassen. Seine Hand schlüpfte unter ihren Umhang und glitt auf ihren Rücken. Sie fühlte, wie er einen der Knöpfe an ihrem Kleid öffnete.

„Wir sind doch im Garten!", sagte sie. Er öffnete einen zweiten Knopf. „Das könnte ich vergessen, Liebste", sagte er, „so sehr betörst du mich nach all den Jahren immer noch. Gehn wir hinein."

In stillem Einverständnis gingen sie eng umschlungen durch den Garten und den Hof. Die Dienerin, die im Haus auf ihre Herrin wartete, war eingeschlafen. Salome weckte sie nicht. Sie nahm die Lampe, in deren Schein sie mit Wolf Dietrich zu ihrem Schlafzimmer hinaufstieg.

Ihre Wange lag an seiner Schulter. Er schlief, sie war noch wach. Sie lauschte seinen regelmäßigen Atemzügen. Rund um das Bett lagen die Kleidungsstücke verstreut, es war ihr egal. Der Arzt würde am Morgen den Erzbischof nicht antreffen, und Wenzel hatte wohl lange umsonst auf seinen Herrn gewartet. Der Kammerdiener würde im Laufe der Zeit mit den Gepflogenheiten vertraut werden. Was sie taten, war unvernünftig. Sie hatten neun Kinder und waren sozusagen ein altes Ehepaar. Was zählte das alles?! Sie hatte ihren Geliebten wieder und war selten mit ihm so glücklich gewesen. Seiner körperlichen Liebesfähigkeit hatte die Krankheit keinen Abbruch getan. Vor Wohlbehagen hätte sie schnurren mögen wie eine Katze. Was für ein Geschenk, dass wir uns haben, dachte sie im Einschlafen.

****

Die Soldaten, die sich auf dem Marktplatz versammelten, boten ein farbiges Bild. Nach den Anweisungen eines Obristen der erzbischöflichen Garde nahmen sie in Marschordnung Aufstellung. Reiter, Gardisten und Angehörige der Bürgerwehr waren vertreten. Die Gewehrläufe blitzten in der Sonne, und vielen sprach der Spaß an diesem Unternehmen aus den Augen.

„Mit den Bauerntölpeln werden wir im Handumdrehen fertig", rief einer übermütig über den Platz, der mit einem Zweiten gerade aus einer Seitengasse zu dem Trupp stieß.

„Da hat er Recht", lachte Hannibal und drehte sich im Sattel nach seiner Mutter um.

Salome hatte sich von ihren beiden ältesten Kindern überreden lassen, mit ihnen zu ihrem Landsitz vor der Stadt zu reiten. Die anderen Kinder samt Kinderfrauen und Dienstboten schickte sie mit den Kutschen. Gerade wollte sie die Straße in Richtung Stadttor nehmen, als vom Marktplatz der Lärm des Truppenaufmarsches herübertönte. Den musste Hannibal unbedingt sehen. Schon hatte er sein Pferd gewendet und war abgebogen, Helena folgte ihm. Salome blieb nichts anderes übrig als hinterherzutraben.

Die Vorgänge in Zell am See im Pinzgau, wo die Soldaten hinmarschieren würden, waren allgemeines Gesprächsthema. Von einem Aufstand war die Rede, aufrührerische Bauern sollen sich gegen die erzbischöflichen Kommissäre erhoben haben. Die nahmen seit einigen Jahren eine neue Grundaufnahme vor. Alle Besitzungen und alles Vermögen wurde Verwaltungssprengel für Verwaltungssprengel im Land erfasst und die Steuer in neuer Höhe festgesetzt. Angesichts der drohenden Steuererhöhung hatten ein paar Bauern in Zell am See eine Bittschrift verfasst, der Erzbischof möge die neue Grundaufnahme einstellen und gleich das Umgeld auf alkoholische Getränke aufheben sowie andere Steuern verringern. Der örtliche Landpfleger unternahm nichts dagegen. Er war ein vermögender Mann, und ihm schien die Idee zu gefallen. Daraufhin knüpften die Zeller Bauern Kontakte zu anderen Verwaltungssprengeln, um gemeinsam gegen die Tätigkeit der Kommissäre vorzugehen. Kaum hatte der Landpfleger von Werfen davon gehört, verbot er sogleich jede diesbezügliche Aktivität in seinem Bezirk. Als pflichtbewusster Beamter ritt er nach Salzburg, um Meldung zu erstatten. Wolf Dietrich war höchst aufgebracht. Am unerhörtesten war die Idee der Bauern, den Bayernherzog als Schiedsrichter anzurufen, falls der Erzbischof das

Ansuchen ablehnen sollte. Das Gerücht ging, sie hätten bereits eine Delegation nach München geschickt. Das war Landesverrat! Soldaten sollten in dem aufrührerischen Bezirk Ordnung schaffen.

Den Truppenaufmarsch wollten Hannibal und Helena nicht versäumen.

Hier sind einige Bürgersöhne versammelt, dachte Salome beim Anblick der Soldaten, deren Väter wohl auch über die Steuerlast stöhnen. Während sie die Aufstellung beobachtete, kehrten die beunruhigenden Gedanken wieder, die sie seit Tagen beschäftigten.

„Bleibt ihr ruhig hier!", rief sie ihren Kindern zu. „Ich bin sehr bald zurück." Sie wendete ihr Pferd. Zum Haus des Riemenschneiders Gerstinger, Josephas Vater, war es nicht weit. Wann hatte sie die Familie zuletzt besucht? Es musste vor nahezu zwei Jahren vor Wolf Dietrichs Krankheit gewesen sein. Die Gassen wurden so eng, dass sie abstieg und um die letzten beiden Ecken das Pferd am Zügel führte.

Josepha hatte nach Zell am See geheiratet, den dortigen Bader. Ihr Vater war darüber keineswegs erfreut. Er meinte, sie sollte einen Mann aus der eigenen Zunft wählen oder zumindest keinen Bader, der einerseits gebildeter war als andere Handwerker, andererseits standen Badehäuser häufig in keinem guten Ruf. Salome hatte damals für Josepha ein gutes Wort eingelegt und der Vater willigte in die Heirat ein. Der Zeller Bader sollte die Petition niedergeschrieben haben, ging das Gerücht. Was mochte ihn jetzt erwarten? Vielleicht hatten die Gerstingers Nachrichten von ihrer Tochter.

Sichtlich erfreut hieß Josephas Mutter den Gast willkommen. Sogleich schickte sie ein Kind in die Werkstatt, um ihren Mann zu holen. Die anderen Kinder grüßten artig und sahen Salome erwartungsvoll an. Die vornehme Dame war schon lange nicht mehr hier gewesen, doch konnten sie sich erinnern, dass sie immer kleine Geschenke mitbrachte.

„Beim nächsten Mal habe ich etwas für euch, ich werde bald wieder kommen", vertröstete sie die enttäuschten Gesichter. „Wie geht es Eurer Tochter in Zell, Frau Gerstingerin?"

„Josepha erwartet das zweite Kind, leider habe ich das erste noch nicht gesehen", erzählte die Mutter. Der Vater trat ein und begrüßte den Gast.

„Ich mache mir Sorgen wegen der Familie Eurer Tochter", sagte Salome. „Es geht das Gerücht, Euer Schwiegersohn soll die aufrührerischen Bauern unterstützt und die Petition verfasst haben. Wisst Ihr, ob das wahr ist?"

„Es gibt keine Aufständischen in Zell", sagte der Riemenschneider Gerstinger bestimmt. „Erst gestern habe ich mit einem Mann gesprochen, der direkt von dort kam. Ein paar Bauern und der Bader haben nur eine Bittschrift verfasst, die Rebellion ist ein Gerücht."

„Wozu dann die Soldaten?", verwunderte sich Salome.

„Das müsst Ihr die Herren bei Hof oder – bei allem Respekt – Seine hochfürstliche Gnaden selbst fragen", antwortete der Gerstinger.

Salome beeilte sich, sich wieder zu verabschieden. Die Mutter wollte ihr von den Äpfeln anbieten und der Vater fragte, ob er etwas für das Zaumzeug ihres Pferdes tun könnte. Beides wehrte sie freundlich ab. Sie band ihr Pferd in der engen Gasse los und machte sich auf den Rückweg. Waren die Zeller Bauern ebenso aufrechte Leute wie Josephas Eltern? Arm und ehrlich, Kinder in geflickten Kleidern ohne Schuhe, ein paar zweckmäßige Möbelstücke in der einfachen Wohnung. Nun marschierten Soldaten gegen die Bauern, die um Steuererleichterungen angesucht hatten. Gab es tatsächlich keine Aufständischen?

Die letzten Soldaten hatten soeben den Marktplatz verlassen. Ein Fanfarenstoß der Trompeter, die den Trupp begleiteten, und die Tritte der Marschierenden hallten noch von der Straße Richtung Nonntaltor wider, nachdem sie bereits den Blicken der Zuschauer entschwunden waren. Die verliefen sich gerade, als Hannnibal seiner zurückkehrenden Mutter entgegenrief:

„Da bist du ja wieder! Wir könnten doch noch zur Baustelle hinüberreiten. Du wirst staunen, was dort in der letzten Woche weitergegangen ist!"

„Ach, da gibt es nichts Besonderes zu sehen", meinte Helena wegwerfend, bevor Salome antworten konnte. „Nichts als Steine und Ziegel, Staub und Lärm! Ja, wenn die Verzierungen und Malereien erst aufgebracht werden und wir die Tapeten, Teppiche und Möbel aussuchen können..."

„Auf der Stelle reiten wir hinaus zum Landsitz!", rief Salome schärfer, als sie wollte. „Kein Wort will ich mehr hören!" Energisch setzte sie ihr Pferd in Bewegung und fing gerade noch den triumphierenden Blick auf, den Helena ihrem Bruder zuwarf. Der streckte ihr die Zunge heraus. „Euer Benehmen ist völlig ungehörig", wies sie die Kinder verärgert zurecht. „Für andere Leute wird kein Schloss gebaut. Die Soldaten sind gerade ausgezogen, damit die Bauern ihre Steuern ordnungsgemäß zahlen – von denen letzten Endes auch wir leben..."

Wolf Dietrich hatte begonnen, seinen Herzenswunsch in die Tat umzusetzen: ein Schloss für seine Familie zu bauen. Er ließ sich von Salomes Einwänden nicht umstimmen.

„Ich möchte für uns ein Zuhause schaffen", sagte er. „Wir werden unsere Freude daran haben, alle, auch die Kinder."

Der Bau von Schloss Altenau jenseits der Brücke auf der anderen Seite der Salzach ging zügig voran. Auf den zusammengelegten Grundstücken vor dem dortigen Stadttor, die schon einige Jahre zu Salomes Besitz zählten, ließ Wolf Dietrich ein standesgemäßes Domizil für seine Familie und für sich selbst errichten. Weniger als ein Schloss kam entsprechend seinem Ehrbegriff und seinen persönlichen Wünschen nicht in Frage.

****

Seit seiner Krankheit war Wolf Dietrich eher bereit, sich eine Pause zu gönnen. Gelegentlich ritt er mit Salome aus. Zu diesem Zweck sperrte die Garde das Gebiet außerhalb der Stadt unterhalb des Festungsbergs. An die Wächter hatte sich Salome gewöhnt, die diskret im Hintergrund blieben. Sie hielt ihr Pferd an und blickte zu den mächtigen Mauern der Festung Hohensalzburg empor. Bisher war ihr die beeindruckende Anlage über der Stadt wie ein wehrhaftes Schloss erschienen, ein jahrhundertealtes Symbol für Macht und Einflussbereich von deren Fürsten und ein Zeichen für Sicherheit in den Stürmen bewegter Zeiten. Heute empfand Salome sie als feindliche Zwingburg.

Nicht Verbrecher waren dort oben eingekerkert, vor denen die menschliche Gemeinschaft geschützt werden musste, sondern ein altgedienter Landpfleger, einige Bauern und der Zeller Bader Hans Latter, Josephas Ehemann. Die Bauern und den Bader hatten die Soldaten in Zell am See festgenommen und in Ketten nach Salzburg geführt. Andere hatten sie nur an den Pranger gestellt, ein paar konnten fliehen, die Inhaftierten erwartete das Gericht. Der Erzbischof berief Kaspar Vogl, den Zeller Landpfleger, nach Salzburg zum Rapport, ließ ihn verhören und ebenfalls in Haft nehmen, nachdem er sich in Widersprüche verwickelt hatte. Eine schreckliche Vorstellung, dort oben eingesperrt zu sein: in einem finsteren, kalten Loch, womöglich in Ketten, bei Wasser und Brot und, wenn es gut ging, einer dünnen Suppe.

An diesem Morgen hatte Salome von Josepha einen Brief erhalten, einen Hilferuf. Deren Mann hatte die Petition nur widerwillig verfasst, wollte den Leuten, die ja seine Kunden waren und sich nicht gut aufs Schreiben verstanden, den Wunsch nicht abschlagen. Es war doch nur eine harmlose Bitte, niemand hatte an Rebellion oder gar eine Verschwörung gedacht. Könnte die gnädige Frau nicht ein gutes Wort für den Hans Latter einlegen?

Wolf Dietrich hatte sein Pferd angehalten und wartete auf sie.

„Du brauchst nicht so ängstlich zur Festung hinaufzusehen", sagte er. „Den Gefangenen wird nach ihren Taten Recht geschehen, wie sie es verdient haben."

„Die junge Frau des Baders kenne ich seit Jahren", sagte Salome. „Sie schreibt, er hätte nur widerwillig diese Bittschrift verfasst, niemand hätte eine Rebellion im Sinn gehabt."

„Das sagt sie jetzt", erwiderte er abweisend, „damit ihr Mann glimpflich davonkommt."

„Sie haben zwei kleine Kinder..."

„Daran hätte er früher denken müssen."

Neben Josephas Mann bedauerte Salome besonders den alten Landpfleger aus Zell am See, dessen Berichterstattung dort oben auf der Festung hinter dicken Gefängnismauern endete.

„Der Pfleger Kaspar Vogl ist ein alter Mann", sagte Salome. „Er hat viele Jahre treu gedient und ist in die Stadt gekommen. Würde es in seinem Bezirk rebellische Bauern geben und er hätte nichts dagegen unternommen, wäre er doch geflohen!"

„Es besteht der dringende Verdacht, dass er mit aufrührerischen Bauern gemeinsame Sache gemacht hat", entgegnete Wolf Dietrich hart, „und dass er noch andere Bezirke zum Mittun ermutigt hat. ‚Wehret den Anfängen!', heißt es. Oder soll es wieder soweit kommen wie 1525? Da schrieben auch ein paar Bauern ihre Forderungen nieder. Es endete damit, dass der damalige Erzbischof bayerische Truppen zu Hilfe rufen musste, weil er mit den Aufständischen nicht fertig wurde. Der Bayernherzog gefiel sich als Schutzherr Salzburgs. Schlechte Salzverträge für Jahrzehnte waren die Folge, zum Schaden des ganzen Landes. Das Gericht unter dem Vorsitz des Dr. Fabrici wird über Schuld oder Unschuld der Angeklagten entscheiden."

„Wurden die Männer bei den Verhören gefoltert?", fragte Salome. Ihr Gefühl sagte ihr, dass sie nichts verbrochen und nichts Böses im Sinn gehabt hatten.

„Nicht mehr als recht ist", sagte er abweisend und bestimmt. „Und du misch dich nicht in Angelegenheiten, von denen du nichts verstehst. Reiten wir zurück!" Ohne eine Antwort abzuwarten, wendete er sein Pferd. Sie folgte ihm. Zu gut kannte sie ihn, um wegen der Zurechtweisung gekränkt zu sein. Im Herzen ist dir nicht wohl bei dieser Sache, dachte sie, doch die Staatsräson verlangt Strenge.

Salomes Schwager, der Kanzler Fabrici von Klesheim, würde dem Gericht vorsitzen. Sie musste versuchen, ein gutes Wort für den Bader einzulegen.

Salomes Schwester Katharina war dick geworden, nur ihre Gesichtszüge erinnerten noch an das hübsche Mädchen von einst. Sabina sah jünger aus, obwohl sie um einige Jahre älter war. Katharina hatte von allen vier Schwestern der Familie Alt die wenigsten Kinder geboren und war dennoch als Einzige übermäßig in die Breite gegangen. Sie begrüßte Salome und machte ihr ein Kompliment wegen ihres Kleides. Katharina liebte Putz immer noch sehr, nur drohte er an der behäbigen, grauhaarigen Matrone lächerlich zu wirken. Salomes wenige graue Haare fielen kaum auf, und ihre schlanke Gestalt war wohl proportioniert.

Sie nahm im Wohnsalon der Familie Fabrici Platz. Die jüngsten Kinder der Familie kamen sie begrüßen, und Katharina ließ Wein und Konfekt bringen.

„Was führt dich eigentlich zu dieser Stunde zu mir?", fragte sie. Es war leicht zu durchschauen, dass Salome am Abend, und ohne ein einziges Kind mitzubringen, nicht einfach zum Plaudern gekommen war.

„Ich hätte eine Frage oder eine Bitte an deinen Mann, aber in seinen Amtsräumen wollte ich ihn nicht aufsuchen. Mich hat jemand um Hilfe gebeten."

„Es handelt sich doch nicht etwa um einen dieser Kerle, die sie in den Festungsturm geworfen haben? Die haben das gewiss redlich verdient", schnaubte Katharina verächtlich. „Was kümmerst du dich um solches Gesindel!"

„Die Frau des Zeller Baders kenne ich seit vielen Jahren. Sie hat mich um Hilfe gebeten, und dass die Gefangenen schuldig sind, ist noch nicht erwiesen", sagte Salome. „Dein Mann wird dem Gericht vorsitzen, das weißt du doch sicher. Also, ist er zu Hause?"

Katharina verzog unwillig das Gesicht.

„Was er tut oder lässt, erzählt er mir nicht", sagte sie. „Er wird den Vorsitz schon recht führen. Das sind nicht unsere Angelegenheiten."

„Willst du mir bitte sagen, ob ich ihn sprechen kann?", wurde Salome ungeduldig.

„Nein, du kannst ihn nicht sprechen, er ist nicht da."

„Vielleicht morgen?"

„Er wird auch morgen nicht hier sein. Was denkst du denn!", brach es plötzlich aus Katharina heraus. „Am Sonntag fahren wir mit den Kindern zur Kirche, damit der Schein gewahrt bleibt. Während der Woche kommt er spät in der Nacht oder am Morgen nach Hause, trinkt und treibt sich mit Weibern herum. Ich interessiere ihn schon lange nicht mehr. Soll er doch tun und lassen, was er will! Und jetzt kommst du und willst für einen der Gefangenen bitten. Was meinst du, wie vielen Frauen es ergeht wie mir! Wenn Seine hochfürstliche Gnaden wüssten, was manche seiner ehrenwerten Beamten für ein Leben führen..." Sie unterbrach ihren Redeschwall, da ihr bereits die Luft ausging. „Früher einmal, vor langer Zeit, habe ich mich über dich entrüstet", fuhr sie unter Tränen fort, „aber heute beneide ich dich..."

Salome suchte nach Worten, um ihre Schwester zu trösten. Sie fühlte sich hilflos. Niemals hätte sie dem ehrenwerten Herrn Fabrici von Klesheim ein Doppelleben zugetraut! Der sollte ein würdiger Vorsitzender des Gerichts sein? Unverrichteterdinge stieg sie wieder in ihre Kutsche.

„Der gnädigste Herr ist hier", empfing Gisela ihre Herrin. In ein Gespräch mit seinem ältesten Sohn vertieft saß Wolf Dietrich mit Hannibal im Wohnsalon. Die Gesandtschaft, die auf der Durchreise nach Salzburg gekommen war und die der Erzbischof empfangen hatte, war müde von der Reise und hatte sich früh zurückgezogen. Salome hatte vergessen, aus welchem Land sie kamen.

Wusste Wolf Dietrich etwas vom Lebenswandel seines Kanzlers?, fragte sie sich. Er bemerkte ihren verstörten Gesichtsausdruck.

„Ich werde zusehen, dass der Bader glimpflich davonkommt", sagte er. „Wenn es dir so wichtig ist, Liebes, aber zuerst muss das Gericht über Schuld oder Unschuld befinden..."

„Danke." Sie ließ sich auf dem Stuhl neben ihm nieder. Oft genug war ihr Leben nicht einfach, doch wie sehr fühlte sie sich bei Wolf Dietrich zu Hause! Die arme Katharina! Was nützte ihrer Schwester jetzt der Segen der Kirche? Wolf Dietrichs Herz gehörte unverändert ihr, ihr und den Kindern.

Das Gericht war zusammengetreten und hatte ein hartes Urteil gesprochen: Die beiden Anführer der Bauern und der alte Landpfleger Kaspar Vogl wurden zum Tod verurteilt. „Abhacken der rechten Hand", lautete der Spruch für den Bader Hans Latter.

Salome starrte in der Dunkelheit an die Decke ihres Himmelbettes und dachte mit Grauen daran. Zumindest hatte er die Chance, die Verstümmelung zu überstehen und am Leben zu bleiben. Das Gericht hatte sein Vergehen als schwerwiegender eingestuft als das der weiteren Mittäter, die mit milderen Strafen davonkamen. Sie würde Josepha schreiben und sie zu trösten versuchen. Für den frühen Morgen war die Hinrichtung der zum Tod Verurteilten festgesetzt.

Wolf Dietrich setzte sich auf und stützte den Kopf in die Hände.

„Warum begnadigst du den alten Pfleger nicht?", fragte Salome. „Noch ist es nicht zu spät. Erst am Morgen führen sie ihn zur Richtstätte."

„Er hat nicht um Gnade gebeten, darum geht es nicht", antwortete er sehr leise. „Ich habe selbst die Urteilsbegründung diktiert und die mögliche Milderung der Strafe in Aussicht gestellt, doch nur, wenn er bittet."

„Der arme Mann war sicher so verwirrt und am Boden zerstört, dass er das bei der Verlesung des Urteils nicht begriffen hat. Seit Jahrzehnten ist er ein pflichtbewusster Beamter..."

„Das war er, bis er mit den rebellischen Bauern gemeinsame Sache gemacht hat, dieser Meineidige", sagte er. „Sein

Beispiel darf nicht Schule machen. Und doch hätte ich ihm gerne sein Leben gelassen, er hat eine Frau und fünf Kinder."

Mit einem energischen Ruck erhob er sich.

„Ich kann heute Nacht nicht schlafen", sagte er. „Es ist besser, ich bleibe nicht hier."

„Lass mich mit dir wachen", bat sie. Vielleicht würde er den Pfleger doch noch begnadigen!

„Nein, schlaf du nur ruhig", sagte er bestimmt. „Das muss ich allein durchstehen."

Während er seine Kleider anlegte, zündete Salome die Lampe an. Sie begleitete ihn damit bis in den Hof. Der Mond leuchtete hell über dem Garten. Sie sah ihm nach, wie er den Weg hinüber zur Residenz nahm.

„Oh Gott, steh ihnen allen bei!", betete Salome in ihrem Bett, den Verurteilten und Wolf Dietrich. Sie fiel in einen unruhigen Schlaf. Gegen Morgen weckte sie ein Geräusch wie von einer zufallenden Tür. Wer von der Dienerschaft stand zu so früher Stunde auf?

Salome erhob sich. Sie fühlte eine Enge im Hals und einen Druck auf der Brust. In der Senke zwischen Festungsberg und Mönchsberg wurde das Urteil etwa zu dieser Stunde vollstreckt. Sie schlüpfte in ihren Morgenmantel und ging voll innerer Unruhe ein Stockwerk höher. Dort konnte man von einem Fenster auf dem Gang zur Festung hinübersehen. Herbstliche Nebelschwaden hingen in der Morgendämmerung um die Türme der Trutzburg. Sie sah aus wie immer, nichts schien auf ein außergewöhnliches Ereignis hinzudeuten. Schon viele Gefangene waren im Turm gelegen, von denen so mancher sein verbrecherisches Leben lassen musste. Doch heute gab es keine Gewissheit, ob die Verurteilten ihre gerechte Strafe oder ein allzu hartes und grausames Geschick ereilte.

Salome wandte sich vom Anblick der Festung ab – da fiel ihr Blick auf eine offene Tür. Hannibal war anscheinend schon aufgestanden. Bloße Füße eilten über den Gang, bogen um die Ecke, und Euphemia stand vor ihr.

„Ich habe es doch gewusst!", sprudelte sie aufgeregt heraus. „Hannibal und Helena sind heimlich zur Hinrichtung gegangen. Ich habe sie gefragt – da haben sie alles abgestritten." Ein Blick in die leeren Zimmer der beiden bestätigte Euphemias Behauptung.

In aller Eile kleidete sich Salome an, band ihr Haar zusammen und schlug die Kapuze des Mantels darüber. Schon auf der Straße schloss sie die Knöpfe bis ans Kinn. In der kalten Luft stieg der Atem wie Rauch vor dem Mund auf. Das Morgenrot versprach einen sonnigen Tag. Sie eilte an der Franziskanerkirche vorbei die Straße entlang, die leicht bergan Richtung Mönchsberg führte. Zahlreiche Passanten waren in die gleiche Richtung unterwegs. Öffentliche Hinrichtungen zogen immer Zuschauer an, und Bäcker und Wirte ließen es sich nicht nehmen, an Ständen Erfrischungen zu verkaufen. Nach einer Biegung gab der Weg den Blick in die Senke frei, wo man die Richtstätte aufgebaut hatte. Salome sah Hannibal und Helena in der Menge stehen. Sie unterhielten sich mit einigen ihrer älteren Basen und Vettern. Als behütetes Mädchen hatte Salome in ihren Jugendjahren nie einer Hinrichtung zugesehen, doch gab es, wie auch hier jetzt, genug Eltern, die ihre Kinder mitnahmen. Abschreckung vor Verbrechen und bösen Taten konnte nicht schaden. Sie scheute sich, ihren Kindern vor allen Leuten zu befehlen, nach Hause zu gehen, und damit Anlass für tagelangen Klatsch und Tratsch zu geben.

Gerade führten Soldaten den ersten Delinquenten von der Festung herunter. Der Schlosshauptmann ging voran, dahinter der Anführer der Bauern mit auf den Rücken gebundenen Händen zwischen seinen Wächtern. Das Gesicht des Mannes war fahl und ausdruckslos unter dem wirren Haar, er hatte sich in sein Schicksal ergeben. Nachdem die Gruppe die Senke erreicht hatte, verstummte das Geplauder der Zuschauer. In der nun eintretenden gespannten Stille trat der Gerichtsdiener aus der Reihe der zunächst Stehenden – Hofbeamte, Bürgermeister, Stadthauptmannn und Ratsbürger - einige Schritte vor und verlas nochmals das Urteil. Der

Stadtkaplan sprach ein Gebet. Auf die Frage, ob er noch etwas sagen wolle, schüttelte der Bauer den Kopf. Seiner Brust entrang sich ein Laut wie ein gequälter Seufzer, bevor er niederkniete und den Kopf auf den Holzblock legte. Als der Henker mit beiden Händen das Schwert weithin sichtbar in die Höhe hob, schloss Salome die Augen. Sie hörte das Geräusch des krachenden Knochens und empfand ein würgendes Gefühl im Hals. Sie hielt die Augen geschlossen, damit sie den Kopf nicht sah, der der Menge gezeigt wurde. Als sie wieder vorsichtig blinzelte, schütteten die Henkersknechte gerade frischen Sand rund um den Holzblock auf und wickelten die Leiche in schwarze Leinwand. Zwei Frauen waren in Ohnmacht gefallen, einigen anderen war offensichtlich übel geworden. Salome sah zu Hannibal und Helena hinüber. Sie hielten sich an den Händen und sahen ziemlich blass aus, machten jedoch keine Anstalten, ihre Plätze zu verlassen. Helenas Gesichtsausdruck glich dem Wolf Dietrichs in jungen Jahren, wenn er irritiert war, ein Ereignis nicht einordnen konnte. Der zweite Bauernführer wurde zur Richtstätte gebracht. Der Ablauf wiederholte sich und Salome schloss wieder die Augen, bis die Hinrichtung vollzogen war. Die Enthauptung galt als die ehrenvollste Art dieses Gerichts. Zumindest haben sie es rasch hinter sich, dachte sie.

Als der alte Landpfleger Kaspar Vogl, ebenfalls mit auf den Rücken gebundenen Händen, hinter dem Schlosshauptmann und zwischen den Soldaten den Platz erreichte, ging ein Raunen durch die Menge. Wieder verlas der Gerichtsdiener das Urteil. Er hätte wider Pflicht, Ehre und Eid die Kenntnis von Aufwiegelung und Empörung seinem Landesfürsten verschwiegen und nicht nur in seinem Verwaltungssprengel dem Aufstand Vorschub geleistet, sondern auch noch den ihm anvertrauten Untertanen den Rat gegeben, andere Sprengel zur Rebellion anzustiften. Seinen eigenen Herrn und Landesfürsten sowie das ganze Erzstift hätte er der Gefahr eines allgemeinen Aufstands ausgesetzt. Zwischen den in der ersten Reihe stehenden Zuschauern saß auf einem Klappstuhl ein Zeichner, dessen Hand eilig über das Papier auf der Tafel auf seinen Knien flog. Er hielt das eingefallene Gesicht des grauhaarigen Mannes fest, dessen geneigter Kopf und die vorgebeugten Schultern immer noch die Demut des Dienstes ausdrückten. Auf die Frage, ob er noch etwas sagen wolle, antwortete er mit einem geflüsterten Ja und sprach sodann mit erstaunlich fester, deutlich hörbarer Stimme:

„Gott allein weiß, dass ich meinem Herrn, Seiner hochfürstlichen Gnaden, und schon seinen beiden Vorgängern treu gedient habe. Er möge ihm verzeihen und meine Frau und meine Kinder schützen!"

Der Kaplan bekreuzigte sich, einige der Hofbeamten und der Stadthonoratioren schüttelten entrüstet den Kopf. Die Soldaten stießen den Landpfleger in Richtung Block, dass er taumelte und um ein Haar einige Schritte davor zu Boden gefallen wäre. Stolpernd landete er auf den Knien an der richtigen Stelle, um seinen Hals in die Mulde zu legen, von der man notdürftig das Blut seiner Vorgänger gewischt hatte. Der Henker hob das Schwert. Salome krampfte sich innerlich zusammen und schloss wieder die Augen. Sie hörte das krachende Geräusch und wartete lange, bis sie sie wieder öffnete. Der Block war leer, das Blut rundherum zeugte von der Vollstreckung des Todesurteils. Niemals würde sie diesen Tag vergessen.

****

Begeistert lief Helena durch die neuen Räume. Sie fühlte sich als Schlossfräulein im Schloss Altenau, das im Frühjahr 1607 nach einer kurzen Bauzeit fertiggestellt wurde. Euphemia fegte aufgeregt wie ein Wirbelwind herum und lief schließlich, gefolgt von ihren jüngeren Brüdern, den Treppenaufgang hinunter in den Garten. Der Rasen war bereits angelegt, Sträucher und Bäume waren gepflanzt, Brunnen und Figuren schmückten ihn, und Bänke luden zum Ausruhen ein. Cäcilia packte mit Hilfe einer Dienerin in ihrem Zimmer möglichst rasch ihre Sachen aus. Eusebia, die ruhigste von den Schwestern, kam zu ihrer Mutter und fragte, ob sie etwas helfen könnte. Salome lächelte:

„Du kannst mich begleiten, ich möchte im ganzen Haus nach dem Rechten sehen." Sie würde sich erst daran gewöhnen müssen, in einem Schloss zu wohnen.

Der Umzug war vorüber, doch noch lange nicht hatte jedes Ding seinen Platz gefunden. Von manchen Räumen wusste sie nicht, wofür sie sie benützen sollte. In einem der leeren Säle trat sie ans Fenster und blickte hinaus auf die Straße. Ein Fuhrwerk rumpelte vorbei, ein paar Bauern kehrten offensichtlich gerade von ihren Feldern zurück. Sie lebte nun nicht mehr in der Enge der Stadt, sondern vor deren Toren auf einem Landsitz. Im Speisezimmer deckten zwei Dienerinnen gerade den Tisch für das erste gemeinsame Abendessen der Familie im neuen Haus. Eine der beiden steckte Kerzen auf einen silbernen Leuchter, der im Strahl der Abendsonne glänzte, die durch die hohen Fenster fiel. Bei dem Anblick empfand Salome ein Gefühl von Wärme. Das Schloss, das noch fremd auf sie wirkte, war nun ihr Heim.

Zusammen mit Eusebia ging sie über den breiten Treppenaufgang aus Marmor hinunter. Reich und luxuriös war das Gebäude ausgestattet: mit Stuckarbeiten und Malereien, Tapeten und goldenen Verzierungen, Täfelungen und Teppichen. Auf die neuen Möbel würde sie eine Weile warten müssen. Quer über den Hof gingen sie in die geräumige, für die Dienstboten noch ungewohnte Küche. Eine Magd kämpfte mit dem Feuer, das nicht so recht brennen wollte. Die Köchin schimpfte, dass wegen deren Ungeschicklichkeit das Abendessen nicht rechtzeitig fertig sein würde. Salome mahnte zu Ruhe und Nachsicht.

Eusebia wollte unbedingt noch in der Küche bleiben, die wie im alten Haus bald ein beliebter Aufenthaltsort der jüngeren Kinder wurde. Zu ihnen war die Köchin immer freundlich und steckte ihnen gelegentlich Leckereien zu. In den Hof zurückgekehrt, hörte Salome das Tor ins Schloss fallen und Hufgetrappel. Wolf Dietrich und sein Begleiter waren also schon hier. Ein Knecht hielt den Steigbügel, während der Fürstbischof abstieg. Sein Gesicht strahlte Zufriedenheit aus. Seine Augen blitzten, als Salome auf ihn zuging.

„Mein Liebes", sagte er und reichte ihr den Arm. So stiegen sie zusammen den Treppenaufgang hinauf. „Seit Jahren habe ich mir ein Haus für uns gewünscht, eins, dass deiner würdig ist..."

„Du weißt genau, dass ein etwas bescheideneres Domizil fürwahr genügt hätte", lächelte Salome. Wolf Dietrich hatte sie immer wieder nach ihren Wünschen gefragt, diese als zu bescheiden befunden und dann weitgehend nach seinen Vorstellungen geplant.

„Das Schloss ist eine Zierde für die Stadt, das wissen die Leute zu schätzen und nicht wenige haben am Bau gut verdient..." Auf dem Treppenabsatz blieb er stehen. „Fast bin ich für meine schwere Krankheit dankbar", sagte er. „So habe ich nicht länger gezögert, nicht wieder andere Projekte vorangestellt. Hier habe ich nun einen ruhigen Hafen des Lebens, und das verdanke ich dir. Sonst blieben mir nur die kalten Räume der Residenz mit all den Problemen der Politik und der Kirche..."

Ein Stockwerk höher hörten sie eine Tür auffliegen und Helena schimpfen, dass ihr Schmuckkästchen noch immer nicht zu finden sei. Wolf Dietrich folgte Salomes Blick nach oben in die Richtung, aus der die Stimme kam.

„Ich werde froh sein, wenn jedes Ding wieder seinen Platz gefunden hat", sagte sie.

„Es ist schön, dass sie ein Schmuckkästchen hat", sagte er. „Ich wollte immer eine Familie haben und gut für sie sorgen. Dennoch bin ich zu hohen geistlichen Würden erwählt worden. Gottes wunderbare Vorsehung und Weisheit ist viel größer, als wir uns vorstellen können. Wir gehen einen besonderen Weg, die Zukunft wird uns Recht geben."

Salome hatte das Gefühl, als wäre alles gut, wohl geordnet, als könnte es nicht besser sein, für einen Augenblick, den sie für den Rest ihres Lebens nicht vergessen würde. Eine dunkle Ahnung beschlich sie, die sie sogleich wegwischte, die aber in einem Winkel ihres Herzens hängen blieb.

„Gott gebe es", sagte sie leise, „dass du Recht hast, dass du weder zu mutig noch zu vermessen denkst."

Es war dunkel geworden, und die Kerzen auf dem Leuchter verbreiteten einen warmen Lichtschein. Die Dienerschaft hatte den Tisch abgeräumt, die Kinderfrauen brachten die jüngeren Kinder zu Bett, die älteren beschäftigten sich im Nebenraum mit einem Gesellschaftsspiel. Gelegentlich drang lautes Gelächter herüber. Salome fielen fast die Augen zu. Sie war zu müde, um sich mit Wolf Dietrich zu unterhalten.

„Du hast fast nichts gegessen", sagte er. Es klang halb wie eine Feststellung, halb wie eine Frage.

„Ach, ich bin nur müde", wehrte sie ab. Es war an der Zeit, ihm zu sagen, was sie bis nach dem Umzug aufgeschoben hatte.

„Ich habe gar nicht mehr damit gerechnet", begann sie, „aber es wird in diesem Schloss noch ein Kind geboren werden." Wolf Dietrich nahm ihre Hand und wollte sie küssen, hielt jedoch in der Bewegung inne. Hannibal stand plötzlich in der Tür und sah aufmerksam zu ihnen herüber. Das Spiel der Schwestern war ihm zu kindisch erschienen, und er war zurück ins Speisezimmer gekommen. Er musste die Worte seiner Mutter gehört haben.

„Das gibt einen weiteren natürlichen Sohn oder eine natürliche Tochter", sagte er. „So nennt man das doch bei Herrschern, die einfachen Leute sagen..."

„Schweig!", schrie Wolf Dietrich und sprang auf. Die zornig funkelnden Augen seines Vaters schienen Hannibal nicht zu beeindrucken. Er sah ihn geradeheraus an und kam näher, bis sie sich gegenüberstanden, der Tisch zwischen ihnen. Er war mit seinen vierzehn Jahren fast so groß wie sein Vater, seine Stimme klang männlich, und er wirkte eher älter als jünger. „Du wirst weder deine Mutter noch mich beleidigen", fauchte Wolf Dietrich zornig. „Entschuldige dich auf der Stelle!"

Hannibal presste die Lippen zusammen und schwieg.

„Hat dich jemand gekränkt?", fragte Salome und versuchte sich vorzustellen, was wohl der Grund für den Ausbruch ihres Sohnes sein mochte.

„Man sagt, ich meine, es ist doch so", sagte Hannibal, während sein Gesichtsausdruck nicht mehr störrisch, sondern unsicher wirkte, „dass unehelich Geborene viele Nachteile im Leben haben, wenn sie etwa auf die Universität gehen wollen..."

Wolf Dietrich horchte auf. Bisher hatte er Hannibals Lerneifer für eher mangelhaft befunden, der plötzliche Ehrgeiz gefiel ihm. Er vergaß auf die eingeforderte Entschuldigung und lenkte ein:

„Das stimmt natürlich. Du sollst dir die Universität aussuchen können. Niemand soll mit dem Finger auf meine Kinder zeigen." Er sprach aus, was er schon lange erwogen hatte: „Wir werden, d.h. du, Salome, wirst an Seine Majestät, den Kaiser, schreiben."

Dass sie jemals an den Kaiser schreiben würde, hätte Salome nie gedacht. Wolf Dietrich diktierte ihr das Konzept, und sie fertigte mit großer Sorgfalt die Reinschrift an. Sie malte förmlich Buchstaben für Buchstaben und vollendete das Ansuchen ohne den kleinsten Klecks oder auch nur einen missglückten Schnörkel. Das gesiegelte Schreiben steckte sie in ein besticktes Futteral, damit es sicher verwahrt blieb, bis es der Kurier zusammen mit den amtlichen Schriftstücken am Kaiserhof in Prag aushändigen würde.

„Du meinst, Seine Majestät wird zustimmen?", fragte sie erneut Wolf Dietrich.

„Das wird er. Eine Bitte im Namen unschuldiger Kinder kann er schwer abschlagen. Ich habe ihm gute Dienste in den Türkenkriegen geleistet und dass ich kein Freund des Bayernherzogs bin, kommt ihm gelegen. Der Kaiser muss sich auf die katholischen Länder stützen, aber er misstraut einem allzu mächtigen katholischen Block."

„Und der Papst? Wenn er den Papst nicht erzürnen will?"

„So eng ist die Freundschaft zwischen Kaiser und Papst nicht. Rom hat mich all die Jahre gewähren lassen..."

Tatsächlich traf nach einigen Wochen das kostbare Dokument ein. Nachdem es der kaiserliche Kurier abgegeben hatte, wartete Salome bis zum Abend, um es in Wolf Dietrichs Gegenwart zu öffnen. Sie brach das Siegel und rollte die Urkunde vorsichtig auseinander. Der Adelsbrief des Kaisers erhob sie selbst und ihre Kinder in den Reichsadelsstand. Hannibal und Helena wurden einzeln genannt, die anderen Geschwister gemeinsam. Dadurch wurde der Makel der unehelichen Geburt aufgehoben, die Knaben konnten einen ihrem Stand entsprechenden Beruf wählen, die Mädchen würden ehrenwerte Ehemänner finden. „Von Altenau" war nunmehr nicht nur Salomes Name, sondern ein Rechtstitel, Schloss Altenau war ihr Stammsitz. Ihr Wappen trug dieselben Farben wie das der Raitenauer und war in Schwarz und Silber gehalten.

Salome betrachtete nachdenklich das Schriftstück und fuhr mit dem Finger über das kaiserliche Siegel.

„Es ist eine große Ehre", sagte sie, „und für die Kinder ist es sehr wichtig. Aber mir hätte es genügt, ohne besondere kaiserliche Auszeichnung einfach Salome von Raitenau zu werden."

Wolf Dietrich nickte:

„Das werde ich mir wünschen, solange ich lebe, wer weiß..."

Sie legte die Hand auf seinen Arm.

„Lass uns zufrieden sein", sagte sie, „Gott ist uns sehr gnädig."

„Ja, so ist es", sagte er.

Salome überlegte, dass sie in ihrer Ahnentafel den Namen ihres Ehemannes nennen sollte. Was würde sie da hinschreiben? Wie wäre es mit „Dietrich von Altenau, Landedelmann"? Das klang nach ruhigem Leben. Innerlich musste sie lächeln. Ihr gemeinsames Schloss nannte Wolf Dietrich einen „Hafen des Lebens", doch den würde er nur zum Atemholen aufsuchen. Solange ihn nicht äußere Umstände zur Ruhe zwangen, würde er tätig sein, gestalten, bauen, verändern, befehlen und an seinen Gegnern seine Kräfte messen. An ein geruhsames Leben war an der Seite Wolf Dietrichs von Raitenau nicht zu denken.

9 - Die Flucht

Aus der riesigen Baugrube war in mühsamer Arbeit aller Unrat und Schutt entfernt worden. Gewissenlose Stadtbewohner scheuten nicht davor zurück, ihren Abfall in die seit Jahren verödet daliegende Abbruchgrube des Münsters zu werfen. Selbst die Leute im Dienst des Fürstbischofs, die in seinem Auftrag Häuser abrissen, luden heimlich im Morgengrauen die eine oder andere Fuhre altes Holz oder Mauerwerk dort ab und ersparten sich den Weg vor die Tore der Stadt. Aller Müll und Schutt war nun beseitigt und die Erde ausgehoben, damit die Fundamente für den neuen Dom gelegt werden konnten. Von der Stelle, wo sich einst das Hauptportal des Münsters befunden hatte, führte eine hölzerne Rampe hinunter in die Grube. Dort waren anlässlich der feierlichen Grundsteinlegung für den neuen Dom einige rohe Balken ausgelegt, damit die Geistlichen ihre Schuhe und Gewänder nicht im Morast beschmutzten. Vom Regen der letzten Tage standen noch Pfützen, doch nun schien an diesem Frühlingstag die Sonne warm und freundlich vom Himmel.

Die Honoratioren und viele Bewohner Salzburgs hatten sich um die Abbruchgrube versammelt, als der Zug der Geistlichkeit mit den Domherren, der Priesterschaft der Stadt, den Ordensleuten, dem Abt von St. Peter, dem Bischof von Chiemsee und zum Schluss dem Erzbischof, über den ein Baldachin gehalten wurde, von der Franziskanerkirche kommend eintraf. Die Mehrzahl der Kleriker nahm vor der Rampe Aufstellung. Nur einige wenige stiegen hinunter in die Baugrube, von denen einer das Messbuch und einer das Weihrauchgefäß trug und zwei andere mit Gold verzierte Kassetten mit den Grundsteinen in Händen hielten. In den Purpur des päpstlichen Legaten gekleidet, mit der Mitra auf dem Kopf und dem Bischofsstab in der Hand schritt zuletzt Wolf Dietrich die Rampe hinunter. Trompetenstöße und der kräftige Gesang des Domchores schallten über den Platz. Aus den Händen der Priester nahm der Erzbischof die Grundsteine entgegen, senkte sie in die Erde und segnete sie. Einer war aus weißem und einer aus rotem Marmor. Das edle Gestein blitzte in der Sonne, während Wolf Dietrich das Weihegebet sprach.

Ein Windstoß trug den Duft des Weihrauchs an Salomes Nase. Sie dachte an jene Nacht vor fast dreizehn Jahren, als das alte Münster abbrannte, an den Geruch nach Rauch und Brand, der über der Residenz lag, den feinen Ruß, der in die Räume eingedrungen war.

„Mutter, war das Münster schön?", fragte unvermittelt die vierjährige Susanne, Salomes jüngstes Kind. Die beugte sich zu der Kleinen hinunter und flüsterte:

„Ja, auf seine Weise schön, mächtig und eindrucksvoll. Es war das Herz der Stadt."

„Was macht Vater jetzt?", fragte Susanne.

Wolf Dietrich schritt über die Rampe zurück nach oben. Das machte ihm Mühe, was er zu verbergen suchte. Er stützte sich schwer auf den Bischofsstab und für einen Augenblick sah es aus, als würde er stolpern. Unwillkürlich hielt Salome den Atem an, doch der Erzbischof fing sich sogleich wieder, und die meisten der Umstehenden bemerkten gar nichts.

„Seine hochfürstliche Gnaden hat die Zeremonie beendet", sagte Salome. Es war an der Zeit, dass auch ihre Jüngste lernte, wie sie in der Öffentlichkeit von ihrem Vater zu sprechen hatte.

Salome wandte ihr Gesicht nach links und fing einen leicht belustigten Blick auf. Selbst im Alter von dreiundvierzig Jahren, das diese wenige Monate vor Salome erreicht hatte, konnte es ihre Base und Freundin Felicitas nicht lassen, auf diese spitzbübische und wissende Weise zu lächeln. Salome war so froh, Felicitas hier zu haben. Ihr Mann hatte wieder geschäftliche Angelegenheiten in Salzburg zu erledigen. Nach seiner schweren Krankheit hatte der Erzbischof für alle Protestanten, die um ihres Glaubens willen ausgewiesen worden waren, eine Amnestie erlassen. Sie durften sich in Salzburg aufhalten, solange sie wollten. Christoph Weiß hatte seinen ältesten Sohn Leopold mitgebracht, um ihn mit seinen Geschäftsfreunden bekannt zu machen. Am liebsten hätte Salome die Familie auf Schloss Altenau beherbergt, doch hatte sie Verständnis, dass es Christoph vorzog, bei seinen Verwandten zu wohnen.

Während sich die Menge zerstreute, nickte Salome grüßend dem einen oder anderen zu. Außer ihren nächsten Verwandten würde niemand auf sie zukommen, um mit ihr zu plaudern. Sie stand außerhalb der vornehmen Kreise der wohlhabenden Bürger und niederen Adeligen. Wolf Dietrichs Unsicherheit beim Überschreiten der Rampe beunruhigte sie. Mit seiner Gesundheit stand es nicht zum Besten.

„Wir könnten doch bei diesem schönen Wetter einen Spaziergang machen?", schlug Felicitas vor. Salome nickte etwas unsicher. Seit sie Schloss Altenau bewohnte, war sie äußerst selten zu Fuß in der Stadt unterwegs. Wenn sie dort etwas zu tun hatte, nahm sie die Kutsche.
Sie vertraute die kleine Susanne Euphemia an. Auch Viktor und Anton, die zu dem Festakt mitgekommen waren, zogen es vor, in die Kutsche zu steigen und auf dem schnellsten Weg nach Hause zu fahren. Sie hatten sich bei der feierlichen Zeremonie gelangweilt.

Bis zum Nachmittag würde Felicitas bei Salome zu Gast sein. Da Schloss Altenau auf der anderen Seite der Salzach lag, gingen sie über den Marktplatz in Richtung Kai. Auf der Brücke blieben sie stehen und schauten hinunter auf den Fluss. Ein Kahn schaukelte in dessen Mitte auf den Wellen, weiter oben bewegte sich einer nahe am Ufer langsam in die entgegengesetzte Richtung. Ein Pferd, das von seinem Reiter gerade mit einem Zuruf angetrieben wurde, zog das Boot flussaufwärts.

„So habe ich die Salzach im Frühjahr noch nie gesehen", meinte Felicitas.

„Seit Wochen geht das so", sagte Salome, „es ist fast gespenstisch ruhig auf dem Fluss. Hoffentlich bleibt es nicht lange so. Die Lager sind voll, die Arbeiter haben keine Beschäftigung, und die Einnahmen aus dem Salzhandel fehlen."

Wo sich sonst die schwer beladenen Salzschiffe flussabwärts ihren Weg bahnten und darauf achten mussten, dass sie den Zillen, die im Gegenzug heraufgebracht wurden, nicht zu nahe kamen, herrschte eine ungewohnte, unnatürliche Ruhe. Die Kommandos der Schiffer fehlten und die oft rauen Worte, die quer über das Wasser gerufen wurden. Der Treppelweg am Ufer lag still da. Wo sich sonst die Pferde mit dem Gegenzug plagten, lagen nur Reste von deren längst vertrocknetem Mist. Statt des üblichen emsigen Getriebes am Kai lungerten nur einige Arbeiter herum, die offensichtlich nichts zu tun hatten.

„Herzog Maximilian hat von einem Tag auf den anderen plötzlich einen doppelten Zoll für die Salzeinfuhr nach Bayern verlangt, das ist gegen den geltenden Vertrag. Der Kaiser hat ihm angeblich dazu das Recht gegeben, wahrscheinlich hat er die Beamten bestochen. Bis jetzt gibt es keine Einigung, und Wolf Dietrich hat die Lieferungen einstellen lassen", fuhr Salome fort. „Nun wird Salz nach Tirol verkauft, das Pferde über die Saumpfade bringen, und die Straße nach St. Wolfgang wird bald fertig sein. So kommt das Salz bis nach Böhmen."

„Und der Preis ist sicher viel besser als der, den Herzog Maximilian bezahlt", ergänzte Felicitas. Als Frau eines erfolgreichen Großkaufmanns verstand sie sogleich die wirtschaftlichen Zusammenhänge. „In Bayern gibt es zu wenig Salz. Wenn die Salzburger Lieferungen ausfallen, wird dort der Preis gewaltig steigen. Maximilian wird früher oder später, ich denke, eher früher, nachgeben müssen. Dazu ist er zu stolz, also wird er einen für sich selbst günstigen Vergleich suchen. Der Fürstbischof wird schon dafür sorgen, dass der für Bayern nicht allzu günstig ausfällt", lachte Felicitas.

„Maximilian hat alles so gedreht, dass es aussieht, als hätte Wolf Dietrich den Vertrag gebrochen", sagte Salome, während sie langsam weitergingen. „Er versucht ihm zu schaden und in Verruf zu bringen, wo er nur kann. Offensichtlich schreckt er auch vor unlauteren Mitteln nicht zurück."

„Bei uns im Land ob der Enns ist der Bayernherzog ebenso wenig beliebt", meinte Felicitas. „Den Habsburgern ist dieser Reichsfürst zu mächtig, wenn er auch katholisch ist wie sie selbst. Der Kaiser scheint dem Erzbischof gut gesinnt zu sein, immerhin hat er dir und deinen Kindern den Adelstitel verliehen."

„Nur untersteht Wolf Dietrich dem Papst, und Maximilian lässt gewiss keine Gelegenheit aus, ihn dort anzuschwärzen und sich selbst zum großen Beschützer der Katholiken zu erheben. Er soll es sogleich nach Rom gemeldet haben, dass Wolf Dietrich einen Gesandten des Fürsten von Anhalt empfangen hat…"

„Den Anführer der protestantischen Union im Reich?", fragte Felicitas erstaunt. „Und das hat Maximilian als Oberhäuptling der katholischen Liga überhaupt nicht gefallen…"

„Der Gesandte des Fürsten von Anhalt kam nur, um wegen Salzlieferungen zu verhandeln", erklärte Salome, „aber natürlich sprachen sie auch über Religion, und Wolf Dietrich und der Fürst" – sie fuhr im Flüsterton fort und sah sich zur Vorsicht nach links und rechts um, ob sie etwa ein zufälliger Passant hören konnte – „schreiben gelegentlich einander Briefe. Maximilian will unbedingt, dass das Erzstift der katholischen Liga beitritt. Wolf Dietrich will aber wegen der Religion keinem militärischen Bündnis beitreten. Er sagt, wir glauben doch alle an denselben Gott."

„Endlich ein Mächtiger, der vernünftig ist", sagte Felicitas, nun ebenfalls flüsternd. „Und im Bündnis mit Maximilian zu sein, heißt, diesem Herrn zu gehorchen. Von dem haltet ihr euch besser fern. Am Ende müssten die Salzburger noch für ihn in den Krieg ziehen… Aber seit wann beschäftigst du dich so sehr mit Politik?"

„Es entstehen Gerüchte in der Stadt", flüsterte Salome. „Sie sind mir zu Ohren gekommen, Geschwätz, das großen Schaden anrichten könnte…"

Weiter kam sie nicht. Eine alte Frau stand plötzlich unmittelbar vor ihnen. Ins Gespräch vertieft, hatten sie es versäumt, ihr auszuweichen. Die Kleidung der Alten war unordentlich, das Haar hing ihr strähnig ins Gesicht. Die tief liegenden Augen in dem von Falten zerfurchten Gesicht flackerten unruhig. Salome und Felicitas wollten ihren Weg fortsetzen, ohne sie weiter zu beachten, da rief die Alte:

„Nun, Liebchen des Erzbischofs, willst wohl Fürstin werden! Dass unser heiliges Erzstift den Ketzern in die nichtswürdigen Hände fällt, das wollt ihr! Da sei Gott vor und die Jungfrau Maria und alle Heiligen!" Sie bekreuzigte sich mehrmals wild.

Salome starrte die Frau wie gelähmt an. Felicitas nahm die Freundin am Arm.

„Komm weiter", drängte sie, „die Alte ist nicht richtig im Kopf." Mehrere Passanten waren stehen geblieben.

„Den Protestanten, diesem elendigen Pack wollt ihr die Macht geben, die die heilige Kirche verraten, die Wahrheit mit Füßen treten. In Fleischeslust brecht ihr das heilige Gesetz der Kirche, du und dein…"

Zwei Wachen waren herbeigeeilt und packten die alte Frau links und rechts, während ihr einer von beiden den Mund zuhielt. In barschem Ton befahlen sie ihr zu schweigen und schleppten sie mit sich fort. Salome war leichenblass geworden und zitterte am ganzen Körper.

„Komm", sagte Felicitas beruhigend und zog sie mit sich fort, während auch die Zeugen des Auftritts weitergingen. „Die Alte ist völlig verwirrt. Du darfst nicht auf sie hören, sie ist zu bedauern."

„Das sind genau die Gerüchte, die an den Wirtshaustischen geflüstert werden, dass Wolf Dietrich das Erzstift säkularisieren und ein weltlicher Fürst werden will, aber er wird Erzbischof bleiben. Niemals wird er Protestant werden...", flüsterte Salome mit bebenden Lippen. „Ich hab' das alles nicht gewollt." Sie gab sich größte Mühe, nicht mitten auf der Straße in Tränen auszubrechen.

„Es ist doch nicht deine Schuld", beruhigte sie Felicitas. Sie streichelte Salomes Arm, die ihre Fassung zurückgewann.

„Ich hoffe, der Frau geschieht nichts", sagte sie.

„Sie werden sie wohl in den Narrenturm sperren", meinte Felicitas.

„Du hast Recht", sagte Salome. „Verrückten tut Wolf Dietrich nichts."

****

Die zahlreichen Kerzen tauchten den Saal in ein mildes Licht. Das Gold der Lüster und Verzierungen an Decke und Wänden schimmerte gedämpft, die Farben der Malereien und Ornamente schienen ineinander zu verschwimmen. Zu Felicitas' Ehren gab Salome eine kleine Abendgesellschaft. Ihre Schwester Sabina mit ihrem Ehemann und ihr Bruder Samuel mit seiner Frau waren erschienen, begleitet von erwachsenen und halbwüchsigen Kindern, ebenso ihre Schwester Katharina mit einem ihrer Söhne. Ihr Ehemann, der Kanzler Fabrici von Klesheim, war kaum ein Jahr, nachdem er dem Gericht über die Zeller Bauern und den Landpfleger vorgestanden hatte, gestorben. Zu Felicitas' Ehemann und ältestem Sohn gesellten sich ihr Bruder Philipp und eine ihrer Schwestern mit Familien.

Es entstand ein Augenblick gespannten Schweigens, als Christoph Weiß mit seiner Familie den Saal betrat.

„Willkommen auf Schloss Altenau, Herr Weiß", begrüßte ihn der Erzbischof.

Christoph Weiß deutete eine Verbeugung an und nahm die dargebotene Hand.

„Meine Familie und ich danken für die Einladung, gnädigster Herr", sagte er und sah seinem Gegenüber freimütig ins Gesicht. Seit mehr als zwanzig Jahren führte er in Wels ein gutes Leben und war gerne bereit, dem Mann, der ihn aus seiner Heimat vertrieben hatte, die Hand zu reichen. Ein

Kniefall wäre zu viel verlangt, dachte Salome, die neben Wolf Dietrich stand, doch der ist bei meinem privaten Fest nicht nötig. Herzlich begrüßte sie Christoph, die Spannung löste sich. Bald füllte angeregtes Geplauder den Saal.

Nachdem die Tafel aufgehoben war, nahmen die Damen und Herren an kleinen Tischen Platz. Die Musikanten setzten ihre Darbietungen fort und boten an, für die jungen Leute zum Tanz aufzuspielen. Wolf Dietrich stimmte sogleich freundlich zu. Er war vor allem an einem Gespräch mit Maximilian Steinhauser interessiert. Die angenehme Atmosphäre eines solchen Abends eignete sich sehr gut, informell die Möglichkeiten einer neuen Anleihe bei dem überaus vermögenden Handelshaus zu erkunden. Das Erzstift und der Landesherr brauchten jederzeit Geld.

Salome hatte ihre Aufmachung sorgfältig gewählt. Sie trug ein Kleid in Rost- und Brauntönen und ein reich besticktes Wams, dazu dezenten Schmuck. Ihre kunstvoll gesteckte Frisur hielten Perlenbänder, und im Kerzenlicht glänzte ihr rötliches, nur leicht angegrautes Haar. Sie plauderte mit den Damen und versuchte, nicht mehr an die Begegnung mit der verwirrten Alten an diesem Vormittag zu denken. Als die jungen Leute zum Tanz gingen, überkam sie mächtig eine allzu schmerzliche Erinnerung, der sie heute, so schwer es ihr auch fallen mochte, um ihrer Gäste willen und um ihrer selbst willen nicht nachhängen wollte.

Ihr Leben war gut gewesen in den letzten Jahren hier in diesem Haus, bis es vor etwas mehr als einem Jahr zutiefst erschüttert wurde. Die Kinder wuchsen heran, und Wolf Dietrich fühlte sich in diesem Schloss, ihrem gemeinsamen Heim, im Kreis seiner Familie sehr wohl. Seine Gesundheit gab gelegentlich Anlass zur Sorge, doch seine Tatkraft war ungebrochen. Wenn er nicht seinen Aufgaben als geistlicher und weltlicher Landesherr nachkam, lebte er wie andere adelige Herren auf ihren Schlössern. In der Öffentlichkeit wurde Salome so wie heute daran erinnert, dass sie nicht seine rechtmäßige Gattin war, zu Hause vergaß sie an den meisten Tagen einfach darauf.

Von ihren Kindern vergnügte sich nur ihre sechzehnjährige Tochter Euphemia in der fröhlichen Gesellschaft der jungen Damen und Herren. Gerade hörte Salome ihr Lachen, etwas zu laut, doch die gute Erziehung hatte Euphemias Temperament nicht ganz zügeln können. Der achtzehnjährige Hannibal hielt sich zum Studium in Pavia auf. Sein Vater hatte diese Universität für besonders geeignet befunden, die er selbst besucht hatte, bevor er nach Rom ging. Hannibal machte sich dort recht gut. Den jüngeren Geschwistern fehlte es noch an Jahren, um an Abendunterhaltungen teilzunehmen.

Diejenige, die diese Gesellschaft wohl am meisten genossen hätte, würde nie mehr kommen. Salome fühlte, wie sich ihr Herz zusammenkrampfte. Helena! Das schöne Fräulein Helena von Altenau, vornehm und standesbewusst, mit einem aufrechten Charakter hatte vor etwas mehr als einem Jahr eine plötzliche Krankheit dahingerafft. Wie oft hatte Salome diese drei Tage innerlich durchlebt, hielt sich die Ereignisse vor Augen, um das Unabänderliche zu begreifen, um anzunehmen, was sie nicht fassen konnte! Ihre älteste Tochter, die seit ihrer Geburt widerstandsfähig gegen Krankheiten gewesen war, die nie Anlass zu ernstlicher Sorge gegeben hatte, bekam plötzlich Bauchschmerzen und Fieber. Von Stunde zu Stunde ging es ihr schlechter. Die Abführmittel, die der Arzt verordnete, halfen nicht, schienen sie zusätzlich zu schwächen. Sie konnte sich nicht mehr erheben, stöhnte vor Schmerzen und schrie beim leisesten Druck auf ihren Bauch auf. Sie redete wirr im Fieber, bis sie nach der zweiten Nacht ruhiger wurde. Die Hoffnung ihrer Eltern auf Besserung zerschlug sich so rasch, wie sie aufgekeimt war. Nur noch einmal erwachte Helena aus ihrem Dämmerschlaf und schlug die Augen auf. Ein Ausdruck wie ein überirdisches Lächeln verzauberte das bleiche Gesicht, bevor sie zu atmen aufhörte. Wenn sie an diese letzten

Augenblicke dachte, empfand Salome Frieden und fand wieder Kraft, Tag für Tag ihren Aufgaben nachzugehen.

In ihrem letzten Lebensjahr hatte sich Helena verändert, sie verlor von ihrem Stolz und gewann an Natürlichkeit und Hilfsbereitschaft. Es mochte etwas mit jenem älteren Freund Hannibals zu tun haben, dem Sohn eines hohen Hofbeamten, der sie einmal sogar zu einem Fest begleitet hatte. Wolf Dietrich und Salome wollten ihre Älteste gewiss nicht so bald hergeben und verheiraten, doch es galt vernünftig zu sein und eine sich anbahnende Verbindung keinesfalls zu verbieten. Die ungewöhnliche Stellung der Kinder außerhalb der üblichen gesellschaftlichen Kreise würde es ihnen erschweren, einen passenden Ehepartner zu finden.

Euphemias neuerliches Lachen holte ihre Mutter in die Gegenwart zurück. Es klang nicht ganz damenhaft, doch Salome war froh darüber. Hatte doch Helenas Tod die ihr vom Alter her so nahe und im Wesen so unterschiedliche Schwester tief getroffen. Euphemia mochte auf Menschen, die sie wenig kannten, oberflächlich wirken, aber die äußerliche Unbekümmertheit war nur eine Seite ihres Wesens, tiefe Empfindungen und Mitgefühl die andere. Salome fing gerade einen fragenden Blick von Felicitas auf, der das Schweigen der Freundin und Hausherrin aufgefallen war, als ein klirrendes Geräusch die allgemeine Aufmerksamkeit erregte und ihr eine Erklärung ersparte. Von den jungen Leuten war jemand beim Tanz an eine der Palmen gestoßen, die in kunstvoll verzierten Keramiktöpfen den Saal schmückten. Die hoch gewachsene Pflanze fiel samt Behälter um, der zerbrach, so dass Erde und Scherben auf dem Boden verstreut lagen.

„Scherben bringen Glück!", rief Salomes Schwester Katharina.

„Wir können es brauchen", überspielte Wolf Dietrich lächelnd das Missgeschick. Die Dienerschaft beeilte sich, die Spuren zu beseitigen. Sie schafften die Erde und den zerbrochenen Blumentopf samt der Palme hinaus. Salome befahl, nach einem neuen Gefäß zu suchen. Die Musikanten spielten weiter, doch die jungen Leute wollten nicht mehr tanzen. Die Stunde war ohnehin vorgerückt, so dass sich die Gäste verabschiedeten.

Salome und Wolf Dietrich waren mit ihnen den Treppenaufgang hinuntergegangen und atmeten die frische, kühle Luft im Garten tief ein.

„Gut haben wir es hier", sagte er, „so soll es bleiben."

„Ja, das wünsche ich mir", antwortete sie.

****

Salome steckte die Feder zurück in die Halterung und schloss das Tintenfass. Auf das Papier vor sich auf dem Schreibtisch streute sie etwas Sand. Ihr schwirrte der Kopf von den vielen Zahlen, doch nun waren alle Ausgaben des letzten Monats säuberlich eingetragen. Über ihren großen Haushalt führte sie selbst Buch, wie sie es als Kaufmannstochter gelernt hatte. Sie stand auf, trat ans Fenster ihres Kabinetts und schaute in den Garten hinunter. Die Sonne stand schon tief, die Tage wurden kürzer. Die Rosen blühten bis in den Herbst hinein, doch der Sommer war vorbei, und die Blätter verfärbten sich. Wildes Geschrei unterbrach das friedliche Bild. Der siebenjährige Viktor floh vor dem neunjährigen Anton, der dem Jüngeren mit einem Spielzeugdegen in der Hand nachrannte. Der hatte versucht, einen Kampf mit unlauteren Mitteln zu gewinnen. Die beiden entschwanden Salomes Blickfeld und lieferten sich im hinteren Teil des Gartens gewiss eine handfeste Balgerei. Hoffentlich kommt keiner mit einer blutigen Nase an, dachte sie, doch selbst wenn, sind es letztlich nur harmlose Kindereien. Was die Großen und Mächtigen hingegen taten, war leider kein Spiel. Deren Händel samt Folgen waren von ungewissem Ausgang und würden nicht rasch vergessen sein wie eine kindliche Beule oder Schramme.

Wieder musste sie daran denken, wie lange schon keine Salzschiffe mehr nach Bayern fuhren. Salz war etwas Besonderes, überaus Wertvolles. Wein oder feines Tuch aus Italien, Gewürze aus fernen Ländern, Waren, mit denen ihr Bruder handelte, waren nicht unbedingt lebensnotwendig, doch

Salz brauchte jeder Mensch. Das Erliegen des Salzhandels und der Mangel an weißem Gold traf den Lebensnerv des Nachbarlandes. Ein gutmütiger Herrscher hätte dem Salzburger Erzbischof, der das Salz zu seinem eigenen Vorteil anderweitig verkaufte, vielleicht bereits nachgegeben, doch der stolze Maximilian würde keinen Gesichtsverlust riskieren. Die Beziehungen zwischen den Nachbarn wurden von Tag zu Tag gespannter, eine Lösung musste gefunden werden. Die an den Wirtshaustischen kursierende Meinung gab dem Fürstbischof Recht, sich vom Bayernherzog nichts gefallen zu lassen. Wolf Dietrichs Kammerdiener Wenzel, der sich abwechselnd in der Residenz und auf Schloss Altenau aufhielt, überbrachte bereitwillig alles, was man auf den Straßen hören konnte. Die öffentliche Meinung gab Herzog Maximilian die Schuld am Bruch der Salzverträge, nicht nur in Salzburg, auch in den Ländern, die er früher beliefert hatte und wo nun Knappheit an Salz herrschte.

In der letzten Zeit hatte sich Wolf Dietrich verändert, fand Salome. Seit wann eigentlich? Seit Helenas Tod oder erst seit dem Tag vor etwas mehr als zwei Monaten, als die Nachricht vom Tod seines Bruders Jakob Hannibal eintraf. Seit elf Jahren, als er Salzburg verließ und auf das Stammschloss der Raitenauer zurückkehrte, hatte ihn Wolf Dietrich nicht mehr gesehen. Die Nachricht traf den Erzbischof wohl tiefer, als er selbst wahrhaben wollte, erinnerte ihn an sein fortschreitendes Alter. Jakob Hannibal war ohne männlichen Erben gestorben, seine Witwe Kunigunde würde hoffentlich besser wirtschaften als ihr verblichener Ehemann. Eines Tages würde Hans Rudolfs ältester Sohn der Herr auf dem Familienbesitz sein. Wolf Dietrich konnte sich als Familienoberhaupt nur wenig um die Erbschaftsangelegenheiten kümmern, die Salzfrage nahm ihn völlig in Anspruch.

Grundsätzlich behelligte er Salome nicht mit Politik und war der Meinung, sie sollte sich davon fernhalten. Nun beschäftigte ihn der Konflikt mit dem Bayernherzog so sehr,

246

dass er auch zu ihr immer wieder davon sprach. Dies tat er in einer unzusammenhängenden Form, so dass sie sich nur ein ungefähres Bild davon machen konnte, was tatsächlich vorging. Er erwähnte Schriftstücke, die hin und her gingen. Eine wichtige Rolle spielte die selbstständige, unmittelbar dem Reich unterstellte Propstei Berchtesgaden mit ihren Salzvorkommen, dieser Puffer zwischen Salzburg und Bayern. Salzburger Abgesandte, die jedoch offiziell keine Unterhändler waren, trafen sich in Berchtesgaden mit dort ebenso zufällig anwesenden bayerischen Beamten. Sowohl der Bayernherzog als auch der Salzburger Erzbischof hätte die Propstei am liebsten unter seiner Herrschaft gehabt. Wolf Dietrich schimpfte über den miesen Charakter des Bayernherzogs, der sich in Berchtesgaden Einfluss und Vorteile verschaffte. Dessen Bruder war der Propst von Berchtesgaden, allerdings kaum anwesend, da er gleichzeitig ein hohes kirchliches Amt im Erzbistum Köln innehatte. Maximilian benahm sich, als könnte er über das Berchtesgadener Salz verfügen. Er hatte eine zweite Salzpfanne errichtet und innerhalb von wenigen Wochen eine neue Straße gebaut, um Salz über Land auszuführen. Allerdings hatte Wolf Dietrich die alten Straßen, die von Berchtesgaden über Salzburger Gebiet in die umliegenden Länder führten, zuvor sperren lassen. Den Salzburgern verbot er, in das Nachbarland Holz zu liefern, was für den Betrieb der Pfanne dringend gebraucht wurde.

Wann hat dieser unselige Streit endlich ein Ende?, fragte sich Salome. Dieses Kräftemessen um etwas so Lebenswichtiges wie Salz beunruhigte sie. Wolf Dietrich, der früher rasch und entschlossen zu handeln pflegte, schien selbst nicht genau zu wissen, worauf er eigentlich hinauswollte. Es ist höchste Zeit, Frieden zu machen, dachte sie, um das zu wissen, brauche ich nichts von Politik zu verstehen.

Das flackernde Licht der Kerzen beleuchtete das Schachbrett zwischen ihnen auf dem Tisch, die Gesichter lagen im Halbdunkel. Nur noch wenige Figuren standen auf den Feldern. Salome bemerkte den Fehler, den sie gerade gemacht hatte. Doch es war schon zu spät. Wolf Dietrich griff nach seinem verbliebenen Turm, zog die Hand zurück, berührte das Pferd. Jetzt schien er erst zu erkennen, dass sie in der Falle saß und das Spiel verloren hatte.

„Schach matt", sagte er, „Revanche?"

Sie schüttelte den Kopf. An diesem Abend war Salome nicht bei der Sache und auch Wolf Dietrichs Frage klang eher gleichgültig. Auf dem Spielbrett war ihr König in seiner misslichen Umzingelung stehen geblieben, bedroht von Turm und Pferd, mit dem Rücken zur Wand, ohne Ausweichmöglichkeit. Sie betrachtete die Figuren, hob den Blick auf zu Wolf Dietrichs Gesicht und sah ihn nachdenklich an, bis er fragte:

„Was ist?"

„Ich möchte nicht", sagte sie, „dass du das Spiel verlierst."

„Du hast das Spiel verloren, du warst unaufmerksam."

„Ich meine nicht das Schachspiel..."

„Was dann?", fragte er verwundert.

Salome legte ihre Hand auf seine, mit der er gerade die Spielfiguren vom Brett schieben wollte.

„Dietrich, bitte", sagte sie eindringlich, „mach mit dem Herzog Maximilian Frieden. Solange ich denken kann, sind auf der Salzach die Salzschiffe gefahren, alles hat sich so verändert..."

Er hielt in der Bewegung inne und sah sie erstaunt an.

„Darüber solltest du dir nicht den Kopf zerbrechen", sagte er bestimmt. „Lass die Politik meine Sorge sein. Verzeih, ich weiß, ich habe in der letzten Zeit zu viel davon gesprochen."

„Salz ist doch so wichtig für alle Menschen, hier bei uns und in Bayern und in den anderen Ländern..."

„Du hast Recht", bestätigte er. „Es darf nicht noch ein Jahr so vergehen wie das heurige. Auch der Bayernherzog wird erkennen müssen, was Recht und was Unrecht ist, und muss in seine Schranken gewiesen werden."

„Und wenn er es nicht einsieht? Es muss doch eine Möglichkeit geben, Frieden zu schließen. Ich weiß, du kannst nicht einfach nachgeben, aber trotzdem, um Christi willen..." Sie sah ihn mit großen Augen gleichzeitig erwartungsvoll, ängstlich und beschwörend an.

„Es wird eine Lösung geben", sagte er. „Nach der heutigen Nacht muss eine Entscheidung fallen. Ich werde dem Bayernherzog vorschlagen, ein unparteiisches Schiedsgericht, angesehene Personen aus dem Reich, zusammentreten zu lassen. Die mögen ein Urteil fällen und dann kann ein neuer Vertrag ausgehandelt werden."

„Was geschieht heute Nacht? Warum wird eine Entscheidung fallen?" Ihr Gefühl sagte ihr, dass die wichtigste Information in seinen Worten fehlte. Ihr Blick fiel neuerlich auf die Schachfiguren, die immer noch auf dem Spielbrett standen – der einsame König, gefangen in seiner aussichtslosen Position.

„Heute Nacht", sagte Wolf Dietrich, „besetzen einige Hundert meiner Soldaten Berchtesgaden. Die Brücken werden abgebrochen, Wege und Stege zerstört. Den Berchtesgadenern nehmen meine Leute die Waffen ab. Recht muss Recht bleiben!" Er schlug mit der Hand auf den Tisch, die Spielfiguren begannen zu wackeln, der König fiel um und rollte in Salomes Richtung. Sie fing ihn auf und stellte ihn neben dem Brett wieder aufrecht hin. „Du wirst sehen", meinte er zuversichtlich, „ein kleines Gewitter und der Herzog kommt wieder zu Verstand. Es wird kein Blutvergießen geben." Wolf Dietrich ließ seine Hand auf der Tischplatte liegen, so dass der Bischofsring im Kerzenlicht funkelte.

„Du bist ein geistlicher Fürst und greifst gegen einen anderen katholischen Fürsten zu den Waffen, und Bayern ist viel stärker." Beklemmende Angst ergriff sie, dass das kein gutes Ende nehmen würde.

„Du musst den Soldaten Einhalt gebieten! Es kann doch noch nicht zu spät sein!", rief sie und hielt sogleich inne. Einmischung in die Regierungsgeschäfte würde er nicht hinnehmen. Er sagte in nachsichtigem Ton:

„Beruhige dich, Liebes. Es ist schon richtig, was ich tue" – und dann ärgerlich - „ich muss Stärke zeigen. Soll denn der Herzog Maximilian über mich und Salzburg spotten?"

Du bist starrsinnig geworden, dachte Salome, doch es hätte keinen Sinn gehabt, das laut auszusprechen. Nur mit halbem Ohr vernahm sie seine weiteren Worte, dass er seine Rechte verteidigen müsse, zumal der andere den Streit vom Zaun gebrochen hatte. Sie verstand, dass keine Aussicht auf Einigung bestand, im Gegenteil: Entgegen Wolf Dietrichs Zuversicht, dass es sich nur um ein Scharmützel handelte, könnte es zu kriegerischen Auseinandersetzungen kommen, die das friedliche Land Salzburg erschüttern würden.

Die Nachricht von dem nächtlichen Überfall auf Berchtesgaden verbreitete sich in Windeseile. Schon wenige Tage später waren Gerüchte im Umlauf, dass der Bayernherzog an der Grenze zu Salzburg Truppen zusammenzog, die Angaben über die Zahlen schwankten beträchtlich. Eine gewaltige Streitmacht sollte es jedenfalls sein, die dort äußerst bedrohlich Aufstellung nahm.

****

In diesen Tagen erkrankte der sechsjährige Eberhard, Salomes jüngster Sohn. Es begann mit einer scheinbar harmlosen Erkältung, doch das Fieber stieg, der Husten wurde schlimmer. Nach den unruhigen Nächten schaffte es Salome mit Mühe, ihren alltäglichen Pflichten nachzukommen. Sie betete inständig, dass der kleine Eberhard die Krankheit heil überstehen möge und dass die anderen Kinder gesund blieben. In der Residenz nahmen Wolf Dietrich hektische diplomatische Aktivitäten völlig in Anspruch. Er verbrachte auch die Nächte dort, verhandelte bis spät in der Nacht mit bayerischen Abgesandten, schrieb Briefe oder gab seinen eigenen Delegationen die nötigen Instruktionen. Der Kaiser und andere Habsburger versuchten sich als Vermittler einzuschalten. Im Reich herrschte Aufregung über die beiden vornehmsten katholischen Reichsstände, die sich offensichtlich in kriegerischen Absichten gegenüberstanden.

Eines Morgens erwachte Salome auf dem provisorischen Lager, das sie in Eberhards Zimmer aufgeschlagen hatte. Sie fühlte sich erfrischt, mehrere Stunden hatte sie ohne Unterbrechung geschlafen. Hatte Eberhard gar nicht gehustet oder war sie schon so erschöpft, dass sie es nicht mehr hörte? Sein Atem ging ruhig. Als sie seine Stirn befühlte, konnte sie es kaum glauben: Das Fieber war gesunken, er war über den Berg! Voll Freude schickte sie die Nachricht zu Wolf Dietrich in die Residenz. Ihre Kräfte kehrten zurück. Sie empfing am Vormittag Bittsteller, wie sie es häufig und gerne tat. Meistens waren es Leute von den Gehöften aus der Umgebung, Untertanen von Schloss Altenau. Der letzten Frau, die wartete, versprach Salome, ihren Arzt zu deren krankem Kind zu schicken. Hoffentlich würde es auch wieder gesund so wie ihr Eberhard.

Salome wollte gerade das Empfangszimmer verlassen, als sie eilige Schritte auf der Treppe hörte. Wenzel, Wolf Dietrichs Kammerdiener, erschien in der offenen Tür und kündigte einen Besucher an, obwohl es nicht zu seinen Aufgaben zählte, sich um ihre Gäste zu bemühen.

„Eine Kutsche ist vorgefahren" , sagte er aufgeregt. „Ich habe sie gerade noch überholt. Es ist ein Verwandter des gnädigsten Herrn."

„Ist einer der Herren von Raitenau in die Stadt gekommen?", fragte Salome erfreut. „Etwa der Vizedom von Friesach?" Wie gern würde sie Hans Rudolf wiedersehen, der sie und die Kinder gern mochte und die Salzburger Besitzungen in Kärnten sehr gut verwaltete.

„Es ist ein anderer Verwandter, gnädige Frau, der Graf von Hohenems."

„Der Graf von Hohenems?" Salome war enttäuscht. Was wollte der hier? Der benahm sich ihr gegenüber doch nur deshalb korrekt, um keinen Ärger mit seinem Vetter Wolf Dietrich zu bekommen. Der Graf und Domherr sollte nicht gerade sittenstreng leben, aber nach außen hin gab er sich so.

„Ich muss Euch warnen", sagte Wenzel. „Als Kammerdiener Seiner hochfürstlichen Gnaden beobachte ich manches, was in der Residenz vorgeht. Seht Euch vor, der Graf könnte als Spion kommen. Hinter den Kulissen gehen Dinge vor...",

Wenzel senkte die Stimme zum Flüstern. „Manche Domherren sind dem Bayernherzog gegenüber sehr freundlich gesinnt, sie sollen sich heimlich verbündet und die restlichen auf ihre Seite gezogen haben. Alles, was sie gegen Seine hochfürstliche Gnaden finden können, werden sie Maximilian zukommen lassen...“

Salome erschrak und verstand: Es ging nicht mehr allein um das Salz. Maximilian suchte Mittel und Wege, um gegen Wolf Dietrich vorzugehen. Worauf wollte er hinaus? Welche Nachrichten über sie und die Kinder würde er nach Rom schicken?

Salome gab Anweisung, den ungebetenen Gast hereinzuführen.

Merk Sittich von Hohenems erschien in tadelloser Kleidung eines Klerikers, ein gekünsteltes Lächeln auf den Lippen. Er verbeugte sich artig, worauf sie ihm die Hand reichte. Die ersten Sätze seiner Begrüßung hatte er sich offenbar gut überlegt. Floskelreiche Wendungen und wohl klingende Worte flossen nur so aus seinem Mund, dass er sich erlaube, der Frau von Altenau einen kurzen Besuch abzustatten, da er gerade wieder in Salzburg eingetroffen sei. Die Pflichten, die mit seinen kirchlichen Ämtern an mehreren Orten verbunden wären – nicht zu vergessen die damit verbundenen Einkünfte, dachte Salome –, würden ihn sehr in Anspruch nehmen. Der Domherr machte noch einige Bemerkungen über das Wetter und andere Belanglosigkeiten, bis er schließlich mit dem wahren Grund seines Besuchs herausrückte.

„Euer Landsitz zeichnet sich äußerlich durch klassische Einfachheit, sozusagen Bescheidenheit aus. Zu meinem Bedauern hatte ich noch keine Gelegenheit, dessen innere Vorzüge kennen zu lernen, die sehr groß sein sollen“, meinte er wortgewandt.

Ich bedaure nicht, dich nie eingeladen zu haben, dachte Salome, und Wolf Dietrich gewiss auch nicht.

„Wäre es zu viel verlangt, wenn ich Euch bitte...“, fuhr Merk Sittich fort.

„Gern würde ich Euch den Garten zeigen", hakte Salome ein. „Die Jahreszeit ist schon weit fortgeschritten, doch noch blühen die Herbstblumen, sogar einige Rosen, die mir so gut gefallen." Sie läutete nach einer Dienerin, um sich ihren Umhang bringen zu lassen. Der aalglatte Hohenemser schien Mühe zu haben, seine Missstimmung darüber zu verbergen, dass die Dinge nicht so liefen, wie er es sich wünschte. Er folgte ihr in den Garten und hoffte gewiss, die angeblich so luxuriös ausgestatteten Räume doch noch zu sehen zu bekommen. Salome plauderte freundlich und gewinnend und ehe Merk Sittich wusste, wie ihm geschah, hatte sie ihn auf charmante Art verabschiedet. Sein Bericht an das Domkapitel würde nicht besonders ergiebig ausfallen.

Kaum war er gegangen, überbrachte Wenzel eine Nachricht von Wolf Dietrich. Er wäre sehr froh, dass Eberhard auf dem Weg der Besserung sei.

„Hat der gnädigste Herr nichts gesagt, wann er nach Altenau kommt?", fragte Salome den Kammerdiener.

Wenzel schüttelte bekümmert den Kopf.

„Nein", sagte er, „das wird ihm nicht möglich sein."

„Was ist geschehen?", fragte Salome beunruhigt.

„Gnädige Frau, in solch einer gefährlichen Lage wie jetzt war das Erzstift noch nie, seit Seine hochfürstliche Gnaden regiert. Der Herzog Maximilian hat mit seinen Truppen die Grenze zu Salzburg überschritten, mit ihm selbst an der Spitze, sie belagern die Festung Tittmoning. Die Stadt ist voller Soldaten. Residenz, Tore, Brücken, Mülln, Nonnberg, Mönchsberg, alles ist mit Bewaffneten belegt. Wenn Ihr zur Festung hinaufseht, könnt Ihr die Soldaten beim Patrouillieren beobachten."

Salome war so mit dem kranken Eberhard beschäftigt gewesen, dass sie die Nachrichten aus der Stadt kaum bewusst wahrgenommen hatte. Nun erinnerte sie sich: Herzog Maximilian sollte die Salzburger Besitzungen in Bayern überrannt haben, hieß es.

„Es wird doch keinen Krieg geben?", rief sie ängstlich.

„Es wird gekämpft, aber die Delegationen gehen hin und her. Der Erzherzog Ferdinand aus der Steiermark soll sich als Vermittler eingeschaltet haben. Macht Euch keine Sorgen. Seine hochfürstliche Gnaden wird alles zu einem guten Ende bringen." Wenzels Worten spürte sie ab, dass er großes Vertrauen zu seinem Herrn hatte. Salome nickte und entließ ihn.

In der Nacht träumte sie, dass bayerische Truppen in Salzburg einfielen. Sie hörte Kanonendonner von der Festung und sah, wie die Stadt zu brennen begann. Ein Rammbock krachte gegen das Tor von Schloss Altenau, schwere Stiefel polterten die Treppe herauf. Soldaten stürmten in ihr Schlafzimmer, einer schrie: „Wo ist das Fürstenliebchen?" Salome fuhr schweißgebadet hoch und starrte in Giselas erschrockenes Gesicht. Die zog ihre Hand zurück, mit der sie ihre Herrin an der Schulter gerüttelt hatte.

„Was ist?", fragte Salome.

„Ich habe Euch im Schlaf schreien hören", sagte die Zofe.

„Dann habe ich nur geträumt, Gott sei Dank", seufzte Salome. Sie beruhigte sich nach und nach. Noch war sie in Sicherheit, noch konnte alles gut ausgehen. Wenn nur Wolf Dietrich und den Kindern nichts zustieß! Sie lag allein in dem großen Bett. Seit Tagen hatte sie ihn nicht gesehen. Wenn er doch endlich wiederkäme!

Die Familie saß beim Mittagstisch, als eine Dienerin die Ankunft des Erzbischofs meldete. Eilige Schritte waren zu hören, die Tür flog auf, und schon stand er im Zimmer. Alle hielten im Essen inne. Um ihre Ehrerbietung zu erweisen, erhob sich die Kinderfrau so rasch, dass der Stuhl umfiel.

„Wieso seid ihr jetzt beim Essen?", fragte Wolf Dietrich ohne Begrüßung.

„Es ist die übliche Zeit", antwortete Salome und bedeutete ihm mit einer einladenden Handbewegung, sich auf seinen Platz zu setzen, der zu Mittag an den meisten Tagen leer blieb. Wolf Dietrich schüttelte den Kopf. Er wirkte aufs Höchste angespannt und trug weltliche Kleidung zu einer

Tageszeit, da er normalerweise in der Residenz seinen Amtsgeschäften nachging oder Hoftafel hielt.

„Die Festung Tittmoning ist gefallen", sagte er. „Die bayerische Streitmacht rückt gegen Salzburg vor." Es kostete ihn merklich Mühe, seine Stimme beherrscht klingen zu lassen. „Soeben habe ich mir ein Bild unserer Verteidigungsstellungen gemacht. Widerstand und die Belagerung der Stadt zu riskieren, würde nur zu Blutvergießen und einer sicheren Niederlage führen. Ich verlasse morgen die Stadt und ihr müsst auch gehen."

Salome starrte ihn fassungslos an.

„Gehen?", rief sie. „Unser Haus verlassen? Ja wohin denn? Wann kommen wir zurück?" Euphemia schrie leise auf und hielt sich die Hand vor den Mund. Ihre jüngeren Geschwister begriffen kaum, was die Worte des Vaters bedeuteten.

„Setzt die Mahlzeit fort", nickte Salome den anderen zu. Wolf Dietrich folgte ihr in ihr Kabinett.

„Das kann doch nicht sein!", rief sie unter Tränen, als sie außer Hörweite von Kindern und Dienerschaft waren.

„Das Domkapitel verhandelt längst hinter meinem Rücken mit Maximilian, sie machen gemeinsame Sache mit ihm. Ich kann mich auf keinen mehr verlassen. Ich lege die Regierungsgewalt in die Hände des Domkapitels, bevor sie mir mit Gewalt genommen wird, und -", er machte eine Pause und sprach das unvermeidliche Wort aus, „- fliehe." Er sank auf einen Stuhl und rang unter Tränen nach Worten: „Verstehst du? Ich bin kein mächtiger Fürst mehr, gestern war mein Wort noch Gesetz, doch heute..."

„Wo willst du hingehen?", fragte Salome. „Und wo soll ich mit den Kindern hin?" Die Vorstellung, dem siegreichen Maximilian ausgeliefert zu sein, schnürte ihr die Kehle zu. Und von den Herren des Domkapitels, wenn sie etwa an Merk Sittich von Hohenems dachte, war auch nichts Gutes zu erwarten.

„Über die Grenze nach Kärnten zu Hans Rudolf, nach Gmünd auf seine Besitzungen, die nicht zum Erzstift gehören. Dorthin kommt ihr auch. Ich schicke euch am Nachmittag Wagen, darauf kannst du das Nötigste packen."

Es ging über ihre Vorstellungskraft, dass sie Schloss Altenau verlassen sollte. Sie hatte gedacht, es würde ihr Heim für den Rest ihres Lebens bleiben.

„Aber Eberhard ist krank, er wird die Reise nicht überstehen", sagte sie verzweifelt.

„Lass ihn bei deiner Schwester Sabina, es wird ihn gewiss jemand nachbringen können."

„Und wenn ihm etwas zustößt?"

„Maximilian wird sich nicht an einem kleinen Knaben vergreifen. Trotz allem ist er ein Ehrenmann, er hat sogar die Besatzung der Festung samt Gepäck und Gewehren abziehen lassen. Vor allem geht es ihm wohl darum, mich persönlich zu verfolgen..."

„Aber warum?"

„Er konnte mich nicht ausstehen vom ersten Tag an, an dem wir uns begegneten. Salzburg gehörte früher zu Bayern, obwohl das schon lange her ist. Im Bauernkrieg rief Erzbischof Matthäus Lang Bayern zu Hilfe, als Folge musste Salzburg ungünstige Salzverträge akzeptieren. Meine allzu nachgiebigen Vorgänger ließen das angehen, bis ich an die Regierung kam. Ihm als Abkömmling eines mächtigen Herrschergeschlechts war ich von Anfang an suspekt, von niederem Adel, aber tüchtiger und gebildeter als sein regierender herzoglicher Vater. Das Erzstift blühte auf, von Kaiser und Papst wurde ich geschätzt, es waren glänzende Zeiten... Und nun - es ist alles meine Schuld. Hätte ich nicht zu den Waffen gegriffen, nicht so viel auf meine eigene Ehre gehalten! Jetzt bin ich schlechter dran als meine geringsten Diener, und dich und die Kinder stürze ich mit ins Unglück..." Tiefe Verzweiflung sprach aus seinem Gesicht.

Salome kniete sich neben ihm auf den Boden und nahm seine Hände.

„Du wolltest immer das Beste für das Land und auch für mich und die Kinder", versuchte sie ihn zu beruhigen. „Es kann doch wieder alles gut werden. Wir sind in Gottes Hand."

Salome zwang ihre wirren Gedanken in geordnete Bahnen. Was sollte sie mitnehmen? Alles Bargeld, hatte Wolf

Dietrich gesagt, ihren Schmuck und wertvolle Gegenstände, die man notfalls verkaufen könnte. Ausreichend Kleidung für alle, auch die erlesenen Stücke. Jeder sollte sehen, dass Leute von Stand reisten. Und selbst mit der reichsten Ausstattung, dachte sie bitter, sind wir schlechter dran als arme Bauern, die Haus und Heim haben. Aufgeputzte Bittsteller werden wir sein, auf die Gnade anderer angewiesen. Eine Menge Kisten und Fässer standen bereits im Hof, als die Wagen eintrafen. Sie hatten das Gepäck des Erzbischofs und seines Gefolges auf seinen Reisen zu Reichs- und Kreistagen und in seine Bistümer transportiert. Mit ihrem praktischen Verstand als Kaufmannstochter kalkulierte Salome rasch, wie viel Platz die Wagen boten. Nur eine Garnitur kostbaren Geschirrs konnte sie mitnehmen und zwischen den Kunstgegenständen musste sie wählen. All die goldenen, mit Perlen oder Edelsteinen besetzten Rosen, die ihr Wolf Dietrich im Laufe der Jahre geschenkt hatte, packte sie ein. Ob sie es jemals fertigbringen würde, eine davon zu verkaufen? Doch, wenn die Not, vor allem für die Kinder, groß genug wäre. Weit weniger wertvolle, aber für sie kostbare Erinnerungsstücke legte sie in die Kiste zu den Rosen, Dinge, wie sie jede Mutter von ihren Kindern sammelt. Sie nahm das Miniaturporträt Wolf Dietrichs vom Tisch in ihrem Kabinett und betrachtete es, bevor sie es in ein Tuch wickelte. Das Bild zeigte ihn als jungen Erzbischof. Es erschien ihr, als wäre es erst vor wenigen Wochen gewesen, dass er den Zeitaufwand bedauerte, den das Modellsitzen ihn kostete. Das Porträt legte sie oben auf die bereits eingepackten Sachen. Zuletzt schloss sie das Geheimfach ihres Schreibtischs auf. Sie nahm das deutsche Neue Testament, ein paar Dokumente und Wolf Dietrichs Briefe heraus und steckte alles in ein besticktes Futteral. Sehr selten, nur während Helenas schwerer Krankheit und nach ihrem Tod, hatte sie in den letzten Jahren in dem Buch gelesen. Ihre Andachten hielt Salome in der Schlosskapelle, dorthin hatte sie es nie mitgenommen. Sie erinnerte sich, wie sie es, bevor sie ihr Elternhaus verließ, heimlich in ein neues, ungewöhnliches Leben vorausgeschickt hatte. Nun würde sie es in eine ungewisse Zukunft mitnehmen. Das Futteral schob sie seitlich in die Kiste und legte schließlich ein Tuch über all diese Schätze, bevor sie den Diener rief, der das Gepäcksstück zunagelte.

Auf ihre Nachricht waren ihre Schwestern Sabina und Katharina und ihre Schwägerin Henrietta eingetroffen. Sie versuchten Salome zu trösten, halfen ihr beim Packen und beschäftigten sich mit den jüngeren Kindern, die das allgemeine Durcheinander nicht begriffen und es noch vergrößerten. Salome konnte es kaum glauben, als ihr Sabina und Henrietta eröffneten, sie wollten sie begleiten, zumindest ein Stück weit, natürlich nicht bis Kärnten. Ihre Ehemänner wären einverstanden. Sie würden einige ihrer Kinder mitnehmen, das Herbstwetter war so sonnig und mild. Salome war gerührt und verstand, dass sie den Kindern, die ihr Zuhause verlassen mussten, das Gefühl geben wollten, als gingen sie auf eine Ausflugsfahrt.

Katharina würde Eberhard aufnehmen, gewiss würde er bald gesund sein und könnte nachgebracht werden. Euphemia erklärte sich freiwillig bereit, bei Eberhard in Salzburg zu bleiben, was es Salome leichter machte, ihren jüngsten Sohn zurückzulassen.

So würde sie mit fünf Kindern reisen. Hannibal musste sie nach Pavia schreiben, wie würde er die Nachricht aufnehmen? Helena und Maria Salome blieben für immer in Salzburg. Um ihre Gräber nochmals aufzusuchen, reichte die Zeit nicht mehr aus.

Am Abend sprach Wolf Dietrich mit den Kindern, versuchte ihnen zu erklären, warum sie Salzburg verlassen mussten. Ein wenig ließen sie sich damit trösten, dass sie sich bald wiedersehen würden und dass sich ihr Onkel Hans Rudolf und seine Familie über ihre Ankunft freuen würden.

Wolf Dietrich seufzte auf, als er sich im Bett ausstreckte.

„Schmerzen deine Beine?", fragte Salome. Er litt unter Krampfadern, die letzten Tage waren anstrengend gewesen, und am nächsten Tag stand ihm ein langer Ritt bevor.

„Das ist noch das geringste Übel", sagte er.

Beim Packen hatte Salome ein Hemd aus feinster Seide gefunden. Vor Jahren hatte sie es sich nähen lassen, doch nie getragen. Über Wolf Dietrich brach seine schwere Erkrankung herein, bevor sie ihn damit erfreuen konnte, und das hübsche Wäschestück geriet in Vergessenheit. An diesem Abend zog sie es an. Es war wie ein Zeichen, dass sie nicht jammern und mit dem Schicksal hadern wollte. Zu schade wäre es um die knapp bemessene gemeinsame Zeit, die sie noch hatten, bevor sie getrennt in eine ungewisse Zukunft aufbrechen mussten.

Sie schlüpfte nicht unter die Decke, sondern setzte sich neben ihm auf das Bett. Unter der feinen Seide zeichneten sich ihre Körperformen im schwachen Licht der Lampe ab. Der Stoff schimmerte, ebenso ihr offenes Haar. Mit einer leichten Bewegung beförderte sie es auf den Rücken, der mit Spitze besetzte Ärmel rutschte von ihrer Schulter. Er betrachtete sie wohlgefällig

„Du bist immer noch so schön", sagte er, „und siehst aus, als würde es etwas zu feiern geben..."

„Wir kennen uns seit fünfundzwanzig Jahren", lächelte sie, „und seit dreiundzwanzig Jahren bin ich deine Frau – wenn es auch die Kirche anders sieht."

„Anstatt zu mir zu halten, könntest du dich von mir lossagen, dich sogar als reuige Sünderin belobigen lassen, bräuchtest nicht deine Heimatstadt verlassen." Sie sah ihn so erschrocken an, dass er lächelte: „Ich liebe dich und ich danke Gott, dass ich dich habe." Er begann mit ihrem Haar zu spielen, und sie schlüpfte zu ihm unter die Decke.

„Wenn wir nur bald an einem sicheren Ort wieder zusammenfinden...", sagte sie.

„In wenigen Tagen treffen wir uns bei Hans Rudolf in Kärnten. Doch noch bin ich nicht zurückgetreten. So leicht lasse ich mir meine Rechte nicht nehmen. Und für dich und die Kinder werde ich kämpfen..."

„Wo werden wir leben? Auf dem Stammschloss der Raitenauer? Wo du aufgewachsen bist?", fragte sie. „Ich würde es gerne sehen."

„Ja, vielleicht. Es ist ein halbes Leben her, dass ich dort war..."

„Gern würde ich hier in Altenau bleiben", sagte sie, „es ist doch unser Heim. Wo auch immer – ich wünsche mir, dass ich mit dir und den Kindern in Ruhe leben kann."

„Das wünsche ich mir auch", flüsterte er dicht an ihrem Ohr und küsste es.

„Und einmal möchte ich es hören: Herr Wolf Dietrich von Raitenau und seine Gemahlin lassen bitten...", sagte sie leise und gleichzeitig ein wenig theatralisch.

„Auch wenn ich nicht mehr auf dem Thron des Fürstbischofs sitze, gilt die Salbung zum Priester und Bischof..."

„Ich träume nur ein wenig – wer weiß, was alles möglich ist, nach all dem Außergewöhnlichen, was geschehen ist. Du wurdest berufen, erwählt, das Land zu regieren, du musstest deine Sendung erfüllen, und wir konnten nicht aufhören, uns zu lieben..."

„Manchmal habe ich mir Vorwürfe gemacht, was ich dir angetan habe", sagte er.

„Doch du würdest wieder genauso handeln?"

„Ja." Sie fühlte in ihrem Haar, dass er nickte.

„Und ich würde mich wieder für dich entscheiden, wenn ich noch einmal die Wahl hätte. Manchmal habe ich mich gefragt, ob du ohne mich ein besserer Erzbischof geworden wärst, dein Ruf wäre untadelig gewesen..."

„Das darfst du nicht denken", wehrte er ab. „Gewiss hätte ich nicht besser regiert, im Gegenteil. Die Liebe einer Frau macht einen Mann stark und mutig. Doch manchmal hat mir der Mut gefehlt, auf dich zu hören. Den alten, unglücklichen Pfleger damals hätte ich begnadigen sollen. Ich habe darüber nie Frieden gefunden. Und jetzt hätte ich nicht zu den Waffen greifen sollen, doch es ist zu spät..."

„Es ist nicht zu spät. Wir werden ein neues Leben beginnen...", sagte sie und schlang den Arm um seinen Hals. Sein Kuss verschloss ihren Mund, seine Arme umfingen sie.

Noch war er bei ihr, und sie wünschte sich den Traum von einem ruhigen gemeinsamen Leben für diese Nacht zu bewahren.

Die Gepäckwagen waren bereits, mit entsprechender Bewachung versehen, vorausgefahren. Gisela, die Kinderfrau und mehrere treue Dienerinnen, die sie freiwillig begleiteten, nahm Salome mit. Die anderen hatte sie, mit etwas Geld und Empfehlungen versehen, entlassen. Schweren Herzens hatte sie von Eberhard und Euphemia Abschied genommen, die ihre Schwester Katharina abholen ließ. Euphemia fühlte sich als Eberhards Beschützerin geehrt und sehr erwachsen, tröstete den kleinen Bruder und versicherte ihm, dass sie der Mutter bald nachfolgen würden.

Decken und Proviant wurden in den bereitstehenden Kutschen verstaut. Von der Straße her war Pferdegetrappel und das Quietschen von Wagenrädern zu hören. Balthasar Steinhauser, Sabinas ältester Sohn, ritt durch das offene Tor in den Hof und meldete die Ankunft der Familien Steinhauser und Alt. Der Kammerdiener Wenzel schloss die Türen zu den Treppenaufgängen ab und würde zuletzt das große Tor versperren. Wolf Dietrich verzichtete auf die Begleitung dieses tüchtigen und umsichtigen Mannes und hatte ihn seiner Familie zur Verfügung gestellt. Im Hof drängten sich die reisefertigen Kinder um Salome, die Dienerinnen standen bereit und warteten auf das Zeichen zum Einsteigen.

„Wir warten noch", sagte sie bestimmt. Die späte Oktobersonne strahlte vom Himmel, als ob es ein Tag wäre wie jeder andere. Doch sie verließ dieses Haus vielleicht für immer und ging mit ihren Kindern in eine ungewisse Zukunft. Wenn er doch endlich käme, er hatte es versprochen! Sie würde nicht ohne einen letzten Abschied aufbrechen, doch lange könnte sie das gespannte Warten nicht ertragen.

Da trabten Wolf Dietrich und sein Begleiter schon durch den Torbogen. Kaum war er vom Pferd geglitten, umringten ihn die Kinder. Für jedes hatte er noch ein paar Worte, küsste und streichelte sie und schob sie schließlich in die Wagen. Salome gab den Dienerinnen das Zeichen zum Einsteigen. Balthasar und der Kammerdiener warteten bei ihren Pferden. Salome kämpfte gegen die Tränen, durch deren Schleier sie Wolf Dietrichs Gesicht dicht vor sich sah. Er nahm sie in die Arme und küsste sie, was er niemals vor anderen Leuten getan hatte.

„Behüt dich Gott", flüsterte er, „behüt euch alle Gott. Wir sehen uns gewiss bald wieder."

„Behüt dich Gott! Er wird uns doch helfen?" Frage, Bitte und Hoffnung zugleich lagen in diesen Worten, die er mit einem letzten Kuss beantwortete.

Sie hielt ihn noch für einen Augenblick fest, drückte ihre nasse Wange gegen seine, die sich auch feucht anfühlte. Entschlossen machte sie sich los, wandte sich um und bestieg die Kutsche. Wolf Dietrich schloss eigenhändig den Wagenschlag. Durch das Fenster wechselten sie einen letzten Blick. Er hob grüßend die Hand, wandte sich um und ging zu seinem Pferd. Salome hörte das Trappeln der Hufe, als er mit seinem Begleiter den Hof des Schlosses Altenau verließ.

Die Kutsche rollte quietschend an und passierte die enge Durchfahrt unter dem Torbogen. Ihre Schwester und ihre Schwägerin mit den Kindern grüßten aus den auf der Straße wartenden Wagen, die sich ebenfalls in Bewegung setzten. Gegenüber hatten sich Schaulustige angesammelt. Viktor und Anton hingen an den Fenstern. Die beiden betrachteten die Reise als großes Abenteuer. Trotz des Rumpelns der Kutsche hörte Salome, wie das große, schwere Tor zu ihrem Haus ins Schloss fiel. Sie wandte sich nicht mehr um.

****

Der Wagenkonvoi musste die Stadt durchfahren, um sie Richtung Süden verlassen zu können. Die Kutschen rumpelten über die Brücke und fuhren am Rathaus vorbei in die Kirchengasse. Salome hatte gerade noch einen Blick auf ihr Elternhaus geworfen, als sie einen kräftigen Ruck spürte, der Wagen ins Schwanken und Schleudern geriet und mit

Schlagseite stehen blieb. Viktor und Anton purzelten über-
einander, die kleine Susanne klammerte sich schreiend an die
Mutter, die Erwachsenen hielten sich fest, wo sie konnten.
Der Kutscher wäre fast vom Bock gefallen und gestikulierte
aufgeregt. Ein Rad war gebrochen. Schon liefen Passanten
herzu, die neugierig das havarierte Fahrzeug beäugten. Den
Insassen blieb nichts anderes übrig als auszusteigen. Mit
großer Mühe schafften Kutscher und Pferde das Gefährt ein
Stück in Richtung Franziskanerkirche, wo die schmale Gasse etwas breiter wurde, so dass die nachfolgenden Wagen
passieren konnten. Die würden vor der Stadt warten, während sich der Kammerdiener in die Residenz begab, um dort
einen Ersatzwagen aufzutreiben. Wolf Dietrich würde als
erste Nachricht über ihre Reise gleich eine schlechte erhalten.

Salome stand mir ihren drei jüngsten Kindern und Dienerinnen in der Gasse, in der sie aufgewachsen war, und wartete, dass sie die Flucht aus ihrer Heimatstadt fortsetzen konnte. Sie blickte die Gasse hinunter zu ihrem Elternhaus, das
sie vor vielen Jahren für immer verlassen hatte. Gerade ging
die Tür des Ladens, in dem sie in ihrer Jugend gearbeitet
hatte. Nur wenige Schritte entfernt stand das große Bürgerhaus, das ihr Heim war, bevor sie Schloss Altenau bezog.

„Wann fahren wir weiter?", fragte Viktor ungeduldig.

„Sehr bald", beruhigte ihn Salome.

Eine junge, gut gekleidete Frau mit einem kleinen Mädchen an der Hand blieb stehen. Sie hielt Salomes Kindern
eine Tüte hin und bot ihnen Zuckerzeug an. Die nickte, als
Susanne und die Knaben sie fragend ansahen. Die freundliche Geste gegenüber Kindern, die gerade ein Missgeschick
ereilt hatte, empfand sie als Almosen.

„Die müssen sich in Sicherheit bringen", hörte sie einen
Mann sagen.

„Die können das. Aber was macht unsereiner, wenn die
bayerischen Truppen kommen?", meinte ein anderer.

„Wir haben doch nichts, was die sich holen können", sagte eine Frau. „Aber die Mätresse des Erzbischofs mit ihrem

Schloss…" Den Rest verstand Salome nicht mehr. Was stand ihr bevor? Wann würde sie wieder in Sicherheit sein?

„Gott im Himmel, hilf und beschütz uns!", ging ihr Stoßgebet.

Die Reisegesellschaft wurde auf den Straßen und in den Ortschaften neugierig begafft, aber nicht behelligt. Die Abgesandten des Domkapitels würden erst im Laufe des Tages von der Stadt Salzburg aus in die anderen Landesteile aufbrechen, um alle Beamten zu benachrichtigen, dass der Erzbischof die Regierungsgewalt auf das Domkapitel übertragen hatte.

In Werfen machten die Wagen kurz Halt. Die Kinder staunten, dass es nicht weit von zu Hause eine ebenso mächtige und beeindruckende Festung wie Hohensalzburg gab. Salome erinnerte sich an ihren Besuch bei ihrer Schwester Barbara vor vielen Jahren. Deren Mann war ins Zillertal versetzt worden und amtierte schon lange nicht mehr in Werfen. Michael von Weittingen, der damalige Festungskommandant, der Salome umworben hatte, lebte mit Frau und Kindern in Friesach in Kärnten und diente dort dem Salzburger Vizedom.

Über Werfen war Salome nie hinausgekommen. Ein einziges Mal in ihrem Leben hatte sie eine weite Reise geplant: Als sie mit Wolf Dietrich nach Italien durchbrennen wollte. Sie wäre bereit gewesen, viele Tage zu reiten, und hätte es wohl auch durchgestanden. Heute, um viele Jahre älter, empfand sie schon die stundenlange Fahrt in der Kutsche als anstrengend und mühsam. Die Straße durch das Salzachtal führte immer tiefer in die Berge hinein. Noch gebirgiger wurde es, als sie in Richtung Flachau abzweigten. Das Tal weitete sich und das Flachauer Land lag vor ihnen. Die breite Talsohle begrenzten bewaldete Berge, auf den schroffen Gipfeln in der Ferne über dem Talschluss lag bereits Schnee.

In Flachau besaß und betrieb die Familie Steinhauser eine Eisenhütte. Fuhrwerke, die mit Eisenerz schwer beladen waren und von einem Doppelgespann an Pferden gezogen wurden, begegneten ihnen. Mit Mühe kamen die Wagen aneinander vorbei. Die Kinder, denen die Fahrt schon langweilig geworden war, hingen neugierig an den Fenstern. Aus einem wuchtigen, kastenähnlichem Gebäude, dem Schmelzofen, stieg Rauch auf. Von dahinter war das dröhnende Schlagen des großen Eisenhammers zu hören, der Ofen verdeckte teilweise das Hammerwerk. Einige Arbeiter konnten sie beobachten, die mit Hämmern, ähnlich Dreschflegeln, und anderen Werkzeugen, halb fertiges Eisen zerteilten. Ihren Söhnen musste Salome versprechen, dass sie sich am nächsten Tag gemeinsam alles genau ansehen würden.

Sabinas Sohn Balthasar war vorausgeritten und lange vor den Kutschen eingetroffen, so dass Sabinas Schwager und seine Familie die Gäste bereits erwarteten. Andreas Steinhauser bewohnte in Flachau ein stattliches Haus, in dem er alle herzlich willkommen hieß. Salome atmete erleichtert auf. Sie würde hier warten, bis ihr Wolf Dietrich eine Nachricht zukommen ließ und sie weiterreisen konnte. Die freundlichen Verwandten lebten hier in ländlicher Abgeschiedenheit und waren bestürzt, als sie über die Vorgänge in Salzburg hörten. Sie stöhnten über die hohen Steuern, die ihnen der Erzbischof abverlangte. Doch dass sich der Bayernherzog unter dem Deckmantel des Domkapitels zum Herrn über Salzburg erhob, konnte nichts Gutes bringen.

Etwas eng wurde es in dem großen Haus, so dass die Kinder zu zweit in einem Bett schliefen.

„Aber wir fahren erst weiter, bis wir hier alles gesehen haben?", fragte Viktor beim Schlafengehen.

Salome konnte das leicht versprechen. Sie würde hier wohl länger warten müssen, als ihr lieb war, und hoffte, den Verwandten nicht zur Last zu fallen. Zumindest für die jüngeren Kinder wurde die Flucht zum Abenteuer.

Im Schein der warmen Herbstsonne saßen die Frauen im Garten hinter dem Haus: Salome, ihre Schwester Sabina mit deren sechzehnjähriger Tochter Magdalena, ihre Schwägerin Henrietta und Andreas' Steinhausers Frau, ihre freundliche

Gastgeberin. Die zahlreichen Kinder dachten sich mit viel Fantasie Spiele aus und überzogen Haus, Hof und Garten mit fröhlichem Lärm. Henrietta hatte ihre zwei jüngeren Söhne mitgebracht, für die die Reise und die Gesellschaft ihrer Vetter und Basen eine willkommene Abwechslung war. Die beiden jüngsten Kinder der Gastgeber genossen ausgiebig das Spielen und Toben. Ihre Lernstunden durften angesichts der Gäste ausfallen.

Salome beteiligte sich nur wenig am Geplauder. Die Holzbank, auf der sie saß, fühlte sich angenehm warm an. Die Sonnenstrahlen schienen ihr Gesicht zu streicheln. Die Luft war gerade noch warm genug, um im Freien gemütlich sitzen zu können. Abgesehen vom Lärm und gelegentlichen Gezank der Kinder verliefen die Tage äußerlich friedlich, doch Salomes innere Unruhe wuchs. Wie lange würde es noch dauern, bis sie eine Nachricht von Wolf Dietrich erhielt? Die vielen Menschen im Haus waren eine nette Unterbrechung der ländlichen Abgeschiedenheit, in der die Gastgeber lebten. Doch nur zu bald könnte ihnen die Unruhe zu viel werden. Sabina und Henrietta würde sie drängen müssen, nach Salzburg zurückzukehren, ihre Pflichten und Aufgaben zu Hause sollten sie nicht allzu lange vernachlässigen.

„Da kommen Reiter!", rief plötzlich Anton aus der Ecke des Gartens, von der aus man zur Straße sehen konnte. „Viele, auch Soldaten!" Im Nu drängte sich die neugierige Kinderschar um ihn, um ja nichts zu versäumen.

„Die haben es aber eilig und wirbeln eine Menge Staub auf!", rief einer von Henriettas Söhnen herüber.

„Was mögen das für Leute sein?", fragte die Hausfrau wie zu sich selber. Es bestand kein Zweifel, dass nur das Haus der Steinhausers das Ziel der Besucher sein konnte. Sie würden weder das Gehöft eines Bauern noch die Hütte eines Bergknappen und kaum den Pfarrer aufsuchen wollen. Bei Antons Ruf hatte Salome wie die anderen Frauen den Kopf gehoben. Gespannte Erwartung und Unsicherheit erfassten sie zugleich. Sie hätte nicht erwartet, dass Wolf Dietrich einen Trupp Soldaten schicken würde, um ihr eine Nachricht zu überbringen. Oder hatte sich die politische Lage geändert? War er etwa nach Salzburg zurückgekehrt und hatte wieder die Regierungsgewalt übernommen?

Hufegetrappel und Rufe waren zu hören, gefolgt von heftigem Klopfen am Tor. Da erschien bereits ein Diener und meldete:

„Der Herr Landrichter lässt fragen, ob sich die Frau Altenauerin hier aufhält?“ Es war ihm sichtlich unangenehm, diese Nachricht zu überbringen. So fügte er hinzu: „Der Herr Landrichter hat mir ausdrücklich aufgetragen, das so auszurichten.“

Die Hausfrau stand erbost auf.

„Was nimmt sich der heraus?“, sagte sie verärgert über so viel Unhöflichkeit. Er fragte nicht nach ihr, entbot keinen Gruß, keine Bitte, empfangen zu werden, sondern forderte grob eine Auskunft über ihren Gast.

„Der Herr Landrichter hat auch gesagt...“, der Diener begann zu stottern, „also wenn die Frau Altenauerin nicht kommt, dann durchsucht er das Haus.“

Der Frau Steinhauserin blieb angesichts dieser Frechheit die Sprache weg. Salomes Herz krampfte sich zusammen. Das bedeutete nichts Gutes!

„Ich komme“, sagte sie fest. Bevor sie die anderen hindern konnten, hatte sie schon den Hof durchschritten und näherte sich dem Tor.

Einer der Hausknechte überholte sie, rief „Halt!“ und stellte sich mutig in die offene Tür, den Soldaten entgegen. Doch der Landpfleger von Werfen ließ den Mann von zwei Bewaffneten einfach zur Seite schieben und verschaffte sich auf diese grobe Weise Zutritt zum Anwesen der Steinhausers. Auf seinen Befehl folgten ihm die beiden Soldaten, die anderen warteten draußen.

„Ihr seid die Frau Altenauerin?“, fragte der Landpfleger ohne Begrüßung und maß Salome mit einem prüfenden, fast verächtlichen Blick von oben bis unten.

„Ja, was...“, nickte Salome. Sie wollte fragen, was das bedeuten solle.

„Nehmt sie fest!", schnitt ihr der Landpfleger das Wort ab, worauf sie die beiden Soldaten links und rechts an den Armen packten.

„Was soll das?", schrie Salome. „Wer gibt Euch das Recht dazu? Und was habe ich getan?" Mit all ihrer Kraft versuchte sie den Griff der beiden Soldaten abzuschütteln. Doch vergeblich, die hielten sie nur noch fester. Die anderen Frauen und mehrere Kinder waren herbeigeeilt, die übrigen Kinder hielten sich ängstlich im Hintergrund. Die kleine Susanne begann zu weinen, worauf Sabina zu ihr eilte, um sie zu trösten.

„Herr Landrichter, ich muss schon bitten!", rief die Frau Steinhauserin energisch und verärgert. „Ihr habt kein Recht, in mein Haus einzudringen. Die Soldaten sollen sofort die Frau von Altenau loslassen! Sie ist mein Gast. Was hat das überhaupt zu bedeuten?" Sie war dicht an den Beamten herangetreten, ihr Gesicht rot vor Zorn.

„Lasst sie los", bedeutete der Landpfleger mit einer wegwerfenden Handbewegung den Soldaten. „Aber bleibt stehen, wo Ihr seid!", herrschte er Salome an. Sein gesamtes Auftreten wirkte anmaßend und herausfordernd. Sein spöttischer Blick über dem dunklen, gezwirbelten Oberlippenbart und unter dem schräg sitzenden Hut mit der geckenhaft großen Feder schweifte über die Anwesenden.

„Seine hochfürstliche Gnaden wird Euch zur Rechenschaft ziehen!", ließ sich die Frau Steinhauserin nicht so leicht einschüchtern. Der Landpfleger holte aus seinem Mantel ein Schriftstück hervor, rollte es auf und hielte es hoch, dass es alle sehen konnten.

„Der ist nicht mehr mein Herr und nicht mehr der Herr im Land. Hier ist der Befehl des Domkapitels: Die Frau Altenauerin ist zu verhaften, samt ihrer Begleitung." An den erschrockenen Gesichtern schien er seinen Spaß zu haben. Er trat einen Schritt näher an Salome heran, so dass sie die Unterschriften des Domdechanten und des Dompropstes und das Siegel deutlich erkennen konnte. Die dritte Unterschrift, die sie auf dem Schriftstück sah, ließ sie ihre Angst vergessen und brachte sie in Zorn. Merk Sittich von Hohenems! Das war der Geist, der aus dieser Aktion sprach!

„In Wahrheit hat der Bayernherzog die Macht mit seinen Soldaten, ohne seinen Willen darf das Domkapitel keinen Schritt tun!", schrie sie dem Landpfleger ins Gesicht. Sie fixierte den Mann mit den Augen. Nie zuvor hatte sie ihn gesehen, doch nur zu gut wusste sie, dass er zu den Leisetretern gehörte, zu denen, die sich nach dem Wind drehten und ihre Bücklinge in die jeweils passende Richtung machten. „Ihr seid Josef Niggl", sagte sie ruhig, doch die Verachtung war herauszuhören. „Vor wenigen Jahren habt Ihr die Bauern bei Seiner hochfürstlichen Gnaden angezeigt, seid selbst extra nach Salzburg geritten, so eifrig wart ihr in Eurer Treue. Und nun..."

„Schweigt!", schrie der Landpfleger. „Der Erzbischof ist auf Hohenwerfen eingekerkert. Das genügt wohl!"

Salome blieben die Worte im Hals stecken. Das übertraf ihre schlimmsten Vorstellungen! Obwohl sie so vieles gern gewusst hätte, durfte sie jetzt nichts fragen. Das könnte ihr nur schaden.

„Und mit ihm gefangen genommen wurden sein Bruder, dessen Schwager und dessen Sekretär. Also können wir Eure Begleitung auch nicht verschonen", hörte sie den Landpfleger weitersprechen. Wie hing das alles zusammen? Hans Rudolf war mit seiner Begleitung dem Erzbischof wohl entgegengereist. Sie mussten sich getroffen haben, wenn man sie gemeinsam gefangen genommen hatte. Und wer hatte das getan? Sicher Maximilians Häscher! Wollte der Landpfleger sie selbst auch auf die Festung bringen? Und die Verwandten? Was sollte aus den Kindern werden? Der Landpfleger grinste breit: „So schlimm wird es Euch nicht ergehen. Ihr und Eure Verwandten dürft das Haus nicht verlassen. Es wird von Soldaten bewacht. Eure Wagen sind beschlagnahmt..."

Wirr liefen die Gedanken durch Salomes Kopf, während der Landpfleger weitere Anweisungen gab. Was sollte jetzt bloß werden?

Im Haus wurde es eng. Die Soldaten, die abwechselnd Wache hielten, mussten untergebracht werden. Andreas Steinhauser, dem Hausherrn, nützte sein Protest nichts. Er hatte sich damit zufrieden zu geben, dass ihm Unterbringung und Verpflegung abgegolten würden. Die Familien mussten in ihren Zimmern bleiben, durften sie auch zum Essen nicht verlassen. Sie durften einander nicht sehen, die Dienerschaft wurde von ihnen getrennt. Soldaten im Hof und auf den Gängen im Haus überwachten, dass die Festgenommenen nur einzeln zum Abtritt hinuntergingen und keine Gelegenheit zum Austausch von Nachrichten hatten.

In der Nacht fand Salome keinen Schlaf. Vergeblich versuchte sie ihre Gedanken zu ordnen. Wie konnte es geschehen, dass Wolf Dietrich inhaftiert wurde? Es mussten Maximilians Soldaten gewesen sein, die ihn und seine Begleiter mit Gewalt gefangen nahmen, freiwillig hätte er sich nicht ergeben! Es war ein unerhörter Übergriff, ein Rechtsbruch ohne Beispiel! Maximilian hatte Hand an einen der höchsten geistlichen Würdenträger im Reich gelegt, an einen gesalbten Fürsten, der dem Papst unterstand. So wie die Soldaten ins Haus der Steinhausers eingedrungen waren, geschah das wohl auf grobe Art. Wie er und seine Begleiter auf der Festung behandelt wurden? Sie dachte an die bedrohlich mächtigen Burgmauern auf dem Felsen hoch über Werfen. Wenn sie nur Genaueres wüsste! Und was hatte sie selbst zu erwarten? Und ihre Verwandten? Wenn sie der Landpfleger wieder freiließ, ihnen aber die Wagen nicht zurückgab, dann saßen sie hier in Flachau fest. Wie viel Bargeld hatte sie eigentlich bei sich? Wie lange würde es reichen? Wann würde Wolf Dietrich wieder freikommen? Seine Gefangennahme war schreiendes Unrecht! Der Herzog musste ihn freigeben. Kaiser und Papst und die Reichsstände konnten diesen Usurpator doch nicht tatenlos gewähren lassen! Gegen Morgen fiel Salome in einen unruhigen Schlaf.

Am nächsten Tag saßen die Kinder verschreckt im Zimmer. Sie verstanden nicht, warum sie nicht in den strahlenden Sonnenschein hinaus durften. Bald wurde ihnen langweilig. Ihre Vettern durften sie nicht sehen. Viktor versuchte einen der Soldaten anzureden, doch der scheuchte ihn zurück ins Zimmer. Die Fragen der Kinder waren Salomes eigene Fragen, die sie nicht beantworten konnte. Sie spielte mit ihnen, dennoch wurden sie mehr und mehr quengelig und streitlustig. Die Zeit verging schleppend langsam, und die quälenden Gedanken ließen ihr keine Ruhe. Am Abend, wenn die Kinder bereits schliefen, versuchte sie ihre Andacht zu halten. Doch der Druck, der auf ihr lastete, ließ dabei nicht nach.

Nach drei schier endlosen Tagen begehrte am Morgen des vierten der Landpfleger Niggl mit zwei Begleitern energisch Einlass. Ohne sich damit aufzuhalten, die Hausleute höflich zu begrüßen, befahl er, alle Inhaftierten in den Hof zu führen. Salomes Herz begann wild zu klopfen, als ein Soldat in der Tür erschien und die Familie zum Hinuntergehen aufforderte. Was kam jetzt und was mochte sie und die Kinder erwarten? Sie nahm die beiden Jüngsten links und rechts an der Hand, die drei Älteren folgten ihr, und stieg langsam die Treppe hinunter.

„Na, wird's bald!", schnaubte der Landpfleger ungeduldig, während er warten musste, bis alle Frauen mit ihren Kindern und der Dienerschaft im Hof versammelt waren. Kurz und bündig erklärte er: „Im Namen des Domkapitels sind alle Inhaftierten frei." Er sprach in einem Ton weiter, als würde er eine Liste herunterlesen: „Frau Sabina Steinhauserin, Ihr kehrt mit Euren Kindern und Eurem Gesinde nach Salzburg zurück, Frau Altin, Ihr kehrt ebenfalls mit Euren Kindern und Eurem Gesinde nach Salzburg zurück. Frau Altenauerin, Ihr verlasst mit Euren Kindern binnen einer Woche das Land. Eurem Gesinde steht es frei, mit Euch zu gehen oder im Land Salzburg zu bleiben. Allen ist es gestattet, die Wagen und das gesamte Gepäck mitzunehmen." Salome fiel ein Stein vom Herzen: Sie waren frei! Der Landpfleger blickte sie kühl an. „Ihr werdet das Erzstift nicht weiter in Verruf bringen", sagte er in verächtlichem Ton. Er gab den Soldaten Anweisungen für den Abzug und murmelte einige Worte der Entschuldigung für die Ungelegenheiten, die dem Hausherrn und seiner Familie widerfahren waren.

Die Soldaten packten ihre wenigen Habseligkeiten zusammen und marschierten sogleich ab. Als ein Knecht hinter dem letzten das Tor schloss, fiel von der Versammlung im Hof die Spannung ab. Alle begannen durcheinander zu reden. Die ältesten Knaben liefen zum Gartenzaun und sahen den Soldaten nach, wie sie davonritten.

„Gott sei Dank, die sind wir los", sagte die Hausfrau erleichtert. „Ich wünschte, ihr hättet bei uns einen schöneren Aufenthalt erlebt."

Sabinas Sohn Balthasar und der Kammerdiener Wenzel schimpften wütend über den Landpfleger und die Soldaten, mussten aber froh sein, ihre Freiheit wieder erlangt zu haben. Sabina lief zu Salome und legte den Arm um sie.

„Hör nicht darauf, was dieser Niggl redet", tröstete sie ihre Schwester.

„Jetzt fahren wir nach Hause", seufzte Henrietta auf. „Ein Glück, dass wir unsere Sachen mitnehmen können."

„Wir fahren doch auch nach Hause, Mutter!", rief die kleine Susanne und zog am Rock der Mutter, um sich deren Aufmerksamkeit zu verschaffen. Was der Landpfleger gesagt hatte, verstand sie nicht. Wo sollten sie denn sonst hingehen?

„Nein, wir fahren nicht nach Hause", sagte Salome leise, während die Aufregung rund um sie abzuebben begann. „Wir müssen das Land verlassen." Ihre Erleichterung über die Freilassung hatte nur wenige Augenblicke gedauert. Sie und ihre Kinder waren im Land Salzburg nicht mehr erwünscht, rechtlos, ausgewiesen aus ihrer Heimat.

„Ich helfe dir, ich lasse dich nicht im Stich!", sagte Sabina bestimmt. „Der Landpfleger und das Domkapitel können anordnen, was sie wollen. Du hast dir nichts zuschulden kommen lassen."

„Meine Mutter hat Recht, Tante Salome", pflichtete ihr Sohn ihr bei.

„Wir halten zu euch", bestätigte seine Schwester Magdalena, „wir könnten mit euch gehen."

Salome schüttelte den Kopf.

„Ihr brächtet euch selbst in Schwierigkeiten", sagte sie. „Ich gehorche besser, die machen sonst mit mir und den Kindern nicht viel Umstände, und ihr tut auch besser, was der Landpfleger befohlen hat, und kehrt nach Salzburg zurück."

„Wo willst du denn hingehen?", fragte Henrietta. Alle Erwachsenen und Kinder standen rund um Salome und sahen sie teilweise fragend, teilweise ängstlich an.

So wird es nun sein, Tag für Tag, schoss es Salome durch den Kopf, die anderen werden von mir Entscheidungen verlangen, mich fragen, was sie tun sollen, gleich, ob ich es weiß oder nicht.

„Es ist eine Schande", schimpfte die Hausfrau, „Seine hochfürstliche Gnaden waren sogar gegenüber den Protestanten so großzügig, und nun..." Die restlichen Worte hörte Salome nicht mehr. Die Evangelischen! Die hatte Wolf Dietrich in den ersten Jahren seiner Regierungszeit ausgewiesen. Und diejenigen, an die sie jetzt dachte, hatten die Ausweisung längst verziehen, es zu Ansehen und Wohlstand gebracht. Einen einzigen Ort außerhalb des Erzstiftes gab es, wo sie Freunde hatte und Zuflucht finden könnte.

„Wir gehen, meine Kinder und ich gehen", sagte Salome mit fester Stimme, dass es alle deutlich hören konnten, „nach Wels, zu Felicitas, zur Familie Christoph Weiß."

****

Bereits am nächsten Tag wollte Salome aufbrechen. Die Zeit reichte kaum, um alles Nötige zu regeln und zu erledigen. Von ihrer Dienerschaft blieben die Kinderfrau, Gisela und Wenzel bei ihr, die anderen drängte sie, nach Salzburg zurückzukehren. Zu viel Personal wäre eine Belastung auf der langen Reise. Wann und wie würde sie überhaupt bei Felicitas eintreffen? Sie musste den langen Weg über die

Steiermark, durch das Ennstal und weiter in das Land ob der Enns nehmen. Über Salzburg und die neue Straße nach St. Wolfgang wäre es wesentlich kürzer, doch da würde sie den bayerischen Soldaten direkt in die Arme laufen. Schweren Herzens sortierte sie das Gepäck aus und reduzierte die Wagen auf insgesamt vier. Die übrigen überließ sie ihren Verwandten. Sie suchte die besten Kutschen aus und hoffte, dass sie die Reise samt Pferden heil überstehen würden. An einen möglichen Überfall durfte sie gar nicht denken. Die Kutscher waren unerschrockene Männer, Wenzel würde sie zu Pferd begleiten. Gewehre nahmen sie mit, doch im Ernstfall hätten Straßenräuber mit dem Konvoi leichtes Spiel.

Fürs Erste verzichtete Salome sogar freiwillig auf Wenzel. Sie stieg auf die Frachtwagen, auf einen nach dem anderen, und sichtete all die Kisten und Fässer. Ein Knecht der Familie Steinhauser reichte Wenzel hinunter, was sie auswählte. Der stellte es zu den Sachen, die sie mitnehmen würde. Sie hielt in der Arbeit inne und beobachtete ihn. Die halbe Nacht hatte sie ein Gedanke beschäftigt, den sie abwechselnd verworfen und wieder aufgenommen hatte. Sie kannte Wenzel als besonnenen und zuverlässigen Mann, seinem Herrn treu ergeben. Sie konnte ihm ihren Auftrag anvertrauen.

„Wenzel, ich möchte dich um einen besonderen Gefallen bitten", sagte sie, als sie mit dem letzten Wagen fertig waren und er ihr heruntergeholfen hatte. Der Ton ihrer Stimme verriet, dass es sich um nichts Alltägliches handelte. Im Gesicht des Kammerdieners blitzte unverhohlen Neugier auf. Seiner bevorzugten Stellung gemäß beteiligte er sich nicht am üblichen Klatsch und Tratsch der Dienstboten. Das widersprach seiner Würde und Stellung: Diskretion und Verschwiegenheit galten als selbstverständlich. Die Entwicklung der Ereignisse hatte Bedeutung und Wichtigkeit seiner Person vermehrt. Salome hatte zu Recht den Eindruck, dass er Flucht und Festnahme weit aufregender und spannender fand als das übliche Leben in Salzburg zwischen

Residenz und Schloss Altenau. Da sie nicht sogleich weiter-sprach, sagte Wenzel:

„Jederzeit stehe ich zu Euren Diensten, gnädige Frau."

„Reitet nach Werfen, findet heraus, wie und warum unser gnädigster Herr gefangen genommen wurde! Dass Ihr ihn besuchen dürft, wage ich ja nicht zu hoffen. Ich gebe Euch eine Nachricht mit, versucht sie zu ihm hineinzuschmug-geln. Bestecht die Wachen! Wartet auf Antwort, aber nicht allzu lange. Dann kommt uns nach, Ihr werdet die Wagen rasch einholen."

Um die Lippen des Kammerdieners schien ein Lächeln zu spielen. Ihr wurde bewusst, dass sie ihn in der höflichen Form angeredet hatte. Das war kein Auftrag für einen gewöhnlichen Diener, sondern eine Aufgabe für einen Kava-lier, die Mut, Geschick und Fingerspitzengefühl erforderte.

„Nichts tue ich lieber. Wann soll ich reiten?"

„Am besten sogleich – ich schreibe nur noch die Nach-richt – und riskier nicht zu viel! Sonst endest du auch noch im Kerker." Aus Wenzels Augen sprach fast zu viel Aben-teuerlust. „Und erzähl niemandem, was du vorhast."

Mit einem winzigen Briefchen, das er in seinem Wams versteckt trug, verließ Wenzel Flachau in Richtung Werfen. Salome ließ Wolf Dietrich nur wissen, dass sie und die Kin-der wohlauf und im Begriff waren, nach Wels zu reisen. Mehr wagte sie nicht zu schreiben. Wer weiß, in wessen Hände die Zeilen fallen könnten!

Der morgendliche Nebel hing tief ins Tal, als sich Salome von ihren Verwandten verabschiedete. Ihre Schwester und ihre Schwägerin wollten noch am selben Tag nach Salzburg zurückkehren.

Am schwersten fiel Salome der Abschied von Sabina. Ihre älteste Schwester hatte zu ihr gehalten, solange sie denken konnte. Am heutigen Tag war es ungewiss, wann, wo und unter welchen Umständen sie sich wiedersehen würden. Sabina küsste die Nichten und Neffen und umarmte zuletzt Salome.

„Gott schütze dich", sagte sie, „verlier nicht den Mut. Es wird noch alles gut werden." Salome nickte unter Tränen, sie wollte Sabina nur gar zu gern glauben. Die weinte auch, ebenso ihre Tochter, Henrietta, die Frau Steinhauserin und Gisela. Noch einige rasche Umarmungen, mehrere Hände geschüttelt, dann drängte Salome die Kinder einzusteigen. Hinauszögern würde die unvermeidliche Trennung nicht leichter machen. Noch einmal winkte sie, bevor der Wagenschlag endgültig zufiel und sich die Kutsche in Bewegung setzte. Jetzt durfte sie nur noch nach vorne schauen. Sie benötigte ihre Kräfte für die Dinge, die getan werden mussten, und durfte sich nicht in Kummer und Grübeleien verlieren.

Bis zu Wenzels Rückkehr begleitete Balthasar Steinhauser die Familie. Für den niederen Passübergang, der die Grenze zur Steiermark bildete, mietete er zusätzliche Pferde an. Salome fragte sich, ob sie richtig gehandelt hatte, den Konvoi auf zwei Kutschen und zwei Frachtwagen zu reduzieren. Waren es zu viele, um in einem vernünftigen Tempo vorwärts zu kommen? Mit Sicherheit waren es genug, um die Aufmerksamkeit von Wegelagerern auf sich zu ziehen. Doch vielleicht würde sie es später bereuen, nicht mehr von ihren Sachen mitgenommen zu haben. So viele Fragen gingen ihr durch den Kopf. Diejenigen, die sie um Rat zu fragen pflegte, waren nicht da – weder Wolf Dietrich noch ihre Schwester Sabina. Gisela blieb ihr als Vertraute, die von ihrer Herrin die Entscheidungen erwartete, doch zu ihr hielt wie eine sehr gute Freundin. Salome war dankbar, dass das Wetter trocken blieb. Starke Regenfälle oder gar ein Wintereinbruch – um diese Jahreszeit in den Bergen keine Seltenheit – würden sie zur Unterbrechung ihrer Reise zwingen, womöglich zu einem längeren Aufenthalt in einem heruntergekommenen Wirtshaus, und die Kinder könnten sich erkälten und krank werden.

Nach einer Biegung gab der Weg gerade den Blick auf das mächtige Stift Admont frei, als an einem der Frachtwagen ein Rad brach. Es knirschte und krachte, die Pferde wieherten aufgeregt. Der Kutscher fluchte lautstark. Der Schaden erwies sich als gering, doch das Missgeschick erzwang einen Tag Aufenthalt in der Ortschaft.

Der freundliche Wirt redete viel, zu viel, fand Salome. Sie blieb lieber wortkarg. Das Stift vor ihren Augen empfand sie als Warnung. Nachrichten zwischen kirchlichen Zentren gingen rasch hin und her. Die Salzburger Domherren mochte es interessieren, was die Konkubine des gefangenen Erzbischofs zu tun beabsichtigte. An guten Beziehungen zum Kloster war dem Wirt gewiss gelegen, die er mit dem Zutragen von Informationen noch verbessern könnte.

Einige Jahrzehnte lang war die Mehrheit der Mönche protestantisch gewesen, erzählte er, doch nun herrschte wieder die alte Ordnung. Der Landesherr, Erzherzog Ferdinand, war streng katholisch. Er war Wolf Dietrich freundlich gesinnt und würde sich als Habsburger kaum auf die Seite des Bayernherzogs schlagen, nach dessen Willen das Domkapitel handelte. Dennoch würde sie die Steiermark so rasch wie möglich wieder verlassen. Mehr und mehr erschien ihr Wels als sicherer Ort für sich und ihre Kinder.

Am Tag der unfreiwilligen Rast kehrte Wenzel zurück. Hufgetrappel schreckte Salome auf. Das Restlicht der Abenddämmerung reichte gerade noch aus, dass Salome den Reiter erkennen konnte, der unter ihrem Fenster vor dem Wirtshaus vom Pferd stieg. Pferd und Reiter wirkten erschöpft und abgekämpft. Sie eilte zum Tor hinunter. Wenzel war die Erleichterung anzusehen, dass er seine Herrschaft eingeholt hatte und die Reise in einem langsameren Tempo fortsetzen konnte. Ungeduldig wartete sie auf seinen Bericht. Endlich hatte der Knecht das Pferd in den Stall geführt, so dass sie mit dem Kammerdiener an einem Tisch im hintersten Winkel der Gaststube Platz nehmen konnte.

„Und, was bringst du mir?", fragte sie aufs Äußerste gespannt.

„Nachrichten habe ich", sagte er langsam, während ihr sein Gesicht bereits verriet, dass sie nicht das erhalten würde, worauf sie am meisten wartete, „aber Euer Briefchen muss ich Euch wieder zurückgeben." Er zog das zusammengefaltete Zettelchen aus seinem Wams und reichte es ihr. Ein wenig verdrückt sah es aus, die Reise hatte ihre Spuren hinterlassen, doch ihr Ziel hatte die Nachricht nicht erreicht. Salome nahm das Briefchen und zerbrach das Siegel. Sie stand auf, ging zum Kamin in der Mitte der Stube und warf es ins Feuer. Sie kehrte an den Tisch zurück und hörte Wenzel zu.

„Es fing alles gut an", erzählte er. „In Werfen traf ich im Wirtshaus auf zwei auskunftsfreudige bayerische Soldaten. Die waren in weinseliger Laune und wollten wohl mit der Macht ihres Herrn prahlen. Seine hochfürstliche Gnaden ist von Salzburg Richtung Süden gereist und soll zuerst in Altenmarkt übernachtet haben. Am nächsten Tag überquerte er samt Gefolge und Gepäck den Tauernpass und erreichte Schloss Moosham. Als er dort mit dem Herrn Vizedom von Friesach, dessen Schwager und dessen Sekretär zusammentraf, verfolgten ihn bereits die bayerischen Soldaten. Daraufhin ließen sie alles zurück und nahmen die Postkutsche. Die Soldaten waren ihnen dicht auf den Fersen. Einer der beiden Kerle war bei dem Trupp mit dabei und brüstete sich, dass der Kutscher, also der Postmeister, die Pferde anhielt, entgegen dem Befehl und der Zurufe unseres gnädigsten Herrn. Er erklärte, er würde nicht mehr in dessen Diensten stehen. Alle haben sie festgenommen, und - na ja, fein soll es dabei nicht zugegangen sein." Er stockte.

„Was geschah dann?", fragte Salome ungeduldig.

„Sie befanden sich bereits auf Kärntner Gebiet, nicht weit von der Herrschaft Gmünd. Der Herr Hans Rudolf von Raitenau war schon fast zu Hause, doch es half alles nichts. Die Soldaten nahmen alle fest, brachten sie nach Werfen und lieferten sie auf der Festung ein."

Also musste Wolf Dietrich wieder den mühsamen Weg über den Tauernpass bewältigen, diesmal als Gefangener, vielleicht sogar mit gebundenen Händen und dem respektlosen Benehmen der bayerischen Soldaten ausgesetzt. Es war unerhört, dass die Soldaten einfach auf Kärntner Gebiet vorgedrungen waren und dort gegen alles geltende Recht den Erzbischof und seine Begleiter festgenommen hatten.

„Viele in der Bevölkerung halten unserem gnädigsten Herrn die Treue, das merkte ich schon auf der Hinreise", sprach Wenzel weiter, „auch der Pfleger von Radstadt, hörte ich. Mit dem soll Seine hochfürstliche Gnaden in Altenmarkt zusammengetroffen sein, das ist ja ganz nahe. Den wollte ich auf dem Rückweg aufsuchen, doch daraus wurde nichts. Ich musste Werfen fluchtartig verlassen..."

„Weshalb denn das?", warf Salome ein. In ihrer Enttäuschung, dass Wenzel ihre Botschaft an Wolf Dietrich zurückgebracht hatte, meinte sie doch, dass er es an Einsatzbereitschaft und Geschick hätte fehlen lassen.

„Der Pfleger von Werfen, dieser Niggl, ist samt seinen Leuten dem Domkapitel und diesem Bayernherzog völlig ergeben. Dazu halten sich in Werfen zwei Domherren samt Gefolge auf, der Nikolaus von Wolkenstein, der für die Festung zuständig ist, und noch einer. Es wimmelt nur so von Salzburgern. Ich hatte gerade noch Gelegenheit, einen Bäcker auszufragen, der die Festung beliefert und zu dem gnädigsten Herrn hält, dann hat mich ein Lakai des Wolkensteiners erkannt und Meldung erstattet. Die haben mich unter Beobachtung gestellt, und ich konnte keinen Schritt mehr allein tun. Da habe ich die Flucht ergriffen..."

Salome nickte:

„Du hast das Richtige getan. Wärst du geblieben, hätten sie dich am Ende auch noch inhaftiert." Sie erinnerte sich, dass Wolf Dietrich als Domherr auch eine Zeitlang für die Festung Hohenwerfen verantwortlich war. Wie lange das zurücklag!

„Wann sie ihn wohl freilassen?", murmelte Salome.

„Gewiss kommt Seine hochfürstliche Gnaden bald frei", meinte Wenzel. „Die Haft soll nicht allzu streng sein, und es sind Verhandlungen im Gang. So viel habe ich herausgefunden." Salome nickte wieder. Mutlosigkeit durfte sie sich nicht erlauben. Als Wolf Dietrich in Altenmarkt übernachtete, war sie wohl bereits in der Nachbarortschaft Flachau eingetroffen. So nah waren wir uns, dachte sie, und nun gehen unsere Wege weit auseinander, nein, nur sie vermochte ihren Weg zu gehen. Er war ein Gefangener. War es tatsächlich keine zwei Wochen her, dass sie selbst zu den abweisenden Mauern und Türmen der Festung Hohenwerfen hinaufgeblickt hatte? Dort war nun Wolf Dietrich eingekerkert, in seiner eigenen Burg! Es war kein Albtraum, aus dem sie aufwachen würde, es war die bittere Wirklichkeit. Hätte er doch rechtzeitig Frieden gemacht! Doch es war zu spät.

Wenzel war zurückgekehrt, und Balthasar Steinhauser verließ die Verwandten in Richtung Salzburg. Salome gab ihm noch eine Nachricht an seine Mutter Sabina mit, dann war auch die Verbindung zu ihrer Lieblingsschwester durchtrennt.

Der Rasttag, an dem sie spielen und toben konnten, hatte den Kindern gut getan. Sie saßen wieder ruhiger in der Kutsche. Dennoch fragten sie ungeduldig, wie lange sie noch reisen müssten.

„Nur wenige Tage", antwortete Salome, zog die Decke enger um sich und forderte die Kinder auf, das Gleiche zu tun. Wenn alles gut geht, fügte sie in Gedanken hinzu. Nieselregen hatte eingesetzt, und es war kalt geworden. Das Ennstal wurde eng, wild schäumte der Fluss. Salome blickte die steil abfallenden Berge empor, deren Gipfel in den Wolken verborgen waren. Die Gegend war unbesiedelt. Wenn nur hier kein Wagenrad brach! Unter anderen Umständen wäre es eine interessante Erfahrung gewesen, außerhalb ihres Heimatlandes etwas von der Welt zu sehen. Welchen Verlauf hätte ihr Leben genommen, wäre damals Wolf Dietrich nicht zum Erzbischof gewählt worden! Wo sie wohl ihr Leben verbracht hätte? Die müßigen Träumereien lenkten sie ab. Wieder rumpelte die Kutsche so heftig, dass Anton und Viktor von ihren Plätzen rutschten. Salome lachte mit den Kindern darüber. Trotz aller Unsicherheit fühlte sie sich und die Kinder beschützt und behütet. Es war ein Wissen, tief in ihrem Herzen, dass sie gut ans Ziel kommen würden. Wenn sie frühmorgens vor dem Aufbruch ihre Andacht hielt oder unterwegs ein Stoßgebet zum Himmel sandte, dass

Achsen und Räder hielten, wenn der Weg so holperig und voller Schlaglöcher war wie eben jetzt, dann war sie zuversichtlich, dass sie Gott hörte und ihr durch die Schwierigkeiten helfen würde.

Sie passierten die Grenze zum Land ob der Enns und ließen nach und nach die Berge hinter sich. Auf dem breiter werdenden Fluss waren mit Eisen schwer beladene Flöße unterwegs, die ihre wertvolle Fracht aus den Abbaugebieten in der Steiermark in die Stadt Steyr transportierten, das Zentrum des Eisenhandels.

Dort machte Salome mit ihren Kindern Halt, um die Nacht vor der letzten Etappe ihrer Reise in einem der zahlreich vorhandenen Wirtshäuser zu verbringen. Im Gegensatz zu den Orten in der Steiermark, an denen sie abgestiegen waren, erregte der Konvoi in Steyr kein Aufsehen. Viele Fremde kamen in die Stadt und gingen wieder. Während Wenzel nach einem passenden Quartier suchte, sah sich Salome auf dem Stadtplatz um. Stattliche Bürgerhäuser zeugten von der Wohlhabenheit der Bewohner. Ein Gebäude erkannte sie als Rathaus, in einigen anderen waren Läden untergebracht. Die Stadt strahlte selbstbewusste Bürgerlichkeit aus, die Kirche hatte hier nicht die alles beherrschende Stellung wie in Salzburg.

Gut gekleidete Passanten warfen einen Blick auf die Wagen und gingen weiter. Zu ihrem Erstaunen ging am Arm eines Mannes, der den Talar eines Priesters trug, eine Frau, nebenher liefen zwei Kinder. Ein anderer, nach der äußeren Erscheinung wohlhabender und angesehener Mann blieb stehen und begrüßte die Familie. War es hier so selbstverständlich, dass ein Geistlicher im Konkubinat lebte? Da fiel es Salome wie Schuppen von den Augen: Sie befand sich in einer evangelischen Stadt! Die lutherische Lehre war im Land ob der Enns weit verbreitet, und die Städte hatten von Erzherzog Matthias das Recht auf freie Religionsausübung erhalten.

Die Einfahrt in die Sadt Wels ähnelte ein wenig der von Steyr. Eine lang gezogene Brücke überspannte den Fluss Traun, nicht nur einen Flusslauf, sondern ein ganzes System von Nebenarmen, über die wiederum kleine Brücken und Stege führten. Am Ufer lagen Flöße im Wasser, an Land waren Baumstämme aufgestapelt, offensichtlich zum Bau von neuen Flößen bestimmt. Die weite Ebene bot der Stadt Platz sich auszudehnen. Niedere, sanfte Hügel waren im Hintergrund zu sehen. Die abendliche Dämmerung fiel gerade ein. Ein zartrosa Abendrot zerfloss hinter den Türmen, die die Dächer überragten. Nur wenige davon schienen Kirchtürme zu sein. Der Stadtturm vor ihnen kam zusehends näher, als die Kutsche über die Brücke auf das Tor zurollte.

Salome hatte Wenzel mit einer Nachricht zu Felicitas vorausgeschickt. Was erwartete sie? Während die Kinder neugierig an den Fenstern hingen und das Ende der Reise kaum erwarten konnten, überschlugen sich in Salomes Kopf die Gedanken. Gleich würde sie erfahren, ob ihre Entscheidung richtig war! Kamen sie zu Felicitas als willkommene Gäste, als Bittsteller oder als Freunde? Was würden die nächsten Tage, Wochen, vielleicht Monate bringen? Wels war eine blühende, reiche Stadt, ein Handelszentrum. Salome verglich ihre zerdrückten Kleider mit denen einiger vornehm aussehender Passanten. Trotz aller Vorsichtsmaßnahmen war sie mit ihren Leuten auf dieser Reise nicht frei von Ungeziefer geblieben. Das gelegentliche Jucken an ihrem Körper und das Kratzen der Kinder an den Köpfen sprachen für sich. Die Wagen waren mit Schmutz bespritzt, und Menschen und Pferden sah man die Erschöpfung an. Das Tor hatten sie passiert. Schon hielten sie auf dem Stadtplatz.

Salome stieg zuerst aus und sah sich um. Ähnlich wie in Steyr erhob sich ein stattliches Bürgerhaus neben dem anderen. In Salzburg verblassten bei allem Glanz und Reichtum die Häuser der Patrizier neben den imposanten kirchlichen Bauwerken. Und Wolf Dietrich hatte seine ganze Kraft dafür eingesetzt, dass dies für alle Zukunft so bleiben würde.

In dieser Stadt mussten sich die Kirchen in ein Ganzes fügen. Sie vermittelten Salome den Eindruck, dass sie den Menschen dienten und sie nicht beherrschten.

Ihr Blick wanderte die Häuserzeile entlang und blieb an einem Wappen über einem offenen Tor hängen. Das musste das Haus des Christoph Weiß sein. Ebenerdig bestand die Vorderfront aus dunklen Steinquadern, darüber erhob sich eine helle Fassade. Die großen Fenster waren ebenfalls mit dunklen Steinen in geradlinigen Vierecken umrahmt. Eine Reihe derselben Steine trennte jeweils wie ein Gesims die drei Stockwerke, die zuoberst das kunstvoll geschwungene Giebelfeld mit Nischen und Dachfenstern überragte. Ist das schön, dachte Salome bewundernd. Es gab in Salzburg kein vergleichbares Bürgerhaus.

Kaum waren die Kinder ausgestiegen, liefen sie zum Brunnen.

„Fallt nicht hinein!", rief Salome den beiden Jüngsten zu, als sie sah, wie sie sich am Brunnenrand hochzogen.

„Im Notfall fischen wir sie heraus und legen sie trocken", sagte eine vertraute Stimme neben ihr. Salome fuhr herum und landete in Felicitas' Armen.

„Wo kommst du so plötzlich her? Wie bin ich froh, dich zu sehen! Hast du meine Nachricht erhalten?" Salome wusste nicht, was sie zuerst sagen sollte.

„Ja, dein Kammerdiener ist vor ein paar Stunden eingetroffen, ich habe dich erwartet. Eben kam ich aus dem Tor, während du gerade die Kinder ermahnt hast." Felicitas war herzlich und fröhlich wie immer. Sie benahm sich, als hätte sie Salome schon lange zu einem freundschaftlichen Besuch erwartet.

„Wir bringen euch, fürchte ich, Ungeziefer ins Haus, und ich kann nicht mehr in meine Heimat zurückkehren, eine gute Gesellschafterin bin ich jetzt auch nicht..." Salome kamen die Tränen.

Felicitas streichelte den Arm der Freundin.

„Jetzt kommt zuerst einmal ins Haus", sagte sie und gab den Kutschern Anweisung, in den Hof zu fahren.

Die Ankömmlinge betraten die Eingangshalle. Salome hob ihre Augen zu dem mit Stuckleisten verzierten mächtigen Gewölbe. Ein großes Tor führte hinaus in den Hof. Den steilen Treppenaufgang zu den Wohnräumen kamen Felicitas' zwei jüngere Kinder, die elfjährige Dorothea und der vierjährige Christoph, heruntergeeilt und begrüßten neugierig die Verwandten.

„Kommt alle", sagte Felicitas und stieg mit Salome, den anderen vorangehend, die Treppe hinauf. „Ihr werdet im dritten Stock wohnen." Müde, wie sie von der Reise war, ging Salome auf dem Weg in das letzte Stockwerk unter dem Dachgeschoss fast die Luft aus. Sie erreichten einen langen Gang mit zahlreichen Türen. „Eine Dienerin wird dir alle Zimmer zeigen", sagte Felicitas, „Speisezimmer, Wohnzimmer, Schlafzimmer, die Zimmer für das Gesinde oder wie du die Räume einteilen willst. Die Küche ist zentral für alle, aber du kannst natürlich mitbestimmen."

„Du weißt doch erst seit ein paar Stunden, dass ich komme?", meinte Salome fragend. Felicitas klang, als hätte sie alles längst geplant.

„Vielleicht hatte ich so eine Ahnung... Die Nachrichten, was sich in Salzburg zugetragen hat, waren schnell wie der Wind..."

Sie betraten den Wohnsalon. Christoph Weiß stand mit dem Rücken zu ihnen vor dem Kachelofen. Er hatte gerade die Hand darauf gelegt, um die Beheizung zu überprüfen. Nun wandte er sich um und kam auf Salome zu. Der große Mann mit dem wallenden Bart und der wohlgenährten Gestalt glich voll und ganz dem Bild eines Hausvaters.

„Mein Haus ist dein Haus, Salome", sagte er. „Ihr seid meine Gäste, so lange ihr wollt. Wenn du meine Hilfe brauchst, werde ich tun, was in meiner Macht steht."

„Danke", stammelte Salome, „danke." Mehr brachte sie nicht heraus. Christoph umarmte sie, der Mann, den Wolf Dietrich des Landes verwiesen hatte, der sich eine neue Existenz aufbauen musste. Dieser Mann nahm sie und die Ihren auf.

„Gleich wie die Umstände sind, heute Abend feiern wir unser Wiedersehen", sagte Felicitas.

Salome fühlte sich überwältigt und voll Dankbarkeit. Sie hatte mit ihren Kindern eine Zuflucht bei wahren Freunden gefunden.

„Danke", flüsterte sie nochmals, „Gott lohne euch eure Großherzigkeit."

10 - Die Hoffnung

Zusammen mit ihrem ältesten Sohn Hannibal ging Salome über den Welser Stadtplatz. Wenige Stunden zuvor war er aus Pavia zurückgekehrt. Wie sehr freute sie sich, dass er hier war! Mehr als zwei Jahre hatte sie ihn nicht gesehen. Nichts hatte damals bei seiner Abreise aus Salzburg darauf hingedeutet, unter welch veränderten Umständen sie wieder zusammentreffen würden.

„Ich bin Felicitas und Christoph von ganzem Herzen dankbar", sagte Salome. „Was wäre aus mir und deinen Geschwistern geworden, wenn sie uns nicht aufgenommen hätten? Ungeachtet dessen, dass sie in Salzburg des Landes verwiesen wurden." Sie vermied es, in diesem Zusammenhang ausdrücklich von Wolf Dietrich zu sprechen.

„Äußerst erfolgreich ist der Weiß ja und zahlreiche andere Salzburger Auswanderer auch", stellte Hannibal fest. Er betrachtete die stattlichen Bürgerhäuser. Salome hatte ihm die Namen der Besitzer genannt, die in ihrer neuen Heimat reich geworden waren.

„Viele tüchtige Leute sind für Salzburg verloren gegangen", sagte sie. „Dein Vater hat das erkannt und keine Protestanten mehr ausgewiesen. Sie leben ihren Glauben anders als wir, aber sie schaden niemandem. Mit ihrer Arbeit wollen sie Gott ehren und sie zahlen ehrlich ihre Steuern."

„Ketzer sind sie!", empörte sich Hannibal.

„Christoph und Felicitas sind meine Wohltäter und nun auch deine Gastgeber", erwiderte Salome scharf und bestimmt, „und du wirst ihnen Respekt erweisen!"

„Ich weiß mich zu benehmen." Sein überheblicher Ton ließ durchblicken, dass er nicht daran gedacht hatte, den Verwandten anders als als wohl erzogener adeliger Kavalier zu begegnen. „Lange bleibe ich nicht. Ich werde in die Dienste eines katholischen Fürsten treten, vielleicht bei Erzherzog Ferdinand in der Steiermark. Studiert habe ich lange genug und auf Wohltäter bin ich jetzt auch nicht angewiesen. Ich habe mir in Salzburg die Abfindung abgeholt, die mir zusteht." Die letzten Worte sagte er sehr leise, der Ton seiner Stimme hatte sich verändert.

„Was sagst du? Du warst in Salzburg?" Salome hatte ihren Ärger in einem Augenblick vergessen. Sie blieb stehen und starrte ihren Sohn überrascht und erschrocken an.

„Wenn man von Italien kommt, ist es kein großer Umweg", lächelte er und nahm sie am Arm, um sie zum Weitergehen zu bewegen. Ihre Reaktion auf diese Nachricht hatte er sich etwa so vorgestellt. „Wie du siehst, bin ich heil wieder herausgekommen. In einem Gasthof stieg ich unter falschem Namen ab, unterhielt mich mit dem Wirt und einigen Gästen, zechte mit einem redseligen Domherrn, der kein Freund des neuen Erzbischofs ist. Tags darauf begab ich mich unter meinem richtigen Namen in die Höhle des Löwen, in die Residenz..." Dass ihn niemand erkannt hatte, wunderte Salome nicht. Die letzten Jahre, in denen Hannibal zum Mann gereift war, hatte er im Ausland verbracht. Die Besuche bei seiner Familie in Salzburg waren kurz und selten gewesen.

„Du meine Güte", flüsterte Salome. „Gestern hat mein Rechtsbeistand, der Advokat Dr. Haller, aus Salzburg die Nachricht erhalten, dass die Abfertigung für dich und deine Geschwister bereitliegt und dass er das Geld abholen kann."

„Da bin ich ihm also zuvorgekommen", sagte Hannibal. Es war eine gute Nachricht, auch wenn Geld sie nicht in ihrem Kummer trösten konnte.

Im Schein der Kerze betrachtete Salome Wolf Dietrichs Bild. Sie hatte sich an dem kleinen Schreibtisch in ihrem Schlafzimmer niedergelassen. Aus dem Nebenzimmer hörte

sie Euphemia und Cäcilia miteinander kichern. Salome
stand auf und schloss die Tür. Untertags lachte sie oft mit
ihnen, freute sich, wenn es den Kindern gut ging, und versuchte Zuversicht auszustrahlen.

In der Nacht gab es kein Entrinnen vor dem Kummer, der
an ihr nagte. Wolf Dietrichs Gefangennahme war kein
widerwärtiges Zwischenspiel gewesen, bevor er sich in Würde aus seinem Amt zurückziehen oder sogar auf den
Bischofsthron zurückkehren konnte. Nein, er hatte seine
Freiheit noch immer nicht zurückerhalten, und nichts deutete darauf hin, dass das in nächster Zeit geschehen würde.
Salome öffnete die schmalste Schublade ihres Schreibtischs
und nahm seine wenigen Briefe heraus, die sie erhalten hatte.

Der erste war einige Wochen nach ihrer Ankunft in Wels,
kurz vor Weihnachten, eingetroffen. Etwa ein Monat nach
seiner Festnahme wurden der Erzbischof und seine Mitgefangenen bei Nacht und Nebel von Werfen nach Salzburg
gebracht und dort in die Festung Hohensalzburg eingelie-
fert. Untertags hätte das Unternehmen wohl zu viel Aufsehen erregt und den Unwillen weiter Teile der Bevölkerung
gegen den Bayernherzog noch verstärkt. Die Haft war nicht
allzu streng, Wolf Dietrich besaß alle nötigen Schreibutensi-
lien, und es gelang recht gut, Briefe hinauszuschmuggeln.
Sein ehemaliger Kammerdiener Wenzel besorgte die Post.
Er war nach Salzburg zurückgekehrt und hatte eine neue
Stelle angenommen. Verlässlich berichtete er Salome über
die Vorgänge in der Stadt und knüpfte geschickt Verbin-
dungen zu Soldaten aus der Wachmannschaft. Recht bald
erhielt der Gefangene die Nachricht, dass Salome und die
Kinder bei der Familie Weiß in Wels Aufnahme gefunden
hatten. Wegen seiner Freilassung wäre alles demnächst gere-
gelt, schrieb Wolf Dietrich, gefolgt von guten Worten für
sie und die Kinder.

Die Briefe enthielten nur allgemeine Andeutungen, wie
sich Wolf Dietrich seine Zukunft vorstellte. Leicht könnte
ein Schriftstück abgefangen und sein Inhalt gegen ihn ver-

wendet werden. Schon allein der Kontakt zu Salome mochte zu seinem Nachteil ausgelegt werden. In den ersten Monaten seiner Gefangenschaft sah alles recht hoffnungsvoll aus. Der Erzbischof erklärte gegenüber dem Domkapitel seinen Rücktritt, seine Schicksalsgefährten Hans Rudolf, dessen Schwager und dessen Sekretär wurden aus der Haft entlassen. Herzog Maximilian machte sich in Salzburg keineswegs beliebt, als er die Räume der Residenz bezog und das Domkapitel zwang, seinen Wünschen zu gehorchen. Die anderen Reichsfürsten brachte er gegen sich auf: Wo sollte es hinführen, wenn ein weltlicher Reichsfürst gegen jedes Recht einen geistlichen Reichsfürsten gefangensetzte, der allein dem Papst unterstellt war? Kaiser Rudolf war gestorben, sein Bruder noch nicht gewählt. Wollte Maximilian vielleicht das Machtvakuum ausnutzen und sich gar die Krone aufs Haupt drücken?! Der Abgesandte des Papstes traf in Salzburg ein und Wolf Dietrich legte vor ihm sein Amt in die Hände des Papstes zurück. Der päpstliche Nuntius war ein gebildeter, tatkräftiger und unbestechlicher Geistlicher und würde für Recht und Ordnung sorgen.

Salome nahm den letzten der Briefe zur Hand, die auf feinem Papier geschrieben, mit Schnörkeln um die Anrede und ihren Namen versehen und gesiegelt waren. Wie oft hatte sie ihn schon gelesen! Als würde sie das Heraufbeschwören des Traums von einer verheißungsvollen, guten Zukunft diesem Ziel näherbringen! Als müsste er wahr werden, wenn sie nur fest genug daran glaubte! Die Art, in der der Brief geschrieben war, entsprach dem Mann, der sie aus dem Bild vor ihr anblickte. Er war voller Pläne für die Zukunft. Auf seine Besitzungen in Salzburg hatte er verzichtet, doch die ausgehandelte Pension würde ihm und seiner Familie ein standesgemäßes Leben erlauben. Bei allen Vereinbarungen hatte er darauf bestanden, dass Salome nichts von ihrem Vermögen verlor. Vieles würde er tun können, wozu ihm sein Amt keine Zeit gelassen hatte. Unter den Reichsfürsten hätte er mehrere Freunde und das Wohlwollen des neuen Kaisers wäre ihm gewiss. Der Frühling zog gerade ins Land und von den Fenstern seiner Zimmer sah er hinunter auf die Wälder und Wiesen, wo er früher mit ihr ausgeritten war. Der Brief schloss mit den Worten: Ich freue mich so sehr darauf, dich und die Kinder bald wiederzusehen, und umarme euch alle. Wie froh war Salome heute noch, dass dieses Schriftstück nicht Wolf Dietrichs Gegnern in die Hände gefallen war! Die Zuversicht und der Ideenreichtum dieser Zeilen erfreuten nur ihr Herz, jene wollten einen gebrochenen Mann sehen, einen abgedankten Fürsten, der in Vergessenheit geraten sollte.

Der Brief verließ unbehelligt Salzburg, und das gute Ende war zum Greifen nahe. Es war höchste Zeit, dass Wolf Dietrich Gerechtigkeit widerfahren und seine Ehre wiederhergestellt würde. Salome erinnerte sich an jenen Sonntag, als der Pfarrer noch vor Beginn der Messe feierlich verkündete, wer in Salzburg zum neuen Erzbischof und somit zum Metropoliten der gesamten Kirchenprovinz gewählt worden war: Merk Sittich Graf von Hohenems. Er schilderte die Laufbahn und die Verdienste des Klerikers. Salome hörte nicht zu. Warum ausgerechnet Merk Sittich? Er war weder mit den Wittelsbachern noch mit den Habsburgern verwandt. Einen solchen hätte das Kapitel nicht gewählt, um die Einflussnahme der mächtigsten Herrscherhäuser zu verhindern. Im Übrigen verstand er es, je nach Bedarf gefällig zu erscheinen, erzählte jedem glaubwürdig das, was der gern hörte, dem Bayernherzog ebenso wie den anderen Domherren oder dem päpstlichen Nuntius. Wie er dann tatsächlich regieren und handeln würde, war eine andere Sache. Auf den Bischofsthron gelangt zu sein, bedeutete für ihn einen Triumph über seinen gefangenen Vorgänger. Wolf Dietrich war ihm geistig weit überlegen. Trotz aller Förderung, die ihm der ältere Vetter hatte zukommen lassen, schielte er stets eifersüchtig nach jenen, denen Wolf Dietrichs Wohlwollen und Zuneigung gehörte. Merk Sittich hatte unter seinem Vorgänger kein hohes Amt erhalten und schon gar nicht war er wie vielleicht erhofft erzbischöflicher Koadjutor geworden. Dieser Mann war nun der neue Herr in Salzburg. Der

Bayernherzog hatte in ihm einen mächtigen Verbündeten gegen all diejenigen gewonnen, die für die Rechte des gefangenen Erzbischofs eintreten mochten.

Salome verzichtete auf einen großen Teil ihres Vermögens. Der Advokat Dr. Haller vertrat sie in Salzburg und musste zusehen, wie der Hauptanteil in die Hände des neuen Fürstbischofs gelangte. Schloss Altenau, ihr Heim, war verloren. Was würde damit geschehen? Doch im Vergleich zu Wolf Dietrichs Schicksal war es ihr unwichtig. Nachdem die Verhandlungen über Salomes Besitz abgeschlossen waren, holte der Advokat Euphemia und Eberhard bei Salomes Schwester Katharina ab und brachte sie bei seiner Rückkehr mit nach Wels. Nach Monaten konnte ihre Mutter sie wieder in die Arme schließen. Was zählten dagegen Geld und Besitz!

Von Wolf Dietrich erhielt sie keine Briefe mehr. Sommer, Herbst und Winter des Jahres 1612 gingen ins Land. Von Wenzel und ihren Verwandten hörte Salome, dass die Wachmannschaft rund um die Festung verstärkt worden war und der neue Fürstbischof mit nie dagewesener Pracht seinen Einritt in die Stadt hielt. Der Nuntius hatte eine Anklageschrift verfasst, die er dem Papst übergeben würde, und reiste ab. Salome verstand nicht, was vorging. Was hatte Wolf Dietrich getan, dass ihn seine Gegner beim Papst verklagten und es als berechtigt betrachteten, ihn in Haft zu halten? Weil er zu den Waffen gegriffen hatte oder wegen ihr und den Kindern? Da hätte man schon viele geistliche Fürsten hinter Schloss und Riegel bringen müssen!

Die Fragen, auf die sie keine Antwort wusste, quälten sie. Manchmal schreckte sie in der Nacht aus wirren Träumen hoch, in denen sie Wolf Dietrich in Ketten liegen sah und Merk Sittich hämisch lachen hörte. Der Bayernherzog Maximilian, den sie nie von Angesicht zu Angesicht gesehen hatte, ritt durch ihre Heimatstadt, und alle Einwohner warfen sich vor ihm nieder. Einmal träumte sie von einem dunklen Raum, in dem in Purpur gekleidete Kardinäle im Halbkreis saßen. In der Mitte stand Wolf Dietrich in einer armseligen

Kutte. Eine der roten Gestalten erhob sich - der Mann schien viel größer als ein normaler Mensch zu sein - und sprach:

„Du hast mit einem Weib gesündigt, du bist schuldig, schuldig..."

„Schuldig!", dröhnte es noch in Salomes Ohren, als sie schweißgebadet erwachte.

Im Frühjahr 1613 kehrte der Advokat Dr. Haller mit den Zinsabrechnungen aus ihrem verbliebenen Besitz, hauptsächlich Anteile am Handelshaus Steinhauser, aus Salzburg zurück. Der noch junge, doch kluge und besonnene Mann unterhielt dort gute Kontakte und hatte sich umgehört.

„Die Gegner des gefangenen Erzbischofs haben alles getan, um ihn beim Abgesandten des Papstes als Freund der Protestanten anzuschwärzen, als wäre er geneigt, zum evangelischen Glauben überzutreten. Er soll heimlich eine Nachricht an den Fürsten von Anhalt geschickt haben, den Führer der protestantischen Union, der Kontakt hat ja schon länger bestanden...", erzählte er. Wie die Mehrheit der angesehenen Welser Bürger hing Dr. Haller dem evangelischen Glauben an.

„Mein gnädigster Herr meinte nur, dass wir alle an denselben Gott glauben und dass man mit der anderen Seite reden könnte. Niemals würde er Protestant werden!", entgegnete Salome. Erst jetzt begriff sie die Härte des Religionskampfes. Sie musste an die hässliche Szene mit der verwirrten Alten denken, damals auf dem Heimweg nach der Grundsteinlegung des Domes.

„Hat denn der Abgesandte des Papstes mehr auf Klatsch und Tratsch gehört als auf Wolf Dietrich selber?"

„Der Erzbischof soll dem Nuntius vorgeworfen haben, er stehe unter dem Einfluss seiner Gegner, und ihn als verlogen bezeichnet haben. Daraufhin wurde die Haft verschärft."

Das entsprach Wolf Dietrichs geradliniger Art. Die falschen Anschuldigungen hatten ihn wohl in Zorn gebracht, und er hatte es an Demut gegenüber dem Vertreter des Papstes fehlen lassen. Ein verhängnisvoller Fehler! Die Schlinge um seinen Hals wurde enger.

„Und inwiefern wurde die Haft verschärft?", fragte Salome verzagt.

„Die Fenster seiner Zimmer wurden mit Holz verschlagen, so dass nur noch von oben etwas Licht hereinfällt. Niemand darf mit ihm sprechen. Zwei Franziskanermönche und zwei Diener sind mit ihm eingeschlossen. Sie müssen sich aber durch Wandschirme von ihm getrennt aufhalten und dürfen nur die nötigsten Dienste verrichten. Das Essen und alles sonst Nötige wird von Soldaten stumm hereingereicht. So sagt man in Salzburg, vielleicht entspricht nicht alles der Wahrheit." Der Advokat versuchte sie zu trösten, doch selbst wenn nicht alle Einzelheiten stimmten, war es schlimm genug.

Die Haft war verschärft worden, deshalb kamen keine Briefe mehr. Salome sah den Advokaten ängstlich an.

„Seine Heiligkeit wird doch zu einem gerechten Urteil kommen?", meinte sie.

„Frau von Altenau, der Papst ist ein Mensch wie jeder andere, beeinflussbar, von vielen Umständen abhängig, um seine Macht besorgt. Es kursieren Gerüchte, was der Nuntius alles zusammengetragen hat, um eine Anklageschrift daraus zu machen. Die meisten Vorwürfe könnte man jedem anderen geistlichen Fürsten auch machen: Er hätte zu hohe Steuern eingehoben, zu viel Geld ausgegeben, ohne das Domkapitel regiert, bis hin zu den absonderlichsten Behauptungen. Mit allerlei Gewäsch wird er schlecht gemacht. Wenn der Papst ein vernünftiger Mann ist, wird ihn das meiste davon gar nicht interessieren. Allerdings..."

Sie ahnte, warum er nicht weitersprach und sie wieder nachdenklich ansah. Die provozierend offene Art, in der Wolf Dietrich mit ihr und den Kindern zusammenlebte, hatte schon lange das Missfallen des Papstes erregt. Mit größter Selbstverständlichkeit schenkte er dem kirchlichen Gesetz keine Beachtung. Doch so viele Kleriker lebten im Konkubinat!

„Der Nachweis oder gar Beweis einer heimlichen Eheschließung konnte nicht erbracht werden. Zu Euch hat man offensichtlich niemanden geschickt, um Euch zu befragen", sagte der Advokat.

Salome schüttelte den Kopf und schwieg. Auch wenn sie ihm vertraute, von jener Zeremonie in der Kapelle des alten Münsters würde sie ihm nichts erzählen. An jenem Tag hatten alle Beteiligten Stillschweigen geschworen. Johann Anton von Thun und Matthias Janschitz waren tot, und weder Wolf Dietrich noch sie selbst noch Gisela würde das gegebene Versprechen brechen.

„Es ist nur e i n Gesetz, das er nicht gehalten hat", sagte Salome fest und bestimmt, dann zunehmend aufgeregt: „Niemals hat mein gnädigster Herr auch nur daran gedacht, Seiner Heiligkeit oder der katholischen Kirche die Treue zu brechen, niemals!"

Schon lange saß sie an ihrem Schreibtisch und hing ihren Gedanken nach. Wieder betrachtete sie Wolf Dietrichs Portrait. Der Gesichtsausdruck wirkte offen, intelligent und weitblickend. Nein, niemals würde er auch nur daran denken, Protestant zu werden! Niemals würde er so handeln wie vor Jahrzehnten jener Fürstbischof von Köln, der zum evangelischen Glauben überwechselte. um seine Geliebte zu heiraten! Wolf Dietrich war der Kirche treu ergeben. Das musste der Papst doch begreifen!

Behutsam nahm sie aus der schmalen Schublade ein Zettelchen, kein feines Schreibpapier, sondern offensichtlich eine halbe Seite aus einem Buch, mit Flecken darauf und mehreren geknickten Stellen, wo es unregelmäßig zusammengefaltet war. Vor wenigen Tagen hatte es der Postbote gebracht, in den Brief einer entfernten Verwandten hineingelegt, die als Priorin im Frauenkloster auf dem Nonnberg lebte. Nur wenige Zeilen hatte Wolf Dietrich auf das Stückchen Papier schreiben können - Grüße an sie und die Kinder, dass er wohlauf sei, was immer das bedeuten mochte. Sie war überglücklich über dieses Lebenszeichen nach mehr als einem Jahr. Hoffnung keimte auf, dass er bald in Freiheit sein würde! Vielleicht hatte er wieder heimlich Kontakte knüpfen können, hatten sich neue Möglichkeiten ergeben. Zutiefst dankbar war sie dieser Verwandten, der sie nie nahe gestanden hatte und die freiwillig einen gewiss riskanten Botendienst auf sich nahm. Innerhalb der Festungsmauern musste es Vermittler und Mitwisser geben.

Auf ein Stückchen Papier schrieb Salome Grüße und dass es ihr und den Kindern an nichts fehle und schickte es an die Priorin. Nur ein Zettelchen dürfe es sein, hatte sie geschrieben, kein Brief mit Siegel, dann könnte sie es mit Gottes Hilfe zu dem gefangenen Erzbischof in die Festung schmuggeln. Sie tat dies nicht nur aus Mitgefühl, sondern ließ vorsichtig durchblicken, dass ihrer Meinung nach der rechtmäßige Herr Salzburgs nicht in der Residenz zu finden sei...

Die Bewilligung der Abfertigung für die Kinder erweckte in Salome Zuversicht. Von der dem abgedankten Erzbischof zugesagten Pension war wohl bisher weder etwas ausbezahlt noch hinterlegt worden. Doch vielleicht besann sich Marcus Sitticus, wie sich der neue Erzbischof nannte, nun auf Recht und Gerechtigkeit. Sie durfte zumindest darauf hoffen...-

Es klopfte an ihre Tür. Salome erhob sich und ging zu Hannibal hinaus in die Vorhalle des dritten Stocks. Sie traten ins Freie unter die offenen Arkadenbögen über dem Hof. Der war an diesem lauen Sommerabend mit Laternen beleuchtet. Hannibal bewunderte den geschmackvollen Stil des Hauses.

„Fast wie ein Schloss", sagte er. „Ich musste einfach nach Salzburg! Es war so unvorstellbar, dass ich nicht mehr nach Altenau reiten konnte und dass ihr mich dort nicht mehr fröhlich empfangen würdet. Wenn ich alles mit eigenen Augen sehe, dann kann ich besser damit leben, dachte ich." Salome verstand, was er meinte. Doch wie staunte sie, als er fortfuhr: „Wenige Stunden vor der Stadt hielt ich bei einem Wirtshaus an. Nach den Pferden zu schließen, die vor dem Haus angebunden waren, machte dort gerade eine kleine, aber vornehme Reisegesellschaft Rast. Ich konnte es kaum glauben, als ich das Wappen erkannte - die schwarze Kugel..."

„Was?"

„Es war tatsächlich Hans Rudolf von Raitenau, auf dem Weg nach Salzburg. Der Onkel freute sich sehr, mich zu sehen, ließ mich auf seine Kosten bewirten und versuchte mich zu überreden, mich ihm und seinen Leuten anzuschließen. Er sah aber ein, dass ich mehr erfahren würde, wenn ich mich unerkannt unters Volk mischte."

„Hans Rudolf ist eine treue Seele. Zuerst setzen sie ihn gefangen, nehmen ihm sein Amt als Vizedom ab und dann kommt er freiwillig zurück. Oder hat er eine Besuchserlaubnis bekommen?", fragte Salome hoffnungsvoll.

„Daraus wurde nichts. Marcus Sitticus redet sich auf den Papst heraus, dass der die Erlaubnis geben müsse." Hannibal verzog verächtlich die Mundwinkel. „In der Stadt herrschte hektische Betriebsamkeit. Die Abreise des neuen Erzbischofs zum Reichstag nach Regensburg stand unmittelbar bevor. Ein Wagen nach dem anderen fuhr zum Kai, wo die Schiffe beladen wurden. Der nimmt fast den gesamten Hofstaat mit! Du kannst dir den Aufwand nicht vorstellen. So etwas hat es unter meinem Vater nie gegeben, dem mangelnde Sparsamkeit vorgeworfen wird. Das Chaos in der Residenz nützte ich aus. Der Domherr, mit dem ich zechte, erzählte mir von dem Geld, das angeblich bereitliegt. Der Kanzler und der Vorsteher der Hofkammer waren so beschäftigt, dass sie nicht lange fragten und mich nur möglichst rasch wieder loswerden wollten. Bevor die daran dachten, Seiner hochfürstlichen Gnaden zu melden, dass Hannibal von Altenau in Salzburg eingetroffen ist, war ich samt dem ausgezahlten Geld schon wieder über alle Berge. Und wie du siehst, bin ich unterwegs nicht überfallen worden...", lachte er. Sogleich wurde er wieder ernst. „Vor meiner Abreise ritt ich zuletzt hinaus vor die Stadt und sah zur Festung hinauf, an der Seite, wo die Fenster verschlagen sind. Sich vorzustellen, dass er dort drinnen ist... Jede Menge Soldaten patrouillieren auf den unteren und oberen Mauern hinter den Zinnen. Der Festungskommandant, der jahrelang in Vaters Diensten stand, ist dem neuen Herrn mit großer

Zuverlässigkeit treu ergeben", schloss er bitter. Mutter und Sohn schwiegen bekümmert.

„Wie geht es Hans Rudolf?", versuchte Salome von den trüben Gedanken abzulenken.

Hannibals Miene hellte sich wieder auf.

„Er reiste weiter zum Reichstag nach Regensburg", sagte er. „Hans Ulrich und Hans Werner kommen auch und wollen sich für Vater einsetzen. Einige Reichsfürsten sind ihm gut gesinnt, und der Kaiser hat einen Abgesandten nach Salzburg geschickt, um die Lage des Gefangenen zu erkunden. Marcus Sitticus hat ihn angeblich mit seiner üblichen Taktik vertröstet und hingehalten, doch dürfte er sich nun weniger sicher fühlen. Falls mehrere Reichsfürsten Gerechtigkeit fordern, bestehen gute Aussichten, dass Vater entlassen wird und die ihm zugesagte Rente erhält. Beim Kaiser ist Marcus Sitticus sicher nicht beliebt. Der hat ihn auf die Verleihung der weltlichen Regalien so lange warten lassen, dass er sie erst jetzt auf dem Reichstag erhält."

An diesem lauen Sommerabend lag feiner Blumenduft in der Luft. Salome atmete tief ein. Schon bald könnte sich alles zum Guten wenden und würden ihre vielen Gebete erhört werden! Sie wollte fest daran glauben.

****

Längst musste der Reichstag zu Ende sein, und nichts schien sich geändert zu haben. Jeden Sonntag, wenn Salome zur Messe kam, hoffte sie insgeheim, der Pfarrer würde die so sehr erwartete Nachricht verkünden. So viel Staub hatte der Sturz des Salzburger Erzbischofs aufgewirbelt, dass sich die Nachricht von seiner Freilassung in Windeseile verbreiten würde. In katholischen und evangelischen Kirchen wurde darüber gepredigt, und Salome war dem Welser Pfarrer dankbar, dass er darauf verzichtete. Auf dem Markt trug ein Bänkelsänger regelmäßig eine Ballade vor, die mit immer neuen schmückenden Details die Geschichte erzählte und mit der Lehre endete, dass die geistlichen Herren zu ihrem eigenen Nutzen die Finger von den weltlichen Angelegenheiten lassen sollten. Salome vermied es, in die Nähe des Burschen zu geraten.

Ein Brief Hans Rudolfs traf ein, der Salomes Befürchtung bestätigte: Nichts hatte sich geändert. Wer immer sich für Wolf Dietrich einsetzen mochte, an Marcus Sitticus prallten alle Versuche ab wie an einer Wand. Sogar der Kaiser sollte an den Papst geschrieben haben, doch der hörte zuallererst auf den neuen Salzburger Erzbischof. Wurde die Erleichterung der Haft gefordert, fanden sich Zeugen, notfalls bezahlte oder genötigte, die bestätigten, dass der Gefangene ein Leben in fürstlichem Luxus führte. Den Vorschlag, ihn nach Rom in die Obhut des Papstes bringen zu lassen und ihm dort eine gerechte Verhandlung seines Falls zu ermöglichen, wehrte er ab, von einer Freilassung gar nicht zu reden. Mit Erfolg verdrehte er die Tatsachen, als ginge von Wolf Dietrich eine große Gefahr für das Reich und für den katholischen Glauben aus. Er selbst stellte sich als völlig unschuldig an der beklagenswerten Lage seines Vetters dar.

Fast zwei Jahre lag es zurück, dass Salome Wolf Dietrich zuletzt gesehen hatte, als neuerlich ein Brief der freundlichen Priorin des Klosters am Nonnberg eintraf. Mit fliegenden Händen brach sie das Siegel. Das Schreiben enthielt eine Nachricht Wolf Dietrichs. Das Zettelchen war in einem üblen Zustand, doch die Schrift leserlich. Nach dem Zustand des Papiers zu schließen, musste es mit Essensresten oder schmutzigem Geschirr hinausgeschmuggelt worden sein. Wie freute sie sich über dieses Lebenszeichen! Auf der aus einem Buch gerissenen Seite war nur Platz für wenige Zeilen, in schlechter Schrift so klein wie möglich geschrieben.

Meine liebste Salome, schrieb er, *verlier nicht die Hoffnung. Mir geht es den Umständen entsprechend gut. Grüß mir die Kinder. Behüt euch alle Gott. In Liebe, dein Dietrich.*

Was würde sie dafür geben, ihn nur einmal sehen, mit ihm sprechen oder ihn gar umarmen zu können! Wie es ihm wohl wirklich ging? Sie durfte nicht mutlos werden, die Nachricht gab ihr neue Hoffnung. Sie strich zärtlich über das Brieflein und legte die Kostbarkeit zu den anderen Briefen.

Salome kam mit Gisela gerade vom Markt, als sie vor dem Haustor auf einen unbekannten Mann trafen. Nachdem er unschlüssig das Gebäude betrachtet hatte, griff er zögernd nach dem Türklopfer. Was wollte der bei der Familie Weiß? Seine Kleidung war schmuddelig und sah aus, als hätte er darin im Heu geschlafen. Das Gesicht war unrasiert, der Hut verbeult. Nun hustete er, dass es ihn nur so schüttelte. Offensichtlich war er stark erkältet.

„Was wollt Ihr?", frage Salome in barschem Ton. Herumziehende Bettler oder Bittsteller wies man besser in die Schranken.

„Nein, das kann nicht sein!", rief Gisela, noch bevor der Mann antworten konnte. Gerade hatte sie noch unwillig das Gesicht verzogen und die Brauen zusammengekniffen. Mit einem Schlag veränderte sich ihre Miene - ihre Augen weiteten sich. „Du meine Güte! Xaver, bist du es wirklich?!"

Unter einem neuerlichen Hustenanfall nickte der Mann heftig.

„Das ist einer meiner Neffen, gnädige Frau", erklärte Gisela. „Wie siehst du denn aus? Wo kommst du her?", redete sie auf ihn ein. Der Mann war viel jünger, als er in seinem erbarmungswürdigen Zustand aussah.

Die beiden Frauen führten ihn hinein. Es bereitete ihm sichtlich Mühe, die drei Stockwerke bis zu Salomes Wohnung hinaufzusteigen. Erschöpft fiel er vor dem Ofen auf einen Stuhl. Er war völlig durchfroren, hatte wahrscheinlich Fieber. Salome ließ für ihn eine Decke und heiße Suppe bringen. Endlich war er imstande zu erzählen.

„Ich bin gerade noch entkommen, habe Salzburg verlassen und bin in die Wälder geflohen. Erst als ich sicher war, dass die Grenze hinter mir lag, bin ich auf der Landstraße weitergezogen..." Er hustete, und Gisela fragte dazwischen:

„Hast du etwas verbrochen?"

„Nein", schüttelte er den Kopf, „das heißt, nach Meinung der jetzigen Regierung ‚ja'. Ich bin ja Koch auf der Festung, wie du weißt, Tante..." Gisela nickte.

„Ich gehöre zu den Anhängern Seiner alten hochfürstlichen Gnaden, es gibt davon viele in der Stadt, sogar unter den Soldaten. Ich habe Tinte und Feder in eine Pastete gebacken. Es wäre alles unversehrt in die Hände des gnädigsten Herrn gelangt, doch ein Soldat ließ aus Ungeschicklichkeit die Schüssel fallen, er muss auf der steilen Treppe gestolpert sein. Das Tintenfass zerbrach in der Pastete, eine bläulichschwarze Suppe floss aus der umgestürzten Schüssel, andere Soldaten eilten herbei. Der Unglücksrabe wurde sofort festgenommen und abgeführt. Zu dieser Zeit war ich längst zu Hause, als einer von den Mitwissern auftauchte und mich warnte. Ich verabschiedete mich in aller Eile von meiner Mutter, nahm meinen Mantel, steckte etwas Geld ein und war schon beim Stadttor draußen. Die erste Nacht verbrachte ich bei eisiger Kälte im Wald, dann schlug ich mich bis hierher durch..." Xaver hustete wieder und zitterte am ganzen Körper.

Salome bereute zutiefst ihr anfängliches Misstrauen und ihre Unhöflichkeit.

„Danke für alles", sagte sie, „danke. Ihr seid wirklich ein mutiger Mann. Unser gnädigster Herr kann Euch für Euren Einsatz nicht belohnen, aber ich tue für Euch, was ich kann. Fürs Erste stecken wir Euch ins Bett."

„Ich möchte als Koch arbeiten", sagte Xaver mit klappernden Zähnen, „aber ich bin weggelaufen und habe keine Zeugnisse."

„Eine Stelle finden wir für Euch", antwortete Salome, „sobald Ihr wieder gesund seid."

Als es Xaver wieder besser ging, erzählte er Salome alles, was er von den Lebensumständen des Gefangenen wusste. Die Zimmer, die er mit seinen unfreiwilligen Schicksalsgefährten, zwei Franziskanermönchen und zwei Dienern, bewohnte, waren mit Teppichen, wertvollem Mobiliar und silbernen Kerzenleuchtern ausgestattet. Das Essen, mit dessen Zubereitung sich Xaver große Mühe gegeben hatte, wurde auf silbernen Schüsseln gereicht, dazu guter Wein. Doch durch die mit Holz verschlagenen Fenster fiel kaum Licht, von jedem Kontakt zur Außenwelt war der frühere Erzbischof abgeschnitten. Mit seinen Mitgefangenen durfte er nur das Nötigste sprechen. Schreibmaterial besaß er nur, wenn es heimlich hineingeschmuggelt werden konnte. Niemals kam er an die frische Luft. Um seine Gesundheit sollte es zunehmend schlechter bestellt sein.

Xavers Versuch, zusammen mit ein paar Helfern, das Los des Gefangenen zu erleichtern, war fehlgeschlagen. Wer erwischt wurde, den erwartete eine grausame Strafe. Gewiss würde Marcus Sitticus die Haftbedingungen verschärfen. Wenn Wolf Dietrich nicht bald in Freiheit kommt, dachte Salome in diesem langen Winter mit zunehmender Bangigkeit, bringt ihn die Gefangenschaft noch um. Ohne Möglichkeit, einer sinnvollen Tätigkeit nachzugehen, ohne menschliche Ansprache und ohne Kontakt zu seinen Lieben würde der geschwächte Körper eines Tages seinen Dienst versagen. Sie fühlte sich hilflos, konnte nichts für ihn tun. Nach besten Kräften sorgte sie für ihre Kinder, kümmerte sich um die Haushaltsführung und versuchte da und dort Gutes zu tun. Gelegentlich besuchte sie auch wochentags die Messe oder nahm an den Andachten der Familie Weiß teil. Felicitas und Christoph sprachen ihr immer wieder Mut zu. Was wäre ohne diese treuen Freunde aus ihr geworden? Sie musste Geduld haben, durfte die Hoffnung nicht aufgeben!

****

Das Land war erneut in einem kalten Winter erstarrt. Mehr als drei Jahre lebte Salome mit ihren Kindern nun bei Christoph und Felicitas in Wels. Ihr Wohnsalon glich einer Näh- und Spinnstube. Halb fertige Werkstücke hingen über den Stühlen, auf dem Tisch lagen Garn, Nadeln und Schere. Eusebia arbeitete wie gewohnt schweigend am Spinnrad. Cäcilia mühte sich mit einer komplizierten Naht, ihre Wangen waren vor Anstrengung gerötet. Euphemia schimpfte über eine Stickerei, die ihr nicht nach Wunsch gelungen war. Die Blümchen auf dem Hemd wirkten plump.

„Das ziehe ich nicht an", erklärte sie, warf es verärgert auf den Boden und ging aus dem Zimmer.

„Euphemia!", sagte Salome tadelnd, doch die hörte sie nicht mehr. Salome war froh, wenn die Mädchen beschäftigt waren und eifrig an ihrer Aussteuer arbeiteten. Doch es erinnerte sie ständig daran, dass ihre Töchter im heiratsfähigen Alter waren. Christoph meinte, sie sollte passende ledige Männer einladen und versuchen, einer möglichen Werbung nachzuhelfen. Sie fühlte sich so unsicher und hoffte, es würde ihr erspart bleiben, eine so wichtige Entscheidung alllein zu treffen. Heimlich beobachtete sie ihre Töchter mit leisem Argwohn - und schämte sich dafür, ob nicht eine von ihnen eine Beziehung angeknüpft hatte, von der sie nichts wusste. Nur zu gut erinnerte sie sich an ihre eigene Jugend!

Vom Treppenaufgang her hörte sie Stimmen. Gisela hatte einen Gast empfangen, und Euphemia bestand anscheinend darauf, ihn sogleich unangemeldet hereinzuführen. Wer mochte das sein?

Salome konnte es kaum glauben. Wie lange schon hatte sie diese Tracht nicht mehr gesehen! Den schwarzen Mantel mit dem großen weißen Kreuz. Ordensritter, ein alltäglicher Anblick in Salzburg, besuchten nicht die protestantische Stadt Wels.

„Hans Werner von Raitenau!", rief Salome. „Was für eine Überraschung!"

„Ich komme soeben aus Rom", sagte Wolf Dietrichs Bruder nach der Begrüßung.

„Wart Ihr beim Heiligen Vater? Und?", fragte sie voller Erwartung.

„Die Besuchserlaubnis habe ich erhalten und die Zusage, dass für meinen Bruder die Pension zumindest hinterlegt und endlich eine Entscheidung über sein weiteres Schicksal getroffen wird. Selbst die römischen Kardinäle finden es beschämend, dass nach drei Jahren alle Untersuchungen nur eine Anklageschrift, aber keinen Prozess und kein Urteil gebracht haben. Der Papst muss Wolf Dietrich freilassen. Er kann nichts so Schlimmes getan haben, dass es mit drei Jahren Haft nicht längst abgebüßt wäre. Und nun reise ich nach Salzburg. Wenn ich ihm von meinem Besuch bei Euch erzähle, wird es ihn gewiss sehr aufmuntern..."

„Ihr bleibt doch über Nacht? Dann habe ich Zeit, einen Brief zu schreiben."

Natürlich übernachtete Hans Werner gerne im Hause Weiß. Das Reisen bei winterlichen Bedingungen war kein Vergnügen, dennoch hatte er den Umweg auf sich genommen.

Neugierig scharten sich die Kinder um Hans Werner, während er erzählte. Als er mit Salome allein war, sprach er von einem waghalsigen Plan zur Befreiung Wolf Dietrichs, sollten alle anderen Möglichkeiten fehlschlagen. Er wusste selbst nicht viel, nur bestand kein Zweifel, dass es sich um ein sehr gefährliches Unternehmen handelte und dass dabei alle Beteiligten ihr Leben verwirken könnten. Salome hoffte, es würde nie soweit kommen.

Ihren Brief an Wolf Dietrich verwahrte Hans Werner in seinem Wams dicht an seinem Körper, dass das kostbare Schreiben nicht abhanden kommen konnte. Früh am nächsten Morgen, während die Kinder noch schliefen, begleitete ihn Salome hinunter zum Portal.

„Es ist schön", sagte Hans Werner beim Abschied, „dass Ihr zu unserer Familie gehört, doch vielleicht ist es Euer Glück und das der Kinder, dass Ihr nicht so heißt." Sie sah ihm nach, wie er davonsprengte. Das Pferd war edel, doch er reiste ohne Diener. Hans Werner lebte bescheiden, ihm lag nichts an persönlichem Aufwand und Luxus. Seit dem Tod Jakob Hannibals verwaltete er den Familienbesitz, harte Arbeit scheute er nicht. Im Gegensatz zu seinem älteren Bruder hatte er kaum Nutzen aus der hohen Stellung Wolf Dietrichs gezogen, für den er sich nun mit aller Kraft einsetzte.

„Wie sehr wünsche ich mir, dass du Erfolg hast", flüsterte Salome, während sie das Tor schloss.

Hans Werners Bemühungen blieben erfolglos. Vergebens hoffte Salome auf eine Nachricht über Wolf Dietrichs Freilassung. Dass auch die äußerste Möglichkeit fehlgeschlagen war, erfuhr sie aus einem Brief ihrer Schwester Sabina. Ein Soldat war wegen Hochverrats hingerichtet worden. Mit zwei Gefährten, die entkamen, hätte er dem gefangenen Erzbischof zur Flucht verhelfen wollen. Dies geschah, bevor Hans Werner von Raitenau seine Besuchserlaubnis nützen konnte. Angesichts des Fluchtversuchs war sie verwirkt. So hatte auch Salomes Brief sein Ziel nicht erreicht.

Als wäre das Maß noch nicht voll, folgte eine weitere niederschmetternde Nachricht. Sabinas Ehemann Maximilian und sein Bruder Andreas Steinhauser waren eingekerkert worden! Das Handelshaus Steinhauser hatte unter dem neuen Fürstbischof nach und nach seine guten Beziehungen zur Residenz verloren, der Geschäftsgang verschlechterte sich, Schulden begannen sich anzuhäufen, der Bankrott stand bevor. Eine Kommission, die Marcus Sitticus eingesetzt hatte, warf die Brüder Maximilian und Andreas Steinhauser in den Schuldturm. Fast vergaß Salome über dieser Nachricht auf ihren eigenen Kummer. Die Brüder Steinhauser hatten ihr Leben lang ehrlich und hart gearbeitet, hohe Steuern gezahlt, Wolf Dietrich großzügig Geld geborgt und säumige Rückzahlung akzeptiert. Nach dessen Sturz wurden sie vor das Domkapitel zitiert und verhört, ob er sie nicht mit allzu großzügigen Geschenken begünstigt hätte. Doch keinem von beiden konnte eine unrechtmäßige Handlung nachgewiesen werden. Mitleid erfüllte Salome und zugleich Zorn. Die Steinhausers waren tüchtige Geschäftsleute, auf das Intrigenspiel des neuen Erzbischofs verstanden sie sich nicht. Die Türen, früher so selbstverständlich offen, schlossen sich vor ihrer Nase, und bevor sie es noch richtig begriffen, hatte der unaufhaltsame Abstieg längst begonnen. Die arme Sabina! Wenn sie ihre Schwester doch besuchen und trösten könnte!

Sabinas Brief glitt aus Salomes Hand auf den Boden. Schlagartig wurde ihr bewusst, dass der Großteil ihres Vermögens in der Firma Steinhauser angelegt war! Wollte sie mit ihren Kindern nicht verarmen, völlig auf Christoph und Felicitas angewiesen sein, musste sie um ihre Rechte kämpfen. Sogleich würde sie den Advokaten aufsuchen und ihre Anweisungen geben. Ihre Kinder sollten standesgemäß aufwachsen, dafür würde sie sich einsetzen, und das war sie Wolf Dietrich schuldig.

****

Länger als ein Jahr musste Salome warten, bis sie ihr Geld ausbezahlt bekam und aufatmen konnte. Auf Grund ihrer nahen Verwandtschaft zu den Steinhausers und der Tatsache, dass sie allein für ihre Kinder sorgen musste, gewährte ihr die für die Verteilung des restlichen Vermögens zuständige Kommission einen erheblichen Anteil. Salome hatte gegenüber Christoph fast ein schlechtes Gewissen, der sein Kapital, das er in das Handelshaus Steinhauser investiert hatte, fast zur Gänze verlor.

„Es sind nur materielle Güter", beruhigte er sie, „mit denen ich reich gesegnet bin. Den Verlust werde ich bald vergessen haben. Wenn sich nur die Steinhausers wieder erholen!"

Im Kerker mussten sie nicht lange bleiben, doch waren die beiden Brüder zu alt, um nach der schmerzlichen Niederlage die Kraft zu finden, das Handelshaus nochmals in die Höhe zu bringen. An ihre Söhne konnten sie nicht ein blühendes Unternehmen weitergeben, sondern nur die Reste eines einstmals glanzvollen Handelsimperiums. Salome fühlte mit Sabina, wie bitter es sein musste, nach Jahrzehnten der Arbeit vor den Trümmern seiner Existenz zu stehen.

Mit ihren ältesten Töchtern saß Salome an einem lauen Sommerabend unter den Arkadenbögen zum Hof, als Stimmen und Pferdegetrappel herauftönten. Euphemia beugte sich über die Brüstung, rief:

„Hannibal!" und eilte schon zurück ins Haus und den Treppenaufgang hinunter.

„Nein, so etwas!", war Salome gleichermaßen erfreut und überrascht über den unerwarteten Besucher.

Ihre Freude ging beim Anblick ihres Sohnes in Besorgnis über. Er sah blass aus, die Wangen waren eingefallen, die Augen lagen tief in den Höhlen. Vielleicht ist er nur von einem langen Ritt übermüdet, sagte sich Salome. Als ihm Euphemia um den Hals fiel, schien ihm die Kraft zu fehlen, sie hochzuheben, wie er es mit seinen Schwestern früher gern getan hatte.

„Seine Durchlaucht, der Erzherzog, hat mir für eine Weile Urlaub gegeben", sagte er und umarmte seine Mutter. Sie fühlte, dass er mager geworden war.

„Geht es dir nicht gut? Bist du krank?", fragte sie.

„Vielleicht - ein wenig. Mein Dienst in letzter Zeit und die Reise waren sehr anstrengend."

Nur für einen Abend gelang es ihm, die Wahrheit zu verbergen.

Als er am nächsten Morgen nicht zum Frühstück erschien, suchte ihn Salome in seinem Zimmer auf. Hannibal litt unter starken Kopfschmerzen und fühlte sich zu elend, um aufzustehen.

„Das geht schon längere Zeit so", erzählte er. „Mit meinem Kopf stimmt etwas nicht. Oft sehe ich nicht klar, oder meine Hände gehorchen mir nicht, wie ich will."

„Und was sagen die Ärzte?", fragte Salome. Ein wenig erinnerte sie Hannibals Leiden an Wolf Dietrichs Krankheit, doch diese Art traf normalerweise nicht Menschen in so jugendlichem Alter.

„Die Ärzte des Erzherzogs können mir nicht helfen. Sie meinten, es wird vielleicht besser, wenn ich mich erhole." Er zuckte zusammen und griff sich an die Stirn, eine neuerliche Welle von Schmerz erfasste ihn. „Es fühlt sich an", sagte er stöhnend, „als würde irgendetwas meinen Körper von innen aufzehren."

„Wir werden dich gut pflegen, du wirst wieder gesund", sagte Salome.

Alle taten, was in ihren Kräften stand. Die nahrhaftesten Speisen wurden gekocht, der Stadtphysikus versuchte eine Behandlung, mit Mohn ließen sich zumindest die Schmerzen lindern. Salome ließ in der Stadtpfarrkirche Messen lesen, und in den Hausandachten der Familie Weiß wurde für Hannibals Gesundheit gebetet. Zeitweise ging es ihm tatsächlich besser. Wenn ihn die Schmerzen nicht quälten, war er in heiterer Stimmung, lachte mit seinen Geschwistern oder erzählte von seinen Abenteuern im Kurierdienst für den Erzherzog. Es ist schön, ihn hier zu haben, dachte Salome an solchen Tagen. Doch es war nicht zu übersehen, dass sich seine Krankheit verschlimmerte und er zusehends schwächer wurde. Als er gelegentlich das Bewusstsein zu verlieren begann und das Bett kaum mehr verlassen konnte, zeichnete sich das nahende Ende ab.

Salome bäumte sich innerlich auf: Nein, nicht dieses Kind! Dieser Sohn, den sie aus tiefstem Herzen erbeten hatte und über dessen Geburt die Freude so groß war! Dieses Geschenk Gottes! Doch alles Klagen und Anklagen würde nichts helfen! Wenn es Gottes Ratschluss war, das Geschenk zurückzunehmen, musste sie sich fügen. Die Gabe war kein Besitz.

An einem frühen Herbsttag saß Salome gegen Abend an Hannibals Bett, als er aus einem erholsamen Schlaf erwachte und sie anlächelte.

„Wenn du Vater wiedersiehst oder falls du ihm schreiben kannst, grüße ihn von mir", sagte er. „Ich danke ihm für alles. Gott danke ich für euch beide als meine Eltern. Mein Leben war kurz, aber ich habe mehr Gutes erfahren als viele andere in einer weit längeren Zeit." Er schwieg erschöpft.

„Ich werde es ihm sagen", sagte Salome unter Tränen und griff nach Hannibals Hand. Er erwiderte den leichten Druck, dann verlor er das Bewusstsein. Zwei Tage dämmerte er vor sich hin, ohne nochmals richtig wach zu werden. Die Schmerzen schien er nicht mehr wahrzunehmen und er atmete zusehends mit Mühe. Er empfing die Sterbesakramente, und als der Pfarrer gegangen war, las Christoph aus der Bibel vor. Als Hannibal seinen letzten Atemzug tat, drängten sich im Zimmer seine Mutter, seine Geschwister, die alte Kinderfrau, Gisela und die Familie Weiß. Christoph begann das Vaterunser zu beten, worauf alle, die meisten unter Tränen, einstimmten, Katholiken und Protestanten in einmütiger Gemeinschaft.

Hannibal wurde in der Stadtpfarrkirche beigesetzt. Salome hatte kaum einen Blick für das, was rund um sie vorging. Noch nie hatte sie die Kirche so voll gesehen. Viele kamen aus aufrichtiger Anteilnahme, andere aus Neugier. Katholische Begräbnisse von vornehmen Personen waren selten geworden, und das Schicksal der Frau, deren Gesicht der schwarze Schleier verbarg und die nunmehr seit nahezu fünf Jahren zurückgezogen inmitten der Welser Bürgerschaft lebte, bewegte die Gemüter und regte die Fantasie an.

Die vielen jungen Leute ließen es nicht zu, dass das Totenmahl im Hause Weiß ausschließlich in gedrückter Stimmung verlief. Salome fiel ein junger Mann auf, den offensichtlich Christoph eingeladen hatte, ein junger Beamter aus Linz, so viel wusste sie, mit dem er in seiner Eigenschaft als Ratsbürger zu tun hatte und den er bei dessen Besuchen in Wels in seinem Haus einquartierte. Nachdem das Essen beendet war, sah sie ihn mit Euphemia in einer Ecke am Fenster stehen. Was die beiden redeten, konnte sie nicht verstehen, doch Gesten, Blicke und ihre eigene Intuition sagten ihr deutlich, dass zwischen den beiden eine Beziehung bestand. Euphemia hatte sich in letzter Zeit verändert, war ruhiger geworden, doch Salome meinte, der Grund wäre Hannibals Krankheit. Felicitas kam zu ihr und folgte ihrem Blick.

„Das ist Philipp Richtersberger, die beiden haben sich in unserem Haus kennen gelernt. Wie es aussieht, wird er bald um ihre Hand anhalten. Er ist katholisch, tüchtig, aus guter Familie. Du musst deine Zustimmung geben", sagte sie energisch und ließ Salome gar nicht zu Wort kommen. „Das Leben geht weiter. Euphemia soll einen Ehemann und Kinder haben. Christoph hat den jungen Richtersberger ermutigt, ihr den Hof zu machen. Der Funke dürfte übergesprungen sein", schloss sie lächelnd.

Salome wollte protestieren und musste Felicitas gleichzeitig Recht geben. Wenn sie versuchte, ihren Töchtern das Heiraten zu verwehren, würde sie die Mädchen unglücklich machen, oder die würden ohne ihre Zustimmung eine Verbindung eingehen. Sie brauchte nur daran zu denken, wie sie gegen Gesetz und Regeln Wolf Dietrich gefolgt war. Auch wenn er seit nahezu fünf Jahren in Festungshaft saß, wurden seine Kinder erwachsen. Das Leben ging weiter. Hannibal war gestorben, und sein Vater wusste nichts davon. Salomes Herz krampfte sich bei dem Gedanken immer wieder aufs Neue zusammen. Sie hatte keine Möglichkeit, ihn zu benachrichtigen. Man würde es ihn schon wissen lassen und gewiss nicht auf einfühlsame Weise!

Das Unfassbare an Hannibals Tod, die Trauer raubte Salome ihre Kraft. Sie vermochte sich nicht mehr gegen den Gedanken zu wehren, dem sie bisher mit all ihrer Willenskraft widerstanden hatte, über den ihre Hoffnung trotz aller Enttäuschungen immer wieder gesiegt hatte: Es mochte geschehen, dass sie Wolf Dietrich in diesem Leben niemals wiedersah, dass er niemals seine Freiheit zurückgewinnen würde! Was hatte es nach all den Jahren und den vielen fehlgeschlagenen Versuchen noch für einen Sinn, seine Freilassung zu erhoffen?! In der qualvollen Einsamkeit und dem trübseligen Dasein als Gefangener sehnte er vielleicht bereits den Tod herbei, der ihn aus seinem misslichen Schicksal erlösen würde.

Der Lauf der Zeit ließ ihr früheres Leben in Salzburg zur Vergangenheit werden. Ohne die Kinder wäre der Schmerz über die Trennung und Wolf Dietrichs Schicksal vielleicht frisch wie in den ersten Tagen und Wochen, doch der gegenwärtige Alltag mit den heranwachsenden Söhnen und Töchtern forderte sein Recht. Mehr und mehr kostete es sie Mühe, den Kindern den Vater lebendig zu erhalten, und sie musste feststellen, dass er zur Erinnerung wurde. Zumindest für die Jüngeren war seine Abwesenheit längst normal. Die kleine Susanne hatte Salzburg im Alter von vier Jahren verlassen, mehr als ihr halbes bisheriges Leben hatte sie ohne ihren Vater verbracht. Ihr war nur eine verschwommene Erinnerung an ihn geblieben.

An einem eisig kalten Wintermorgen Ende Januar ging Salome zur Messe. Der Schnee knirschte unter ihren Füßen, als sie die Häuserzeile auf dem Stadtplatz entlangschritt. Der Nachtwächter zog gerade seine letzte Runde, und das Morgenrot kündigte einen sonnigen Tag an. Nur wenige Besucher nahmen an Wochentagen an der Messfeier teil.

Der Gottesdienst dauerte nicht lange. Nach dem Schlusssegen kam zu ihrer Überraschung ein Kirchendiener auf sie zu.

„Frau von Altenau, kommt doch bitte zum Herrn Pfarrer in die Sakristei", flüsterte er. Verwundert folgte sie ihm.

„Ich bin froh, dass Ihr hier seid", sagte der Pfarrer, ein älterer Mann, der Güte ausstrahlte und sie und ihre Kinder freundlich aufgenommen hatte. Er verurteilte sie nicht und erwähnte das Schicksal Wolf Dietrichs von Raitenau in seinen Predigten niemals als abschreckendes Beispiel für Sündhaftigkeit, Ungehorsam oder zu weltliches Leben der Geistlichkeit, wie es andernorts gelegentlich geschah. „Ich habe mir schon überlegt, Euch aufzusuchen, damit Ihr es nicht am Sonntag von der Kanzel erfahrt – es ist keine gute Nachricht..."

Salome straffte sich. Eine dunkle Ahnung sagte ihr, was jetzt kam, und sie wollte keine Schwäche zeigen. Den Stuhl, den ihr der Pfarrer anbot, lehnte sie höflich ab.

„Bitte sprecht weiter", sagte sie.

„Gestern erhielt ich eine Nachricht, die Seine hochfürstliche Gnaden, der Erzbischof von Salzburg, an alle Bischöfe in seinen Bistümern ergehen ließ und die diese an alle Pfarrer verschickten: *Der frühere Erzbischof von Salzburg, Herr Wolf Dietrich von Raitenau, verstarb am 16. Jänner mittags und wurde am 19. mit allen fürstlichen Ehren beigesetzt.* Es tut mir leid. Wenn ich Euch helfen kann..."

Salome mochte den warmherzigen Pfarrer.

„Danke für Euer Verständnis", sagte sie tonlos, „aber Ihr könnt nichts für mich tun." Bevor sie die Fassung verlor, verließ sie die Sakristei.

In der Kirche war sie allein. In einer Bank sank sie auf die Knie und vergrub weinend ihr Gesicht in den Händen. Wolf Dietrich war aus seiner Gefangenschaft befreit, niemand konnte ihn mehr quälen. Und niemals würde er zu ihr und den Kindern zurückkehren.

****

Zu Hause scharte sie die Kinder um sich. Ruhig und gefasst sprach sie zu ihnen vom Tod des Vaters. Die Kinder begannen zu weinen. Susanne, die Jüngste, klammerte sich ängstlich an die Mutter. Die Fragen der ältesten Töchter nach den näheren Umständen vermochte sie nicht zu beantworten.

„Warum haben sie Vater nicht freigelassen?", fuhr der elfjährige Eberhard zornig auf. „Der Erzbischof Marcus Sitticus wollte, dass er stirbt!" Von Salomes Kindern war er am intelligentesten, hatte jede Nachricht über Wolf Dietrichs Gefangenschaft begierig aufgenommen, machte sich Gedanken über alle Ereignisse.

„Marcus Sitticus hat Vaters Tod verschuldet!", bekräftigte sein älterer Bruder Viktor.

„Euer Vater war krank", sagte Salome, „und niemand weiß, wann er selbst oder ein anderer stirbt."

.Sie umarmte die Kinder eins nach dem anderen und versuchte sie zu beruhigen. Eine schwere Aufgabe stand ihr noch bevor. Ihrem nunmehr ältesten Sohn Anton, der das Stiftsgymnasium in Admont besuchte, musste sie die Nachricht vom Tod des Vaters schreiben.

Die Familie Weiß und ein paar andere Familien drückten ihr Mitgefühl aus, doch es gab keine Beerdigung, keinerlei Feierlichkeiten zu Ehren des Toten. Die hatten längst ohne Salome und die Kinder stattgefunden. Wolf Dietrichs Brüdern war es nicht besser ergangen. Der frühere Erzbischof wurde mit Prunk und Pomp als hoher Kleriker bestattet, seine Familie kam dabei nicht vor. Nicht einmal Trauerkleidung legte Salome an, denn die trug sie bereits seit Hannibals Tod. Wenn es ihr doch zumindest vergönnt gewesen wäre, Abschied zu nehmen!

Salome war bisher selten krank gewesen und wenn, dann nur für kurze Zeit. Nun befiel sie Fieber, eine Erkältung ging in die nächste über, Schmerzen plagten sie, klangen ab und kehrten wieder. Sobald sich ihr Zustand besserte, versuchte sie die nötigsten alltäglichen Dinge zu erledigen. Wochenlang vermochte sie sich nicht zu erholen. Die Anspannung der vergangenen Jahre forderte ihren Tribut. Sie musste die Hoffnung begraben, dass alles ein gutes Ende finden würde. Niemals würde ihr Mann zurückkommen, ihr restliches Leben musste sie ohne ihn meistern. Die Krankheit empfand sie fast als Gnade, die ihr ermöglichte, Wolf Dietrichs Tod als Einschnitt in ihrem Leben wahrzunehmen. Sie durfte innehalten und war nicht gezwungen weiterzugehen, als wäre nichts geschehen.

Allein in ihrem Schlafzimmer hing sie ihren Erinnerungen nach an ihr gemeinsames schönes und schwieriges Leben. Unbedeutende Details erstanden klarer vor ihrem inneren Auge als einschneidende Ereignisse. Sie sah die Stadtansicht Venedigs vor sich, die sie gerade aufgehängt hatte, als Wolf Dietrich den Laden ihres Vaters betrat. Die Zeichnung hing vielleicht heute noch auf demselben Platz. Das Pferd ihres Vaters, auf dem sie mit Wolf Dietrich ausritt, hatte eine charakteristische Art zu wiehern. Das Tier hatte längst sein Ende beim Abdecker gefunden. Als sie an jenem so viele Jahre zurückliegenden St. Ruperti-Tag zusammen mit dem Erzbischof die „Alte Stadttrinkstube" verließ und sich die Blicke aller Salzburger Bürger und Kleriker förmlich in ihren Rücken bohrten, fürchtete sie plötzlich, sie könnte über die Türschwelle stolpern. Es geschah nicht, so wie sie niemals zuvor oder danach an dieser Stelle gestolpert war. Wenn sie abends mit Wolf Dietrich zusammensaß, naschten sie gerne eine bestimmte Art von Konfekt. Salome hatte keine Lust zu essen, aber beim

Gedanken an diese Süßigkeit lief ihr das Wasser im Mund zusammen. Sie hatte nicht mehr Schach gespielt, seit sie sich von ihm trennen musste. Verlernt hatte sie es wohl nicht. Wie sehr die Kinder an ihm hingen! Wenn er in weltlicher Kleidung zu seiner Familie kam, umringten sie ihn sogleich. Es bedeutete, dass er Zeit für sie hatte.

All die tragischen und schmerzlichen Ereignisse, die sie gemeinsam durchgestanden hatten! Jenes schlimme Jahr, als Wolf Dietrich so schwer erkrankte und sie schon fürchtete, ihn zu verlieren, und als sie Maria Salome hergeben mussten! Die letzten schönen Jahre im Schloss Altenau bis zu Helenas Tod und bis das Unheil begann, seinen Lauf zu nehmen. Jener Abschied am Tag ihrer Flucht aus Salzburg vor mehr als fünf Jahren – wenn sie geahnt hätte, dass es ein Abschied für immer war! „Behüt dich Gott. Wir sehen uns gewiss bald wieder", erinnerte sie sich an Wolf Dietrichs letzte Worte.

Ihre Kinder brauchten sie, und so raffte sie sich wieder auf. Philipp Richtersberger hielt um Euphemias Hand an. Salome musste entscheiden und fühlte sich so unsicher, dass sie an Hans Rudolf schrieb, um von einem der Raitenauer die Zustimmung zu erhalten. Er gab sie gerne und sprach ihr in seiner Antwort Mut zu. Sie wäre eine gute Mutter und würde gewiss für die Kinder in rechter Weise sorgen und das Richtige tun. Die Verlobung wurde bekannt gegeben. Auf eine große Hochzeit mit tagelangen Festlichkeiten, wie sie in vornehmen Familien üblich waren, würden Euphemia und Philipp verzichten müssen. Mit einer schlichten Feier in etwa einem halben Jahr waren sie einverstanden. Felicitas' Tochter Lydia war bereits in Linz verheiratet. Euphemia würde nicht weit entfernt von ihrer gleichaltrigen Base wohnen, mit der sie sich gut verstand.

Salome lehnte sich an den Kachelofen. Um diese Jahreszeit sollte der Winter weichen, doch unverändert herrschten Schnee und Eis. Der Frühling, so hoffte sie, würde ihre Lebensgeister wieder wecken.

„Das hat der Postbote eben für Euch abgegeben." Gisela hielt Salome einen Brief hin. Die nahm das Schreiben, wunderte sich, dass sie weder die Handschrift noch das Siegel kannte. Sie öffnete es, las zuerst die Anrede: *Sehr geehrte Frau von Altenau,* dann die Unterschrift des unbekannten Verfassers: *Berthold Rieder,* ein Franziskanerpater. Sie konnte sich nicht erinnern, jemals etwas mit einem Mönch dieses Namens zu tun gehabt zu haben. Ihre Augen weiteten sich vor Erstaunen, als sie zu lesen begann. Der Schreiber war einer der beiden Patres, die mit Wolf Dietrich die Gefangenschaft geteilt hatten. Dem Erzbischof war in seiner letzten Lebenszeit so sehr am Seelenfrieden der ihm nahe Stehenden gelegen, dass der Klosterbruder die Erlaubnis seiner Ordensoberen erwirkt hatte, an die Frau von Altenau diese Zeilen zu richten. Er berichtete über die Umstände von Wolf Dietrichs Tod. Krampfanfälle und Bewusstseinstrübungen suchten ihn heim, bis er an einem besonders heftigen Anfall verstarb.

Der gnädigste Herr, schrieb er, *betrachtete seine Gefangenschaft zuletzt als Strafe und zugleich Gnade Gottes. Er hatte viel Zeit, über alles nachzudenken, und erkannte seine Schuld, seine Halsstarrigkeit und Überheblichkeit. Nachdem er wahre Demut unter die väterliche Hand Gottes gelernt hatte, verzieh er von Herzen allen, was immer sie ihm angetan. Nicht einmal dem Bayernherzog und seinem Nachfolger Marcus Sitticus war er feindlich gesinnt. Er wurde dankbar für Gutes und Böses. Seinen Brüdern dankte er für all ihre Bemühungen, doch sie sollten nicht mit einem einzigen Gedanken auf Rache sinnen. Wegen seiner Person sollte nirgends Unruhe entstehen oder irgendjemand in Schwierigkeiten geraten. Er betete viel für Euch und die Kinder. Die lagen ihm sehr am Herzen, dass sie ihren Weg mit Gott gehen, auch dass es ihnen und Euch an nichts fehlt. Er sprach mit Hochachtung und Dankbarkeit von Euch, dass Ihr für die Kinder gewiss alles in rechter Weise entscheiden würdet. Seinen Frieden hat er gefunden, und den wünschte er für Euch. Sollte er wider Erwarten aus der Gefangenschaft entlassen werden, würde er schweren Herzens auf das Zusammenleben mit Euch und den Kindern verzichten, doch nur, um keinen Anstoß zu erregen. Der Wahrheit gemäß muss ich berichten, dass sich der gnädigste Herr bis zuletzt nicht dem kirchlichen Gesetz beugte. Für Euer Seelenheil betet Euer christlicher Diener Berthold Rieder.*

Salomes Tränen fielen auf das Papier.

Immer wieder las sie in den nächsten Wochen den Brief.
Sie versuchte sich Wolf Dietrich in seiner letzten Lebenszeit
vorzustellen. Der Brief sagte nichts darüber aus, ob er sich
äußerlich sehr verändert hatte. Keine Gelegenheit war ihm
gewährt worden, sich zu verantworten, all den Anschuldigungen entgegenzutreten, seine Ehre wiederherzustellen.
Äußerlich hatten der Bayernherzog und sein Nachfolger
Marcus Sitticus den Sieg davongetragen. Dem Papst und
den Kardinälen im Vatikan mochte es nur recht sein, dass
ihnen dessen Winkelzüge ersparten, sich mit dem unbeque-
men, frei denkenden Erzbischof auseinander zu setzen. Er
wurde weggesperrt, bis sein Körper daran zerbrach. Sein
Geist blieb ungebrochen. Wolf Dietrich warf sich zuletzt vor
Gott nieder, ganz und gar. Er verzieh seinen Feinden, der
Seelenfrieden aller ihm nahe Stehenden lag ihm am Herzen.
Doch beugte er sich bis zuletzt nicht jenem kirchlichen
Gesetz, das ihm seine geliebte Frau und seine geliebten Kinder verwehrte. Der Brief war, wenn er ihn auch nicht selbst
geschrieben hatte, sein geistliches Testament.

Salome ließ sich in der Stadtpfarrkirche auf die Knie nieder. Die Feierlichkeiten zum Gründonnerstag waren längst
beendet. Die Kerzen würden bis in die Nacht hinein brennen und die Kirche offen bleiben, um den Gläubigen Gelegenheit zur Anbetung vor der Monstranz mit dem Allerhei-
ligsten zu geben. Der Altar war verhüllt und würde es bis
zur Auferstehungsfeier am Karsamstag in der Nacht bleiben. Salome war allein in der Kirche. Am morgigen Tag, am
Karfreitag war Jesus, der Sohn Gottes, gestorben, unter
unaussprechlichen Qualen, für alle Menschen, für alle Sünder, auch für sie selber. „Vater, vergib ihnen; denn sie wissen
nicht, was sie tun!", sagte er. Und alle fanden unter dem
Kreuz Platz, keinen schickte Jesus weg. „Heute wirst du mit
mir im Paradies sein", sagte er zu dem Verbrecher neben sich
am Kreuz. Schon als Kind hatte sie das gelernt. Zwischen

den Seiten ihres Gebetbuchs steckte der kostbare Brief des Paters. Wolf Dietrichs Mahnung klang in ihren Ohren.

„Ich verzeihe allen, was sie Dietrich angetan haben und was sie mir und den Kindern angetan haben, ich versuche es", flüsterte sie. „Alles, was mir widerfahren ist, will ich aus deiner Hand annehmen, oh Herr. Du allein wirst urteilen und richten. Ich bin nur ein sündiger Mensch." Sie seufzte auf. Das Gesicht des Marcus Sitticus tauchte vor ihrem inneren Auge auf. Was für ein mieser Heuchler, dachte sie. Das Bild verblasste, und sie fühlte, wie sich in ihrem Herzen etwas bewegte. Sie empfand eine wohltuende, entspannende Veränderung. Wenn Merk Sittich auch auf dem Bischofsthron saß, während Wolf Dietrich in der Festung schmachtete, war er trotzdem derjenige, der zu bedauern war. Der Gefangene war innerlich frei geworden und hatte bei Gott Frieden gefunden. Was zählte dagegen ein mit schäbigen Mitteln errungener, äußerlicher Sieg?

11 - Die Rückkehr

Mit besorgten Gesichtern standen auf dem Welser Stadtplatz die Ratsbürger versammelt. Ein paar Passanten hatten sich an dem heißen Augusttag eingefunden, doch die große Mehrheit der Einwohner zog es vor, zu Hause zu bleiben. Ein berittener Bote sprengte heran und teilte dem Bürgermeister mit, dass der ungebetene hohe Gast in Kürze eintreffen würde. Daraufhin formierten sich die Ratsbürger zu einem Zug und setzten sich in Richtung Stadttor in Bewegung.

„Jetzt gehen sie", rief Susanne vom Fenster zu ihrer Mutter hinüber. „Darf ich nicht doch auf die Straße hinunter?"

„Du bleibst hier", antwortete Salome bestimmt. „Den Herzog bekommen wir noch früh genug zu sehen."

„Aber es ist doch so ähnlich wie damals der Besuch des Kaisers, als ich noch klein war, und ich kann mich kaum erinnern", maulte Susanne.

„Das ist etwas völlig anderes", sagte Salome. „Kaiser Matthias war der rechtmäßige Herr dieses Landes, zu Recht standen die Menschen Spalier und jubelten ihm zu. Jetzt haben wir einen neuen Kaiser, und der hat das Land ob der Enns an den Herzog Maximilian von Bayern verpfändet. Niemandem gefällt das, ich habe es dir doch erklärt..." Sie trat neben ihre Tochter ans Fenster und blickte auf den nahezu menschenleeren Stadtplatz hinunter.

In ihrem ersten Jahr in Wels hatte Kaiser Matthias die Stadt besucht. Die Häuser waren mit Blumenkränzen, Bändern und Wappen geschmückt. Bis zur Traunbrücke hinaus vor das Stadttor nahmen die Einwohner in ihren besten Kleidern Aufstellung. Alle Stände waren vertreten, um den hohen Gast und sein Gefolge zu ehren und nichts zu versäumen. Es wurde ein großes Fest für den angenehmen Herrscher, der sich den Protestanten gegenüber als großzügig erwies. Vor einem Jahr war Kaiser Matthias gestorben. Im Land gab es Unruhen unter den Adeligen und Bauern. Der neue, erzkatholische Kaiser Ferdinand überließ das Land ob der Enns dem ebenso katholischen Bayernherzog Maximilian, um dort Ordnung zu schaffen. Der wusste die militärisch schlagkräftige katholische Liga hinter sich und zog nun, in diesem Sommer 1620, mit einer gewaltigen Streitmacht heran. Furcht erregende Nachrichten eilten der Soldateska voraus: Bauern, die sich zusammengerottet hatten und Widerstand leisteten, wurden gehängt, ein Landpfleger wurde enthauptet, Gebäude gingen in Flammen auf.

Dem Welser Bürgermeister und den Ratsbürgern blieb nichts anderes übrig, als dem neuen Herrn entgegenzugehen und die Schlüssel der Stadt zu überreichen, doch niemand würde ihm freiwillig zujubeln. Einige Häuser waren geschmückt, damit die Welser nicht von Anfang an den Unwillen des Herzogs erregten. Auch über dem Portal des Hauses der Familie Weiß hing ein Kranz.

Trompetenstöße rissen Salome aus ihren Gedanken. Sie blieb am Fenster stehen. Wie sah der Mann aus, der so viel Unglück in ihr Leben gebracht hatte?

Inmitten von höfischen Würdenträgern und Soldaten ritt Herzog Maximilian von Bayern in die Stadt ein. Er trug einen Helm und einen Brustpanzer, beides kunstvoll gearbeitet. Sein Pferd zierte eine kostbare Decke, deren Perlen und goldene Stickerei in der Sonne glänzten. Der reiche Schmuck des Zaumzeugs wippte auf und ab, von der Schulter des Herzogs hing ein roter Mantel. Der Gesichtsausdruck des Mannes in mittleren Jahren war energisch; die Gesichtszüge wirkten, als wären sie in die Länge gezogen. Eine schmale Nase stand über dem dunklen, leicht angegrauten und länglich geschnittenen Bart. Die Augen kniff er zusammen, offensichtlich blendete ihn die Sonne. Vor dem Rathaus stieg er ab und trat durch das bereits weit offen stehende, geschmückte Portal des Amtsgebäudes. Mit seinen hochrangigsten Gefolgsleuten begab er sich zu einem Empfang durch die Welser Stadtväter. Der große Stadtplatz füllte sich mehr und mehr mit Soldaten.

Mehrere hundert Mann Soldaten wurden in Wels einquartiert. Ab dem Tag ihres Einzugs beherrschten sie das Stadtbild. Selbst die bescheidensten Häuser und Wohnungen wurden belegt, so dass sich die Bewohner, die ohnehin auf engstem Raum lebten, richtiggehend zusammenpferchen mussten. Im Vergleich dazu erging es den wohlhabenden Bürgern noch gut. Christoph Weiß stellte ein Stockwerk seines Hauses zur Verfügung, in dem Offiziere mit ihren Dienern Quartier nahmen. Da es das vornehmste Haus am Platz war, würde Herzog Maximilian hier die Nacht verbringen, bevor er nach Linz weiterzog. Dort mussten ihm die Stände huldigen, wie es normalerweise nur dem Kaiser beziehungsweise dem im Land ob der Enns regierenden Erzherzog gebührte. Doch der hatte ihm dieses Recht überlassen und die Untertanen mussten sich fügen.

„Wir müssen tun, was für die Stadt das Beste ist", hatte Christoph Weiß der versammelten Familie erklärt. „Herzog Maximilian ist ein Reichsfürst, er und seine Leute werden sich dementsprechend benehmen. Wir erweisen ihm die Ehre, die ihm zusteht – aber auch nicht mehr. Und du, Salome", hatte er hinzugefügt, „wirst nichts mit ihm zu tun bekommen." Sie war nur eine unbedeutende Verwandte, die mit ihren Kindern hier im Haus lebte. Zur Begrüßung des hohen Gastes würde sie erscheinen, danach würde sie ihm nicht mehr begegnen.

Sie betrachtete sich im Spiegel. Die Trauerkleidung hatte sie seit Wolf Dietrichs Tod nicht mehr abgelegt. Sie war schmaler geworden, und das schwarze Kleid ließ sie noch größer wirken, als sie ohnehin war. Ihren Hals umschloss der weiße, runde Kragen, der einer Halskrause ähnelte. Ihr rötlichgraues Haar hatte sie sorgfältig gesteckt. Sie legte die Haube darüber, wie sie die Bürgersfrauen trugen. Ihrem Spiegelbild schenkte sie ein leises Lächeln: Mit ihren mehr als fünfzig Jahren sah sie so ehrbar aus, dass ihre äußere Erscheinung beim besten Willen nicht biederer und tugendhafter sein konnte. Wer sie nicht kannte, würde kaum glauben, dass man sie einstmals für eine Frau mit einem sündigen Lebenswandel gehalten hatte.

„Seid ihr soweit?", fragte sie die Kinder. Die dreizehnjährige Susanne wartete bereits ungeduldig, nun würde sie den Herzog endlich aus der Nähe sehen. Eusebia kam den Gang entlang aus ihrem Zimmer. Im Gegensatz zu den beiden anderen erwachsenen Töchtern hatte sie noch nicht geheiratet. Ihre ältere Schwester Euphemia war mit ihrem Philipp nach Linz gezogen, ihre jüngere Schwester Cäcilia hatte erst vor wenigen Wochen ihrem Konstantin Grundemann von Falkenberg das Jawort gegeben und war ihm ebenfalls nach Linz gefolgt. Sie sind nicht allzu weit weg, tröstete sich Salome, und haben sich gegenseitig. Ihr neunzehnjähriger Sohn Anton hatte im Kloster Admont das Gymnasium besucht und war dort in den Orden eingetreten. Sie hatte ihn schon lange nicht mehr gesehen, während der sechzehnjährige Viktor und sein um ein Jahr jüngerer Bruder Eberhard gerade die Schulferien vom Gymnasium in Kremsmünster genossen. Viktor interessierte sich mehr für das Praktische als für das Lernen. Eberhard war der Begabteste von allen Kindern, besonders Mathematik und Naturwissenschaften lagen ihm, doch fehlte es ihm auch nicht an sprachlicher Fertigkeit.

„Gehen wir nun hinunter, um diesen zweifelhaften Imperator zu empfangen?", fragte er, als die Familie samt Dienerschaft vollzählig eingetroffen war. Eberhard hatte seine Mutter über die Vorgänge in Salzburg wiederholt ausgefragt, dass sie manchmal nicht mehr wusste, was sie antworten sollte. Die politischen und menschlichen Hintergründe beschäftigten ihn und ließen ihm keine Ruhe. Susanne kicherte bei den Worten ihres Bruders, die alte Kinderfrau warf ihm einen tadelnden Blick zu.

„Wir finden uns nur zur Begrüßung des Herzogs ein", erklärte Salome, „das gehört sich so, doch sonst haben wir nichts mit ihm zu tun."

Nach dem Empfang im Rathaus und der Festtafel bezog Herzog Maximilian sein Quartier. Am Nachmittag hatten Höflinge das Gepäck gebracht und die Zimmer inspiziert. Diener und Dienerinnen hatten alle Hände voll zu tun, alles nach deren Anordnungen vorzubereiten.

Am Abend standen die Bewohner des Hauses Weiß in der Eingangshalle bereit. Durch das weit geöffnete Portal sahen sie, wie sich der Zug näherte. Nur der Herzog saß zu Pferd, seine Begleitung kam zu Fuß vom Rathaus. Maximilian trug nun ein besticktes Wams anstatt des Brustpanzers und einen Hut anstelle des Helms. Zwei Trompetenstöße erschallten, als er abstieg und die Eingangshalle betrat. Alle Anwesenden verneigten sich. Christoph Weiß entbot als Hausherr den Willkommensgruß, für den der höchstrangige Begleiter des Herzogs im Namen Maximilians und dessen Gefolge dankte.

„Ist das der bayerische Hofmarschall?", flüsterte Eberhard seiner Mutter zu, die dicht neben ihm stand.

„Das weiß ich nicht, psst", flüsterte Salome zurück. Das Empfangskomitee stand wieder aufrecht, und sie beobachtete den Herzog. Nie hätte sie damals, als sie vor ihm und seinen Truppen aus Salzburg floh, gedacht, dass sie ihm viele Jahre später unter ganz anderen Umständen begegnen würde. Sie empfand ihm gegenüber keinen Hass, für sich persönlich eher Gleichgültigkeit, und sie hoffte für die Stadt, dass die den Einzug der bayerischen Soldaten samt ihrem Herzog heil überstehen würde. Wolf Dietrich hatte er gestürzt, ihm seinen Fürstenthron und seinen äußeren Glanz geraubt, doch der politisch Vernichtete war in menschlicher Größe und im Frieden mit Gott gestorben. Wie du enden wirst, steht noch aus, dachte Salome.

Der Herzog schien guter Laune zu sein. Er sprach Christoph Weiß an, lobte dessen schönes Haus und sagte, dass nur seine besten Leute hier wohnen würden. Er blickte in die Runde von einem zum anderen. Das Geflüster schien ihm nicht entgangen zu sein. Er sah Eberhard an und sagte:

„Nun, junger Mann, könnte es dir gefallen, Offizier zu werden, oder wirst du doch lieber Kaufmann?" Offenbar hielt er Eberhard für einen Sohn der Familie.

„Wenn ich wollte, könnte ich Offizier werden, doch vielleicht trete ich in einen Orden ein", sagte Eberhard ohne Scheu. Der Herzog wirkte etwas verwundert, denn Protestanten gingen nicht ins Kloster, oder was meinte der Bursche?

„Wie heißt du?", fragte er.

Eberhard blickte Herzog Maximilian geradeheraus an.

„Eberhard von Raitenau", sagte er im Ton größter Selbstverständlichkeit. Salome fuhr herum und war nicht die einzige, die ihn höchst erstaunt ansah. Eberhards Aussehen ähnelte dem seines Vaters nur wenig. Sein Haar war braun, seine Gesichtszüge erinnerten eher an Salomes Verwandtschaft. Doch die Art, wie er sein Gegenüber aus seinen dunklen Augen ansah, den Kopf wandte, sich bewegte, entsprach ganz der seines Vaters. Die Haltung eines vornehmen Herrn von Welt schien ihm bereits angeboren zu sein. Maximilians Gesicht zeigte eine Mischung aus Überraschung, Verwunderung und Unwillen. Er zog die Brauen zusammen, auf seiner Stirn entstanden steile Falten. Für einen Augenblick blieb sein Blick an Salome und ihren anderen Kindern hängen. Was du jetzt wohl denkst?, fragte sie sich, selbst von Eberhards unerwarteter Antwort überrumpelt. Herzog Maximilian wandte sich ab und erklärte, er würde sogleich seine Räume beziehen. Die Anwandlung von Leutseligkeit war vorbei, er gab den distanzierten Herrscher.

Das Getrappel der zahlreichen Füße auf der Treppe dröhnte noch in Salomes Ohren, als sie ihren Sohn fragte:

„Was hast du dir dabei gedacht?"

„Es ist mir in genau diesem Augenblick ganz einfach eingefallen", sagte er, „und ich werde mich in Zukunft so nennen und den Namen meines Vaters tragen."

Salome würde ihn nicht davon abhalten können. Ebensowenig hatte sie Wolf Dietrich von etwas abbringen können, was er sich einmal in den Kopf gesetzt hatte.

„Dann mach diesem Namen Ehre", sagte sie, „dein Vater wäre stolz auf dich." Sie wandte sich an alle ihre Kinder: „Und ihr dürft auf euren Vater stolz sein. Wir beugen uns nur der äußeren Macht des Herzogs. Seiner Gewalt musste euer Vater weichen, doch er hatte innere Größe, und die steht über allem und zählt zuletzt bei Gott."

****

Seit einem Jahr lebten die Welser bereits mit der bayerischen Einquartierung. Wohl oder übel hatten sie sich an die Soldaten gewöhnt. Sie waren besser dran als die Menschen in den Landstrichen, wo der Krieg tobte. In Böhmen standen Katholiken und Protestanten einander mit Waffengewalt gegenüber. Die Protestanten hatten eine entscheidende Schlacht verloren, der Gegenkönig, den sie eingesetzt hatten, musste fliehen. Die Religionsfrage war in einem erbitterten Krieg eskaliert. Beide Seiten warben Söldnerscharen an, die durch die Lande zogen und die Bevölkerung in Angst und Schrecken versetzten.

„Du willst tatsächlich nach Salzburg reisen, in diesen unruhigen Zeiten? Wenn euch nur nichts zustößt!", rief Felicitas erschrocken und wusste gleichzeitig, dass ihre Worte gegenüber Salomes Entschlossenheit nichts ausrichten würden.

„Ich reise zusammen mit Dr. Haller, er hat ohnehin in Salzburg zu tun. Ein Offizier mit seinen Leuten wird uns begleiten. Wir nehmen den kürzesten Weg über St. Wolfgang, nicht den langen über die Steiermark wie damals, als ich zu euch kam", versuchte Salome ihre Base zu beruhigen. „Sobald Eberhards und Viktors Ferien zu Ende und sie auf das Gymnasium zurückgekehrt sind, brechen wir auf."

Felicitas nickte ergeben. Es war nicht angenehm, von bayerischen Soldaten begleitet zu werden, doch besser als überfallen zu werden. Reisende mussten für diesen Dienst und Schutz dankbar sein.

„Meinen kleinen Haushalt wird in meiner Abwesenheit Eusebia führen, und Susanne nehme ich mit", setzte Salome fort.

„Was?", begehrte Felicitas neuerlich auf, nachdem sie sich mit den Plänen ihrer Base fast schon abgefunden hatte. „Sie ist doch noch ein Kind!"

„Die Knaben schickte ich von zu Hause weg aufs Gymnasium, als sie jünger waren als sie, also kann sie mit mir zusammen verreisen", antwortete Salome. „Sie war noch so klein, als wir Salzburg verließen, und kann sich kaum erinnern. Sie soll ihre Verwandten und meine Heimat kennen lernen. Ich warte nicht, ich möchte Sabina noch einmal sehen..."

„Ja, ich weiß", nickte Felicitas.

Salomes älteste und Lieblingsschwester war schwer krank. In den Briefen spielte sie das herunter, doch ihr Bruder hatte deutliche Worte gefunden.

Wenn Salome die warme Jahreszeit in diesem Jahr nicht zum Reisen nützte, war es vielleicht zu spät.

„Felicitas, unsere Generation fängt an auszusterben", sagte sie. „Ich bin in guter Verfassung, aber wer weiß, wie lange meine eigene Gesundheit die Reise noch zulässt..." Ihre Schwestern Katharina und Barbara waren in den letzten Jahren verstorben, ohne dass sie sie wiedergesehen hatte. „Und dann möchte ich wenigstens einmal an Wolf Dietrichs Grab stehen...", fügte sie leise hinzu. „Ich habe das Gefühl, ich muss nach Salzburg zurückkehren und abschließen. So wie die Lage jetzt ist, werde ich das, denke ich, unbehelligt tun können."

In Salzburg herrschte ein neuer Erzbischof. Marcus Sitticus hatte Wolf Dietrich nur um etwas mehr als zwei Jahre überlebt. Nicht lange war es ihm vergönnt, seine Macht ohne Angst vor seinem gefangenen Vorgänger zu genießen. Kurz war die Zeit, da keiner der Untertanen heimlich zu der Festung hinaufsah und meinte, dass dort der rechtmäßige Landesherr eingekerkert saß. Der neue Erzbischof wurde von vielen als der wahre Nachfolger Wolf Dietrichs angesehen, dessen Person und Leistungen nun öffentlich geschätzt und gewürdigt wurden. Salome brauchte keine Feindseligkeiten zu befürchten.

„So mach deine Reise in die Vergangenheit", sagte Felicitas. „Gott möge dich beschützen."

Susanne genoss die Reise. Wie ein Schwamm saugte sie alles Neue auf, was sie noch nie gesehen hatte. Die Reisegesellschaft verließ das flache Land rund um Wels und begab sich in den gebirgigen Teil des Landes ob der Enns. Susanne bestaunte den Traunsee und die mächtigen Berggipfel. Salome schmerzten die Glieder von der unruhigen Fahrt über die holperigen Straßen. Die spätsommerliche Hitze und der Staub setzten ihr zu, ebenso die Mücken und Fliegen, die sie förmlich umschwärmten. Dennoch war die Trockenheit weit besser als Regen, der die Straßen in einen schlammigen Morast verwandelte und vorübergehend sogar unpassierbar machen konnte. Der Advokat Dr. Haller hatte darauf bestanden, dass sie in seiner Kutsche reisten. Einen Gehilfen hatte er mitgenommen, Salome eine junge Dienerin. Die alt gewordene Gisela lehnte das Angebot, ihre Heimatstadt wiederzusehen, fast entsetzt ab. Nein, das würden ihre Knochen nicht aushalten! Eusebia zog es ebenfalls vor, zu Hause zu bleiben.

„Wie schön!", rief Susanne und zeigte auf den Wolfgangsee, der in den Strahlen der untergehenden Sonne golden glänzte. Boote lagen am Ufer, ein paar Schwäne zogen ihre Kreise. „Die Berge hören ja gar nicht mehr auf", meinte sie angesichts der Gipfel, die sich zu beiden Seiten des weiten Tals erhoben.

„Wir übernachten in St. Wolfgang und morgen sind wir in Salzburg", sagte Dr. Haller. Salomes Aufregung, gemischt mit Angst und Neugier, wuchs von Stunde zu Stunde. Morgen würde sie die Stadt wieder betreten, aus der sie vor zehn Jahren geflohen war!

Die Sonne lachte vom strahlend blauen Himmel, als nach einer Wegbiegung die Silhouette der Stadt Salzburg vor ihnen lag. Als sie sich dem Stadttor näherten, passierten sie die Abzweigung nach Schloss Altenau. Dem Weg sah man an, dass er nicht mehr von hochgestellten Persönlichkeiten benutzt wurde. Er enthielt nicht weniger Löcher als die anderen Straßen. Ein paar Bauern kamen ihnen mit ihren Eseln entgegen und machten der Kutsche Platz. Sie warfen nur einen kurzen Blick auf den fremden Wagen und nahmen die Abzweigung.

Die Stadtmauern waren mit neuen Befestigungen versehen. Nach wie vor war Salzburg nicht der katholischen Liga beigetreten. Die Stadt musste in diesen Kriegszeiten vor feindlichen Einfällen und herumziehenden Söldnern geschützt werden. Am Tor hielten zwei Soldaten Wache, die die Reisenden nach kurzer Befragung weiterfahren ließen. Der Advokat war bekannt und nannte die Namen der Mitreisenden, die die beiden jungen Männer nicht interessierten. Eine ältere Frau und ein Kind bedeuteten gewiss keine Gefahr.

Unverändert mächtig erhob sich die Festung über der Stadt. Nichts ließ äußerlich die Tragödie erahnen, die sich hinter ihren Mauern abgespielt hatte. Die Kutsche passierte die Brücke. Salzschiffe schaukelten auf dem Fluss, die Rufe der Schiffer waren deutlich zu hören. Dass der Salzhandel einmal für eine Saison unterbrochen war, gehörte zu den längst vergangenen Begebenheiten, von denen die Eltern ihren Kindern erzählten. Sie kamen am Marktplatz und am Rathaus vorbei. Das Tor zur Residenz stand offen, zwei Gardesoldaten patrouillierten davor. Die Dächer der Gebäude glänzten in der Sonne. Darüber erhob sich im Hintergrund ein mächtiges Gerüst – der Neubau des Doms ging voran. Salome zeigte ihrer Tochter im Vorbeifahren das Haus der Familie Alt. Sie hörten die Klingel der Ladentür, und ein Kunde trat auf die Straße. Auch hier ging das Leben seinen gewohnten Gang.

Trotz ihrer Krankheit hatte sich Sabina ihr heiteres Wesen bewahrt. Ihre Gelenke schmerzten, und sie konnte nur noch mit großer Mühe gehen. Die meiste Zeit des Tages saß sie im Lehnstuhl, an schönen, sonnigen Tagen am Fenster mit Blick auf den Garten. Sie konnte sich vor Freude kaum fassen, als Salome und Susanne vor ihr standen. Salome erschrak fast, als sie ihre Schwester umarmte. Wie zerbrechlich sich Sabina anfühlte!

„Dass ich dich noch einmal wiedersehe, hätte ich nicht geglaubt", sagte Sabina mehrmals. Die Herzlichkeit des Wiedersehens und die Vertrautheit, als hätten sie sich erst vor wenigen Tagen getrennt, konnten nicht darüber hinwegtäuschen, dass nichts mehr so war wie früher. Salome trug schwarze Kleidung, und aus Sabina war eine alte, schwerkranke Frau geworden. Vornehm und gepflegt präsentierte sich das Haus der Steinhausers wie früher, doch den Wohnsalon schmückten nicht mehr zahlreiche wertvolle Kunstgegenstände. Nach dem Bankrott der Firma musste die Familie froh sein, dass sie ihr Heim behalten konnte.

Am nächsten Morgen hatten die Steinhausers und ihre Gäste noch nicht das Frühstück beendet, als Henriettas Kutsche vorfuhr. Salomes Schwägerin konnte es kaum erwarten, sie wiederzusehen.

„Entschuldigt, dass ich so hereinplatze", sagte sie in ihrer lebhaften Art. „Aber Salome und Susanne, ihr müsst uns unbedingt besuchen, am besten gleich heute!" Henrietta hatte sich nur wenig verändert. Sie war elegant gekleidet, ein paar ergraute Haarlöckchen schauten unter der Haube hervor.

„Ist Samuel verreist?", fragte Salome verwundert.

„Nein, er ist vor kurzem aus Venedig zurückgekehrt. Heute hat er im Rathaus zu tun, doch gegen Abend... – also wenn es dir passt..." Henrietta kam fast ins Stottern.

„Ja, es passt", sagte Salome. Sie hätte nicht gedacht, dass ihr Bruder sie jemals wieder in ihr Elternhaus einlud.

Salome ließ ihre Tochter bei den Verwandten zurück, lieh sich deren Kutsche und machte sich auf den Weg. An diesem Tag wurde Markt gehalten, und auf dem Marktplatz herrschte das übliche bunte Treiben. Während sich das Gespann mühsam seinen Weg bahnte, hielt Salome nach Blumen Ausschau. Ein Mädchen bot Rosen an. Sie ließ anhalten und kaufte eine rote Rose. Das Mädchen bedankte sich vielmals, da die schwarz gekleidete Dame den geforderten Betrag großzügig aufgerundet hatte.

Salome fuhr über die Brücke auf die andere Seite der Salzach bis zur Sebastianskirche. Dort befahl sie dem Kutscher zu warten. Sie betrat den kleinen Friedhof neben der Kirche, den Wolf Dietrich hatte anlegen lassen. Vom Tor aus lief ein nahezu quadratischer Arkadengang mit den Grüften der Vornehmen und Reichen der Stadt um den Gottesacker. Es war so still, dass sie das Rascheln der Blätter der Bäume und Büsche im leichten Wind hörte. Das Gezwitscher der Vögel erschien ihr laut, und ihre eigenen Schritte auf dem mit Kies bestreuten Weg empfand sie als lärmend. Die anderen Grabstätten der Familie würde sie später aufsuchen. Jetzt zählte nur der runde Bau mit der Kuppel in der Mitte des Friedhofs, die Gabrielskapelle.

Die Tür in der schmalen Vorderfront mit dem Gesims und einem Fenster darüber stand einladend offen. Langsam trat Salome über die Schwelle. In der Mitte des Raumes, den Wolf Dietrich nach seinen eigenen Ideen kunstvoll hatte ausgestalten lassen, blieb sie stehen. Die Wände bedeckten kleine bunte Täfelchen in einem Schachbrettmuster, in reich mit Stuck und Ornamenten verzierten Wandnischen standen die überlebensgroßen Statuen der vier Evangelisten. Auf dem kleinen Altar in der ebenfalls reich mit Stuck verzierten

Altarnische brannten Kerzen. Durch die seitlichen runden Fenster in der Kuppel fielen Sonnenstrahlen in den Pavillon.

Salome kniete in der Mitte des Raumes nieder und legte die Rose auf den Boden über der Gruft, in der der Verstorbene ruhte. Sie legte die Hand auf den kalten Stein.

„Mein lieber Dietrich", flüsterte sie. „So lange liegt es schon zurück, dass wir uns trennen mussten! Die Kinder sind groß geworden. Nicht nur Maria Salome und Helena, auch Hannibal ist von uns gegangen. Wie quälend müssen die Jahre auf der Festung für dich gewesen sein! Nicht einmal Abschied konnte ich von dir nehmen! Du hast Frieden gefunden. Jetzt geht es dir gut, ich weiß es. Was ist schon all dieses irdische Leid im Vergleich zur ewigen Herrlichkeit des Himmels! Und was uns betrifft – ich weiß jetzt sicher, du hattest Recht. Christoph hat mir gezeigt, wo das alles in der Heiligen Schrift steht über die Apostel und die Bischöfe und ihre Ehefrauen. Ja, bei den Evangelischen habe ich das gelernt, aber sie glauben an denselben Gott! Keine Sorge, ich bleibe katholisch und die Kinder auch. Du glaubtest an einen großen Gott und hattest ein weites Herz. Nur zu hoch erhoben hast du dich, dir zu viel herausgenommen, und so teuer musstest du dafür bezahlen. Doch wenn ich noch einmal von vorne beginnen könnte, ich würde wieder mit dir leben wollen..."

Empfindlich kühl war der Stein, auf dem sie kniete. Einige Tränen fielen darauf. Sie wischte sie weg und erhob sich wieder. Die Atmosphäre in der Kapelle war heiter. Genannt nach dem Erzengel Gabriel, dem Himmelsboten, schien sie das Licht zu verkünden, das Jesus in die Welt gebracht hatte, und die Freude, die den Gläubigen bei Gott erwartete.

Sie würde mit Susanne hierher kommen und dann nochmals vor ihrer Abreise. Das musste genügen für den Rest ihres Lebens.

****

Wie oft war Salome an ihrem Elternhaus vorbeigekommen im Bewusstsein, dass sie hier nicht erwünscht war! Diesmal ließ sie vor dem Portal halten und stieg mit Susanne aus der Kutsche. Erst auf wiederholtes Klopfen öffnete eine Dienerin. Das Mädchen bat die Besucher herein, schien aber nicht recht zu wissen, was sie mit ihnen anfangen sollte.

„Die Familie Alt erwartet uns", sagte Salome.

„Ja, doch – ach, Ihr könnt ja nicht wissen...", rang die Dienerin nach Worten.

„Was ist geschehen?"

„Der Herr Alt, er ist zusammengebrochen, der Arzt ist da. Er sagt, es ist das Herz. Die Frau Altin hat nach dem Pfarrer geschickt. Wenn er doch nur rechtzeitig kommt!", stammelte das Mädchen.

Samuels ältester Sohn Wilhelm erschien in der Eingangshalle. Zur Begrüßung brachte Salome nur wenige Worte heraus. Sie folgte ihm mit Susanne in die oberen Räumlichkeiten. Das musste ein böser Traum sein, konnte, durfte nicht wahr sein! Mit klopfendem Herzen war sie vor dem Tor gestanden, fragte sich, wie sie ihr Elternhaus nach so langer Zeit empfinden würde, inwieweit es sich verändert hatte. Wie war das alles doch unwichtig, wenn ihr einziger Bruder mit dem Tod rang!

Salomes Augen mussten sich erst an die Dunkelheit im Raum gewöhnen. Samuel lag im Bett und atmete stoßweise. Sein Gesicht war fahl und eingefallen, die Augen hielt er geschlossen. Der Arzt stand am Bett des Kranken. Er nahm gerade einen Aderlass vor. Mit beiden Händen drückte er auf Samuels Arm, aus dem das Blut in eine Schüssel floss, die eine Dienerin hielt. Salome konnte nicht zusehen. Ihr war, als würde mit der roten Flüssigkeit die Lebenskraft aus Samuels Körper gepresst. Henrietta saß am Fußende des Bettes. Sie gab keinen Laut von sich, doch ihre Schultern zuckten. Salome trat von hinten an sie heran und legte den Arm um sie. Die beiden jüngeren Söhne der Familie standen mit besorgten Gesichtern im Hintergrund. Es gab noch eine Tochter, die auswärts verheiratet war.

Samuel hörte, dass jemand gekommen war, und öffnete die Augen.

„Salome, wie schön, dass du da bist...", sagte er mit großer Anstrengung. „Wer ist das Mädchen?"

„Susanne, meine Jüngste." Die drängte sich an ihre Mutter und sah ängstlich von einem zum anderen.

„Ich wünschte, wir hätten noch Zeit miteinander gehabt, so bleibt uns - nur - der Abschied..." Die letzten Worte sprach er so leise, dass sie Salome nur mit Mühe verstand.

Die Tür öffnete sich einen Spalt und das Eintreffen des Pfarrers wurde gemeldet. Die Familie verließ das Zimmer.

Im Wohnsalon sank Salome auf einen Stuhl. Dessen Polsterung und die der anderen Stühle war neu, ebenso der Kachelofen, sonst hatte sich nicht viel verändert. Henrietta hatte dem Haus seinen Charakter und seinen Stil gelassen. Der Herr des Hauses verstarb noch in derselben Stunde.

Ebenso überraschend und unerwartet wie die Einladung in ihr Elternhaus kam für Salome die Nachricht, dass sie der Fürstbischof Paris Graf von Lodron in die Residenz bat.

Der Kammerherr führte Salome nicht in den Raum vor dem Audienzsaal, sondern in die entgegengesetzte Richtung über einen Treppenaufgang und durch prunkvolle Säle. Sie kannte den Weg, der Erzbischof wollte sie offensichtlich in seinem Arbeitszimmer empfangen. Die Tür öffnete sich, Salome wurde eingelassen.

„Nehmt Platz, Frau von Altenau", sagte der Erzbischof und wies auf einen Stuhl gegenüber von seinem Schreibtisch, noch bevor Salome auf die Knie fiel. Das gelichtete Haar ließ Paris Graf von Lodron älter aussehen, als er tatsächlich war. Die Tracht des dunklen Bartes hatte er seinen Vorgängern angepasst. Jahre vor seiner Wahl zum Erzbischof war er zum Priester geweiht worden und amtierte zuletzt als Dompropst. Er zeichnete sich durch Umsichtigkeit und Klugheit in geistlichen und weltlichen Dingen aus. Warum hat er mich herbestellt?, fragte sich Salome aufs Neue. Zu dem Mann, der vornehme Zurückhaltung ausstrahlte, würde es passen, dass er die Mätresse eines Vorgängers einfach ignorierte.

Paris von Lodron drückte ihr zuerst sein Mitgefühl über den Tod ihres Bruder aus.

„Ich habe Euch hergebeten, weil ich es bedaure, dass in der Vergangenheit so viel Unrecht geschehen ist", begann er. „Der Wunsch meines Vorvorgängers, Euch nichts wegzunehmen, wurde nur teilweise geachtet. Ich weiß, Ihr habt den Großteil Eures Besitzes verloren, auch durch die späteren unglücklichen Umstände. Schloss Altenau ist an das Erzstift gefallen, das kann und will ich nicht mehr ändern. Für Eure Verbindung mit dem Erzbischof habt Ihr mit einem unglücklichen Schicksal bezahlt. Wenn es Euer Wunsch ist, nach Salzburg zurückzukehren, biete ich Euch und Euren Kindern das Wohnrecht auf Schloss Altenau an. Vielleicht würde es Euch gefallen, wieder in Eurer Heimat zu leben. Eure Antwort könnt ihr Euch in Ruhe überlegen."

Salome musste an sich halten, um nicht sogleich und nahezu unhöflich mit „Nein" zu antworten. Am Vortag war sie mit Susanne hinaus vor die Stadt zu ihrem früheren Heim gefahren. Niemand wohnte dort. Marcus Sitticus hatte das Gebäude in „Schloss Mirabella" umbenennen lassen, doch er benützte es nicht. Er ließ ein neues Lustschloss bauen – Hellbrunn und veranstaltete dort glanzvolle Feste, wie man sie in Salzburg nie zuvor gesehen hatte. Nun trug ihr ehemaliges Schloss wieder seinen alten Namen. Das Tor war verschlossen, und hinter den schmutzigen Fenstern verstaubten die Räume. Nein, sie dachte nicht daran, dorthin zurückzukehren. Sie besaß einen Schatz an schönen Erinnerungen an ihr gemeinsames Leben mit Wolf Dietrich. Doch sie wollte nicht in einem Haus wohnen, das ihr jeden Tag bildlich vor Augen hielt, dass es für immer der Vergangenheit angehörte.

„Gnädigster Herr, Euer Vorschlag ehrt mich, und ich bin Euch zu Dank verpflichtet", sagte sie, um die rechte Wortwahl bemüht. „Doch ich möchte nicht auf Schloss Altenau zurückkehren. Meine Kinder und ich, besonders die Kinder, sind in Wels heimisch geworden. Auch fehlen mir die Mittel, ein Schloss zu unterhalten."

„Mit Geld könnten wir Euch aushelfen", meinte der Erzbischof.

„Das ist sehr großzügig – nochmals danke. Ich sehe mich nicht in der Lage, wieder in Salzburg zu leben." Nicht einen Kreuzer würde sie vom Erzstift und dessen Herrn nehmen! Die alt gewordene Geliebte Wolf Dietrichs und ihre Kinder nahmen keine Almosen von dessen Nachfolger. Wolf Dietrich hatte zu seinen Lebzeiten alles getan, damit es nicht so weit kommen würde. Während seiner Gefangenschaft kämpfte er um die Rechte seiner Familie, und wenn ihr auch vieles genommen worden war und sie einen beträchtlichen Teil vom Rest durch den Bankrott der Firma Steinhauser verloren hatte, so reichte ihr Einkommen zum Leben. Reserven gab es noch, und sie wusste, ja, jetzt, zu dieser Stunde fasste sie den Entschluss, was sie damit tun würde.

„Die Herren von Raitenau werden einen Teil der Pension erhalten, die ihrem verstorbenen Bruder zugesagt und nicht ausbezahlt wurde. Ich bedaure es sehr, dass so viel Unrecht geschehen ist. Lasst es mich wissen, wenn Ihr Hilfe benötigt..."

Salome dankte ihm nochmals.

„Ich habe gute Freunde in Wels gefunden", sagte sie, „und habe gelernt, allein zurechtzukommen."

Der Kammerherr führte sie den Weg zurück in den Hof. In einer Ecke standen einige Männer, nach der äußeren Erscheinung zu schließen hohe Beamte, die in ein angeregtes Gespräch vertieft waren. Ein Fuhrwerk passierte die Einfahrt, Knechte eilten ihm entgegen, offensichtlich wurde der Lieferant bereits erwartet. Ein älterer Mann kam ihnen von den hinteren Wirtschaftsgebäuden gemessenen Schrittes nach. Salome erinnerte sich an ihn. Der diente schon seit mehr als zwanzig Jahren in der Residenz, war wohl im Rang gestiegen und würde das Abladen der Ware beaufsichtigen. Sie stieg rasch in ihre Kutsche.

Erkannt brauchte sie nicht zu werden, was ohnehin unwahrscheinlich war. Wer würde schon erwarten, ihr im Hof der Salzburger Residenz zu begegnen? Seltsam, dass sie hier einmal gewohnt und Kinderlachen so manchen Raum erfüllt hatte. Es herrschte wieder die alte Ordnung. Wolf Dietrichs mutiges öffentliches Bekenntnis zu ihr hatte auf längere Sicht nichts verändert. Vielleicht hatte sie beide so mancher heimlich bewundert und beneidet und mit ihnen gehofft, dass in der Kirche noch nicht das letzte Wort über den Zölibat gesprochen war. Doch das Gesetz der Kirche stand fest, ohne Lockerung oder Ausnahmen.

****

Bei für die Gegend typischem Regenwetter verließ die Reisegesellschaft Salzburg. Samuel Alt war in der Familiengruft auf dem Sebastiansfriedhof beigesetzt worden, mit einer großen Trauerfeier, wie sie einem der vornehmsten Bürger der Stadt gebührte. Sie war die Einzige seiner Schwestern, die noch teilnehmen konnte, und Henrietta bestand darauf, dass sie in ihrer Nähe blieb. Die Menschen waren erschüttert über den plötzlichen Tod des angesehenen Kaufmanns und Ratsbürgers, der mit der Verwaltung der Stadtfinanzen betraut war. Manch erstaunter Blick traf Salome, höflich gaben ihr die Leute die Hand. Die meisten ließen es damit bewenden, einige sprachen freundliche Worte.

Salome hatte die Gräber ihrer beiden verstorbenen Töchter besucht und nochmals Wolf Dietrichs Grabkapelle. Sie legte Blumen nieder und versuchte sich das Aussehen des Pavillons einzuprägen. Er passte in seiner Eigenart und Eigenwilligkeit so sehr zu demjenigen, der hier ruhte. Der Abschied von Sabina fiel ihr sehr schwer, auch der von ihrer Schwägerin. Beide würde sie wohl nicht mehr wiedersehen.

Die Kutsche passierte das Stadttor, und an der nächsten Wegbiegung warf Salome einen letzten Blick auf ihre Heimatstadt. Dann zog sie sich vom Fenster zurück und überließ den Platz ihrer Tochter. Sie wollte nicht mehr zurückschauen.

Der Regen fiel nicht allzu heftig aus, so dass die Straßen passierbar waren. Auch Überfälle, Krankheiten, Gebrechen an Kutsche oder Pferden blieben ihnen erspart.

„Ich bin froh, dass wir gleich zu Hause sind", sagte Salome, als die Stadt Wels vor ihnen lag. Sie empfand diese als ihr Zuhause, vielleicht nicht als Heimat, doch als den Ort, wo sie und ihre Kinder, die noch bei ihr lebten, hingehörten. Welch ein Unterschied zu jenem Tag, als sie hier vor fast zehn Jahren ankamen! Und bald würden sie ein eigenes Heim haben.

Das zweistöckige Eckhaus auf dem Stadtplatz hatten Salome und ihre Kinder schon oft bewundert. Es lag gegenüber der Pfarrkirche am Zugang zur Welser Burg, dem Sitz des kaiserlichen Vogts. Die Ziegel der Fassade waren in einem Rautenmuster rot und weiß bemalt. Die Fenster des dreiseitigen Erkers an der Ecke ließen den regelmäßigen Lauf der Fenster im ersten und zweiten Stock gleichsam nach vorne und wieder zurück in die Linie springen. Ein gemalter Fries über dem Erdgeschoss und unter dem Dach sowie gemalte Säulen beiderseits der Fenster des ersten Stocks und Giebel darüber vervollständigten den äußeren Schmuck. Die dunkle Malerei auf der Mauer des Erdgeschosses vermittelte den Eindruck, als würde dieses aus Steinquadern bestehen. Der Gehilfe des Advokaten schloss das Tor auf und führte Salome und ihre Kinder durch die zahlreichen Räume bis in den zweiten Stock und in den Hof. Das Gebäude war weitläufig, doch nicht so modern und repräsentativ wie das Haus der Familie Weiß. Die Gänge waren schmäler, ein wenig verwinkelt, die Räume niedriger, Türen und Fenster kleiner.

„Wirklich schön", sagte Eusebia. „Auch die Wirtschaftsräume sind übersichtlich angelegt und in gutem Zustand." Sie hatte viel Sinn für das Praktische, hatte sich angewöhnt, im Laden und in der Firma ihrer Gastgeber auszuhelfen. Viktor neckte sie manchmal, dass sie einen guten Kaufmann abgeben würde.

„Es ist heimelig, und du müsstest nicht mehr so viele Treppen bis in den dritten Stock steigen, Mutter", meinte Susanne. Salome musste sich eingestehen, dass ihr das zunehmend schwerer fiel.

„Es ist an der Zeit, dass wir ein eigenes Heim haben", sagte sie. „Euphemia und Cäcilia werden uns vielleicht mit ihren Familien besuchen, wir brauchen Platz. Allerdings werden wir auch Soldaten aufnehmen müssen, das wird uns nicht erspart bleiben." Seit zwei Jahren war nunmehr die bayerische Streitmacht in Wels einquartiert, und der Bayernherzog machte keine Anstalten, sie von dort abzuberufen. Nach einem passenden Haus sah sich Salome seit gut einem Jahr um, und endlich bot sich eine günstige Gelegenheit.

„Es ist wahrlich ein Glücksfall, Frau von Altenau, dass dieses Haus gerade zum Verkauf steht", mischte sich der Gehilfe des Advokaten in das Gespräch.

Viktor schien nur darauf gewartet zu haben, dass sie wieder unten auf der Straße vor dem Tor standen und sich der Gehilfe des Advokaten entfernt hatte.

„Mutter", sagte er, „das können wir uns doch nicht leisten. Na ja, vielleicht wenn ich eine Stelle als Beamter annehme, als Katholik habe ich gute Aussichten. Da brauche ich erst gar nicht an die Universität zurückkehren und mein Studium beenden, dann sparen wir uns die Kosten dafür."

„Ich könnte auf meine Mitgift verzichten, heiraten werde ich sowieso nicht mehr. Das schöne Haus ist es wert", meinte Eusebia.

„Du behältst deine Mitgift, Eusebia", sagte Salome energisch, „und du, Viktor, bringst dein Studium zu Ende, wenn es dir vielleicht auch passen würde, das Lernen vorzeitig zu beenden. Personal dürfen wir nicht allzu großzügig einstellen, das ist richtig. Aber das Geld für den Kauf brauche ich nur abzuholen. Ich habe ein sehr gutes Angebot für meinen Schmuck." Rasch fügte sie hinzu: „Onkel Christoph hat diesen Handel vermittelt." Es klang, als wollte sie ausdrücklich betonen, dass alles abgemacht und daran nichts mehr zu ändern war.

Die goldenen, zum Teil mit Perlen oder Edelsteinen besetzten Rosen in verschiedenen Größen waren zum Schutz einzeln auf Papier befestigt. Salome nahm sie der Reihe nach in die Hand und steckte die kostbaren künstlichen Blumen zurück in die Futterale. Jeder Tochter hatte sie eine geschenkt, eine einzige würde sie für sich selbst behalten. Sie öffnete die Kästchen mit den Schmuckstücken, betrachtete

die Halsketten, Armreifen und Ohrgehänge, den Haar-
schmuck und die Ringe. Jedes hatte seine eigene Geschichte: Die tropfenförmigen silbernen Ohrgehänge schenkte ihr
Wolf Dietrich zum zwanzigsten Geburtstag, das Perlenkol-
lier zu Hannibals Geburt, zur Ankunft jedes Kindes erfreute
er sie mit einem kostbaren Geschenk. Das kleine Diadem
mit dem Diamanten erhielt sie zu ihrer Erhebung in den
Reichsadel, es wäre einer Fürstin würdig gewesen. Sorgsam
legte sie jedes einzelne Stück zurück an seinen Platz in die
Kästchen und Futterale. Den Ring, den ihr Wolf Dietrich
am Tag ihres Eheversprechens an den Finger gesteckt hatte,
den sie seit diesem Tag und nun schon lange als einziges
Schmuckstück trug, behielt sie. Den restlichen Schmuck
würde der Händler morgen abholen. Das Haus war es wert,
sich von den Kleinodien zu trennen. Die Familie Altenau
war in der Stadt zu Hause, Salome zählte mit ihren Kindern
zu den angesehenen Welsern. Es galt in der Gegenwart zu
leben und nicht in der Vergangenheit. Ihr Schatz an Erinnerungen war wertvoller und glänzte heller in ihrem Herzen
als die kostbarsten Juwelen.

12 - Der Krieg

„Der ist also auch wieder da", sagte Salome zu ihrer Tochter Eusebia, die neben ihr vor dem Haus stand. Sie meinte
den bayerischen Hauptmann, der zusammen mit anderen
Soldaten ihnen gegenüber vor der Stadtpfarrkirche Aufstellung genommen hatte. Der oberste Kommandant der in
Wels einquartierten Truppen, einige andere Offiziere und
zahlreiche Soldaten, teilweise zu Pferd und teilweise zu Fuß,
waren vertreten.
„Er hat ja gesagt, dass er nur für eine Weile Urlaub
nimmt", antwortete Eusebia und begrüßte eine Freundin
aus der Nachbarschaft, die sich zu ihnen gesellte.
„So übel war er nicht mit seinen Leuten", murmelte Salome. Der Hauptmann Rüdiger von Schönegg war mit anderen Soldaten in ihrem Haus untergebracht, bis die katholi-

schen Bürger von den Quartierleistungen befreit wurden. Adam Graf Herberstorff, der bayerische Statthalter, sollte im Auftrag des Kaisers die Rekatholisierung des Landes ob der Enns vorantreiben und suchte Unterstützung bei den einheimischen Katholiken. Salome war froh, die Einquartierung los zu sein, doch deswegen würde sie noch lange nicht den fremden Statthalter unterstützen. Auch der neue katholische Pfarrer machte sich von Anfang an unbeliebt. Freiwillig würde kein Protestant zu ihm in die Kirche kommen, eher blieben noch einige von den wenigen Katholiken fern.

Eine Menschenmenge füllte nahezu den Stadtplatz, und ständig kamen noch Leute hinzu. Die Mehrheit der Welser folgte der Anweisung der Ausrufer, sich an diesem Herbsttag des Jahres 1624 einzufinden, um ein Patent des Kaisers anzuhören. Ein Offizier zu Pferd entrollte ein Schriftstück und nach einem Trompetensignal begann er mit der Verlesung. Solange die zahlreichen Titel des Kaisers aufgelistet wurden, herrschte allgemeines Gemurmel. Es ebbte ab, als verkündet wurde, dass der bayerische Statthalter für die Einhaltung der folgenden Anordnungen auf das Schärfste sorgen werde. Auch das Scharren der Füße verstummte, so dass es alle Anwesenden hörten:

„Protestantische Prediger und Schulmeister haben das Land sofort zu verlassen!"

Wütende Rufe wurden laut. Der Rest des Textes drang nur in Wortfetzen an die Ohren der Zuhörer. Doch selbst den mutigsten Welsern zeigte die Anwesenheit der Soldaten, die mittlerweile den gesamten Platz umstellt hatten, nur allzu deutlich: Wem von den Betroffenen sein Leben und das der Seinen lieb war und wer nicht im günstigsten Fall im Kerker schmachten wollte, der machte sich besser schleunigst davon!

Die Menschenmenge löste sich auf. Salome fragte sich, ob sie es sich einbildete oder ob sie tatsächlich verächtliche Blicke trafen, einfach nur deshalb, weil sie zu den wenigen Katholischen in der Stadt gehörte.

„Ich sehe noch nach ein paar Kranken im Spital", sagte Eusebia und ging rasch davon. Sie hatte ein Herz für Arme und Kranke und war im Bürgerspital eine willkommene Hilfe.

„Komm bald nach Hause!", rief ihr Salome nach, ihre Tochter hörte es nicht mehr. Sie schalt sich selbst töricht, doch plötzlich hatte sie Angst, Eusebia könnte etwas zustoßen. Bisher hatten die wenigen Katholiken unbehelligt zwischen der Mehrheit der Protestanten gelebt. Der neue Pfarrer hielt hitzige Predigten gegen die Ketzer, kommentierte von der Kanzel die Kriegsereignisse im Reich und nahm Partei für die Katholischen. Wer Hass sät, erntet nur zu leicht Sturm, dachte Salome. Ob die Evangelischen gewillt waren, das heutige Patent einfach hinzunehmen?

Salome tat es weh, als sie die voll bepackten Wagen zum Stadttor hinausfahren sah. In Erinnerung an ihre eigene Flucht fühlte sie mit denen mit, die ihr Zuhause Hals über Kopf verlassen mussten. Um die gleiche Jahreszeit ließ sie damals Salzburg hinter sich. Eine Frist von nur drei Tagen wurde dem Prediger und dem Schulmeister gewährt, mit ihren Familien die Stadt zu verlassen. Eine Schar von Welsern zu Pferd und in Wagen machte sich mit ihnen auf den Weg, um sie bis Aschach an der Donau zu begleiten. Von dort wollten die Ausgewiesenen weiter nach Regensburg ziehen, in die freie Reichsstadt, wo sie nach ihrem Glauben leben konnten. Hoffentlich überstehen sie gut den langen Weg durch Bayern, dachte Salome. Die Katholischen siegten auf den Schlachtfeldern, und Herzog Maximilian wurde samt seiner katholischen Liga zusehends mächtiger. Fast schämte sie sich Katholikin zu sein. Wie war die Welt verrückt! Es glaubten doch alle an denselben Gott! Warum konnten die beiden Glaubensrichtungen nicht friedlich nebeneinander bestehen? Es störte sie nicht, in einer protestantisch geprägten Stadt zu leben, im Gegenteil, sie hatte von den Evangelischen gelernt. Das würde sie dem Pfarrer natürlich nicht erzählen.

Am Abend dieses Tages kehrte Eusebia erst lange nach Einbruch der Dunkelheit aus dem Spital zurück.

„Es gibt da eine alte Frau, mit der rede ich so gern", sagte sie, „du brauchst dir keine Sorgen zu machen, Mutter, ich bin nicht allein nach Hause gegangen..." Eusebia stockte. Der veränderte Ton der Stimme ließ Salome aufhorchen. Die Tochter war vor der Mutter, die im Lehnstuhl saß, stehen geblieben. Aus den Augen der jungen Frau mit dem dunklen Haar und den feinen Gesichtszügen sprachen Klugheit und Herzenswärme.

„Ich wollte schon lange mit dir reden", sagte sie, wobei sich ihre Wangen ein wenig röteten. „Es sollte ja der Mann sprechen, aber..."

„Komm, setz dich zu mir", sagte Salome. Mit ihren sechsundzwanzig Jahren galt Eusebia als alte Jungfer, und wie sehr hatte sich die Mutter schon gewünscht, dass einmal der richtige Mann für diese ungewöhnliche Tochter auftauchen würde. Mit den üblichen gesellschaftlichen Gepflogenheiten wollte sie gern großzügig sein. Sie ermutigte Eusebia zum Erzählen.

„Na ja, wir kennen uns schon lange, und ich wollte dich doch nicht verlassen und dann so weit weg. Aber nun – seine Eltern sind einverstanden. Ich möchte dich bitten, ihn einzuladen. Er ist ja kein Fremder, nein, er ist doch ein Fremder...", kam Eusebia ins Stottern. „Es ist Rüdiger von Schönegg."

„Der bayerische Hauptmann!", fuhr Salome auf. „Ein Soldat, der unsere Stadt besetzt hält! Mit dem hast du dich eingelassen?" Im nächsten Augenblick bereute sie ihre Worte. Zu spät. Eusebia sprang auf, ihre Wangen glühten.

„Ich habe mich nicht mit ihm ‚eingelassen', wie du es nennst!", rief sie aufgebracht. „Rüdiger ist ein ehrenwerter Mann, ein Offizier aus guter, adeliger Familie, ein treuer Katholik..."

„Jedenfalls hat er nicht um dich geworben, wie es sich gehört", gab Salome ebenso aufgebracht zurück. „Die Einquartierung hat er ausgenützt, um sich an dich heranzumachen..."

„Hat er nicht! Wir kamen ins Gespräch, haben uns angefreundet. Du hast doch selbst sein gutes Benehmen und das seiner Leute gelobt!"

„Er hat die Situation ungebührlich ausgenützt", beharrte die Mutter.

„Was soll denn an Rüdiger von Schönegg falsch sein, außer dass er zufällig in Bayern geboren ist?"

„Er und seine Leute samt ihrem obersten Herrn, dem Herzog Maximilian, sind hier Eindringlinge. Ihr wisst das beide ganz genau!", sagte Salome hart. „Du weißt, wie von Mädchen gesprochen wird, die mit einem bayerischen Soldaten gesehen werden. Der Herzog Maximilian hat deinen Vater gegen jedes Recht ins Gefängnis gebracht, und jetzt machen sich seine Soldaten im Land ob der Enns breit."

„Was der Kaiser höchstpersönlich veranlasst hat, um bei der Wahrheit zu bleiben. Und wenn wir schon von meinem Vater sprechen: Wie war das denn, wenn ein Mädchen mit einem Domherrn gesehen wurde? Rüdiger und ich werden die Verlobung bekannt geben, und ich meine, die Leute werden sich längst nicht so sehr das Maul über mich zerreißen wie über dich damals in Salzburg, als du dem Erzbischof in die Residenz gefolgt bist..." Eusebia hielt wie in plötzlicher Ernüchterung inne. Sie senkte den Kopf und flüsterte beschämt: „Mutter, verzeih, das wollte ich nicht sagen, doch Tante Sabina hat mir davon erzählt. Auf unserer Flucht, da habe ich sie gefragt..."

Damals war Eusebia dreizehn. Wie oft hatte sich Salome gefragt, was in diesem ruhigen, ernsten Kind vorging.

„Der Herr von Schönegg mag am Sonntag kommen", sagte sie betroffen. „Wir sprechen noch über die Vergangenheit, doch jetzt geh."

Die Tür fiel hinter Eusebia ins Schloss.

Sobald sich Salome vom ersten Schrecken erholt hatte, begann sie mit ihrer ältesten, noch zu Hause verbliebenen Tochter mitzufühlen. Rüdiger von Schönegg war vermögend. Er plante seinen Abschied zu nehmen und mit seiner Frau auf seinen bayerischen Gütern zu leben. Wenn sie diesen Mann liebte, war gegen die Verbindung nichts einzuwenden. Eusebia war eine kluge und tüchtige Frau, sie würde ihr neues Leben in einem fremden Land gewiss meistern.

Der für Sonntag vereinbarte Besuch kam nicht zustande. Am Tag zuvor überfielen Eusebia starke Kopfschmerzen, Mattigkeit und Schwindelgefühle, so dass sie sich zu Bett begeben musste. Am Abend glühte sie im Fieber.

„Alles tut mir weh", stöhnte sie.

„Ich mache dir kalte Wickel, damit das Fieber fällt", sagte Salome.

„Lass die Wickel", schüttelte Eusebia den Kopf und wehrte die Hand ihrer Mutter ab, „und fass mich nicht an! Im Spital liegen einige an den schwarzen Blattern Erkrankte. Ich muss mich angesteckt haben..."

„Nein!", schrie Salome auf.

Eusebia nickte heftig:

„Ich fürchte ja. Ihr bringt mich besser ins Spital, sonst werdet ihr auch krank."

In Salome bäumte sich alles auf. Nein, nicht diese Krankheit! Viele der Erkrankten starben daran und wer sie überstand, war lebenslang entstellt.

„Ich pflege dich, ich bin deine Mutter und eine alte Frau, ich fürchte den Tod nicht", sagte Salome bestimmt.

„Nein, das darfst du nicht, Viktor und Susanne brauchen dich noch", wehrte Eusebia ab.

„In deinem jetzigen Zustand schaffen wir dich jedenfalls nicht fort!"

„Gisela und Rüdiger können mich betreuen, sie hatten die Blattern. Und vielleicht nehmen sie einen leichten Verlauf, Gisela hat nicht einmal Narben im Gesicht", versuchte Eusebia sich selbst und ihre Mutter zu ermutigen.

Gisela, eine alte, fast schon uralte Frau, und ein Mann, ein Offizier? Was hatte Eusebia für unerhörte Einfälle!

„Mutter", beschwor sie Salome, „wenn sich die Blattern ausbreiten, ist das eine Katastrophe für die gesamte Stadt! Außer Gisela und Rüdiger darf niemand mein Zimmer betreten. Auch du musst dich daran halten!"

Gisela war für ihr Alter erstaunlich rüstig. Sie schlurfte emsig durchs Haus und las Eusebia jeden Wunsch von den Augen ab. Nur zu bald bestätigte der Ausschlag, der sich über den Körper der Kranken ausbreitete, den Verdacht. Arzt und Bader konnten nicht helfen. Gute Pflege vermochte die Beschwerden ein wenig zu lindern. Es blieb nur die Hoffnung, dass Eusebia stark genug war, mit der Heimsuchung fertig zu werden. Rüdiger von Schönegg saß stundenlang an ihrem Bett, wischte ihr den Schweiß von der Stirn, gab ihr zu trinken, legte Kompressen auf oder hielt einfach nur ihre Hand. Salome erlebte diese Tage, als hätte sich eine dicke, dunkle Wolke auf ihre Seele gelegt. So gut es ging, kam sie ihren alltäglichen Pflichten nach. Manchmal, wenn ihre Tochter schlief, hielt sich Salome nicht an die Vorsichtsmaßnahmen und betrat das Krankenzimmer. An der Tür blieb sie stehen und betrachtete das Gesicht, das das zerstörerische Wüten der Pocken zerfurchte.

An einem späten Abend schob sie sich neuerlich leise in das Zimmer. Rüdiger schien auf dem Stuhl neben Eusebias Bett eingenickt zu sein. Das flackernde Licht der Lampe warf seinen Schein auf Eusebias Gesicht.

„Oh nein", flüsterte Salome, „wie wird sie aussehen? Und wenn sie nur überlebt!" Rüdiger musste sie gehört haben. Er hob den Kopf, ihre Blicke trafen sich. Die einzelnen Pockennarben in seinem Gesicht, die bezeugten, dass er diesen Dienst an Eusebia heil überstehen würde, waren im Halbdunkel nicht zu sehen, auch im hellen Licht fielen sie kaum auf. Er sah gut aus, war jung, vermögend, aus guter Familie – was sollte er mit einer entstellten Frau anfangen? Was erwartete Eusebia, wenn sie die Krankheit besiegte? Rüdiger erhob sich und kam auf Salome zu. Er las in ihrem Gesicht, bis er sagte:

„Mein innigster Wunsch ist, dass Eure Tochter gesund wird, Frau von Altenau. Ein paar Narben verändern das Aussehen, doch niemals ihre gesamte Schönheit. Meine Gefühle für sie wurden in den letzten Tagen nur tiefer. Gott gebe es, dass ich die Gelegenheit erhalte, in aller Form bei Euch um ihre Hand anzuhalten."

Mehr als seine Worte überzeugte Salome der Ausdruck seiner Augen. Sie nickte.

„Gott gebe es", flüsterte sie. Für ihre Feindseligkeit gegenüber diesem Mann schämte sie sich. Gewiss hätte Wolf Dietrich der Verbindung sogar recht gerne zugestimmt. Den Rat einer seiner Brüder würde sie nicht einholen, nicht mehr. Sie hatte sich daran gewöhnt, allein zu entscheiden.

Am frühen Morgen weckte Gisela ihre Herrin aus einem unruhigen Schlaf.

„Das Fieber ist gesunken", sagte sie. „Eusebia ist über den Berg."

Auf ihr Klopfen erhielt Salome keine Antwort. Behutsam öffnete sie die Tür zu Eusebias Zimmer. Die Tochter saß im Bett, halb verdeckt von Rüdiger von Schönegg, der vor ihr auf dem Rand des Bettes saß und der Eintretenden den Rücken zuwandte. Eusebias Kopf lag an seiner Schulter, und sie schluchzte leise. Auf der Bettdecke lag ein Handspiegel. Salome blieb in der Tür stehen. Die beiden hatten sie noch nicht bemerkt. Sie trat einen Schritt zurück und schloss die Tür wieder geräuschlos hinter sich. Du wirst mit deinem veränderten Gesicht leben müssen, dachte Salome, doch du lebst und hast einen Mann, der dich liebt, und das ist ein großes Geschenk.

******

Mehr als ein Jahr später, im tiefen Winter, ging Salome im Leichenzug ihres Freundes und Wohltäters Christoph Weiß.

Die Welser Bürger waren ins Rathaus vorgeladen und von einer katholischen Kommission über ihren Glauben befragt worden. Christoph, dessen Gesundheit schon lange angegriffen war, fühlte sich an diesem Tag elend, und Felicitas beschwor ihn, sich krankheitshalber zu entschuldigen.

„Ich werde meinen Glauben bezeugen und wenn ich mich auf der Bahre hintragen lasse!", hatte er fest entschlossen, nahezu zornig, erklärt. Blass und erschöpft kehrte er zurück.

„Wer nicht gewillt ist, katholisch zu werden, muss bis

Ostern die Stadt verlassen", sagte er, den Tränen nahe. „Ich bin zu alt, um nochmals auszuwandern. Dazu habe ich keine Kraft mehr." Er legte sich zu Bett und war nicht mehr imstande es zu verlassen. Der Tod bewahrte ihn vor allem, was in der Folge über die Stadt hereinbrach.

An den Markttagen empfand so mancher Bewohner der vornehmen Häuser um den Stadtplatz den Lärm der Käufer und Verkäufer samt ihrer teilweise lebenden Ware als störend. Doch an diesem Maitag wäre selbst dem Ruhe bedürftigsten Bürger die gewohnte Geräuschkulisse nur allzu willkommen gewesen. Stattdessen patrouillierten bayerische Soldaten um den Platz, ein Trupp bewaffneter Bürger marschierte in Richtung Stadttor. Aus dem Tor des Rathauses trat der Bürgermeister mit einigen Begleitern. Eilig gingen sie davon.

Salome löste sich vom Fenster. Zumindest war ihr Sohn Viktor nicht in der Gruppe, die soeben den Stadtplatz und ihr Blickfeld verließ. Wie jeden Morgen hatte er seinen Dienst als Beamter im Rathaus angetreten, auch an diesem Tag, als das gewaltige Heer der aufständischen Bauern vor den Toren der Stadt Wels erschien und dort sein Lager aufschlug. Die Furcht einflößende Nachricht war ihnen vorausgeeilt, so dass der Bürgermeister in aller Eile Vorkehrungen zur Verteidigung treffen ließ. Die Bauern hatten sich gegen die verhasste bayerische Zwangsherrschaft, Unterdrückung und religiöse Willkür erhoben. Seit Tagen rissen die schrecklichen Gerüchte nicht mehr ab. Die Aufständischen hatten Schlösser in Brand gesteckt, Pfarrhöfe geplündert, die Bewohner erschlagen. Den Grafen Herberstorff und seine Truppen sollen sie in eine Falle gelockt und eine Niederlage beigebracht haben, so dass er trotz seiner Streitmacht samt Geschützen gerade noch nach Linz entkommen und sich dort verschanzen konnte.

Salome erinnerte sich, dass sie als junge Frau von aufständischen Bauern im Land ob der Enns gehört hatte. In Salzburg gab es vor hundert Jahren eine Bauernerhebung. Eine solche hatte Wolf Dietrich gefürchtet, als er jenes harte

Urteil über die Zeller Bauern und den unglückseligen Landpfleger vollstrecken ließ. Das hier waren nicht ein paar muti-
ge Männer wie jene vor vielen Jahren in Salzburg, die Nachsicht von der Obrigkeit erbaten, sondern eine Soldateska, die
mit Gewalt überrannte, wer sich ihr in den Weg stellte. Was
würden sie von den protestantischen Bürgern fordern und
was mit den wenigen Katholiken anfangen?

In gespannter Erwartung und trügerischer Ruhe schlichen
mehrere Stunden dahin. Susanne stürzte zuerst ans Fenster,
als das Rumpeln zahlreicher Wagenräder und laute Rufe zu
hören waren. Schwer beladene Fuhrwerke nahmen den Weg
in Richtung Stadttor.

„Da gehen die Getreidevorräte der Stadt dahin", sagte
Salome. „Aber wenn sie sich mit Proviant zufrieden geben,
müssen wir froh sein."

Immer belebter wurde es auf dem Platz. Wagen mit
Weinfässern rollten vorbei. Vor dem Rathaus versammelten
sich zahlreiche Ratsbürger und sprachen aufgeregt gestiku-
lierend miteinander. Ein Ausrufer forderte die Welser auf,
ihre Waffen abzugeben. Aus allen Richtungen schleppten
die Leute Gewehre und Spieße herbei und legten sie auf den
zu diesem Zweck bereitgestellten Wagen. Mit finsterer Miene verfolgten einzelne bayerische Soldaten das Geschehen.
Doch ihre Anzahl war viel zu gering, um es mit den Bauern
aufnehmen zu können.

Der allgemeine Lärm ebbte ab, als der Bürgermeister mit
der Gruppe von Ratsbürgern, die die Verhandlungen
geführt hatten, zurückkehrte. Begleitet wurden sie von einer
Schar Bauern. Im Gegensatz zu den unbewaffneten Welsern
trugen sie Spieße und alte Gewehre. Vor der Kirche hielten
alle an. Der Mann an der Spitze des Zuges, offensichtlich
einer der Anführer der Bauern, gab einen Befehl. Ohne sich
mit Klopfen aufzuhalten, warfen sich einige gegen die Tür
zum Pfarrhof. Die gab sogleich nach, und Salome beobachtete mit angehaltenem Atem, wie sie hineindrängten. Einen
bleichen, verschreckten Pfarrer, dem sie die Hände auf den
Rücken gebunden hatten, führten sie heraus. Danach brach-

344

ten sie in gleicher Weise seinen Gehilfen. Mit den beiden verließen die Bauern die Stadt, die Ratsbürger blieben zurück.

Oh Gott, schütze die Geistlichen, dachte Salome. Insgeheim musste sie sich eingestehen, dass sie wie die anderen Welser froh wäre, wenn sich das Bauernheer mit Verpflegung, Abnahme der Waffen und der Gefangennahme der katholischen Priester begnügen würde.

Die Heeresmacht zog ab, doch die Welser mussten der zurückbleibenden Besatzung ihre Häuser öffnen. Auf dem Stadtplatz wimmelte es von bewaffneten Bauern, die auf die Quartiere aufgeteilt werden mussten. Viktor von Altenau schloss das Tor auf, als einer der älteren Ratsbürger mit dem Trupp erschien, der das Haus seiner Mutter belegen sollte.

„Das sind viel zu viele", sagte er und konnte, als der Ratsbürger ungeachtet des Protests die Leute mit einer Handbewegung zum Eintreten aufforderte, den Ersten der Hereintrampelnden nur noch hinterherrufen: „In den zweiten Stock!"

„Es könnte schlimmer kommen, Herr von Altenau", sagte der Ratsbürger mit einem bedeutungsvollen Blick. „Oder wollt Ihr die Leute etwa gleich wissen lassen, dass Ihr katholisch seid?", flüsterte er. Viktor schwieg vorsichtshalber. Die würden das früh genug herausfinden.

Trotz der Bewaffnung sah der Haufen nicht nach siegreichen Soldaten aus. Außer den sehr jungen Männern hatten alle zerfurchte, abgearbeitete Gesichter. Die Kleidung war geflickt, teilweise zerlumpt. So manches Schuhwerk verdiente den Namen nicht. Schmutz war nicht nur zu sehen, sondern vor allem zu riechen. Wie lange wird wohl diese Horde das Haus mit ihrem Getrampel und ihren Gerüchen füllen?, dachte Salome. Sie konnte froh sein, wenn die Täfelung im zweiten Stock einigermaßen unbeschädigt blieb, kostbare Möbel gab es dort zum Glück nicht. Zuletzt schlurfte, auf zwei andere gestützt, ein Verwundeter herein. Angesichts dieses jungen Mannes, der an einem Bein und einem Arm einen Verband trug und nach dem Gesichtsausdruck zu schließen unter Schmerzen litt, packte Salome das Mitleid. Viele liefen wohl einfach mit, ließen sich aufhetzen, anstatt zu Hause ihre Felder zu bestellen. Sie ging in die Küche und beauftragte die Köchin, das Getreidemus mit Schmalz und Eiern nahrhaft zuzubereiten. Eine Magd hieß sie zum Barbier und Wundarzt laufen, damit er den Verletzten versorgte. Gisela erschien in der Tür und bekreuzigte sich.

„Was soll das?", fuhr Salome sie ungewohnt scharf an. „Wir haben einen Haufen Männer im Haus, aber nicht den Teufel. Jahrelang haben wir unter dem Dach eines sehr großzügigen Protestanten gewohnt, vergiss das nicht!"

Die protestantischen Prediger waren des Landes verwiesen, die katholischen Priester geflohen oder gefangen genommen. Die Welser Kirchen blieben am Sonntag leer, im Eifer um die Religion war jeglicher Gottesdienst auf der Strecke geblieben. Als neuerlich ein Sonntagmorgen heraufzog, sogar mit strahlend schönem Sonnenschein, hielt Salome diesen Zustand nicht länger aus.

„Wir feiern unseren eigenen Gottesdienst zur Ehre Gottes", erklärte sie ihren Kindern. „Holt die Dienstboten."
Im Wohnzimmer versammelten sich alle vor dem Kruzifix, einige auf Stühlen sitzend, andere knieend. Sie sprachen die Gebete, die allen Katholiken geläufig waren wie das Vaterunser, das „Gegrüßet seist du Maria" und das Glaubensbekenntnis. Viktor las aus dem Gebetbuch auf Lateinisch die Teile der Messe, die nicht dem Priester vorbehalten waren. Salome fühlte, dass die anderen so wie sie selbst die Versammlung noch nicht beenden wollten.
In einem plötzlichen Einfall holte sie ihr Neues Testament aus seinem geheimen Fach in ihrem Schlafzimmer. Unter den Dienstboten waren Evangelische, da sollten doch beide Arten von Gottesdienst berücksichtigt werden. Salome blätterte unsicher in dem wertvollen Buch, auf das die Wächter des katholischen Glaubens Jagd machten, aber in ihrem Haus nicht vermuten würden.

346

„Gnädige Frau, darf ich aus der Bibel vorlesen?", fragte eine der Mägde schüchtern.

„Kannst du das denn?" Salome war überrascht, dass das Mädchen lesen konnte.

„Ja, ich habe es gelernt, damit ich die Bibel lesen kann, aber ich habe noch nie eine ganze besessen, nur Teile daraus."

Salome reichte ihr das Buch. Die Magd suchte nach einer Geschichte, die sie kannte, und las langsam und stockend das Gleichnis vom barmherzigen Samariter. Er wurde von den Frommen und Rechtgläubigen verachtet, doch im Gegensatz zu ihnen half er als Einziger dem Mann, der unter die Räuber gefallen war, und tat so Gottes Willen.

Salome musste aus Versehen die Tür nicht ganz geschlossen haben, da niemand bemerkt hatte, dass dort ein weiterer Zuhörer stand.

„Lest doch weiter", sagte er, als die Magd geendet hatte. Es war der Verletzte, der sich bereits recht gut erholt hatte. Salome hatte ihn in einem eigenen Zimmer untergebracht und gelegentlich selbst nach ihm gesehen. „Ich bin Protestant, aber zu einem Gottesdienst zu kommen, hatte ich schon lange keine Gelegenheit mehr. Nach dem Gleichnis habt Ihr gehandelt", sagte der junge Bauer. „Ihr habt Euch meiner angenommen, obwohl Ihr katholisch seid."

„Ich habe immer gern geholfen, und es ist Christenpflicht."

„Ich danke Euch. Euer Gemahl war ein rechter Vater der Armen, sagt man. Und mit den Protestanten soll er es gehalten haben. Doch wir wollen keine Almosen, wir kämpfen für unser Recht und für die wahre Religion mit unserem Blut. Lieber frei sterben als sich unterdrücken lassen!"

Er stapfte hinaus. Es tat Salome gut, dass er Wolf Dietrich als ihren Ehemann bezeichnet hatte.

„Mit den Protestanten hat er es nicht gehalten", sagte sie mehr zu sich selbst als zu den anderen, „und schon gar nicht wollte er, dass für die Religion mit Waffen gekämpft wird." In diesen Zeiten war das für viele Menschen unverständlich, nicht nur für unterdrückte Bauern.

****

Als sie nach langer Zeit Nachricht von ihren Töchtern aus Linz erhielt, atmete Salome auf. Alle waren gesund und unversehrt. Die Bauern waren vor Linz gezogen und hatten die Stadt belagert, doch nicht einnehmen können. Ihre Anführer fielen im Kampf. Dennoch zerschlug sich die Hoffnung auf Frieden nur allzu rasch.

Neuerlich hetzte der Ausrufer aufgeregt durch die Straßen und Gassen von Wels. Neuerlich zog das Bauernheer heran. Diesmal waren die Anführer nicht bereit, sich lange auf Verhandlungen einzulassen. Unter Androhung von Mord und Brand forderten sie die Gefolgschaft der Bürger.

Die in Salomes Haus einquartierten Bauern versammelten sich mit den anderen draußen auf den Straßen. Es war ihnen in Wels bereits langweilig geworden, und sie machten den Eindruck, als wären sie begierig auf einen Kampf. Die Dunkelheit brach schon herein, und Viktor war noch nicht aus dem Rathaus zurückgekehrt. Heftige Schläge hämmerten gegen das Tor.

„Der Herr von Altenau ist festgenommen", berichtete ein Ratsdiener atemlos. „Alle Katholiken sind in Haft. Ich muss zurück, sonst geht es mir noch an den Kragen."

Tage bangen Wartens folgten. Der Anführer der Bauern hielt die besonders Übermütigen in Zaum und setzte vorerst nur den Bürgermeister und die Ratsbürger ab. Die Inhaftierten kehrten nicht zurück und es gab keine Nachrichten über sie. Das quälend langsame Dahinschleichen der Tage hielt Salome kaum aus. Immer wieder eilte sie zum Fenster und lauschte, ob ein Ausrufer Neues vermeldete, oder sie meinte, jemand hätte am Tor geklopft. In der Nacht bedrängten sie Albträume, dass Viktor umkommen, verschleppt oder für lange Jahre in den Kerker gesteckt würde.

Von einem Augenblick auf den anderen schlug die gespannte Ruhe in hektisches Getriebe um.

„Soldaten! Kaiserliche!", meldete der Ausrufer. Das kaiserliche Heer, das kurz zuvor einen Sieg errungen hatte, stand vor der Stadt. Die Bauern stürzten mit ihren Waffen auf die Straßen.

„Sie werden doch nicht in der Stadt kämpfen!", schoss es Salome durch den Kopf, während sie das Getümmel auf dem Stadtplatz beobachtete. Es dauerte nicht lange, da polterten die Bauern zurück ins Haus, um ihre wenigen Habseligkeiten abzuholen. Der ehemals Verletzte erschien in der Tür, um den Abzug zu melden:

„Die Kaiserlichen lassen uns abrücken und ziehen in die Stadt ein. Gehabt Euch wohl!"

Kaum war der letzte Bauer beim Tor draußen, füllte sich die Stadt mit den kaiserlichen Soldaten. Die Ungewissheit über Viktors Schicksal trieb Salome auf die Straße hinunter. Die Soldaten mussten doch die Gefangenen befreit und die Bauern daran gehindert haben, ihnen etwas anzutun oder sie mit sich fortzuschleppen?! Einige Ratsbürger verhandelten mit zwei Offizieren und teilten anscheinend die Quartiere ein, da sie auf die Häuser und in die Gassen zeigten. Waren die kaiserlichen Soldaten gewillt, die Bevölkerung zu schützen, oder würden sie nur ihre letzten Reserven auffressen? Sie eilte auf die Gruppe zu.

„Weiß einer der Herren, wo mein Sohn ist, Viktor von Altenau?", fragte sie. „Mit den anderen Katholiken haben sie ihn inhaftiert."

„Wir bedauern es, aber wir wissen nichts über die Gefangenen", sagte einer der Ratsbürger. Er wandte sich an die Offiziere, die ebenfalls keine Auskunft zu geben vermochten.

„Ihr müsst ein wenig Geduld haben", meinte ein anderer Ratsbürger. „Wir werden die Gefangenen finden."

„Ach! Macht, was Ihr wollt!", fuhr ihn Salome an und eilte davon. Sie würde ihren Sohn selbst suchen und nicht ruhen, bis sie ihn gefunden hatte. Auf gut Glück wandte sie sich in Richtung des nächstgelegenen Stadttores. Sie musste sich nah bei den Häusern halten, denn in Scharen kamen ihr Soldaten entgegen. Es gelang ihr durch das Tor zu kommen. Die Traunbrücke schwang unter den schweren Tritten der Männer. Sie würde doch hoffentlich nicht nachgeben! Salome drückte sich an das Geländer und blickte ängstlich nach unten in die Fluten. Als sie den Blick wieder hob, sah sie, wie gerade eine Gruppe von Männern am anderen Ende die lange Brücke betrat. Das waren Stadtbürger, keine Soldaten! Salome hielt sich am Geländer fest. Sie hatte das Gefühl, ihre Beine würden nachgeben. Um in hochsommerlicher Hitze so weit zu laufen, war sie schon zu alt.

„Nun, Mutter, du wolltest doch nicht etwa einen Spaziergang vor die Stadt machen?", versuchte Viktor zu scherzen, als er sie erreicht hatte. „Es ist kein guter Tag dafür, zu heiß, und die Umgebung der Stadt ist von den Bauern verwüstet."

„Bin ich froh, dass dir nichts zugestoßen ist!", seufzte sie und umarmte ihn. Die abziehenden Aufständischen hatten die Katholiken wieder freigelassen, denen die Strapazen und Ängste der letzten Tage anzusehen waren.

„Es ist ausgestanden. Das Kampieren im Freien, ständig in Fesseln, hat seine Spuren hinterlassen, aber wir sind unverletzt", sagte Viktor. „Und ich hoffe, die Meute in unserem Haus hat noch etwas zu essen übrig gelassen. Die Verpflegung im Bauernlager war äußerst mager und nahezu ungenießbar."

Als sie ihr Haus betraten, schallte Salome und Viktor Lärm entgegen. Ein Haufen kaiserlicher Soldaten hatte das Quartier im zweiten Stock bezogen. Susanne erklärte einem Offizier gerade sehr bestimmt, dass es keinen Wein mehr gab, da die Vorgänger bereits ausgiebig gezecht hatten. So viel Unerschrockenheit hätte Salome ihrer nunmehr neunzehnjährigen jüngsten Tochter gar nicht zugetraut. Einige Soldaten grinsten, als sich Salome in ihrem staubbedeckten Kleid mit schweißnass ins Gesicht hängenden Haaren als Herrin dieses Hauses zu erkennen gab. Viktor sah in seinem schmutzigen Gewand und mit Bartstoppeln genauso wenig repräsentativ aus. Die Familie hoffte, die kaiserlichen Soldaten, die vorgaben, die Katholiken zu beschützen, würden sich zumindest nicht schlechter als die Bauern benehmen.

Zum Schrecken der Welser blieben die Bauern in der Nähe der Stadt und legten ein verschanztes Lager an. Kaum hatten sich die Bürger mit der neuen Besatzung einigermaßen arrangiert, begannen die Kaiserlichen einen Angriff.

Das Pflaster hallte von den Tritten der aus der Stadt marschierenden Soldaten wieder. Einen Tag lang war in der Ferne Schlachtenlärm zu hören. Abends wurden Verwundete in die Stadt geschafft. Zwei leicht Verletzte kamen ins Haus der Familie Altenau ins Quartier, da das Spital bereits überfüllt war. Salome verband die Wunden, so gut sie es vermochte, da sich der Wundarzt erst im Laufe der Nacht um die beiden kümmern konnte.

Unüberhörbar näherte sich tags darauf der Schlachtenlärm der Stadt und erreichte die Vorstädte. Manche der Bewohner flüchteten in die Stadt, die meisten wollten aus Furcht vor Plünderungen ihre Häuser nicht verlassen.

Am Abend dieses strahlend schönen Herbsttages trat Salome hinaus unter die Arkaden im Hof. Was lag da für ein Geruch in der Luft? War in der Küche etwas angebrannt? Was ihre Nase leicht beißend reizte, kam nicht von dort. Sie eilte zurück ins Haus und an eines der Fenster im Wohnsalon. Ein herrliches Abendrot stand am Himmel und davor eine schwarze Rauchwolke. In der Vorstadt brannte es! Der Ausrufer meldete das Feuer, das sich rasch ausbreitete. Rauch umzog die Stadt im Westen und Norden, Flammen züngelten empor. Verschreckte Menschen drängten durch die Tore herein und berichteten, dass die Soldaten sie am Löschen hinderten. Die Mauern trennten die Stadt von den Vorstädten, doch wenn die Funken übersprangen? Es ist ein windstiller Tag, dachte Salome, so wie damals, als das Salzburger Münster brannte.

Tatkräftige Hilfe war nötig. Salomes Haus füllte sich mit Familien aus den Vorstädten, die an diesem Tag ihr gesamtes Hab und Gut verloren außer dem wenigen, was sie in aller Eile mitnehmen konnten. Frauen weinten, Kinder schrien, die Männer liefen zurück auf die Straße in der Hoffnung, etwas tun oder retten zu können. Die Menschen mussten mit Schlafplätzen auf dem Boden vorlieb nehmen, Salome hatte nicht einmal Decken oder Laken für alle. Durch die vielen

Leute wurde es in den Räumen stickig, doch es hatte keinen Sinn, die Fenster zu öffnen. Die hereinströmende Luft brachte Wolken beißenden Rauchs mit sich.

Tief in der Nacht begab sich Salome in ihr Schlafzimmer. Auf dem Sofa schlief Susanne, deren Zimmer mit Gästen belegt war. Salome nahm den Kragen ab, öffnete die obersten Knöpfe ihres Kleides und schlüpfte aus den Schuhen. So legte sie sich auf ihr Bett. Sollte das Feuer auf die Stadt übergreifen, würde sie rasch aufspringen und dafür sorgen können, dass das Haus geräumt wurde. Den Beutel mit dem Geld und ein paar Wertsachen würde sie mitnehmen, die vorhandenen Lebensmittel austeilen, und wer eine Decke hatte... In einem unruhigen Schlummer träumte sie, dass sie wieder in Salzburg war und das Münster brannte.

Als Salome erwachte, graute der Morgen. Susanne schlief immer noch friedlich auf dem Sofa, im Haus war es still. Vor den Fenstern rauschte es leise. Regen! Die Stadt hinter den Mauern war verschont geblieben!

Es dauerte noch bis zum übernächsten Tag, bis die letzten Glutnester beseitigt waren. Nur wenige der in die Stadt Geflüchteten konnten in ihre Häuser zurückkehren. Die meisten hatten ihre gesamte Existenz verloren, zahlreiche Handwerksbetriebe waren ein Raub der Flammen geworden. Der Stadtrat versuchte Ordnung in das Chaos zu bringen, Quartiere und Lebensmittel gerecht aufzuteilen. Das Vieh, das die Leute vor dem Feuer gerettet hatten und das nun in der Stadt herumlief, musste zum Großteil geschlachtet werden, da Stallungen und Futter verbrannt waren. Das Bauernheer zog ab, ein Teil der kaiserlichen Truppen blieb über den Winter als Besatzung zurück.

Salomes Haus war gefüllt bis unters Dach, die Essensportionen mussten streng rationiert werden. Noch im Herbst begannen manche der Obdachlosen, den Schutt wegzuräumen und ihre Häuser wieder aufzubauen, und setzten die Arbeit fort, sobald es die Witterung zuließ. Viele Evangelische beschlossen, dass sich der Wiederaufbau nicht lohnte und sie besser gleich auswanderten. Da die kaiserlichen und die bayerischen Soldaten im Land ob der Enns über die Bauern siegten und ein grausames Strafgericht hielten, war die Ausweisung der Protestanten nur eine Frage der Zeit.

Als der Markt wieder stattfand, entdeckte Salome etwas abseits einen Schmuckhändler. Sie dachte an die blassen, schmalen Kinder in ihrem Haus und machte kurz entschlossen kehrt. In ihrem Schlafzimmer nahm sie die letzte goldene Rose aus dem Futteral, die schönste, die sie je besessen hatte. Sie strich über die zierlichen, mit Perlen besetzten Blütenblätter. Nur wenige Wochen vor ihrer Trennung hatte sie ihr Wolf Dietrich geschenkt, zum Jahrestag ihres Eheversprechens. Nie vergaß er das und hielt viel darauf. Salome steckte das kostbare Stück zurück in das Futteral, legte es in einen Korb und ein Tuch darüber und verließ damit das Haus. Der Händler strich behutsam über die Blume, die vor ihm in dem geöffneten Futteral lag.

„Ein schönes Stück habt Ihr da", sagte er. Das Glitzern in seinen Augen verriet Salome, dass er schon lange nicht mehr so etwas Kostbares zu sehen bekommen hatte. Sie nannte einen entsprechend hohen Preis. Er wiegte den Kopf und verlangte einen Abschlag. Wie beschützend legte Salome ihre Hand auf die Blume und bestand auf dem von ihr genannten Betrag.

Der Händler blickte auf ihre Hand und fixierte den Ring. „Wollt Ihr mir nicht Euren Ring dazugeben?", fragte er. „Für beides mache ich Euch einen sehr guten Preis."

Salome zog die Hand zurück und schüttelte energisch den Kopf:

„Auf gar keinen Fall! Nur die Rose biete ich Euch an." Es ging den Händler nichts an, doch sie fügte leise hinzu: „Der Ring ist das einzige Geschenk von meinem Mann, das ich noch besitze, außer der Rose."

„Das muss ein sehr wohlhabender Herr gewesen sein, mit gutem Geschmack", sagte der Händler. „Und jetzt habt Ihr einen Haufen hungriger Mäuler zu stopfen?"

„Ja, hauptsächlich Obdachlose, meine Kinder sind erwachsen."

Der Händler wiegte sein Haupt hin und her, schien zu überlegen, ließ Salome noch ein wenig warten und zahlte schließlich den vollen Preis, den sie gefordert hatte.

„Ihr seid eine gute Frau", sagte er, „seht Euch vor in diesen Zeiten." Er ließ das Futteral mit der Rose in einer Innentasche seines weiten Mantels verschwinden. Das Geld zählte er rasch ab und wickelte es unauffällig in das Tuch, das ihm Salome aus dem Korb gereicht hatte. Beim nächstgelegenen Stand kaufte sie ein Dutzend Eier, die sie über ihren Schatz schichtete, und trug alles sorgsam nach Hause.

Niemand hatte es leicht in der ausgeplünderten und fast zur Hälfte abgebrannten Stadt. Die kaiserlichen Soldaten zogen ab und nicht nur der zweite Stock in Salomes Haus blieb beschädigt zurück. Teile der Stadt lagen verödet da. Handwerkern, die ihre Häuser und Werkstätten wieder aufbauten, gingen die Kunden verloren, da die Auswanderungen nicht abrissen. Die zurückgebliebenen, ehemals reichen Kaufleute begannen zu verarmen. Felicitas` ältester Sohn wanderte aus, ihr jüngerer Sohn bekannte sich zum katholischen Glauben und blieb. Er würde die Hilfe seiner Mutter brauchen, um das Familienunternehmen in diesen Zeiten weiterführen zu können.

****

Im Jahr 1628 zogen die bayerischen Soldaten ab, die Pfandherrschaft war beendet und das Land ob der Enns wieder in der Hand des Kaisers. In Salomes Haus erstrahlten die getäfelten Zimmer des zweiten Stocks in neuem Glanz. In diesen Tagen füllten sich die Räume mit lieben Gästen. Susanne feierte Hochzeit mit dem Herrn Elias von Seeau zu Mühlleiten und würde mit ihm auf sein Gut in der Gegend von Steyr ziehen. In seiner Eigenschaft als kaiserlicher Beamter hatte er gelegentlich im Welser Rathaus zu tun. Viktor hatte ihn mit nach Hause gebracht, vielleicht mit dem Hintergedanken, dass es für seine jüngste Schwester an der Zeit war, einen passenden Ehemann zu finden. Der nicht mehr ganz junge, eher unscheinbare Mann warb tatsächlich um Susanne, und zu Salomes Überraschung stimmte ihre Tochter sogleich zu. In seiner ehrlichen, bescheidenen Art hatte er rasch ihr Vertrauen gewonnen. Die hübschen Geschenke des keineswegs armen Edelmanns, die gut ihren Geschmack getroffen hatten, taten ein Übriges. Salome vermutete, dass Susanne in ihm ein wenig den Vater suchte, den sie immer vermisst hatte. Ihr Gefühl sagte ihr, dass sie die Tochter ruhigen Gewissens ziehen lassen konnte.

Susannes Mitgift musste bescheidener ausfallen als die ihrer Schwestern, die Ereignisse der letzten Jahre hatten an den Reserven gezehrt. Auch das Fest war nicht zu vergleichen mit den Hochzeiten, wie sie Salome in Salzburg erlebt hatte und wie sie die reichen Welser Bürger ausrichteten, bevor die notvollen Zeiten hereingebrochen waren.

Noch ehe die Feier begonnen hatte, herrschte große Freude über das Eintreffen der auswärtigen Gäste. Euphemia und Cäcilia reisten mit ihren Familien aus Linz an, und fünf Enkelkinder erfüllten das Haus mit Leben. Anton, der als Benediktiner im Stift Admont zwei Jahre zuvor zum Priester geweiht worden war, würde die Trauung in der Stadtpfarrkirche vornehmen. Eberhard, Benediktiner im Stift Kremsmünster, fehlte. Die Reise von Rom, wo er zurzeit am Collegium Germanicum studierte, war zu weit. Seinem Entschluss sich „von Raitenau" zu nennen, war er treu geblieben, und nun besuchte er dieselbe Hochschule wie vor vielen Jahren sein Vater.

Eusebia schrieb aus Bayern. Auch für sie und ihre Familie war die Reise zu weit. Eusebia hatte einen kleinen Sohn und erwartete wieder ein Kind. Als Ausländerin, Tochter eines Erzbischofs und mit einem von Pockennarben gezeichneten Gesicht musste sie in ihrer neuen Heimat anfangs gegen Vorbehalte und Misstrauen kämpfen. Sabinas Tochter Magdalena kam mit ihrer Familie aus Salzburg. Hans Rudolf und Hans Werner von Raitenau schickten Briefe mit Glückwünschen, ihr Bruder Hans Ulrich lebte nicht mehr.

Der Hochzeitszug begann sich bereits zu formieren, als Salome den Blumenschmuck in Susannes rotblonder Haarpracht feststeckte. Es war Herbst, und sie hatte mit Mühe noch ein paar Rosen aufgetrieben und zu einem Reif gebunden. Susanne betrachtete sich in ihrem reich bestickten, elegant fallenden Brautkleid im Spiegel.

„Du bist sehr schön", sagte Salome. „Geh jetzt, dein Brautführer wartet." Viktor stand in der offenen Tür, um seine Schwester in die Kirche zu geleiten. Salome warf einen Blick in den Spiegel, bevor sie den beiden folgte. Für das Fest trug sie ausnahmsweise nicht Schwarz, sondern ein graues Kleid mit schwarzem Samtbesatz und weißem Kragen. Auf ihren grauen Haaren, die immer noch rötliche Strähnchen enthielten, saß ein eleganter schwarzer Hut. Nicht zu glauben, dass sie fast sechzig Jahre zählte und es vor wenigen Tagen genau vierzig Jahre waren, dass sie ihren Bund mit Wolf Dietrich geschlossen hatte. Er könnte auf alle Kinder stolz sein! Heute war ein Festtag, und falls ihr außer ihrem Ring noch ein Schmuckstück aus den früheren Zeiten geblieben wäre, dann hätte sie es jetzt angelegt!

Der Hochzeitsgäste zogen vom Haus der Familie Altenau in die Kirche. Salome nahm ganz vorne in der Bank Platz. Anton wartete im Messgewand am Altar. Unter Orgelklängen führte Viktor Susanne ihrem Bräutigam zu. Euphemias Töchter, die vor Salome saßen, schauten zum Brautpaar hinüber und flüsterten miteinander. Hochzeiten waren etwas Aufregendes, besonders für Mädchen. Als die Trauungszeremonie begann, stiegen Salome Tränen der Rührung und der Dankbarkeit in die Augen. Auch ihre jüngste Tochter hatte ihren Platz im Leben gefunden. Ihr Herz war übervoll. Was hatte sie doch für ein reiches, schönes, schweres Leben! Als Viktor, dessen Gesichtszüge denen Wolf Dietrichs glichen, mit Susanne durch das Kirchenschiff schritt, schien sich für einen Augenblick sein Gesicht in das des Vaters zu verwandeln. Doch niemals hätte Wolf Dietrich eine Tochter zum Traualtar geführt, nein, er hätte als Priester vorne gewartet, um sie zu segnen!

Salome dachte an die Zeichnung, die die Salzburger Verwandten mitgebracht hatten. Der neue Dom! Vor kurzem war er mit einem großen Fest, wie es Salzburg noch nie gesehen hatte, eingeweiht worden. Ob er Wolf Dietrich gefallen hätte? Der neue Dom bezeugte die Macht der Kirche, die ihr an seiner Seite keinen Platz gewährt hatte. Für ihre Liebe schufen sie sich ihre eigene Welt, die an jenem Tag der Flucht gewaltsam zerbrach. Und sie lernte, ihren Weg ohne ihn fortzusetzen.

Salome hob die Augen zum Altar und zu den Glasfenstern, die Szenen aus dem Leben Jesu zeigten und die sie schon so oft betrachtet hatte. Was hätte ich ohne dich gemacht, oh Herr und Gott, ohne deine Hilfe, deine Gnade? Was hätten wir beide, Wolf Dietrich und ich, ohne dich gemacht? Die Kirche verurteilte unsere Verbindung, doch bei dir war es anders von Anfang an! Vor Salomes innerem Auge erschien eine Waage. Auf der einen Waagschale lag ihr Leben mit allen Mängeln und Verfehlungen, allem Glück und Leid. Die Schale zog nach unten. Eine unsichtbare Hand schien Wolf Dietrichs Leben dazuzulegen, worauf die Schale noch weiter nach unten sank. Plötzlich glänzte die andere Waagschale in einem hellem Licht, das stärker wurde, alles überstrahlte. Gottes Liebe war darauf gefallen. Mit einem gewaltigen Ruck schnellte die Schale mit den beiden Leben in die Höhe. Das Licht wurde so stark, dass es Salome in den Augen schmerzte. Sie schloss und öffnete sie wieder. Das Bild war verblasst. Salome wandte ihre Augen dem Altar und dem Brautpaar zu. Soeben hatte ihre Tochter Susanne ihrem Bräutigam das Jawort gegeben, und ihr Sohn Anton hatte die beiden kraft seines Amtes zu Mann und Frau erklärt.

Nachwort

Salome Alt starb am 27. Juni 1633 in Wels. Sie wurde in der Stadtpfarrkirche beigesetzt, ein Privileg, das Angehörigen angesehener Familien vorbehalten war. Die Grabstätte ist nicht erhalten. Die Häuser, die sie in Wels bewohnt hat, sind noch heute eine Zierde des Stadtplatzes: das so genannte Hoffmann'sche Freihaus (Stadtplatz 24), das sie gekauft hat, und das Haus des Christoph Weiß (Stadtplatz 39).

Ihr Geburtshaus in Salzburg in der ehemaligen Kirchengasse trägt heute die Adresse Sigmund-Haffnergasse 6. Die Gestaltung der barocken Stadt Salzburg mit ihren Plätzen und repräsentativen Bauten geht auf Fürstbischof Wolf Dietrich von Raitenau zurück, obwohl er mehr Baustellen und Geplantes als Fertiges hinterlassen hat. Schloss Altenau, das einst vor den Toren der Stadt lag, ist heute weithin als Schloss Mirabell bekannt und vom Zentrum zu Fuß erreichbar. Im 18. Jahrhundert wurde es großzügig umgebaut. Der berühmte Marmorsaal dient als beliebter Trauungssaal, und der repräsentative Aufgang ist ein Meisterwerk Lukas von Hildebrandts.

Die historischen Quellen über das Leben von Salome Alt sind dürftig, manches findet man in verschiedenen Varianten überliefert. Das lässt die Freiheit sich auszudenken, wie es gewesen sein könnte, vor dem Hintergrund der Lebensart, der Denkweise und der politischen Ereignisse der Zeit. Die Daten und Fakten zur Regierungszeit Wolf Dietrichs und zu den Ereignissen in der Stadt Wels wurden entsprechend dem wahren Geschehen dargestellt. Die Geschichte der Familie Weiß wurde zum Teil verändert.

Interessierte finden nachstehend einige Titel aus der historischen Literatur, die zu dieser Epoche reichhaltig vorliegt.

Literatur zum Thema (Auswahl)

Engelsberger, Ulrike: Salzburger Landesausstellung 1987. Fürsterzbischof Wolf Dietrich von Raitenau, Gründer des barocken Salzburg, Salzburg 1987.

Holter, Kurt: Wels von der Urzeit bis zur Gegenwart, Wels 1986.

Lehr, Rudolf: LandesChronik OBERÖSTERREICH, Wien/München 2000.

Martin, Franz: Wolf Dietrich von Raitenau, Erzbischof von Salzburg, Wien 1925.

Stahl, Eva: Wolf Dietrich von Salzburg. Weltmann auf dem Bischofsthron, Wien/München 1980.

Zaisberger, Friederike: Geschichte Salzburgs, Wien 1998.

Verzeichnis der Abbildungen

Titelbild: Salome Alt, Porträt auf Karton, Dommuseum zu Salzburg, Josef Kral. Kunstsammlungen der Erzabtei St. Peter.

Fürstbischof Wolf Dietrich von Raitenau, Gemälde von Memberger. Salzburger Museum Carolino Augusteum, Salzburg